I0831476

Russisches Fräuleinwunder auf Deutsch

HISTORISCH-KRITISCHE ARBEITEN ZUR DEUTSCHEN LITERATUR

Begründet von Herbert Kraft
Herausgegeben von Michael Hofmann

BAND 60

Zu Qualitätssicherung und Peer Review der vorliegenden Publikation

Die Qualität der in dieser Reihe erscheinenden Arbeiten wird vor der Publikation durch den Herausgeber der Reihe geprüft.

Notes on the quality assurance and peer review of this publication

Prior to publication, the quality of the work published in this series is reviewed by the editor of the series.

Nadja Luschina

Russisches Fräuleinwunder auf Deutsch

Deutschsprachige Erzählliteratur von Autorinnen aus den Nachfolgestaaten der Sowjetunion zwischen 2005 und 2012

PETER LANG

Bibliografische Information der Deutschen Nationalbibliothek
Die Deutsche Nationalbibliothek verzeichnet diese Publikation in der Deutschen Nationalbibliografie; detaillierte bibliografische Daten sind im Internet über http://dnb.d-nb.de abrufbar.

Zugl.: Duisburg-Essen, Univ., Diss. 2017

Umschlagabbildung: „Miniature“ von Nina Werzhbinskaja-Rabinowich, Wien.
Mit freundlicher Genehmigung der Künstlerin.

D 465
ISSN 0721-3093
ISBN 978-3-631-75870-0 (Print)
E-ISBN 978-3-631-76799-3 (E-PDF)
E-ISBN 978-3-631-76800-6 (EPUB)
E-ISBN 978-3-631-76801-3 (MOBI)
DOI 10.3726/b14683

Peter Lang – Berlin · Bern · Bruxelles ·
New York · Oxford · Warszawa · Wien

Diese Publikation wurde begutachtet.

www.peterlang.com

Inhaltsverzeichnis

Vorbemerkung und Dank ... 7

Teil I Russische (E-)Migration von Bunin bis Bronsky ... 11

1.1 Historische Kontexte ... 12
1.1.1 Daten und Fakten jahrhundertelanger Völkerwanderung ... 16
1.1.2 Gründe für die Migration ab 1989 ... 22
Osteuropäische Juden in der Bundesrepublik Deutschland ... 25
1.1.3 Die ‚Wende' und die gesetzlichen Bestimmungen ... 30
Von der Migration zur Integration ... 31
Ausländer/in, nicht Deutsche/r ... 34
Asylsuchende ... 37
Flüchtlinge und Kontingentflüchtlinge ... 39
Das Exil und seine Kinder ... 40
(Spät-)Aussiedlerinnen und (Spät-)Aussiedler ... 42
Sowjetische Jüdinnen und Juden in der Bundesrepublik ... 47
Statt eines Fazits ... 51

1.2 Probleme und Prozesse der ‚Beheimatung' ... 52
1.2.1 Kultur, Akkulturation, Integration ... 53
1.2.2 Migration und Identität ... 63
1.2.3 Migration, psychische Gesundheit, Störungen, Trauma und Gewalt ... 68
1.2.4 Migration, Familie, Rolle der Mutter: Funktionen und Herausforderungen ... 77
Mother oder *back to the roots* ... 77
Frauen in der Fremde ... 80
Migration von Frau und Familie: Risiken ... 81
Trennung und Scheidung ... 82
Adoleszenz und Eltern-Kind-Konflikte ... 87
Migration von Frau und Familie: Chancen ... 92

Teil II Verlorene, wiedergefundene oder erfundene Sowjetunion – „La Russie sans peine"? Ethnografische Skizzen ... 97

2.1 Das Pionierlager *Orljonok*: Symbol des Vergänglichen und des Bestehenden ... 100

2.2 Sowjetische Räume der Träume und Erinnerungen 105
Die Küche als alltäglicher und ästhetischer Ort 106
Die Kommunalwohnung als Antiwohnort 109
Die Datscha als Ort der Freiheit 113

2.3 Gestörtes Essverhalten als Folge historisch-politischer Umwälzungen sowie migratorischer Erfahrungen 117
Gastronomische Knappheit oder ‚Der Mensch lebt nicht vom Brot allein' 120
Migration und Mahlzeiten 130
Mehr als ein Getränk: Wodka 139
Statt eines Fazits 146

2.4 Wie/So riecht die Heimat? 147

2.5 Sehnsucht nach der Kultur der Ur-Heimat 153
Statt eines Fazits 160

Teil III Von fehlenden Eltern, tapferen Töchtern, nomadischen Migrationsbiografien bei Bronsky, Grjasnowa, Haratischwili, Hummel, Poladjan und Rabinowich. Exemplarische Textanalysen 163

3.1 Autobiografisches Schreiben und Erinnern in Eleonora Hummels *Die Fische von Berlin* (2005) und *Die Venus im Fenster* (2009) sowie Julya Rabinowichs *Spaltkopf* (2008) 167

3.2 Inszenierung von Raum und Zeit bei Julya Rabinowich *Die Erdfresserin* (2012), Alina Bronsky *Die schärfsten Gerichte der tatarischen Küche* (2010) und Katerina Poladjan *In einer Nacht, woanders* (2011) 191

3.3 Erwachsenwerden ohne Mutter. Alina Bronskys Romane *Scherbenpark* (2008) und *Spiegelkind* (2012) 219

3.4 Grenzüberschreitungen, Globalisierung und Gewalt in Olga Grjasnowas Roman *Der Russe ist einer, der Birken liebt* (2012) und Nino Haratischwilis *Mein sanfter Zwilling* (2011) 236

Ausblick 259

Anhang 263

Biogramme der wichtigsten Autorinnen 263

Literaturverzeichnis 271

Vorbemerkung und Dank

Im Mai 2017 hatte ich die Gelegenheit, an einer mehrtägigen Konferenz der Evangelischen Akademie Loccum unter dem sprechenden Titel *Deutschland lernt Integration* teilzunehmen, auf der aktuelle Fragen der Migration, der Integration und sogenannten Flüchtlingskrise interdisziplinär, kompetent und durchaus auch emotional bearbeitet und diskutiert wurden. Die Erkenntnisse, die Teilnehmerinnen und Teilnehmer aus verschiedenen Tätigkeitsbereichen und Institutionen – aus Wissenschaft, Politik, Verwaltung, aus Sozialverbänden und Unternehmen – dabei zusammentrugen, waren erstaunlicherweise neu – und wie vieles Neue – zugleich altbekannt. Und sie schienen mir unter verschiedenen Aspekten auch diese literaturwissenschaftliche Studie zu betreffen.

Für die Aktualität und eine nicht nur fachspezifisch literarische, sondern auch soziale Relevanz meiner Untersuchung, die vor allem die Debütromane von Autorinnen aus der ehemaligen Sowjetunion aus den Jahren 2005–2012 behandelt, sprechen meines Erachtens die folgenden Argumente. Erstens ist Migration ohne Integration nicht zu denken. Zweitens sollen, ja dürfen die verpassten Möglichkeiten bei der Integration der Zuwanderer in den 1990er Jahren sich nicht wiederholen. Schließlich müsste die Aufnahmegesellschaft der Gruppe der Neuzugewanderten (aus diversen Gründen, und nicht zuletzt zum eigenen Vorteil) größere Aufmerksamkeit schenken. Kurz: Man sollte die ‚Bedürfnisse und Bürden' der zugewanderten Menschen genauer unter die Lupe nehmen, um sie besser zu verstehen und auf diese Weise eine erfolgreiche und friedliche, rasche Integration der Migrantinnen und Migranten zu ermöglichen.

Diese Arbeit betrachte ich als einen bescheidenen gegenstands- und fachspezifischen Beitrag zum besseren Verständnis der historisch-politischen, sozialpolitischen, kulturellen und persönlichen Prozesse, die sich hinter einem Schlagwort wie *Migration* verbergen. Auffällig, wenn auch naheliegend, war und ist bei den Autorinnen dieser Gruppe, die auf den ersten Blick ihr Beruf und die Zugehörigkeit zur gleichen Generation verbinden, ein starker Bezug auf die biografischen und kollektiven Erfahrungen, die mit der spezifischen Form der Integration zusammenhängen. Als die werkimmanente Untersuchung der einschlägigen literarischen Texte sich als unzureichend für ein volles biografisches Verständnis erwies, drängte sich die Notwendigkeit einer zeithistorischen, politischen, aber auch sozialpsychologischen Fundierung auf. Deshalb habe ich mich – selbst eine Nomadin zwischen Staaten, Kulturen und Sprachen – bemüht, auch die einschlägigen Ergebnisse verschiedener Disziplinen heranzuziehen, um meine literaturwissenschaftliche Analyse interdisziplinär zu vertiefen.

Zum hundertjährigen Jubiläum der russischen Oktoberrevolution, als ich meine Dissertation bereits abgeschlossen und eingereicht hatte, erschien im Oktober 2017 Karl Schlögels großartiges, beinahe eintausend Seiten schweres, enzyklopädisches Werk *Das sowjetische Jahrhundert: Archäologie einer untergegangenen Welt*. Mit meisterhafter Präzision und Tiefe präsentiert und archiviert Schlögel seine gesellschaftshistorischen Ausgrabungen „einer untergegangenen Welt" (2017: 20). So vergegenwärtigt er alle wichtigen Phänomene und Realien der sowjetischen Lebenswelt – von Räumen der Freiheit (wie beispielsweise der Datscha) über die organisierten und alltäglichen Rituale (hier die Paraden auf dem Roten Platz, dort die täglichen Warteschlangen beim Einkauf) bis zu Stalins Kochbuch. All dies bestätigt die Ergebnisse, die ohne vergleichbaren Anspruch auf Umfang und Vollständigkeit auch ein Teil meines Arbeitsprozesses waren.

Eine Aufarbeitung ‚des sowjetischen Jahrhunderts' war auch in Russland längst fällig. Im selben Jahr entstand dort – zum Gebrauch für Groß und Klein – das rundum schöne, ästhetisch authentische, großformatige Bilderbuch *In einem alten Haus in Moskau: Ein Streifzug durch 100 Jahre russische Geschichte* (auf Deutsch 2017 erschienen). Es erzählt aus der Perspektive eines Kindes die Geschichte einer fiktiven durchschnittlichen Familie, die im Kontext ihrer Wohnung mit für die damalige Zeit typischen Objekten von 1902 bis 2002 gezeigt wird. Gepaart mit authentischen Bild-, Text- und Dokumentaraufnahmen bildet es eine Art Nachschlagewerk, das eine Reise in die Vergangenheit (ob aus Nostalgie oder Neugier) jederzeit ermöglicht. Die Autorin Alexandra Litwina und die Illustratorin Anna Desnitskaya gehören (wie die meisten von mir behandelten Schriftstellerinnen – und ich selber) zu der letzten Generation, die eine sowjetische Kindheit erlebt und die Erinnerung daran gespeichert hat.

Als Kinder und/oder Jugendliche aus einem nicht mehr existierenden Staat in den ‚Westen' gekommen, verarbeiten die Autorinnen ihre Lebens- und Familiengeschichten, Erinnerungen und Integrationserfahrungen in ihren ersten Romanen – inhaltlich oft ähnlich, literarisch durchaus unterschiedlich und im Hinblick auf Folgewerke vielversprechend. Inzwischen ist keine von diesen einstigen Newcomerinnen aus dem literarischen Leben in Deutschland mehr wegzudenken. Um Ilma Rakusa (2008/2009: 159) zu paraphrasieren, ist es auch ihnen „zu verdanken, dass die deutsche Gegenwartsliteratur ihre Welthaltigkeit und stupide Vielfalt nicht mehr unter Beweis stellen muss."

Das Schaffen der hier untersuchten Autorinnen wurde bisher noch nicht systematisch und gründlich untersucht. Im Gegensatz zu vielen talentierten literarischen Einzel-Stimmen ‚mit Migrationshintergrund' bilden sie – sprachlich wie historisch-kulturell, vom Alter und Geschlecht her – ein relativ kompaktes Phänomen. Und so bleibt die zentrale Behauptung von Katrin Blumenkamp, dass das „‚Literarische Fräuleinwunder' lebt!" (2011: 11), auch Jahre später aktuell. Die in den 1950er Jahren in den USA (für das deutsche Model Susanne Erichsen) entstandene Bezeichnung vom Fräuleinwunder erlebt ihre Renaissance und gewinnt eine neue Konnotation und Diskurskraft vor allem durch Volker Hages *Spiegel*-Artikel *Die Enkel kommen* (vom 11.10.1999, S. 244–254). Gemeint waren vor allem junge und moderne, selbstbewusste und vielversprechende Autorinnen wie beispielsweise Karen Duve, Alexa Hennig von Lange und Judith Hermann.

In ihrer (inzwischen vergriffenen) Dissertation *Das ‚Literarische Fräuleinwunder': Die Funktionsweise eines Etiketts im literarischen Feld der Jahrtausendwende*, die 2018 unter dem Titel *Fräuleinwunder. Zum Literarischen Nachleben eines Labels* neu herausgebracht wird, untersucht Blumenkamp ausführlich die Formen, Typen und Entstehungsfaktoren dieses literaturgeschichtlichen Etiketts nach 1945. Von 2005–2012 waren es eindeutig junge ‚Russinnen', die durch ihre literarische Wucht mit neuen thematischen Aspekten, politisch- und gesellschaftskritische Statements und gleichzeitig ‚medienwirksames' Aussehen und Auftreten für Furore vor allem im Feuilleton (und teilweise auch in den Verkaufszahlen) gesorgt haben. Mit meiner Arbeit möchte ich nun einen Beitrag zu dieser Thematik auch im Feld einer kulturwissenschaftlich fundierten Literaturwissenschaft leisten.

An der Universität Duisburg-Essen hat Professor Jochen Vogt mich auf diese Spur gesetzt und geduldig bis zum Schluss begleitet, wofür ich mich bei ihm herzlichst bedanke. Ein besonderer Dank gilt auch Professor Rolf Parr, der mich in der Abschlussphase beraten, bestärkt und innerhalb kürzester Zeit mit hilfreichen Ideen und Hinweisen versorgt hat.

Weiterhin möchte ich Dr. Hannes Krauss, dem Kenner der russischen Literatur-, Kultur- und Wissenschaftsszene für Gespräche, Bücher und Hinweise, sowie das mir gewährte ‚Asyl' in seinem ehemaligen Büro danken. Ein herzlicher persönlicher Dank gebührt Dr. Ursula Bessen und Peter Lechner, Ruta Peci und Renate Söffing, Irina und Alexander Volz für ihre großzügige Ermunterung und menschliche Unterstützung. Meiner russländischen Freundin und Slawistin Larissa Kravcova danke ich für langjährige Freundschaft und ihren kritischen Blick bei der Lektüre sehr. Für den unermüdlichen Eifer von Dr. Renate Kärchner-Ober, die mir immer wieder Mut gemacht hat, werde ich immer dankbar sein – und natürlich für die wundervollen gemeinsamen Mittagspausen.

Dankbar bin ich auch Professorin Barbara Hahn von der Vanderbilt University für inspirierende und in der Anfangsphase eine Orientierung gebende Gespräche.

Professor Michael Levine war mir an der Rutgers University stets ein großzügiger und verständnisvoller Supervisor, wofür ich ihm danken möchte. Bedanken möchte ich mich zudem bei Dr. Katharina Jacob, die mir auch unter schwierigen Bedingungen offenes Denken und eigenständiges Handeln vertrauensvoll ermöglichte.

Frau Nina Werzhbinskaja-Rabinowich danke ich für die Erlaubnis, ihr Gemälde für den Einband meines Buches verwenden zu dürfen.

Schließlich war es aber meine Familie, die mir in dieser Zeit – und über alle Entfernung hinweg – sehr viel Verständnis und Geduld, Ermunterung und grenzenlose Liebe geschenkt hat. Ihr, insbesondere meinen Eltern, ist diese Arbeit gewidmet.

Nadja Luschina, Marbach am Neckar im Februar 2018

Teil I Russische (E-)Migration von Bunin bis Bronsky

Ausgerechnet Jusefas Füße sollten mit den kilometerlangen Märschen in unserer Familie anfangen. In ihrem kurzen Leben lief Jusefa so viele Male von P. nach M., um ihre Familie zu sehen, dass ihrer Tochter das Los des hinkenden Krüppels zufiel.
Valžyna Mort *Tante Anna*

What is love if not a need for a beholder, a witness; if not the possibility to be immortalized in the story of another person? The insect caught in a drop of amber knew what it was doing.
Valžyna Mort *Zhenya*

Meine Darstellung und Analyse eines aktuellen Phänomens der deutschsprachigen Gegenwartsliteratur, des bemerkenswert erfolgreichen Beitrags deutsch schreibender Autorinnen[1] mit sowjetischer Zuwanderungsgeschichte zur literarischen Produktion in der Bundesrepublik und in Österreich, soll mit einer naheliegenden Frage beginnen: Wie ist es dazu gekommen, dass ‚junge Russinnen' *hier* so zahlreich vertreten sind, auf Deutsch schreiben und viele literarische Preise erhalten haben? Im Gegensatz zur aktuellen Literaturkritik, in der dies ein reges Interesse genießt, wurden die jungen Literatinnen aus der ehemaligen UdSSR und ihre Produktion[2] von der Literaturwissenschaft bisher kaum beachtet. Auch der ‚Herkunftsfrage' wird im akademischen Diskurs nicht ausführlicher nachgegangen.

Mein Anliegen ist es, dieses Phänomen, oder diesen ‚Trend' mit seinen unausgesprochenen generationellen, politischen, soziokulturellen, historischen und auch psychologisch-psychiatrischen Facetten auf der Realitäts- wie auch auf der

1 In der Regel wird sowohl die weibliche als auch die männliche Pluralform aufgeführt. Bei Komposita hingegen wird der Lesbarkeit halber ausschließlich die männliche grammatikalische Form verwendet, wobei weibliche Personen stets implizit darin eingeschlossen sind.

2 Das Buch *Fremde Frauen: Zur Figur der Migrantin aus (post)sozialistischen Ländern in der deutschen Gegenwartsliteratur* (2016) von Madlen Kazmierczak scheint die erste umfangreichere Studie zu sein, die sich thematisch enger und mit unterschiedlichen methodischen Zugängen u. a. auf je einen Roman von Bronsky, Grjasnowa und Rabinowich bezieht. Den Erkenntnissen kann ich weitgehend zustimmen sowie bedaure ich, diese Arbeit erst kurz nach dem Abschluss meines Manuskriptes entdeckt zu haben.

Textebene genauer zu erfassen. Zudem möchte ich meinen Leser/innen einen Überblick über die Voraussetzungen, Möglichkeiten und die langjährige Tradition des deutsch-russischen Geistestransfers geben.

Dieses Vorhaben lässt sich mindestens mit folgenden vier Argumenten untermauern. Die notwendigerweise komprimierte Zusammenfassung der deutsch-sowjetisch-russischen Verhältnisse kann als informative und ‚erinnernde' Grundlage dienen. In der Hoffnung auf eine Weiterentwicklung der zurzeit turbulenten geopolitischen Beziehungen soll sie die – leider meist vorurteilsbeladene – Denkweise ein wenig ändern. Schon 1984 empfahl Helmut Wolfgang Kahn in seinem Nachwort an die Leser „mit Briefen an Publikationsorgane und Politiker diejenigen zu ermutigen, die das deutsche Interesse an guten Beziehungen zur Sowjetunion über die Interessen der Westmächte, vornehmlich der USA, und der Rüstungsindustrie stellen". (Kahn 1984: 189)

Manchen Leserinnen und Lesern wird ein politisch-historischer Exkurs einige Hindernisse beim Verstehen der fiktionalen Verarbeitung vieler authentischer historisch-politischer Ereignisse in den hier besprochenen Romanen aus dem Weg räumen. Inwiefern spielt die Herkunft der Autorinnen eine Rolle für ihr literarisches Schaffen? Welche psychologischen und poetischen Spuren hinterlässt die Migration? Schließlich geht es um Einblicke in das Generationsphänomen der in der Sowjetunion geborenen und in Deutschland und/oder Österreich aufgewachsenen Schriftstellerinnen. Die von mir ausgewählten Autorinnen wurden in verschiedenen Teilen des siebzig Jahre lang existierenden und heute zerfallenen Staates geboren. Im Weiteren wird ihr Migrationshintergrund als *russländisch* kenntlich gemacht.

1.1 Historische Kontexte

> Deutsche und Russen waren nie „Erbfeinde", wie dies Deutsche und Franzosen jahrhundertelang oder Franzosen und Engländer, die mehr als den „Hundertjährigen Krieg" gegeneinander führten, oder Russen und Polen gewesen sind. Deutsche und Russen haben sich im Laufe der fast tausendjährigen Geschichte ihrer Beziehungen weit seltener und kürzer bekriegt als andere Völker Europas […].
> Helmut W. Kahn *Die Deutschen und die Russen*

Die Integrationsdebatten in der Bundesrepublik Deutschland gleichen Wellen, die einmal höher schlagen, um sich danach wieder zu glätten. Kurz, sie sind noch nicht beendet und werden weiterhin durch zahlreiche Vorschläge und Empfehlungen (beispielsweise aus der Politik oder von tatsächlichen oder selbst ernannten Koryphäen wie Claus Leggewie und/oder Theo Sarrazin) produziert.

Dieses Phänomen zeigt, dass nicht alle ‚Neu-Deutschen' im Lande angekommen sind oder dort ankommen wollen und können. Sehr anschaulich schildert die aktuelle soziale Situation im Land beispielsweise die populäre Fernsehserie *Tatort.* Während etwa Dortmunder Stadtviertel mit meist obdachlosen und kriminellen EU-Bürger/innen aus Rumänien und/oder Bulgarien als krasse Problemfelder dargestellt werden, weist der Münsteraner *Tatort* seine musterhaft eingedeutschte russische Kommissarin Nadeshda Krusenstern[3] vor, die sich in einer Folge jedoch in einen offiziellen Gast des Polizeireviers, einen ‚echten Russen', verliebt.

Nach den Untersuchungen von Regina Römhild (1998: 4) bleibt „[d]ie implizite Abwehrhaltung gegenüber den als Deutschen einwandernden Aussiedlern" dennoch verbreitet. „Seit 1989 konstatieren Meinungsumfragen in der Bevölkerung einen wachsenden Unmut über die Zuwanderungsbewegungen" (ebd.). Römhild nennt zwei Kritikpunkte „an der Praxis der Aussiedlerzuwanderung" aus der Perspektive der Einwohner im Gastland Deutschland: einerseits Misstrauen gegenüber den Aussiedlern „aufgrund des von ihnen reklamierten Deutschseins und den daraus resultierenden Privilegien, die als Benachteiligung der zuwandernden und der ansässigen Ausländer gesehen werden" (ebd.); andererseits eine allgemeine Fremdenfeindlichkeit, die sich auch auf die Spätaussiedler/innen bezieht. Wichtig scheint mir, das generationenlange Paradoxon der ‚deutschen Russen in Russland' und ‚russischen Deutschen in Deutschland' zu klären und seine historischen Bedingungen zu erläutern. Es wird hier um Wanderungsschicksale der Menschen gehen, die seit 1988/89

> *als Deutsche* in die Bundesrepublik einwandern; Menschen also, die ihr ganzes bisheriges Leben weit weg im Osten verbracht haben und dennoch nicht *als Fremde* – wie alle Immigranten – kommen, sondern gewissermaßen *als Gleiche* Zugehörigkeit zu uns, den ansässigen Deutschen, und zu dem Land, das unseren Namen trägt, beanspruchen. (Römhild 1998: 1)

Dieses Privileg oder das Recht, als Deutsche/r in die Bundesrepublik aufgenommen zu werden, liegt in der Natur des deutschen, „in einer langen ethnonationalen Traditionslinie stehenden" Staatsangehörigkeitsrechts, das sich auf das *ius sanguinis* (Recht der Abstammung) bezieht und „mit dem deutschen ‚Kriegsfolgenrecht' zu tun hat: Voraussetzung waren [...] der Nachweis deutscher Abstammung und ein lebensgeschichtliches ‚Bekenntnis zum Deutschtum'." (Bade 2002: 412). Römhild betont die Bereitschaft der auf diesem Rechtsweg Zugewanderten, im nationalen

3 Vermutlich in parodistischer Absicht nach einem berühmten russischen Schiff benannt.

Rahmen „dem neokonservativen Projekt einer Revitalisierung nationaler Vergemeinschaftung quantitativen und argumentativen Vorschub zu leisten.“ (Römhild 1998: 3)

Die Geschichte und die Präsenz vieler ‚Russen‘ in Deutschland beginnt mit der von vielen längst vergessenen oder nie gekannten deutschen Geschichte – beinahe einer Migrationstradition – mit „ihren Deutschen“ in Russland. Sie findet ihren Anfang zu Zeiten der Kiewer Rus’, insofern es damals bereits „zehn deutsch-russische Fürstenehen“ (Kahn 1984: 207) gab. Im 15. Jahrhundert erreicht diese Praxis auch das breite Volk; eine große Anzahl deutscher Handwerker, die in Russland ihren Beruf ausübten, heirateten und gründeten Familien mit russischen Frauen. Peter I., „der zeitweilig mit der Deutschen Anna Mons liiert war“ (ebd.) und dessen Beispiel weitere Mischehen folgten, setzte im 18. Jahrhundert diese Tradition fort.

Die Initiative der wohl bekanntesten ‚deutschen Russin‘ Katharina II., die am 22. Juli 1763 „eines der ehrgeizigsten Einwanderungsprojekte der damaligen Zeit“ (Römhild 1998: 37) in die Wege geleitet hatte, ermöglichte bereits in zwölf Jahren über 30 000 Menschen – vor allem aus Südwestdeutschland und der Schweiz –, in Russland ein neues Zuhause zu finden und ihre Lebensbedingungen zu verbessern (vgl. ebd.). Versprochen wurden Privilegien wie „Religionsfreiheit, Befreiung vom Militärdienst, Steuererlaß und materielle Unterstützung in den ersten Jahren“ (ebd.). Die Anzahl der „deutschen und deutschbaltischen Diener der Zaren-Autokratie unter den Freiheitlichen Ru[ss]lands“ (Kahn 1984: 61) wuchs und bildete eine eigene Oberschicht. Dies rief – was analog auch im heutigen Deutschland zu beobachten ist – Unmut unter den Einheimischen hervor. Der anarchistische Revolutionär Michail Bakunin brachte diese Stimmung auf den Punkt und bezeichnete das damalige Russland als ein „unter der Knute lebendes Germanenreich“ (ebd.). Die Zarenfamilie von Nikolaus I.[4] wurde durch zahlreiche Nachkommen aus Deutschland erweitert, die eine wichtige Rolle bei Hofe spielten. Laut Kahn (1984: 61) waren „[u]m die Mitte des 19. Jahrhunderts […] nicht weniger als 15 Prozent der höchsten Posten in der russischen Zentralverwaltung von Lutheranern“ – also wohl von Deutschen – besetzt.

Im Zuge der Revolutionsbewegungen und ihrer Folgen (z. B. Flucht und Exil) im Jahr 1848/1849 traten deutsche und russische Progressive in Kontakt und erarbeiteten gemeinsam Strategien und Ideologien. Das *Kommunistische Manifest*

---

4 „Sämtliche Kinder Nikolaus I. mit Charlotte (Alexandra) von Preußen waren wiederum mit Deutschen verheiratet […]. […] Der letzte Zar, Nikolaus II., war mit Alice (Alexandra) von Hessen verheiratet. Ilja Nikolaewitsch Uljanow heiratete Maria Blank – Sohn Wladimir Iljitsch Uljanow (Lenin). Alexander Herzen hatte eine deutsche, Richard Sorge eine russische Mutter.“ (Kahn 1984: 208)

von Marx und Engels entsteht 1848. Der Revolutionär und Anarchist Bakunin, der sich „seit 1841 in Berlin mit Hegel beschäftigt hatte" (ebd.) und mit Karl Marx in engem politisch-philosophischen Austausch stand, stürmte mit Richard Wagner 1849 in Dresden die Barrikaden. Später setzte sich der junge Wladimir Iljitsch Uljanow (Lenin) mit den Lehren Alexander Herzens und Bakunins, Marx' und Engels' in der Originalsprache, die er dank seiner deutschen Mutter ausgezeichnet beherrschte, intensiv auseinander (vgl. Kahn 1984: 62).

Die geistige deutsch-russische Substitution wurde zudem durch die europäische Wissenschaft und ihre Entwicklung und Institutionalisierung gefördert. „An der Wende vom 19. zum 20. Jahrhundert stellte die Ost-West-Migration die Hauptrichtung dar. Rußland war eines der bedeutendsten Herkunftsländer ausländischer Studierender an west- und mitteleuropäischen Universitäten und Hochschulen." (Peter 2008: 925) Junge Adelige konnten privat oder mit staatlicher Unterstützung eine ausgezeichnete akademische Ausbildung in geistigen Zentren wie Belgien, Deutschland, Frankreich und/oder der Schweiz genießen. „Damit stellten russische Staatsangehörige zwar nur etwa 3,6 Prozent aller Studenten, aber 45 Prozent der Ausländer an deutschen Universitäten" (925). Zwei der Hauptgründe liegen auf der Hand – ausgeprägte akademische Interessen der jungen Generationen sowie die Rückständigkeit und „strukturelle Schwäche des russischen Hochschul- und Universitätswesens" (ebd.) in der damaligen Zeit.

> Erst in den letzten Jahren vor dem Ersten Weltkrieg wurde der Zustrom von Studenten aus dem Zarenreich an deutsche Universitäten und Hochschulen durch Zulassungsregelungen, Gebühren und einen allgemeinen Numerus clausus (wie 1911 in Bayern und 1913 in Preußen) konsequent begrenzt. Nach Kriegsbeginn 1914 schloß sie ein Erlaß über die Nichtimmatrikulation von Angehörigen von im Kriegszustand mit dem Deutschen Reich stehenden Staaten vom Studium aus. Mit wenigen Ausnahmen wurden die rußländischen Studenten des Landes verwiesen, soweit sie sich wegen der Semesterferien überhaupt in Deutschland aufhielten. (Peter 2008: 928)

Politische und soziale Kataklysmen ließen mehrere Tausende von Menschen Anfang des 20. Jahrhundert „in immer neuen Wellen und Schüben" (Schlögel 2008b: 914) aus Russland ausreisen[5] oder fliehen und bildeten neue kultur-

5 „Anders als die Abwanderung aus dem Zarenreich im späten 19. sowie frühen 20. Jahrhundert, die durch wirtschaftliche Not und Verfolgungsdruck vor allem im jüdischen Siedlungsgürtel bedingt war und deren Ziel meist Nordamerika wurde, handelt es bei der Emigration nach 1917 vor allem um eine politische Bewegung: die Etablierung der Sowjetmacht stellte für bestimmte Gruppen eine Gefahr für Leib und Leben dar, und das Verlassen des Landes erwies sich für viele als der einzige Ausweg." (Schlögel 2008: 914)

historische Landschaften in den Aufnahmeländern. Bis vor Beginn des Zweiten Weltkrieges zählte man immerhin „rund 8 Millionen Deutsche oder Personen deutscher Abstammung, vor allem in der Tschechoslowakei, in Polen, in Rumänien, Ungarn, Jugoslawien und in der Sowjetunion, aber auch in Estland, Lettland, Litauen, im Memelgebiet und in der Freien Stadt Danzig." (Bade 2002: 412)

1.1.1 Daten und Fakten jahrhundertelanger Völkerwanderung

> Rußländische Emigration des ‚kurzen 20. Jahrhunderts' [...] war eine Emigration mit einer stark kulturellen Dimension, um nicht zu sagen: einer kulturellen Mission.
> Karl Schlögel *Rußländische Emigranten in Europa seit 1917*

> Als ich vor Jahren eine Moskauer Bekannte in die Schweiz einlud und als ‚eine russische Freundin' vorstellte, korrigierte sie mich entschieden: ‚eine sowjetische Freundin' – sie ist Jüdin.
> Regula Heusser-Markun *Sie fahren in die Sowjetunion? Warum? Sind Sie Kommunist?*

Die russisch-sowjetische Geschichte des 20. Jahrhunderts stand im Zeichen der drei historischen Migrationswellen nach Deutschland, Frankreich und Österreich, wofür es überwiegend historisch-politische Gründe gab. Karl Schlögel zieht dabei eine klare Trennlinie zwischen den Adjektiven *russisch* und *russländisch*. Während das erste eine ethnisch kleinere Gruppe bezeichnet, weist das Adjektiv *russländisch* auf die Zugehörigkeit zum russischen Kaiserreich, das 1917 aufhörte zu existieren, was zu der ersten Emigrationswelle vieler in ihm lebender Volksgruppen führte (z. B. der Ukrainer, Deutschen, Juden, Letten, Esten, Georgier, Armenier, Finnen, Tataren, Litauer, Polen) (vgl. Schlögel 2008: 914–915).

> Rußländische Emigration nach 1917 meint daher die Flucht von Angehörigen des Russischen Reichs, gleich welcher Nationalität. / Die Rede von ‚Russischen Emigranten', die sich in den Hauptstädten Europas niederließen, meint daher fast immer Flüchtlinge aus dem ehemaligen Russischen Reich und keineswegs nur Angehörige des ethnischen Russentums. (Schlögel 2008: 914)

Mit dem Zerfall des Russischen Reiches fand längerfristig auch die „russländische Emigration" ihr Ende, die sich in mehreren nationalen Gemeinschaften (wie beispielsweise der armenischen oder ukrainischen Diaspora) wiederfand.

Historiker betrachten die erste Emigrationswelle als „die wohl massivste und ihrer sozialen und kulturellen Bedeutung nach gravierendste politische Fluchtbewegung des 20. Jahrhunderts" (915). Schätzungsweise waren es 1,5 bis 2 Millionen Angehörige des Adels und der bürgerlichen Intelligenz, die vor den Gräueln der Oktoberrevolution und des Bürgerkriegs wie auch vor dem neuen politischen

Kurs der erfolgreichen Sowjetmacht flohen – zumeist in der Hoffnung auf einen nur temporären Ortswechsel und eine baldige Rückkehr.

> Die russische Emigration nach 1917 trug die Züge einer Fluchtbewegung der Eliten, die große Teile der kulturellen, intellektuellen und politischen Elite des vorrevolutionären Rußland ins Ausland führte – in dieser Kompaktheit vermutlich nur dem Exil der französischen Aristokratie nach 1789 vergleichbar. Oder anders ausgedrückt: Rußland verlor in einem gewaltigen Aderlaß einen großen Teil seiner gebildeten, besitzenden, herrschaftserfahrenen und organisationskompetenten Elite, das sozio-kulturelle Produkt einer generationenlangen Akkumulation und Selektion. (Schlögel 2008: 916)

Im geistig-kulturellen Sinne bereichernd war diese Lage für europäische Kulturmetropolen und Niederlassungszentren der russländischen Diaspora wie beispielsweise Berlin[6], Paris und später New York oder San Francisco. Berlin, „die Hauptstadt des einstigen Kriegsgegners, der mit dem ‚plombierten Zug' die Revolutionäre aus dem Schweizer Exil nach Ru[ss]land und somit an die Macht gebracht hatte, aber auch einer generationenlangen kulturellen und politischen Nähe" (917) diente vielen Schriftsteller/inne/n und Künstler/inne/n, Geschäftsleuten und auch dem aristokratischen Adel als Ausgangspunkt für ihre weitere professionelle Entwicklung. Man sprach vom „Russischen Berlin" und einer halben Million Flüchtlingen „in den frühen Jahren der Weimarer Republik – 1921 bis 1924 – im Deutschen Reich" (ebd.). In den folgenden zwanzig Jahren – bis zur deutschen Besatzung – ließen sich die meisten russländischen Exilant/inn/en in Paris nieder, wo ihnen (oder jedenfalls manchen) alles Notwendige zugänglich war: „Geld, intellektuelle Brillanz, geistige Inspiration, literarischer Glanz, eine intakte Infrastruktur und organisatorische Stabilität" (917). Danach mussten diese Wandernden weiter nach Übersee ziehen.

Die nächste Welle der (diesmal unfreiwilligen) Emigration stand im Zeichen des Zweiten Weltkriegs (1941–1945), unterschied sich aber situativ und soziokulturell sehr deutlich von den Ausgewanderten nach 1917 und hatte mit ihnen nichts Gemeinsames. Es handelte sich vor allem um sowjetische Bürger/innen, die „von den deutschen Besatzungsbehörden aus der UdSSR zur Zwangsarbeit [ins ‚Großdeutsche Reich' (ebd.)] verschleppt" (Schlögel 2008: 914 f.) wurden und aus Angst vor der sowjetischen Bestrafung für die ‚Kollaboration' mit dem Naziregime nach Kriegsende nicht mehr in ihre Heimat zurückkehrten. Die

---

6 Ausführlicher darüber im Sammelband *Das russische Berlin* von Amory Burchard und/oder in der *Chronik russischen Lebens in Deutschland 1918–1941* von Karl Schlögel et al. Der Kunst der Russen in Berlin war 2003–2004 eine gleichnamige Ausstellung gewidmet: *Russen in Berlin – Kunst der 20er Jahre aus den Sammlungen der Berlinischen Galerie*. Weitere Infos unter: www.berlinischegalerie.de.

stalinistische Diktatur war nach Karl Schlögel ein Grund für sie, lieber „als ‚Displaced Persons' (DPs) in ehemaligen Kriegsgefangenenlagern und Kasernen im besetzten Deutschland [...] auf bessere Zeiten, vor allem aber auf die Weiterreise in die USA oder nach Kanada zu hoffen, wo sie die schon existierende rußländische Diaspora verstärkten oder aber schlicht Amerikaner wurden." (Schlögel 2008: 917) Um zu verstehen, wie die Migration nach, in und durch Europa verlaufen konnte, ist ein Blick auf die politischen Regelungen und Debatten um dieses Thema nötig.

> In der von allen westeuropäischen Ländern unterzeichneten Genfer Konvention von 1951 und dem Zusatzprotokoll von 1967 war es zunächst vor allem um den Schutz von Flüchtlingen aus Osteuropa gegangen, die aufgrund der Folgen des Zweiten Weltkriegs nicht in ihre Heimatländer zurückkehren konnten oder wollten. Das Protokoll von 1967 hob die räumliche und zeitliche Begrenzung der Regelung von 1951 auf. Als *Flüchtling* gilt seither jede Person, die sich aus der begründeten Furcht vor Verfolgung wegen ihrer Rasse, Religion, Nationalität, Zugehörigkeit zu einer bestimmten sozialen Gruppe oder wegen ihrer politischen Überzeugung außerhalb des Landes befindet, dessen Staatsangehörigkeit sie besitzt, und den Schutz dieses Landes nicht in Anspruch nehmen kann oder wegen dieser Befürchtungen nicht in Anspruch nehmen will.
> Wenig ist in der Praxis von diesen humanitären Schutzgeboten geblieben. An die Stelle lange fast unbegrenzter Akzeptanz trat in den 1980er Jahren auch gegenüber Flüchtlingen aus dem ‚Ostblock' eine distanzierte Haltung. (Bade 2002: 364, Hervorhebung v. N.L.)

Nach Klaus J. Bade stand die Zeit bis Mitte der 1970er Jahre in der Bundesrepublik – „wider Willen" (Bade 2004: 391) – im Zeichen folgender drei Formen transnationaler Migration. Die erste Gruppe bildeten Menschen, die zwecks Familienwiedervereinigung emigrierten oder zurückwanderten. Dann gab es reguläre Zuwanderungen mit irregulären Beschäftigungen (vor allem aus Südeuropa) und Asylsuchende aus der ‚Dritten Welt' und später aus Osteuropa (vgl. Bade 2002: 360 f.). Erst 1978 setzte sich in der Bundesrepublik eine Bund-Länder-Kommission mit der „Fortentwicklung einer umfassenden Konzeption der *Ausländerbeschäftigungspolitik*" auseinander und stellte realitätsfern fest, die Bundesrepublik Deutschland sei kein Einwanderungsland, sie verstehe sich vielmehr „als ein Aufenthaltsland für Ausländer, die in der Regel nach einem mehr oder weniger langen Aufenthalt aus eigenem Entschluß in ihre Heimat zurückkehren" (Lauer/Oberloskamp 1981: 3)

Solche (Wunsch-)Vorstellungen haben erkennbar weniger Flüchtlinge oder Asylsuchende als vielmehr die zuvor systematisch angeworbenen „Gastarbeiter" aus Südeuropa oder der Türkei im Blick. Mit dem Fall des ‚Eisernen Vorhangs' gab es eine neue Wanderungswelle, „die alle mit Flutphobien verbindbaren Ängste zu bestätigen schien, war aus dem Kampf um den ‚echten' Flüchtling längst ein

Kampf gegen mehr oder minder grundsätzlich der Täuschung verdächtige Asylsuchende geworden." (Bade 2002: 377)

Der Schwerpunkt meiner Studie liegt auf der genauen Auseinandersetzung mit der dritten und letzten, vor allem politisch und ökonomisch geprägten Welle der russländischen Emigration („die der Dissidenz und der Bürgerrechtsbewegung" [Schlögel 2008: 918]), wie dem darauf folgenden Auswanderungsstrom nach dem Zusammenbruch der Sowjetunion um 1990. Aus Furcht vor Verfolgung und infolge sozialer Erschütterungen mussten viele Künstler (wie beispielsweise Boris Rabinovich und Michael Poladjan), Schriftsteller, politische Dissidenten und Vertreter/innen der nationalen Unabhängigkeitsbewegungen aus den sowjetischen Republiken das Land verlassen (vgl. ebd.).

Diese ‚dritte Welle' der Auswandernden kann man als die von Andersdenkenden, insbesondere Bürgerrechtler/innen bezeichnen, die für ihre Ausreise über gewisse Möglichkeiten – beispielsweise Sympathien, Kontakte und politische Unterstützung im Westen – verfügten.

> Es handelte sich vorwiegend um Angehörige der Bürgerrechts- und Dissidentenbewegungen der 1960er bis 1980er Jahre, die Mitglieder des Netzwerkes von ziviler Gesellschaft – Helsinki-Komitees, nationale Unabhängigkeitsgruppen in den sowjetischen Teilrepubliken, nach Freiheit und Bürgerrecht strebende Schriftsteller und Künstler. (Schlögel 2008: 915)

Meist als Einzelfälle, aber auch als durch bestimmte Merkmale gekennzeichnete Gemeinschaften (z. B. die jüdischen ‚Refúzniks', die Wolgadeutschen oder die Schwarzmeergriechen) wurden sie in Einwanderungsländern aufgenommen (915). Nach dem Fall der Berliner Mauer sind mehr als 200 000 Juden aus der ehemaligen Sowjetunion nach Deutschland ausgewandert[7]. In den Jahren davor waren die USA und der Staat Israel die bevorzugten Emigrationsziele. Diese dritte und letzte Welle der Emigration, die im Zeichen von Repressalien und Unterdrückung stand, fand mit der Auflösung der Sowjetunion ein Ende und ermöglichte auch das Verlassen des (westlichen) Exils. „Die dissidentische Emigration erlebte noch das Ende des Kommunismus und die Möglichkeit einer Rückkehr in die Heimat." (Schlögel 2008: 921)

An den Wellen der russländischen Emigration lässt sich insofern auch die politische Geschichte „des Sowjet-Regimes" (Schlögel 2008: 918) in Russland ablesen. „Charakteristisch für alle Literatur über die rußländische Emigration

---

7 „Die Zuwanderung russischsprachiger Juden ist derart umfangreich, daß Deutschland in den Jahren 2003, 2004 und 2005 mehr Juden aufgenommen hat als der Staat Israel." (Harris 2008: 822)

ist die Hervorhebung ihrer kulturellen Mission und kulturellen Leistung. Die rußländische Diaspora ist reich an später zu Weltruhm gelangten Geistesgrößen, Künstlern, Schriftstellern, Naturwissenschaftlern" (ebd.).

Karl Schlögel zitiert den einst in die USA emigrierten Schriftsteller Vladimir Nabokov und seinen Verweis darauf, dass die russische Diaspora in der Emigration ihre Aufgabe darin sah, das geistige, wahre Russland mit seiner reichen Kultur zu retten und zu bewahren. Die Emigration war für sie der ‚konservierte' „Ort einer kulturellen Mission", in dem es nicht angebracht war, sich zu integrieren oder zu akkulturieren, „so als wäre Integration ein Verzicht, ja Verrat an der ‚kulturellen Mission' des Exils" (ebd.).

Der *Wind of Change* – der Zerfall der UdSSR bedeutete gleichzeitig den Anfang „quantitativ bedeutender Migrationen, die auf Umsiedlung bzw. Flucht russischer Minderheiten aus den unabhängig gewordenen Ex-Republiken der Sowjetunion zurückzuführen sind, vor allem in Zentralasien, im Kaukasus und im Baltikum" (915). Schlögel führt die Bildung der neuen russischen Diaspora nach 1990 (mit ihren für diese Zeit typischen Merkmalen) auf die Globalisierungsprozesse zurück, an denen dank des neuen geopolitischen Systems auch Russland teilnahm – „Mobilität, Freizügigkeit, neue Arbeits- und Erwerbsmöglichkeiten" (ebd.). Die literarische Fixierung genau dieser Prozesse kann in den Romanen ‚meiner' Autorinnen aus den Jahren 2005–2012 besonders deutlich beobachtet werden. Sicher ist, dass Globalisierung, erhöhte Mobilität und (exzessive) Freizügigkeit in unterschiedlicher Mischung drei Hauptthemen ihrer Werke sind.

> Die Öffnung des Eisernen Vorhangs und der Zusammenbruch der Sowjetunion veränderten die Rahmenbedingungen von Grund auf. Die dadurch mobilisierten Minderheitengruppen galten oder verstanden sich teils als Befreite, teils als Verdrängte, Vertriebene oder Flüchtlinge. Andere galten oder verstanden sich als Rückwanderer bzw. Heimkehrer, auch wenn die Vorfahren ihre Heimat schon vor Generationen verlassen hatten. Wieder andere wurden abermals […] Opfer der Bewegung von Grenzen über Menschen, ohne daß sie selbst oder ihre Vorfahren je über Grenzen aus- oder eingewandert waren. (Bade 2002: 410)

Die umfangreichste Gruppe der Zugewanderten aus dem Osten bildeten die sogenannten ‚ethnischen Deutschen', kurz (Spät-)Aussiedler, die „vor allem aus den Nachfolgestaaten der UdSSR, aus Polen und Rumänien nach Deutschland" (411) übersiedelten. Für Bade ist dieser Terminus „ein ethnonationaler Euphemismus; denn anerkannte Aussiedler sind Deutsche und Einwanderer zugleich. Sie kamen und kommen nicht rechtlich, aber kulturell, mental und sozial in eine echte Einwanderungssituation" (415). Die materielle Unterstützung seitens des Staates und „lange erhebliche Eingliederungshilfen", die alle sozialen Leistungen einschließen, machten die Spätaussiedler zu einer rechtlich wie „materiell privilegierten Minderheit", was gleichzeitig zu psychologischen Belastungen bei den ethnischen Deutschen wie auch bei anderen Immigranten geführt hatte. Dennoch war ihre Bereitschaft und Fähigkeit, sich im Aufnahmeland ihrer Vorfahren erfolgreich zu integrieren, „lange als ein mustergültiges, vielfach auch für andere Einwanderergruppen in Deutschland empfohlenes Modellunternehmen" (ebd.).

Im Jahr 1996 erreichte die Zahl der zugewanderten Spätaussiedler aus den GUS-Staaten „schließlich 96,8 %, als von 177 751 aufgenommenen Aussiedlern allein 172 181 aus der ehemaligen Sowjetunion kamen" (414 f.). Seitens der in Deutschland lebenden Deutschen herrschte – und herrscht in einigen Fällen immer noch – Unmut wegen der finanziellen Unterstützung und der Befürchtung, dass dem Massenexodus der Spätaussiedler aus dem Osten die ‚neuen Völkerwanderungen' (414) folgen würden.

Doch Schlögel hebt hervor, dass die Auswanderungssituation vieler Talente und geistigen Potenzials für Russland mit riesigen Verlusten einherging, während alle Aufnahmeländer (unter ihnen auch die USA[8]) „von der Ankunft rußländischer Emigranten grosso modo bei allen Unkosten und Konflikten" (Schlögel 2008: 921) profitierten. Vielen russischen Juden oder Aussiedlern aus Kasachstan ist es beispielsweise gelungen, eigene Vereine, Museen, Klubs und florierende Musikschulen, Medienbetriebe oder Diskos zu gründen.

In der Bundesrepublik Deutschland gilt seit 1991 für die Gruppe der russischen Juden das Kontingentflüchtlingsgesetz, das legale Einreise, finanzielle Unterstützung und Integrationsförderung gewährt. Zuwanderer werden im ganzen Land proportional zu Bevölkerungsdichte angesiedelt, anders als in Nordamerika. Die Migration aus Russland und anderen Nachfolgestaaten nach Österreich sieht etwas anders aus. Zwischen 1973 und 1989, als es keine Möglichkeit der direkten Auswanderung in die USA und nach Israel gab, transmigrierten durch dieses Land circa 250 000 jüdische Emigrant/innen (vgl. Faßmann/Münz 1992: 19). In Österreich blieb nur ein kleiner Teil der russländischen Migrant/innen, die „eingebürgert […] und in der Regel politisch wie sozial integriert" wurden (ebd.).

8 Zum Beispiel „Koussevitzky beim Boston Symphony Orchestra, Russian Research Center in Harvard, Nabokovs ‚American Years'. Viele der Künstler, Schriftsteller, Gelehrten haben in der Neuen Welt schulbildend gewirkt und mit dem reichen kulturellen Erbe Rußlands und des Alten Kontinents die Neue Welt bereichert. Das gilt im übrigen für alle drei Wellen der Emigration, in denen politisches Exil und ‚Brain Drain' offensichtlich Hand in Hand gegangen sind." (Schlögel 2008: 921

1.1.2 Gründe für die Migration ab 1989

Der Fall der Berliner Mauer löste mehrere Migrationsströme aus. Zum einen waren es Wanderungen innerhalb des wiedervereinigten Deutschlands und zum anderen zeitnah in der zerfallenen Sowjetunion. Da die DDR zum sozialistischen Lager gehörte und aufgrund der engen Zusammenarbeit mit der Sowjetunion wurden Weichen für die Lockerung oder zeitweise Aufhebung der Reisekontrollen gestellt und tausende von Menschen verließen die ehemalige UdSSR.[9] Nebst den aus der ehemaligen Sowjetunion ausgewanderten Spätaussiedlern und Juden nennt Belentschikow Bürgerinnen und Bürger aus den „zentralen Gebieten der Russischen Föderation, der Ukraine und Beloru[ss]lands" (Belentschikow 1994: 95), andere, die aus den Kriegsgebieten oder den Regionen mit Nationalkonflikten fliehen mussten (Mittelasien, Kaukasus, Moldawien, Südukraine) und „legal oder illegal durchreisende Angehörige von mafiaähnlichen Gruppierungen aus der Russischen Föderation, der Ukraine und dem Kaukasus" (95).

Während bzw. nach der Stationierung der Sowjettruppen in der DDR lebten und blieben „mehr als 500.000 Angehörige [...] der ‚Gruppe der russischen Streitkräfte in Deutschland' (Wehrdienstpflichtige, Freiwillige und ihre Familienangehörigen) bzw. [von] den Geheimdiensten" (95) Rekrutierte im Land. Eine aus dem Rahmen fallende Migranten-Gemeinschaft, die selten erwähnt wurde, die es aber naheliegenderweise geben musste, bildeten „auch Deserteure aus der Westgruppe der russischen Streitkräfte" (102) mit ihren speziellen Gründen, nicht heimzukehren. „Im März 1993 berichtete die ‚Berliner Zeitung', da[ss] allein in der Zeit der deutschen Vereinigung 250 Soldaten aus der russischen Armee desertiert seien" (103). Als mögliche Folgen nach einer Abweisung ihrer Asylanträge und Abschiebung aus dem Land wurden Strafen und *„möglicherweise sogar Mi[ss]handlungen"* (ebd.) genannt.

1994 charakterisiert Belentschikow einen typischen Migranten aus den Nachfolgestaaten als alleinstehenden Mann im Alter von 19 und 25 Jahren, der „vor allem aus den zentralen Regionen Rußlands, der Ukraine und Weißrußlands" (96) stammt, Berlin als Zielort bevorzugt und über eine abgeschlossene Berufs- oder Hochschulausbildung verfügt. Jugendliche, die keine Ausbildung hatten, stellen eher eine Ausnahme dar. „Ganze Familien reisen relativ selten aus, alleinstehende Frauen sind noch weniger anzutreffen" (96). Als Hauptursachen für die Migration gelten fast dieselben wie zu Beginn des Jahrhunderts: politisch-soziale,

9 Im Jahr 1990 waren es 600 000 und ein Jahr später doppelt so viele Ausgewanderte (vgl. Belentschikow 1994: 92).

wirtschaftliche und zudem ökologische. „15 Prozent des Territoriums der ehemaligen UdSSR werden von Spezialisten als ökologisch ungünstig eingeschätzt" (99). Nicht zuletzt trugen dazu radioaktive Tests und die Katastrophe in Tschernobyl in der heutigen Ukraine, der Vulkanausbruch in Armenien 1988 so wie die Austrocknung des Aralsees (ebd.) bei.

Die Auflösung der Zentralmacht Russland in der UdSSR und die neu gewonnene Unabhängigkeit der ehemaligen Sowjetrepubliken führten zur Eskalation der Nationalkonflikte in der kaukasischen Region, in Mittelasien und in Moldawien. Hunderttausende Menschen flüchteten dabei nach Russland oder, wenn möglich, in ein Land außerhalb der GUS-Staaten (vgl. ebd., S. 97).

> Die katastrophale Inflation und der wirtschaftliche Zerfall in den GUS-Staaten haben ihren Höhepunkt noch nicht erreicht, doch schon jetzt gibt es ein Heer von Arbeitslosen, die sozial nicht abgesichert sind. Im Juni 1992 registrierte das Arbeitsministerium der Russischen Föderation etwa 10 Millionen Arbeitslose und eine Million Ausreisewillige. [...] So verfolgten die meisten der Interviewten mit der Migration das Ziel, der Armut zu entrinnen, indem sie eine gewisse Summe erarbeiteten, um dann in der Heimat weiter existieren zu können. Zu Hause hatten sie die Arbeit verloren oder verdienten verschwindend wenig. (Belentschikow 1994: 98)

Die Zuversicht, in Deutschland eine Arbeit finden und innerhalb kurzer Zeit Geld verdienen zu können, wurde durch Massenmedien und darauf aufbauende Erzählungen forciert. „Danach galt Deutschland nicht nur als mächtiger Wirtschaftsstaat in Europa, sondern auch als ein Land, das großzügiger als andere Asyl gewährt, wovon schon viele Zehntausende aus der UdSSR Gebrauch gemacht hätten." (Belentschikow 1994: 100) Dabei nahmen viele diese Information offenbar unkritisch auf und berücksichtigten nicht, dass die politisch-rechtlichen wie finanziellen Leistungen nur den ethnischen Deutschen oder russischen Juden gewährleistet wurden.

Aus mehreren Interviews, die Belentschikow 1994 mit Migranten aus der ehemaligen UdSSR führte, war der Wunsch nach demokratischen Grundrechten herauszuhören, der für die Wahl des Einwanderungslandes Deutschland eine Rolle gespielt hatte.

> *„Deutschland ist das demokratischste Land, was die Freiheit des Wortes, die Freiheit der Persönlichkeit, die Verfassung betrifft, also kurzum Redefreiheit, Freiheit des Gewissens ... alles alles, hier ist Freiheit, Demokratie."* (Armenier, 28 Jahre) Der Begriff „Demokratie" tauchte auch in vielen anderen Antworten auf diese Frage auf. [...] in den Antworten der Menschen aus der ehemaligen Sowjetunion kommt der Gebrauch dieses Wortes in bezug auf die westeuropäischen Länder aus tiefem Herzen und zeugt von der Sehnsucht der Menschen nach Freiheit und Selbstbestimmung. (Belentschikow 1994: 100)

Berlin wurde zu einer favorisierten Zielstätte, wo einige für immer blieben (wie beispielsweise der erfolgreiche Schriftsteller Wladimir Kaminer), oder von wo sie einen weiteren Weg in die USA oder andere westeuropäische Länder einschlugen. Die Wahl der heutigen Hauptstadt Deutschlands lässt sich leicht verstehen, wenn man ihre geografische Lage bedenkt (was Nellja Veremej 2013 in ihrem Roman *Berlin liegt im Osten* meisterhaft thematisiert) wie auch die jahrhundertelang erprobten Verbindungswege (99).

Belentschikow ergänzt die Gründe, die Berlin zum Hauptziel der Migration aus dem Osten machten, so: „Berlin und seine Umgebung bieten den GUS-Migranten eine beachtliche Zahl verschiedener Zufluchtsorte" (102). Seiner Meinung nach resultiert die besondere Anziehungskraft dieses Bundeslandes „auch aus einer relativ liberalen Handhabung des Asylgesetzes und einem vergleichsweise hohen Bestand an Asylbewerberheimen" (101). Informationen dieser Art (immer wieder von GUS-Migranten weitererzählt und vergröbert) schufen den Mythos „von einem neuen Eldorado" (ebd.) (oder Mahagonny) mit Taschengeld, Heimplätzen, Kleidung, Verpflegung und Fahrkostenerstattung (vgl. ebd.). Aus den russischen Medien erfuhr man allerhand über die positiven Seiten des deutschen Lebensstils wie über „die Vorzüge der Wirtschaftsordnung der BRD". (Belentschikow 1994: 102)

Die zweite wichtigste Gruppe der Migrant/innen aus Russland und den Nachfolgestaaten sind russische Juden, die aus einem anderen Grund ausreisen wollten oder mussten. Für Klaus J. Bade ist das „die Angst vor der Rückkehr der Geschichte angesichts der Zunahme einer nur ‚entstaatlichten', aber alltäglichen und von nationalistischen Bewegungen verbreiteten Mischung von Antijudaismus, Antizionismus und Antisemitismus mit gewalttätigen Ausschreitungen gegen Juden". (Bade 2002: 419) Der Staat Israel verliert dabei seine Attraktivität in erster Linie durch die immer wieder aufflammenden Fanale des Nahostkonflikts. Als weitere Ursache lässt sich das mediterrane Klima nennen, das sich von den Klimaregionen der ehemaligen Sowjetrepubliken stark unterscheidet. Nicht zuletzt spielt oft auch die religiöse Nichtzugehörigkeit des Ehepartners bei Einreise und Einbürgerung eine entscheidende Rolle.[10] Die Einwanderung in die Vereinigten Staaten von Amerika war erlaubt, wenn dort Familienangehörigen ersten Grades lebten.[11]

Berücksichtigt man die Bedingungen, die die Einreise in die USA oder nach Israel erschweren, so erweist sich die Bundesrepublik Deutschland als einziger Ort, in dem jüdische Migrant/innen aus den GUS-Staaten würdig leben, arbeiten

10 Vgl. http://www.demathonline.de/jugend/Daten/Zusatzinformationen.pdf, zuletzt abgerufen am 23.08.2013.

11 Vgl. ebd.

und mit einer besseren Zukunft für ihre Kinder rechnen können. Hier gibt es nur geringe Umweltrisiken, dafür aber einen vorsichtigen und nachhaltigen Umgang mit den Naturressourcen. Das deutsche Klima ist vertraut, ebenso wie kulturelle Güter und gemeinsame historische Traditionen.

Die Auseinandersetzung mit dem nationalsozialistischen Regime und dem Holocaust in der Bundesrepublik lässt weniger antisemitische Ausschreitungen zu. Außerdem gibt es eine große Anzahl von jüdischen Gemeinden, die durch Juden aus den GUS-Staaten gewachsen sind, worüber nachfolgend ausführlicher berichtet wird. Alles in allem scheinen zudem die sozialen, politischen und wirtschaftlichen Bedingungen relativ stabil. Last but not least wird man auch medizinisch meistens zuverlässig und professionell versorgt.[12]

Osteuropäische Juden in der Bundesrepublik Deutschland

> Ein halbes Jahrhundert nach dem Holocaust lebt in Deutschland die weltweit am stärksten wachsende jüdische Gemeinschaft.
> Paul A. Harris *Osteuropäische Juden in Deutschland seit 1990*

Osteuropäische Juden, die seit 1990 in die Bundesrepublik Deutschland eingewandert sind, bilden neben den Spätaussiedlern aus der Sowjetunion und den Nachfolgestaaten die zweitgrößte Gruppe der zugewanderten Bürgerinnen und Bürger. Wie jene sind sie mit der russischen Sprache und der sowjetischen Geschichte und Kultur sehr gut vertraut. Auch ihre Auswanderung war infolge der Durchsetzung politischer Interessen westlicher Länder – vorwiegend der Vereinigten Staaten – wie der späteren Aufnahmeländer möglich. Zudem kennzeichnet diese zwei Gemeinschaften ein, im Vergleich mit anderen Zuwanderern, privilegierter rechtlich-sozialer und wirtschaftlicher Status als Neubürgerinnen und -bürger, der „die volle sozialstaatliche Inklusion" (Bade 2002: 420) in die Gesellschaft bedeutet, „zwar nicht so herausgehoben wie die der deutschen Aussiedler aus Osteuropa mit ihren umfassenderen Eingliederungshilfen, aber unvergleichbar besser als die Lage anderer Zuwanderergruppen in Deutschland" (ebd.).

Unter Eingliederungshilfen verstehen sich beispielsweise Sprachkurse oder die Ausbildungsförderung. Zudem dürfen Juden aus der GUS „im Gegensatz zu Aussiedlern, ohne besondere Genehmigung nicht ins Herkunftsland zurückkehren, wenn sie ihren Flüchtlingsstatus nicht gefährden wollen. Jüdische Einwanderer aus der GUS müssen in Deutschland, über den Nachweis ihrer Zugehörigkeit zur jüdischen Minderheit hinaus, wegen der Anerkennung ihrer Gruppe als Kontingentflüchlinge keine weiteren Vorbedingungen erbringen." (Bade 2002: 420 f.)

12 Vgl. ebd.

Die Tatsache, dass zahlreiche Angehörige der jüdischen Bevölkerung „ausgerechnet Deutschland" als Ort der Niederlassung wählen, mag auf den ersten Blick überraschend und paradox erscheinen. Doch die Recherchen von Yfaat Weiss und Lena Gorelik zeigen: „Die Gefühle gegenüber der deutschen Aufnahmegesellschaft sind vor allem von Bewunderung, Wärme und Dankbarkeit geprägt, ohne dass die Geschichte dabei vergessen oder revidiert werden muss." (Weiss/Gorelik 2012: 416) Der Prozess der Loslösung von der sowjetischen Vergangenheit nimmt mit der Zeit (spätestens mit Beginn des neuen Jahrhunderts) und mit dem Wechsel der Generationen deutlich zu. Weiss und Gorelik weisen auf eine „neue Schicht anpassungswilliger Migranten" (ebd.) hin, die sich in die deutsche Gesellschaft gern und erfolgreich integrieren und gleichzeitig der jüdischen Religion ernsthaft zuwenden.

So setzte sich Lena Gorelik, eine in Leningrad 1981 geborene und seit 1992 in Deutschland lebende erfolgreiche Schriftstellerin und Journalistin aus München, bereits in ihrer Magisterarbeit mit dem „Wahrnehmungswandel der russischen Juden in den deutschen Medien 1989–2006 vor dem Hintergrund der deutsch-jüdischen Beziehungen" auseinander. In ihrer Dissertation „Russen – Juden – Deutsche" geht sie den Fragen der Integration russisch-jüdischer Kontingentflüchtlinge in der deutschen und der deutsch-jüdischen Gesellschaft nach, indem sie sich mit russischsprachigen Quellen befasst.

Die Buchautorin Julya Rabinowich (Leningrad/Wien), der Romancier und Diskobesitzer Wladimir Kaminer (Moskau/Berlin), die Politikerin und Psychologin Marina Weisband (Kiew/Münster) – „die sich selbst als gläubige Jüdin bezeichnet" (Weiss/Gorelik 2012: 417) –, die Literatin Olga Grjasnowa (Baku/Berlin) sind weitere herausragende Beispiele der extremen gelungenen Integration und ihres Beitrags zum intellektuellen, politischen und kulturellen Leben Deutschlands.

Aus der Sowjetunion wanderten bis zu ihrem Zerfall ca. 4,7 Millionen Menschen aus. Zwischen 1950 und 1991 waren es ganz überwiegend ethnische oder religiöse Gründe, die Minderheiten dazu brachten, das Land zu verlassen. Dies waren zur Hälfte Juden, „circa ein Drittel (37 Prozent) Deutsche, 7 Prozent Armenier und 2 Prozent Griechen." (Weiss/Gorelik 2012: 384) Möglich war die Übersiedlung dank des Prinzips der Familienzusammenführung und seiner rechtlichen Umsetzung mit finanzieller Unterstützung des jeweiligen Aufnahmelandes. „Bemerkenswert ist, dass in den Jahren 1950 bis 1991 die Mehrzahl all jener Personen, die von Ost- nach Westeuropa zogen, nämlich 68 Prozent, von Deutschland aufgenommen wurden" (384).

Weiss/Gorelik bezeichnen die Migration aus der Sowjetunion, die ihren Anfang während der Amtszeit von Michail Gorbatschow 1988 erfuhr, als „die vierte

Welle" (ebd.), die sich durch die gravierend steigende Zahl der Ausgewanderten kennzeichnet – „von 39 000 im Jahr 1987 auf 108 000 im darauffolgenden Jahr. 1989 und 1990 verdoppelte sich die Zahl jeweils gegenüber dem Vorjahr. In dieser Periode kamen die meisten Auswanderer aus den Großstädten und urbanen Zentren, vor allem aus Russland, der Ukraine und Kasachstan, doch auch aus Weißrussland und Moldawien" (ebd.).

In dieser Zeit waren auch Wendepunkte im politischen Leben der DDR zu beobachten, wie beispielsweise die Zusammenkunft von Erich Honecker „mit dem neu gewählten Präsidenten des Verbandes der Jüdischen Gemeinden in der DDR, Siegmund Rotstein, sowie dem Vorsitzenden des Zentralrats der Juden in Deutschland, Heinz Galinski" (379). Und der amerikanische Rabbiner Isaac Neuman sollte in Berlin das Rabbineramt für fast ein Jahr übernehmen. 1990 richtete die DDR – vertreten durch den Vorsitzenden des Ministerrates Hans Modrow – eine offizielle Erklärung der moralischen Mitverantwortung für die Verfolgung der Juden im Nationalsozialismus[13] [an die israelische Regierung sowie den Präsidenten des Jüdischen Weltkongresses Edgar Bronfman] – mit der Bereitschaft, der historischen Verpflichtung nachzukommen und die überlebenden Jüdinnen und Juden materiell zu entschädigen (vgl. Weiss/Gorelik 2012: 381).

Weil die sowjetische Presse zeitgleich über mehrere antisemitische Gewalttaten berichtete, erlaubte der Ministerrat der DDR mit Beschluss vom 11. Juli 1990 den jüdischen Bürgerinnen und Bürger aus der Sowjetunion freie Einreise. Nach Weiss/Gorelik entsprach dieses Verfahren „den Bemühungen der Regierung de Maizière, das Bestehen eines separaten, souveränen ostdeutschen Staates zu legitimieren – eine Legitimierung, die dem Selbstverständnis der DDR als antifaschistischem Staat, dem Staat der Verfolgten und der Opfer des Nationalsozialismus" (382) dienen sollte. Es waren jedoch insgesamt nur 2 650 Personen, die von April bis Oktober 1990 als Touristen nach Ost-Berlin einreisten. Dort erhielten sie zunächst eine fünfjährige Aufenthaltsgenehmigung sowie weitreichende Unterstützung und legten den Grundstein für den Massenexodus aus der früheren Sowjetunion in das bald vereinigte Deutschland.

Die Aufnahmebedingungen der sowjetischen Juden in der Bundesrepublik waren dagegen viel bescheidener. Noch Anfang November 1989 forderte Bundesinnenminister Wolfgang Schäuble die Einstellung des Einreise-Antragsverfahrens in den deutschen Konsulaten der Sowjetunion so wie die volle Sperrung der Grenzen für sowjetisch-jüdische Migrantinnen und Migranten – auch seitens der DDR. Weiss und Gorelik (2012: 383) verweisen dabei auf illegale und halb-

13 Nachdem sie zuvor 40 Jahre lang allein dem westlichen Teilstaat angelastet worden war.

legale Einreisen jüdischer Sowjetbürger in die DDR. In der Sowjetunion entstand im Oktober 1989 der erste Entwurf des Bewegungs- und Auswanderungsgesetzes, nach dem die legale Emigration nicht nur für ethnische Minderheiten und nicht nur zur Familienzusammenführung vorgesehen war. Erst im Januar 1993 trat dieses Gesetz in Russland in Kraft. Bilateral schlossen 1993 die Bundesrepublik Deutschland und Russland ein Abkommen „über die Beschäftigung von 2000 Fremdarbeitern in Deutschland" (385) ab.

Weiss und Gorelik (391) weisen der „jüdischen Frage" wie dem zu treffenden Beschluss über die Zukunft der Flüchtlinge im vereinigten Deutschland die Rolle eines Prüfsteins zu, wie sich in den moralisch aufgeladenen Reden verschiedener Bundestagsabgeordneter zeigte. Dies bestätigt die von den Politikern zunächst außer Acht gelassene Notwendigkeit einer gesetzlichen Klärung.

> So fand im Einigungsvertrag vom 3. Oktober 1990 trotz des Drängens der ostdeutschen Delegation die jüdische Einwanderung überhaupt keine Erwähnung. Unter dem Druck der Presse und der Öffentlichkeit kam der Bundestag jedoch bald nicht umhin, sich mit der Frage auseinanderzusetzen. Insofern vollzog Deutschland innerhalb kürzester Zeit eine radikale Kehrtwendung in seiner Migrationspolitik. (Weiss/Gorelik 2012: 391)

Alle Fraktionen im Bundestag waren sich in dem Punkt einig, dass die Grenzen der Bundesrepublik für die jüdischen Einreisewilligen aus der Sowjetunion geöffnet bleiben mussten. Doch während sich die oppositionelle Linke in der Debatte um die Einwanderung der sowjetischen Jüdinnen und Juden Ende Oktober bis Mitte November 1990 für „eine großzügige, möglichst ‚unbürokratische' Regelung" äußerten, „legten die Koalitionsparteien[14] eine weitaus zurückhaltendere Auffassung an den Tag". (Weiss/Gorelik 2012: 391)

> Im Gesamtkontext anderer Fragestellungen, mit denen sich Deutschland in unmittelbarer Folge des Wiedervereinigungsprozesses auseinanderzusetzen hatte, rückte das Thema an den Rand des öffentlichen Interesses. Nach Abschluss der Debatte im Bundestag wurde die Behandlung dieser Frage im Herbst 1990 an den Innenausschuss und von diesem an die Innenminister der Länder weitergeleitet. Die Innenministerkonferenz formulierte in ihrer Sitzung vom 14. Dezember 1990 Empfehlungen, die dem Kanzler, dem Bundesaußenminister, dem Bundesinnenminister sowie dem Vorsitzenden des Zentralrats der Juden in Deutschland, Heinz Galinski, vorgelegt wurden. Schließlich wurden im Rahmen einer gemeinsamen Sitzung des Bundeskanzlers und der Ministerpräsidenten der Länder am 6. Januar 1991 die Aufnahmebedingungen und das Antragsverfahren für jüdische Zuwanderer aus der Sowjetunion festgelegt. Diese Beschlüsse gingen 1997 in eine Anordnung des Auswärtigen Amts an die diplomatischen Vertre-

14 CDU/CSU und FDP.

> tungen im Ausland ein, die bis 2005[15] die Grundsätze der jüdischen Zuwanderung nach Deutschland definierte. (Weiss/Gorelik 2012: 392)

In einem Interview zieht der ehemalige Bundesinnenminister Wolfgang Schäuble folgende Bilanz:

> Die Bundesrepublik war per definitionem kein Einwanderungsland. Es musste für einige Tausend Menschen, die aus der Sowjetunion kommen wollten, eine Rechtsgrundlage gefunden werden: Russlanddeutsche waren sie nicht, Vertriebene eigentlich auch nicht, auch keine Asylbewerber im engeren Sinne […]. […] Nach den Bestimmungen des damals geltenden Aufenthaltsrechtes konnten Bund und Länder vereinbaren, dass ein bestimmtes Kontingent von Flüchtlingen aufgenommen wird; eine andere Rechtsgrundlage gab es nicht. (Interview mit Wolfgang Schäuble vom 8. Juli 2009 in Berlin. In: Belkin/Gross 2010: 53 f.)

Diese Rechtsgrundlage basiert auf dem „zur Anerkennung der Ende der 1970er Jahre eingetroffenen *boat people* aus Südostasien 1980 verabschiedeten Gesetz" und entspricht „etwa dem von Asylberechtigten mit unbefristeter Aufenthaltserlaubnis und Schutz vor Abschiebung ins Herkunftsland, auch bei Straffälligkeit." (Bade 2002: 420) Laut Kontingentflüchtlingsgesetz ist es Sache des Bundes und der Länder, Aufnahmekapazitäten von Flüchtlingen – in diesem Falle jüdischen Emigrierten – je nach Bevölkerungsgröße der Bundesländer und Gemeinden zu bestimmen und proportional zu erhalten[16] – anders als beispielsweise in den

---

15 Seit 2005 müssen neue Aufnahmevoraussetzungen erfüllt werden, wie erstens der Nachweis der absehbar eigenständigen Sicherung des Lebensunterhalts. Für die Antragstellenden wird zweitens eine Sozial- und Integrationsprognose erstellt, bei der auch die familiäre Situation berücksichtigt werden soll. Die Antragstellenden müssen drittens die Möglichkeit zur Aufnahme in einer jüdischen Gemeinde in der Bundesrepublik Deutschland nachweisen. Dieser Nachweis erfolgt durch eine Stellungnahme der Zentralen Wohlfahrtsstelle der Juden in Deutschland unter Einbeziehung der Union der Progressiven Juden (vgl. online unter: http://www.demathonline.de/jugend/Daten/Zusatzinformationen.pdf, abgerufen am 23.08.2013).

16 „Die Verteilung der aufnahmeberechtigten Personen, die ab dem 1. Juli 2006 mit einer Aufnahmezusage auf der Grundlage eines ab dem 1. Oktober 2005 gestellten Antrags einreisen können, ist danach auch weiterhin nach dem Königsteiner Schlüssel vorgesehen. […] Dies ist dadurch möglich, dass § 23 Abs. 2 AufenthG für diese Niederlassungserlaubnisse die Erteilung einer Wohnsitzauflage zulässt. […] Wie bisher sind Personen zuwanderungsberechtigt, die nach staatlichen, vor 1990 ausgestellten Personenstandsurkunden jüdischer Nationalität im Sinne ehemaliger sowjetischer Vorschriften sind oder von mindestens einem jüdischen Elternteil abstammen. Deren Ehepartner und minderjährige Kinder können mitaufgenommen werden; Staatsangehörige der ehem. SU oder staatenlos; Jüdische Nationalität bzw. Abstammung von

Vereinigten Staaten. Dort ziehen Neuankömmlinge meist frei „in die Nähe der bereits bestehenden Herkunftsgemeinschaften". (Harris 2008: 823)

Ein weiterer wesentlicher Gesichtspunkt für die Aufnahme der ausreisewilligen Jüdinnen und Juden aus der Sowjetunion war die Berücksichtigung des Erhalts wie der dauerhaften Stärkung des jüdischen Gemeindelebens in der Bundesrepublik. Die jüdische Glaubensgemeinschaft zählt heute mit etwa 300 000 jüdischen Zugewanderten (nichtjüdische Familienangehörige eingeschlossen) zu der „weltweit am schnellsten wachsenden, nach der französischen und britischen drittgrößten jüdischen Gruppe Europas" mit etwa einhundert Gemeinden. In der Zeit von 2003 bis 2005 wurden in Deutschland sogar mehr Jüdinnen und Juden aufgenommen als in Israel (vgl. Harris 2008: 822). Nach Weiss und Gorelik (2012: 397) war Deutschland um die Jahrhundertwende „das einzige europäische Land [...], das ein Anwachsen seiner jüdischen Bevölkerung zu verzeichnen hatte." Kurz:

> Das Gros der aus der ehemaligen Sowjetunion stammenden Kontingentflüchtlinge ist europäischen Ursprungs: Von 166 300 zwischen 1989 und 2001 nach Deutschland Zugewanderten kamen 92 700 aus der Ukraine. 45 000 aus der Russischen Föderation und 7200 aus anderen Nachfolgestaaten der Sowjetunion. [...] Von den Juden aus der Russischen Föderation verfügen 61,1 Prozent über eine Hochschulbildung, von denen aus Moskau und St. Petersburg sogar 66,8 bzw. 63,3 Prozent. Im Vergleich dazu beträgt unter den Juden aus der Ukraine der entsprechende Anteil „nur" 49,2 Prozent. Das Bildungsniveau der Juden aus der Russischen Föderation ist statistisch gesehen also höher als jenes der ukrainischen Juden. Dieser Unterschied wird durch das in der Russischen Föderation bekanntlich allgemein höhere Niveau der Hochschuleinrichtungen noch vergrößert. (Weiss/Gorelik 2012: 399 f.)

1.1.3 Die ‚Wende' und die gesetzlichen Bestimmungen

Die Welt steht zu Beginn des dritten Jahrtausends wieder – wie hundert Jahre zuvor – im Zeichen von Kriegen, Krisen, Katastrophen und dadurch erzwungenen Massenwanderungen. Im Lichte der jüngsten geopolitischen Ereignisse, wie beispielsweise der (Bürger-)Kriege in Syrien, Israel und Palästina, Afghanistan, dem Irak, in der Ukraine und deren direkten Folgen – von zerstörten Städten mit zerbombten Häusern bis zu humanitären Katastrophen –, sind Begriffe wie (Kriegs-) Flüchtlinge, Flüchtlingspolitik, Verfolgte und Vertriebene ein fester Bestandteil

---

mindestens einem jüdischen Elternteil; Bekennung zu keiner anderen als der jüdischen Religion". (Vgl. http://www.demathonline.de/jugend/Daten/Zusatzinformationen.pdf, abgerufen am 23.08.2013)

des (all)täglichen Wortschatzes geworden; die damit bezeichneten Probleme werden auf allen Ebenen diskutiert.

Die Autoren des *Kleinen Lexikons* prophezeien schon 1997 auch künftig die Fortdauer interkontinentaler, internationaler sowie regionaler unfreiwilliger Migrationsbewegungen. Als wichtigste Gründe oder Auslöser wurden von ihnen der leichte Zugang zu Informationen und ihre schnelle globale Verbreitung genannt, sowie die Reisemöglichkeiten, das Bevölkerungswachstum, Arbeitslosigkeit und Armut, aber auch Umweltzerstörung, Bürgerkriege, politische Repressionen und ethnisch-nationale Konflikte (vgl. Kleines Lexikon 1997: 221).

Einige der oben erwähnten Termini (Russlanddeutsche oder (Spät-)Aussiedler/innen, jüdische Kontingentflüchtlinge, Asylant/innen etc.) sind bereits in den vorhergehenden Kapiteln – meist undefiniert – verwendet worden. An dieser Stelle sollen die Begriffsbestimmungen nachgeholt und die rechtlichen Hauptbedingungen und Voraussetzungen wie auch die für den weiteren Kontext wichtigsten Bezeichnungen kurz und bündig erläutert werden.

Von der Migration zur Integration

> Doch bis in die späten 1990er Jahre erklärten führende Vertreter wie die Bundeskanzler Helmut Schmidt und Helmut Kohl gebetsmühlenartig, dass Deutschland kein Einwanderungsland sei.
> Tobias Brinkmann *Von Durchwanderern zu Einwanderern? Juden aus Russland in Deutschland*

Bislang bemüht sich die Wissenschaft sowohl um eine allgemeine Theorie der Migration als auch um eine anerkannte Definition. Unter Migration wird hier „jede Wohnsitzverlegung über eine größere Distanz verstanden. Dabei können – müssen aber nicht – Grenzen überschritten werden. Die jeweilige Staatsangehörigkeit der Migranten/-innen ist für diese Erscheinung nebensächlich: Die auftretenden Schwierigkeiten gleichen sich weitgehend“. (Kleines Lexikon 1997: 219) Das Wort *Migration* geht auf das lateinische *migrare* zurück und bedeutet ‚wandern', was in der soziologischen Definition erhalten bleibt. Dort wird die Migration als „Wanderung mit Wechsel des ständigen Wohnsitzes“ (Bertelsmann Lexikon 2011: 472) verstanden. Charles Darwin sowie sein deutscher Kollege Moritz Wagner schrieben 1868 „allen lebenden Wesen“ das „Migrationsgesetz der Organismen“, einen triebbestimmten Charakter – Selbsterhaltung und Fortpflanzung – zu: „Eine nothwendige Folge dieser Triebe ist die Wanderbewegung der Organismen“. (Wagner 1868: V)

Für Wagner erklärte sich die Massenmigration der Bevölkerung Europas aus der Universalität desgleichen migratorischen Bestrebens wie in der Tier- und Pflanzenwelt, wie er in einer Fußnote explizit erläutert: „Die Hunderttausende von Emigranten, welche alljährlich Europa verlassen, werden in Mehrzahl von den gleichen Motiven gedrängt: der zunehmenden Schwierigkeit, in der alten Heimat sich zu ernähren und eine Familie zu gründen." (Wagner 1868: 19) Am Anfang des 21. Jahrhunderts sehen die Gründe für freiwillige oder erzwungene Auswanderung nicht sehr viel anders aus: Sie sind weiterhin hauptsächlich politischer und wirtschaftlicher Natur.

Der *Duden* (2010: 643) definiert *Migration* neutral, ohne jegliche Konnotationen, als „Abwanderung von Menschen in ein anderes Land, in eine andere Gegend, an einen anderen Ort; Auswanderung". Im Beispielsatz wird auf die Komplexität des Prozesses dezent aufmerksam gemacht: „Migration ist eine der großen Herausforderungen unserer Zeit" (ebd.).

Am Ende des 20. Jahrhunderts lebten in der Bundesrepublik Deutschland, die insgesamt ca. 80 Millionen Einwohner zählt, mehr als sieben Millionen Ausländer/innen und fast halb so viel (3,2 Mio.) Aussiedler/innen. Weder diese für sich sprechenden Zahlen, die alternde Bevölkerung und sinkende Geburtenraten, noch die (für Wanderungen optimale) geografische Lage der Bundesrepublik waren jedoch bisher für die Regierung oder den Gesetzgeber hinreichende Gründe, die Bundesrepublik (zumindest bis 2017) offiziell als Einwanderungsland (wie etwa die USA) zu bezeichnen. Normativ gilt somit zu verstehen, dass um die Zuwandernden und/oder Neubürger/innen nicht geworben wird.

Denn „[e]in größerer Teil der seit dem Anwerbestopp von 1973 tatsächlich stattfindenden Migration ist vom Zielland Deutschland nicht gewollt, wird aber aus rechtlichen, humanitären oder politischen Gründen zugelassen" (Münz/Seifert/Ulrich 1999: 184), sprich geduldet. So führen diese äußeren Umstände bzw. der gesetzliche Rahmen nach wie vor nicht nur zu kontinuierlichen räumlichen Bevölkerungsbewegungen, sondern auch zu gesellschaftlichen Debatten, im Extremfall sogar zu gewaltsamen Ausschreitungen.

Grundsätzlich wird mit Migration in der Bundesrepublik Deutschland, die inzwischen ein multiethnischer Staat ist, sehr ambivalent umgegangen. Zum einen werden persönliche Mobilität und Flexibilität von früh an (durch Bildungs- und Urlaubsreisen, Austauschprogramme etc.) für Schüler/innen und Studierende bis zur beruflichen Reife und darüber hinaus dem Trend des lebensbegleitenden Lernens (*life long learning*) folgend – gefördert und eingeübt. Informative, finanzielle und intellektuelle Ströme werden durch die Globalisierungsprozesse transparenter und mobiler, was zu einer gesteigerten Wanderungsnotwendigkeit der in diesen Sphären agierenden Arbeitskräfte führt. Gleichzeitig fürchtet man aber die Folgen der Migration: „In den Herkunftsregionen wird ein Verlust von Innovations- u. Arbeitskräften [*brain drain*] sowie Ansehen befürchtet. In den Aufnahmeregionen werden die Migranten/-innen z[um] T[eil] als Konkurrenten aufgefaßt u. soziale bzw. ökonom[ische] Probleme der Zuwanderung diskutiert." (Kleines Lexikon 1997: 221)

Die folgenden zeitlichen Zäsuren sind für die Dynamik der Migration in Deutschland seit der zweiten Hälfte des 20. Jahrhunderts kennzeichnend. Zunächst folgte 1973 – nach beinahe zwanzigjähriger Anwerbung[17] – der gesetzliche und arbeitsmarktpolitische Anwerbestopp von ausländischen, meist südeuropäischen und türkischen Arbeitskräften – mit einer für Kreise und/oder kreisfreie Städte zugelassenen Belastungsgrenze von 12 % Ausländeranteil (vgl. Bade 2004: 391). Danach war die Zeitspanne von 1988 bis 1991/92 durch massive Ost-West-Wanderungen gekennzeichnet, sowohl innerhalb (Wiedervereinigung!) als auch außerhalb der deutschen Grenzen, die sich vor allem für osteuropäische Aussiedlerinnen und Aussiedler, jüdische Zuwandernde sowie Asylsuchende und Kriegsflüchtlinge öffneten – und im Falle der sowjetischen Juden im September 1990 kurzfristig durch einen Einreisestopp wieder schlossen.

Es sei erwähnt, dass Deutschland und Österreich durch die zeitgleiche Beseitigung des ‚Eisernen Vorhanges' zu Transitländern, zu einer „mitteleuropäische[n] Drehscheibe im transnationalen Wanderungsgeschehen" (485) wurden. Drittens traten 1992/93 neue Regelungen in Kraft, die die Aufnahmemöglichkeiten für Aussiedler/innen und Asylant/innen begrenzten. Schließlich wurde von der Bundesregierung das neue restriktive Zuwanderungsgesetz (*Gesetz zur Steuerung und Begrenzung der Zuwanderung und zur Regelung des Aufenthalts und der Integration von Unionsbürgern und Ausländern*) im Januar 2005 erlassen, das zugleich die Anwendung des Kontingentflüchtlingsgesetzes aufhob. So ist Migration, vor allem aber *Integration* seit 2005 stets ein (bildungs-)politisches und publizistisches Thema.

Wie auf dem Markt die Knappheit der Güter direkt zu einer Preiserhöhung führt, so erzeugt die restriktive Möglichkeit der legalen Einwanderung facettenreiche Schattenseiten. Dazu zählt Klaus J. Bade die heimliche und illegale Zuwanderung, die oft mithilfe von gut vernetzten und mafiösen Organisationen – den „Hauptprofiteure[n] der Abgrenzung Europas gegen unerwünschte Zuwanderungen" (Bade 2004: 539) – geschieht oder auf eigene Faust unternommen wird.

Die Gründe, Wege und das Los illegal einwandernden und in westeuropäischen Ländern arbeitenden Menschen schildert Julya Rabinowich in ihrem Roman *Die Erdfresserin* anschaulich am Beispiel von Diana, einer Frau aus der ehemaligen Sowjetunion. Die Autorin, eine „Wienerin aus St. Petersburg"[18], verdankt ihrer

17 Der erste Anwerbevertrag wurde im Jahr 1955 mit Italien unterzeichnet (vgl. Bade 2004: 390).

18 www.kurier.at/kultur, abgerufen am 04.08.2012.

Tätigkeit als Dolmetscherin in Psychotherapie-Sitzungen im Wiener Integrationshaus sowie der Diakonie tiefe Einblicke in die schicksalhaften Leidens- und Überlebensgeschichten von Menschen wie ihrer Hauptfigur Diana. Einzelne Zitate aus vermutlich realen Therapiegesprächen implementiert Rabinowich in ihren Text und schafft damit atmosphärische Einstiege in die einzelnen Kapitel. Im realen Gespräch gehörte und im Roman zitierte Wendungen sind durch kursive Markierung und Anführungszeichen markiert; ihnen folgen die fiktionale Interpretation und Überarbeitung der Schriftstellerin:

> *„Wie sind Sie hergekommen?"*
> *„Es war nicht schwer."*
> *„Wo haben Sie die Grenze erstmals überquert?"*
> *„Zum Dorf an der Grenze ging ich eine Landstraße entlang."*
> […]
> Zum Dorf an der Grenze gehe ich eine Landstraße entlang. Ich gehe Stunden. (Rabinowich 2012: 16)

Für Diana, die halb Europa illegal überquert und ihren Aufenthalt in Wien wie den ihres schwerkranken und bei ihrer Mutter gelassenen Sohnes als Prostituierte verdient, bleibt die österreichische Hauptstadt keine Endstation. Auch wenn ihre Reise weitergehen muss, werden die topografischen, kulturellen und seelischen Spuren zu einer Art Möbiusband, das nie endet, sich verformt und die nächsten Wendungen bestimmt. Es kann als Sinnbild der globalen Migration und der multiethnischen und -kulturellen Interaktion gesehen werden: „Noch habe ich mehrere Tage Zeit, bevor ich mich wieder auf den Weg mache, mein Weg führt mich in verschlungenen Pfaden durch Europa, Trampelpfade sind das, im Dschungel der Begebenheit hinterlassen von Einzelwanderern wie mir, wir sind unsichtbar und allgegenwärtig, wir bestimmen eure Zukunft genauso mit, wie ihr die unsere". (Rabinowich 2012: 216)

Ausländer/in, nicht Deutsche/r

> Mein Familienname besteht aus drei Teilen. Ich heiße Baron Tuzenbach-Krone-Altšauer, aber ich bin Russe, orthodox wie Sie. Von einem Deutschen habe ich nur noch wenig, vielleicht nur die Geduld, die Hartnäckigkeit, mit der ich Ihnen auf die Nerven falle. Ich begleite Sie jeden Abend.
> Anton Čechov *Drei Schwestern*

Vor rund zwanzig Jahren (1995) verteilten sich 7,7 Millionen Ausländerinnen und Ausländer in Deutschland nach folgenden Herkunftsländern: 28,1 % kamen aus der Türkei, 18,3 % aus Ex-Jugoslawien und 8,2 % aus Italien. Dabei waren bereits ca. 20 % aller ausländischen Immigranten in der Bundesrepublik geboren, erhielten aber nach dem bis 1999 geltenden Staatsangehörigkeitsrecht automatisch die Nationalität der Eltern und behielten den Ausländerstatus. Diesem Aufenthaltsgesetz nach (§ 2 Abs. 1 AufenthG) gilt jeder als Ausländer/in, der/die nicht Deutsche/r im Sinne des Art. 116 Abs. I Grundgesetzes ist. Deutsche ist jede/r, der oder die die deutsche Staatsangehörigkeit besitzt oder „als Flüchtling oder Vertriebener deutscher Volkszugehörigkeit oder als dessen Ehegatte oder Abkömmling in dem Gebiete des deutschen Reiches nach dem Stande vom 31. Dezember 1937 Aufnahme gefunden hat." (Huber 2010: 418)

Warum und dank welcher gesetzlich geregelten Möglichkeiten Millionen von Ausländerinnen und Ausländern im heutigen Deutschland leben, soll hier ganz kurz zusammengefasst werden. Als erstes sei der freie Zuzug aller EU-Bürger/innen sowie der Angehörigen der Staaten des Europäischen Wirtschaftsraumes genannt. Dieses Recht genießen auch Arbeitskräfte aus Nicht-EU-Ländern, die zwecks Saisonarbeit oder zur Unterstützung bestimmter Segmente des deutschen Arbeitsmarktes in die Bundesrepublik einreisen dürfen (beispielsweise Pflegedienstpersonal).

Weiterhin sind es alle Asylsuchenden (samt ihren nächsten Familienangehörigen), die einen Asylantrag gestellt haben und sich daraufhin in einem Asylverfahren befinden. Schließlich machen ‚Kontingentflüchtlinge' und Kriegsopfer, internationale Diplomaten und Militärpersonal, Mitarbeiter/innen internationaler Unternehmen und/oder Organisationen, ausländische Journalist/innen, Künstlerinnen und Künstler einen kleineren, aber sehr wichtigen und vielfältigen Anteil der ausländischen Bevölkerung in der Bundesrepublik Deutschland aus.

Staatsangehörige von Ländern, die nicht zur Europäischen Union gehören oder nicht aus dem Europäischen Wirtschaftsraum stammen, werden als „Drittstaatsangehörige" oder „Drittausländer" – als Begriff „im Schengener Durchführungsübereinkommen (SDÜ) vom 19. Juni 1990" (Huber 2010: 420) zu finden – genannt. Somit unterliegen sie dem deutschen Aufenthaltsgesetz, das je nach den Gründen für die Einreise und ihre Möglichkeit zu einem kurz- oder langfristigeren Aufenthalt, beispielsweise zum Zweck der Ausbildung oder des Studiums, berechtigt. Besonders erwähnenswert scheinen mir dabei folgende obligatorische Erfordernisse wie Sicherung des Lebensunterhaltes (§ 2 Abs. 3 AufenthG, was u. a. ausreichenden Krankenversicherungsschutz ohne Inanspruchnahme öffentlicher Mittel voraussetzt), ausreichender Wohnraum (§ 2 Abs. 4 AufenthG), Erhalt eines Schengen-Visums (§ 2 Abs. 5 AufenthG), das für einen auf maximal drei Monate befristeten zweckgebundenen Aufenthalt (beispielsweise zwecks privater Besuche, Geschäfts- oder Touristenreisen) ausgestellt wird und einen „freien Reiseverkehr im Hoheitsgebiet der Schengen-Staaten"[19] erlaubt. (Huber 2010: 419)

Für die Einreise und/oder den weiteren Aufenthalt in der Bundesrepublik Deutschland werden nach § 4 im Sinne des Aufenthaltsgesetzes folgende Aufenthaltstitel beantragt und erteilt: 1) Visum (§ 6 Abs. 1 Nr. 1 und Absatz 3 AufenthG); 2) Aufenthaltserlaubnis (§ 7 AufenthG) und/oder Blaue Karte EU (§ 19a AufenthG); 3) Niederlassungserlaubnis (§ 9 AufenthG) oder 4) Erlaubnis zum Daueraufenthalt-EU (§ 9a AufenthG). Die Aufenthaltserlaubnis kann verlängert werden, wenn die Person sich zum Beispiel zwecks Ausbildung (Studium, Sprachkurse, Schulbesuch) oder Ausübung einer (un-)selbstständigen Erwerbstätigkeit im Bundesgebiet aufhält.

Die Erteilung und/oder Verlängerung des Aufenthaltstitels kann also aus völkerrechtlichen, humanitären, tatsächlichen oder politischen Gründen erfolgen. Familiäre Gründe, wie beispielsweise der Wunsch auf die Zusammenführung der Familie (Ehegatten- bzw. Kindernachzug zu Deutschen oder Ausländer/innen) berechtigen die Antragstellenden zu Beantragung und Verlängerung der Aufenthaltserlaubnis – „zum Schutz von Ehe und Familie gemäß Artikel 6 des Grundgesetzes". Besondere Aufenthaltsrechte, wie beispielsweise das Recht auf Wiederkehr (§ 27 AufenthG) sind für Ausländer/innen vorgesehen, die als Minderjährige ihren Aufenthaltsstatus im Bundesgebiet hatten und ins Ausland (als sogenannte ‚mitgeschleppte Kinder') verzogen waren. Auch ehemalige Deutsche genießen laut § 38 des Aufenthaltsgesetzes das Recht auf eine Aufenthaltserlaubnis.

Die hohe Anzahl der die legalen Aufenthalte der ausländischen Bevölkerung regelnden Gesetze steht für die Vielfalt der Einreise- und Lebensgründe in der Bundesrepublik Deutschland. Das Aufnahmeland sollte das hohe Interesse außerhalb der eigenen Grenzen schätzen, es gleichzeitig aufrechterhalten und neue Zuzugsmöglichkeiten schaffen. Denn ohne ausländische Zuwanderung herrschte nicht nur ein erhöhter, teilweise dramatischer Arbeitskräftemangel in wichtigen Berufsfeldern, auch die Einwohnerzahlen wären drastisch zurückgegangen, ganz zu schweigen davon, dass der interkulturelle Austausch (mit all seinen Chancen und Risiken) sehr viel bescheidener wäre.

---

19 Die Schengen-Staaten sind nicht identisch mit den EU-Ländern. Im Juni 1985 wurde von der Bundesrepublik Deutschland, Frankreich, Belgien, Luxemburg und den Niederlanden das Abkommen „über den schrittweisen Abbau der Personenkontrollen an den Binnengrenzen zwischen den Vertragsparteien" in luxemburgischem Schengen unterzeichnet. Zur ausführlichen Entwicklungsgeschichte des Abkommens von Schengen sowie zu einer Übersicht aller Schengener-Staaten siehe: http://www.auswaertiges-amt.de/DE/EinreiseUndAufenthalt/Schengen_node.html, letzter Zugriff am 08.02.2015.

Eine auf den Erfahrungen und Gesetzmäßigkeiten der vergangenen 40 Jahren basierende, zukunftsorientierte, wissenschaftlich und statistisch fundierte Prognose einer humanen Weiterentwicklung mit in- und ausländischem Einwohneranteil in der Bundesrepublik, lieferte bereits 1999 das Team von Rainer Münz et al.:

- Deutschland wird im Jahr 2030 zwischen 74 und 82 Mio. Einwohner haben (1998: 82,0 Mio.). Die Einwohnerzahl wird wesentlich vom Ausmaß zukünftiger Zuwanderungen abhängen.
- Am wahrscheinlichsten ist aus heutiger Sicht mittelfristig eine Nettozuwanderung von 170.000 Ausländern und 60.000 Aussiedlern pro Jahr (mittleres Szenario). […]
- Von erheblichem Einfluß ist das ab dem Jahr 2000 für 50–60 % der in Deutschland geborenen Kinder mit ausländischen Eltern geltende *ius soli*. Von 2000 bis 2030 betrifft dies immerhin 1,6 Mio. Kinder und Jugendliche.
- Auf jeden Fall wächst die ausländische Bevölkerung noch zwei Dekaden auch aufgrund des Geburtenüberschußes des Ausländers. Dieser „Überschuß" wird bis 2020 verschwinden. Denn auch die ausländische Bevölkerung altert. Damit steigt die Zahl der Sterbefälle.
- Zuwanderung aus dem Ausland erfolgt vor allem in die größeren Städte. […]
- Die prognostizierte Entwicklung bedeutet, daß im Jahr 2030 rund ein Siebtel der Wohnbevölkerung Deutschlands – in einigen Städten sogar 30–40 % der Einwohner – von staatsbürgerlichen Rechten und Pflichten ausgeschlossen sein wird. Das gilt für das Wahlrecht auf Bundes- und Landesebene ebenso wie für Wehrpflicht oder Zivildienst. Diese Prognose macht eines deutlich: Mit Wanderungspolitik allein ist es nicht getan. Aus Zuwanderern sollten mittel- und langfristig auch Staatsbürger werden.

(Münz/Seifert/Herbert 1999: 195 f.)

Asylsuchende

> Von Juni 1991 bis Juli 1993 war […] das Thema „Asyl/Ausländer" das wichtigste Problem weit von der deutschen Einheit und der Arbeitslosigkeit – mit Spitzenwerten von nahe 80 % im Sommer 1991 und Sommer 1992.
>
> Ulrich Herbert *Geschichte der Ausländerpolitik in Deutschland*

Das Asylrecht erhielt in der Bundesrepublik Deutschland von 1949 Verfassungsrang. Laut Artikel 16 Abs. 2 Satz 2 des deutschen Grundgesetzes genießen im Bundesgebiet alle „politisch Verfolgten" Asylrecht und somit sicheren Aufenthalt bis zum Abschluss der individuellen Fallprüfung. Diese sehr generös formulierte Regelung – die nur durch die Erfahrungen mit dem Verfolgungs- und Vernichtungssystem der nationalsozialistischen Herrschaft zu erklären ist – fällt im internationalen Vergleich durch ihre Einmaligkeit auf.

Zwanzig Jahre später musste sie korrigiert werden, damit die drastische Zunahme der Asylanträge – überwiegend aus vielen Ländern der unter militärischen Konflikten leidenden ‚Dritten Welt' – gebremst werden konnte. Andere westeuropäische Staaten schützten sich bereits gegen den Andrang von potenziellen Asylanten durch die Antragstellung auf Asyl erschwerende Maßnahmen. In Deutschland betrafen sie zunächst die Einführung der Visumpflicht, eines zeitweiligen Arbeitsverbots und die Reduzierung der finanziellen Sozialleistungen.

Die Zahl der Asylanträge erhöhte sich dennoch nach einem kurzzeitigen Rückgang – von 57 379 im Jahr 1987 auf 438 191 fünf Jahre später – mit dem Unterschied, dass die meisten Asylanträge (bis ca. über 70 %) nun von Menschen aus Osteuropa[20] (ehemaliges Jugoslawien, Länder des Warschauer Pakts etc.) gestellt wurden (vgl. Kleines Lexikon 1997: 203). „Das vereinigte Deutschland wurde erneut zum Ziel und zur Drehscheibe der Ost-West-Migration.

Das zeigt sich vor allem bei der Zuwanderung von Asylsuchenden, Aussiedlern und jüdischen Kontingentflüchtlingen." (Bade 2004: 537) Im Lichte dieser Entwicklung musste das Grundrecht auf Asyl 1993 infolge der parteipolitischen Auseinandersetzung[21] zwischen der Union, SPD und FDP in Form des sogenannten ‚Asylkompromisses' (nach Klaus Bade „weitgehender Migrationskompromiß") eingeschränkt und somit geändert werden. Zum einen sollten keine von „sicheren Drittstaaten mit Genfer Flüchtlings- und Europäischer Menschenrechtskonvention" aus gestellten Asylanträge mehr berücksichtigt und den Antragstellern keine Einreise in die Bundesrepublik Deutschland gestattet werden. Bei einer bereits erfolgten Einreise mussten solche Asylsuchende ohne aufwendige Prüfung und zeitgleichen Aufwand abgeschoben werden.

Topografisch gesehen ist die Bundesrepublik vollständig von solchen ‚sicheren Drittstaaten' umgeben, was eine legale Einreise auf dem Landweg für Asylsuchende unmöglich macht. „Da alle genannten Länder Vertragsstaaten der Genfer Flüchtlingskonvention sind, wurde bei der Formulierung des Gesetzes davon ausgegangen, daß [sic!] dort ein faires u. rechtsstaatliches Verfahren über das Vorliegen der Flüchtlingseigenschaft erfolgt". (Kleines Lexikon 1997: 204) Aus diesem Grund stiegen einerseits die Zahlen der gesetzlich nicht erlaubten Aufenthalte im Bundesgebiet an. Andererseits wurde Asyl überwiegend von Menschen aus der ‚Dritten Welt' und den sogenannten Schwellenländern beantragt.

---

20 Die Hauptherkunftsländer der Asylbewerber waren 2013 nach der Statistik des Bundesamts für Migration und Flüchtlinge (BAMF) Serbien (18 001), Russische Föderation (15 473), Syrien (12 863), Mazedonien (9 418), Afghanistan (8 240), Bosnien-Herzegovina (4 847), Kosovo (4 423), Iran (4 777), Pakistan (4 248) und Irak (4 196).

21 Ausführlicher dazu bei Ulrich Herbert 2001, Kapitel V.

Die Anträge der Asylsuchenden aus „verfolgungsfreien Herkunftsländern" wurden und werden meistens abgelehnt und ihre Antragstellenden ggf. des Landes verwiesen. (Die Liste solcher Länder wird je nach innen- und außenpolitischer Situation stets erweitert.) Deswegen trat einige Monate später das Asylbewerberleistungsgesetz in Kraft,

> das die materiellen Bedingungen für die Asylbewerber in Deutschland deutlich verschlechterte und dies, wie schon bei den sukzessiven Veränderungen in den Jahren zuvor, mit dem ‚Asylmißbrauch' begründete. Danach wurden die Leistungen für den Lebensunterhalt der meisten Flüchtlinge unter die Sätze des Sozialhilfegesetzes gesenkt und in der Regel nicht mehr in Geld, sondern in Warengutschein ausgegeben. Die Asylbewerber sollten zudem zu gemeinnützigen Arbeiten herangezogen werden. (Herbert 2001: 319)

Durch diese Gesetzesänderungen ging die Zahl der Asylanträge in der Bundesrepublik Deutschland drastisch zurück und das Asylproblem verlagerte sich zum Teil auf Deutschlands europäische Nachbarländer. Deutschland war

> gegenüber Zuwanderung über das Asylrecht praktisch abgeriegelt. Politisches Asyl konnte seither nur noch erlangen, wer mit dem Flugzeug nach Deutschland kam. Um auch dieses Loch zu stopfen, wurde innerhalb des Frankfurter Flughafens ein extraterritoriales Gelände geschaffen, in dem Asylbewerber bis zur Entscheidung über ihren Antrag zu bleiben hatten. Damit traf ein, was Heribert Prantl in der *Süddeutschen Zeitung* und andere vorausgesehen hatten: „Zwar soll es das Asylrecht weiter geben – nicht aber die Flüchtlinge, die es in Anspruch nehmen dürfen." (Herbert 2001: 319)

Flüchtlinge und Kontingentflüchtlinge

> *Ist die Flüchtlingskrise eine direkte Folge des globalen Kapitalismus?*
> Auf die Frage kann die Antwort nur klipp und klar Ja lauten.
> Armen Avanessian im Dossier *Was tun?*

Im Laufe der Nachkriegszeit (1945–1990) waren es ca. 15 Millionen Menschen, die in die westlichen Besatzungszonen bzw. ins Bundesgebiet zunächst als Flüchtlinge und Vertriebene aus den deutschen Ostgebieten, in späteren Nachkriegsjahren als Flüchtlinge, Übersiedler aus der DDR und/oder als ost-/südeuropäische Aussiedler/innen eingewandert waren (vgl. Bade 1995: 211 f.). Das Asylrecht – als konkrete Maßnahme im Sinne einer humanistisch verstandenen internationalen Verantwortung – stand Asylanten sowie Flüchtlingen seit der Verabschiedung des Grundgesetzes der Bundesrepublik Deutschland im Jahr 1949 zu.

‚Kontingentflüchtlinge' waren ursprünglich vietnamesische *Boat People*, die vom westdeutschen Staat Ende der 1970er Jahre aufgenommen (und als solche bezeichnet) wurden. (Den Kontingentflüchtlingsstatus, der eine fristlose Aufenthaltsdauer mit allen sozialen Rechten sichert, erhielten später auch emigrierte sowjetische Jüdinnen und Juden.) 1997 waren es insgesamt ca. 95 000 Kontingentflüchtlinge, die im Rahmen humanitärer Aktionen aufgenommen wurden und in Deutschland dauerhaft legal bleiben konnten (vgl. Münz 1999: 56). Weltweit gesehen wurden im selben Jahr mehr als 27 Millionen Menschen vom Hohen UN-Flüchtlingskommissar als Flüchtlinge erfasst.

Welche Asylsuchenden den Flüchtlingsstatus im Sinne der Genfer Flüchtlingskonvention erfüllen, wird durch eine Prüfung festgestellt. Sie „erfolgt auf der Grundlage der vom Antragsteller vorgebrachten Tatsachen und nach Maßgabe des […] Begriffs der *begründeten Furcht vor Verfolgung*. Ob aus Sicht des Antragstellers die Furcht *begründet* ist, richtet sich allerdings nach objektiven Umständen." (Huber 2010: 438) Geprüft wird zunächst das Vorhandensein einer Verfolgungshandlung (Art. 9 Abs. 2 der Qualifikationsrichtlinie). Als solche wird beispielsweise die Anwendung physischer, psychischer oder sexueller Gewalt, das Erlassen und/oder die Anwendung diskriminierender gesetzlicher bis administrativer Maßnahmen, die Verweigerung gerichtlichen Rechtsschutzes usw. verstanden. Liegt eine Verfolgungshandlung von nicht staatlichen Instanzen vor, überprüft man die Gewährleistung eines effektiven Schutzes der Antragstellenden. Im Falle einer staatlich initiierten und ausgeübten Verfolgung und/oder Diskriminierung der Antragstellenden im Heimatland, entfällt die Notwendigkeit einer solchen Untersuchung.

Die im vorherigen Abschnitt beschriebenen Änderungen des Asylrechts (Art. 16a Abs. 1 GrundG), die seit Juli 1993 gelten, haben einschränkende Konsequenzen sowohl für Asylsuchende wie auch für Flüchtlinge. Durch die gesetzlich festgeschriebene Grundidee der ‚sicheren Drittstaaten', sprich aller EU-Länder, verlagern sich die gerechten rechtsstaatlichen Verfahren über das Vorliegen der Flüchtlingseigenschaft in diese Mitgliedsstaaten der Genfer Flüchtlingskonvention (vgl. Kleines Lexikon 1997: 204). Man spricht vom (gescheiterten) Dublin-Abkommen, das de facto nicht wie vorgestellt und geplant funktionierte.

Das Exil und seine Kinder

> Ehrlich: hat es sich gelohnt wegzugehen, wenn du dich weiter so verhältst, als wärst du immer noch *dort*?
> Terézia Mora *Das Ungeheuer*

Die Bezeichnungen *Flüchtling* und *Exilant* sind semantisch miteinander verwandt. Was sie voneinander trennt, ist der perspektivische Blick. Während der erste Begriff das Verlassen vertrauter Orte markiert, weist der andere auf die Ankunft in einer neuen, fremden Gesellschaft hin (vgl. Ashkenasi 1988: 12, sinngem.

n. *Kleines Lexikon* 1997). Ins Exil – also ins Ausland, wenn es kein „inneres Exil" ist – lassen zumeist politische oder religiöse Nötigungen jemanden aus freiem Willen oder meist wider Willen gehen.

Die Reihe der Gründe für eine Exilierung können moralisch-ideeller, gesetzlich-politischer oder psychisch-physischer Natur sein, wie beispielsweise Ausbürgerung, Emigration oder Flucht, Verbannung oder vorgängige Gefangenschaft, und möglicherweise Folter. Es waren herausragende Persönlichkeiten des 20. Jahrhunderts wie Bertolt Brecht, Thomas Mann, Peter Weiss, Oskar Maria Graf, Vladimir Nabokov, Joseph Brodsky, Sergej Dowlatow, aber auch Vladimir Uljanow (Lenin) oder Leo Bronstein (Trotzki), die derartige historisch-politische Motive zum Gang ins Exil veranlassten. Welche Gefühle, Gedanken, Geschehnisse mit diesem Umbruchsprozess Hand in Hand gehen – Verlust, Traumata, Angstgefühle, Heimweh, Ohnmacht, Zweifel – geben am besten die Werke der Schriftsteller wieder.

Auf psychologische Aspekte werde ich an anderer Stelle ausführlicher eingehen. Hier ist festzuhalten, dass die Exilierten im Gegensatz zu ‚Ausgewanderten' von Beginn an fast alle den Wunsch einer (baldigen) Rückkehr hegen. Oft führt dies zu Vermeidung oder Verzögerung der aktiven Akkulturation und Integration in die Aufnahmegesellschaft.

Barudy (Kleines Lexikon 1997: 200, 202) unterscheidet folgende zickzackartige Perioden der Eingewöhnung und Akkulturation im Exilland. Nach der Hochstimmung der ersten Tage, die eine erfolgreich-befreiende Auswanderung beschert, entsteht (1) die „Reaktion des Misstrauens", die (2) eine kurze Phase der „relativen Unbesorgtheit" ablöst, in der die Menschen sich langsam an die Realität und Wahrhaftigkeit der friedevollen Umgebung gewöhnen, die ihren Ängsten den Nährboden entzieht.

> Die Zahl der Briefe, die manche Immigranten in den ersten Zeiten nach der Ankunft in die neue Welt tonnenweise in ihre alte Welt schreiben und von dort erhalten, wird langsam kleiner: ein Indiz für die gegenseitige Distanzierung. Die Menschen verändern sich allmählich (Grinberg/Grinberg 1990: 89 f.).

Mit dem fortdauernden, sich scheinbar ohne Endpunkt verlängernden Aufenthalt im Gastland erlebt der Exilant/die Exilantin (3) eine „Phase der Entmutigung und Depression". Die Regeln und Gepflogenheiten im neuen Land werden als die Existenz erschwerend und bürokratisch empfunden, die sprachlichen Barrieren grenzen die Exilierenden aus dem sie umgebenden Sozialgefüge und sozialen Lebens aus und lassen sie es als auf eine aggressive Weise „feindlich, rassistisch und marginalisierend" wahrnehmen.

Nach einer meist langwierigen Bewältigung der vorherigen Etappe gelangen die Exilierten (4) schließlich zur „Phase der kritischen Integration". Die Flüchtlinge erkennen die Standards und Sitten des Exillandes an, jedoch ohne tiefer gehende Auswirkungen auf ihre Identität. Mehr noch: In dieser Phase vollzieht sich oft die objektive Abwägung einer möglichen Weiterentwicklung eigener politischen, ideologischen, professionellen Kenntnisse und ggf. des künstlerischen Talents, „um so bei einer Rückkehr ihrem Land dienlich sein zu können." (Kleines Lexikon 1997: 202)

(Spät-)Aussiedlerinnen und (Spät-)Aussiedler

In der Zeit zwischen 1950–1993 nahm die Bundesrepublik Deutschland ca. 3 070 000 *Aussiedler/innen* (ab 1993 *Spätaussiedler* genannt) auf – das heißt ethnisch deutsche Rückwanderer über Generationen hinweg (nach *Kleines Lexikon* 1997). Eine wichtige, vermutlich die wichtigste Gruppe bildeten dabei die sowjetischen Volksdeutschen, die vor allem nach dem Fall des ‚Eisernen Vorhangs' in ihre historische Heimat, also jetzt ins Bundesgebiet zurückkehrten. 1990 kamen von insgesamt 397 073 deutschen die meisten Aussiedler/innen – 147 950 Personen – aus den GUS-Staaten. Im Jahr 1996 waren es schon ca. 96,8 %, was 172 181 von insgesamt 177 751 aufgenommenen Menschen entspricht und eine absolute Rekordzahl bildet (vgl. Bade 2004: 428, 541).

Es sei am Rande erwähnt, dass die Gründe für eine Rückwanderung der ethnischen Deutschen aus den GUS-Staaten (mit dem höchsten Durchschnittsalter aller Migrantengruppen, was auf die Auswanderung ganzer Familien einschließlich der Großeltern zurückzuführen ist) nicht ausschließlich in einer ethnisch-politischen Diskriminierung oder Unterdrückung liegen. Wirtschaftliche Gründe (Arbeit und Wohlstand), soziale oder familiäre Motive (wie beispielsweise Familienzusammenführung), ethnische Faktoren („in Deutschland leben", „nicht in der Minderheit leben") und/oder gesellschaftlich-politische Bestrebungen („in Freiheit leben"), ja in Einzelfällen Wünsche ideeller Art („in die Heimat der Vorfahren zurückkehren") spielen eine vorrangige Rolle.[22]

Dem Bundesvertriebenen- und Flüchtlingsgesetz von 1953 zufolge gelten folgende Staaten als weitere Herkunftsländer der deutschen Aussiedler/innen:

> „die unter fremder Verwaltung stehenden deutschen Ostgebiete, Danzig, [...] Polen, die Tschechoslowakei, Ungarn, Rumänien, Bulgarien, Jugoslawien, Albanien und China." Eine weitere Einschränkung ergibt sich aus dem Bundesvertriebenengesetz: Als Aus-

22 Ausführlicher dazu siehe z. B. Münz 1999: 137, Münz 2003: 261 ff., de Tinguy 2003: 112 ff.

siedlerin bzw. Aussiedler wird – in Abgrenzung zu den Vertriebenen – verstanden, wer nach Abschluss der allgemeinen Vertreibungsmaßnahmen vor dem 1. Juli 1990 oder danach im Wege des Aufnahmeverfahrens vor dem 1. Januar 1993 die oben genannten Gebiete verlassen hat. Alle danach Zugezogenen gelten als Spätaussiedlerin und Spätaussiedler. (MAIS NRW 2013: 7)

Die Geschichte der Rückwanderung der deutschen Nachfahren verweist historisch auf die der Auswanderungen seit dem 14. Jahrhundert (im Falle der ‚Siebenbürger Sachsen' beispielsweise). Der ursprüngliche Exodus der deutschen Vorfahren nach Russland lässt sich mit dem von der Zarin Katharina II. im Jahr 1763 erlassenen, für ihre Landsleute besonders an rechtlichen, wirtschaftlichen und kulturellen Privilegien reichen und deshalb attraktiven Einladungsmanifest leicht erklären.

In Russland siedelten sich die deutschen Ausgewanderten beispielsweise am Schwarzen Meer, im Kaukasus oder an der Wolga an. Von 1924 bis 1941 existierte dort sogar die Autonome Republik der Wolgadeutschen, die Stalin als Gegenreaktion auf Hitlers Kriegserklärung zerschlug. Die ethnischen Deutschen wurden deswegen zwangsweise in die sowjetischen ost-asiatischen Republiken (insbesondere nach Kasachstan) umgesiedelt.[23]

Offiziell anerkannte (Spät-)Aussiedler/innen erhalten bei der Aufnahme im Bundesgebiet ein willkommenes Gesamtpaket – die deutsche Staatsangehörigkeit samt allen zugehörigen rechtlichen und sozialen Rechten, Ressourcen und Unterstützungsmöglichkeiten[24]:

Vertriebene, Aus- und Übersiedler fanden nicht bloß privilegierte Aufnahme, sie wurden zur Erleichterung ihrer Integration in Westdeutschland auch besonders gefördert. Das betraf Entschädigungen für zurückgelassenes Eigentum, die Anerkennung von Rentenansprüchen, vorrangige Wohnraumzuweisung, Zuschüsse für den Aufbau eines Haushalts, Deutschkurse und weitere Eingliederungshilfen, darunter Ausbildungszuschüsse, Umschulungsprogramme und die Anerkennung im Ausland erworbener Bildungsabschlüsse. Die öffentliche Akzeptanz für diese aufwendigen Integrationsprogramme wurde in der unmittelbaren Nachkriegszeit geschaffen. (Münz 1999: 39)

23 Der ungarische Schriftsteller und Russlandexperte György Dalos dokumentiert in seinem Buch *„Geschichte der Russlanddeutschen" Von Katharina der Großen bis zur Gegenwart* eine umfangreiche und „exzellent erzählte" (Holm 2014) Studie der deutschen Minderheit im „Russenreich" vom 18. bis 21. Jahrhundert.

24 Repräsentative Einblicke in die Welt und das Leben der ca. 3,5 Millionen Russlanddeutschen oder Deutschrussen in der Bundesrepublik kann man in Merle Hilbks ausführlicher und authentischer Studie *Die Chaussee der Enthusiasten* gewinnen.

Klaus J. Bade weist darauf hin, dass infolge der Veränderungen im Anerkennungsverfahren nur die Aussiedler/innen aus den GUS-Staaten diese Privilegien bei gleichzeitiger Benachteiligung der Aussiedler/innen aus Polen, den Balkanländern und anderen Aussiedlungsgebieten genießen durften.[25]

Während bei den Aussiedler/innen aus den ehemaligen Sowjetrepubliken das Verfolgungsschicksal „aufgrund deutscher Volkszugehörigkeit" generell vorausgesetzt – und bis dessen Gegensatz ggf. bewiesen – wird, müssen es alle anderen Antragsteller/innen seit Januar 1993 „im einzelnen und als bis zur Antragstellung fortwirkend" nachweisen, indem man einem Statusfeststellungsverfahren nach Maßgabe des Bundesvertriebenengesetzes (BVFG) unterzogen wird.

Die insgesamt fairen Rahmenbedingungen förderten zunächst ein Ansteigen der Zahlen immigrierender Aussiedler/innen, was 1991 zum Erlass des Aussiedleraufnahmegesetzes führte. Das Gesetz zur Regelung des Aufnahmeverfahrens für Aussiedler war ein Steuerungsmechanismus, dessen einschränkenden und bürokratischen Maßnahmen eine gewisse Selektion der Anträge sichern sollte. Das Aussiedleraufnahmegesetz kennzeichnete sich durch Vorschriften wie beispielsweise Erhöhung der „Schwierigkeit der Korrespondenz hin und zurück". (Bade 2004: 428) Die Aufnahmestellen für Aussiedlungsanträge wurden in die Herkunftsländer verlegt, und außerdem musste

> [z]ur Prüfung der deutschen Volkszugehörigkeit [...] nun ein ca. 50 Seiten langer Fragebogen ausgefüllt werden. Außerdem wird über den Antrag nicht mehr sofort und unbürokratisch entschieden. Diese neuen Regelungen führten bereits 1991 zu einem Rückgang des Aussiedlerzuzugs auf 221.000 und einem Rückstau von noch nicht entschiedenen Anträgen (März 1995: 520.000). Mit dem 1992 verabschiedeten *Kriegsfolgenbereinigungsgesetz* wurde eine jährliche Quote der Aufnahme von Aussiedlern festgelegt. (Münz 1999: 33 f.)

Die Spätaussiedler werden nach einer temporären Übergangszeit in Sammellagern den einzelnen Bundesländern zugeteilt. (Ähnliche Hürden, Regelungen und Quoten wurden beinahe zeitgleich für die jüdischen Kontingentflüchtlinge eingeführt.)

25 Mir ist nicht gelungen, in der Fachlitertur eindeutige Hinweise auf die innenpolitischen Gründe für die starke Förderung der Aussiedler/innen aus der ehemaligen Sowjetunion zu finden. Vielleicht wollte der Bundeskanzler Helmuth Kohl damit ein Wählerpotenzial für die CDU gewinnen? Oder lag es an der Wirtschaftskrise in den 1990er Jahren? Zum Beispiel schlug der Innenminister Manfred Kanther im Angesicht der hohen Arbeitslosigkeit sowie der prognostizierten deutschen Rentenpolitik vor, „in erster Linie an die deutschen Aussiedler aus den Staaten Ost- und Südosteuropas zu denken." (Ders. „Schluß mit den Zauberwörtern", *Die Zeit*, 24.09.1993, zit. n. Ulrich Herbert 2001: 398)

Die restriktiven Maßnahmen sind Merkmale eines politischen Kurswechsels in der Aussiedlerfrage: von der Aufnahme im Bundesgebiet bis hin zur Möglichkeit des Verbleibens in den Herkunftsländern, die durch eine finanzielle Entschädigung (Freikauf) besonders attraktiv gemacht war. Auf der anderen Seite wurden monetäre Mittel für die erfolgreiche Integration der in dem Bundesgebiet lebenden Aussiedler-Gruppe seit den 1990er Jahren sukzessiv gekürzt. Zudem „wurde der zunehmenden Zuwanderung mit einer Verschärfung der Anerkennungspraxis u[nd] anderen einschränkenden Regelungen begegnet (enger gefaßte Anerkennungskriterien; Einschränkung finanzieller u. sozialer Unterstützung wie: Maßnahmen zur berufl[ichen] Eingliederung, Existenzgründung, Altenversorgung, Ausbildungssicherung u. a.)." (Kleines Lexikon 1997: 151)

Kurz, der Aussiedler-Status wurde langsam nivelliert und glich sich dem der anderen Migrantenkategorien an. Trotzdem blieb ihre Lage in der Bundesrepublik „nach wie vor deutlich privilegiert" (Bade 2004: 542). Dies bestätigen 2013 auch die Feststellungen des Ministeriums für Arbeit, Integration und Soziales des Landes Nordrhein-Westfalen (MAIS NRW): „Die Voraussetzungen für die Integration von Aussiedlerinnen und Aussiedler waren besser als für die anderen Zuwanderergruppen. Sie hatten deutsche Staatsbürgerschaft, Sprachkenntnisse waren vielfach vorhanden, und auch die Anerkennung ihrer Bildungsabschlüsse war sichergestellt." (MAIS NRW 2013: 7)

Möglicherweise ist das der Hauptgrund dafür, dass es (beispielsweise im Bundesland NRW), abgesehen von anfänglichen Ankunftsproblemen keine großen Integrationsprobleme gab: „mittlerweile gelten Aussiedlerinnen und Aussiedler als gut integriert" (ebd., S. 21). Zur selben erstaunlichen Schlussfolgerung kommt Steffen Kröhnert (2010: 47 f.) in seinem Beitrag „Migration in Deutschland und Europa – Gegenwart und Zukunft":

> Ganz ohne Bildungsabschluss sind nur 3,3 Prozent und von der ersten zur zweiten Generation steigt der Anteil der Abiturienten deutlich an. Auch auf dem Arbeitsmarkt schneiden die Aussiedler im Vergleich zu anderen Herkunftsgruppen gut ab: 14 Prozent der erwerbstätigen Aussiedler haben es in den öffentlichen Dienst geschafft, mehr als in allen anderen Migrantengruppen. Der unproblematische Erhalt der deutschen Staatsbürgerschaft war hier sicher von Vorteil. Die Selbständigenquote der Aussiedler ist hingegen gering, sie liegt mit nur 5 Prozent am unteren Ende der Skala und steigt auch in der zweiten Generation kaum an. Negativ fällt der mit 13 Prozent hohe Anteil der von öffentlichen Leistungen Abhängigen unter den Aussiedlern aus.

Meine eigene berufliche, wenn auch statistisch nicht repräsentative, Erfahrung hat bei Erwachsenen dieser migratorischen Gruppe jedoch deutliche Eingliederungsprobleme in den deutschen qualifizierten Arbeitsmarkt festgestellt – und zwar vor allem, wenn sie keinen deutschen Hochschulabschluss vorweisen können[26]. Während einige ausländische Akademikerinnen und Akademiker einen ihrer Qualifizierung entsprechenden Job problemlos finden können, hilft den anderen auch die (kostenpflichtige) offizielle Anerkennung der ausländischen Diplome bei der Arbeitssuche fast nie.

Die Statistiken bekräftigen diese Beobachtung und führen die Zunahme der Arbeitsmarktproblematik auf die steigende Zuwanderung zurück: „[V]on dauerhafter Arbeitslosigkeit sind auch bei den Sp[ätaussiedlern] Frauen u. unqualifizierte Arbeitskräfte überproportional betroffen." (Kleines Lexikon 1997: 151) In den letzten Jahren wurden in der Bundesrepublik Deutschland diese Problem- oder Bedarfsbereiche durch weitere Maßnahmen, Gesetze und Investitionen deutlich gestärkt und ausgebaut. Es wäre wichtig zu überprüfen, ob dadurch schulische Eingliederungsprobleme bei den jungen Aussiedlerinnen und Aussiedlern behoben werden. Ihre Ursachen sind „meist in unzureichenden Sprachkenntnissen sowie der unbekannten Bildungsorganisation u[nd] Schulpraxis" (ebd.) zu suchen, die sich von der in ihren ehemaligen Heimatländern (zum Teil gravierend) unterscheidet.

Abschließend soll exemplarisch ein literarisches Werk erwähnt werden, in dem das Schicksal von drei Generationen einer ethnisch-deutschen Familie aus Kasachstan bis zu ihrer Übersiedlung ins Heimatland der Vorfahren authentisch und bildhaft, aber ohne Kitsch beschrieben ist.

> Vater war bei der örtlichen Behörde zu einem Stammbittsteller geworden. Seit Jahrzehnten setzte er alle Hoffnungen auf eine Halbschwester seiner Mutter, die in den Kriegswirren nach *Deitschland* gekommen war und es geschafft hatte, in der Westzone Fuß zu fassen (was Vater gegenüber unserer Mutter stets als ein besonderes Verdienst *seiner* Verwandtschaft herausstrich). Sie versorgte Vater mit offiziellen Einladungen, ohne die es undenkbar war, einen Ausreiseantrag zu stellen. Leider erfüllte sie für eine Familienzusammenführung nicht die Bedingung der Verwandtschaft ersten Grades. Mutter sagte oft, wenn Vater erst nachdenken würde, bevor er etwas tut, dann hätte man die alte Dame mit ein bißchen Geschick für Großmutters leibliche Schwester ausgeben können. (Hummel 2005, 2006: 25)

Eleonora Hummel, in Kasachstan 1970 geboren, lebt seit 1982 in der Bundesrepublik. In ihrem Erfolgsroman *Die Fische von Berlin* (2005) gibt sie einen anschaulichen historischen Exkurs über die widrige und teils absurde Lage der Russlanddeutschen im 20. Jahrhundert, hier im Zweiten Weltkrieg: „Deutsche Bomben, die einen Bogen um ihre Landsleute hätten machen sollen, hatten unsere

26 Dies findet Bestätigung in dem Bericht von Worbs/Bund/Kohls/Babka von Gostomski 2013: 7 ff.

Zelte hinweggefegt; an einem Gerüst hing noch ein fetzen Stoff wie eine müde gewordene Fahne." (Hummel 2005, 2006: 149) Die Autorin schickt ihre junge und wissensdurstige Protagonistin Alina auf eine zeithistorische Entdeckungsreise durch ihre Familiengeschichte, die von Alinas Großvater narrativ begleitet wird. In diesem Werk lassen sich wesentliche autobiografische Anteile und Bezüge vermuten (ausführlich dazu siehe Teil III).

Sowjetische Jüdinnen und Juden in der Bundesrepublik

> Deutschland – nach dem Holocaust zu einer unmöglichen Heimat für Juden geworden – wurde zu einer möglichen und bisweilen durchaus erwünschten Heimat für die Einwanderer aus der ehemaligen UdSSR, in der es für die Juden wieder eine Normalität gibt.
> Dmitrij Belkin *Mögliche Heimat: Deutsches Judentum zwei*

Wie die Bevölkerungsgruppe der (Spät-)Aussiedler ist die jüdische Gemeinschaft in der Bundesrepublik nicht homogen und differenziert sich vor allem durch Kriterien wie die topografische oder genetische Herkunft, religiöse, sprachliche oder historische Zugehörigkeit zum „jüdischen Volk". Dem jüdischen Religionsgesetz *Halacha* nach gelten diejenigen Menschen als Juden, deren Mutter eine Jüdin ist. Die Bundesrepublik Deutschland erkennt zudem alle als Juden an, die Mitglieder einer jüdischen Gemeinde sind. (Im Jahr 2010 waren es rund 107 000 Menschen zzgl. 5 000 Mitglieder der Union Progressiver Juden.) Eine solide Verstärkung – mit etwa 90 000 russischsprachigen Personen – leisten in den jüdischen Gemeinden vor allem zugewanderte Juden und Jüdinnen aus der ehemaligen Sowjetunion, was zu positiven wie negativen Auswirkungen auf die Eigendynamik sowie die Entwicklung der Gemeinde führt.[27]

Zur jüdischen Minderheit zählen außerdem alteingesessene Angehörige, die die deutsche Staatsbürgerschaft besitzen. Im rechtlichen Sinne, aus naheliegenden historischen Gründen nicht als nationale Minderheit anerkannt, genießt die jüdische Bevölkerungsgruppe in der Bundesrepublik einen besonderen Status mit Sonderrechten und diversen Möglichkeiten institutioneller Förderung (vgl. Kleines Lexikon 1997: 83).

Um zu verstehen, wie die jüdische Zuwanderung aus den Nachfolgestaaten der Sowjetunion möglich wurde und noch heute ist, bedarf es an dieser Stelle einer Erwähnung der wichtigsten politischen Entscheidungen und Regelungen. Nach

27 Ausführlicher dazu siehe beispielsweise Jeffrey M. Peck 2006: 45 ff.

dem Mauerfall im Jahr 1989 forderte Heinz Galinski[28] von der noch amtierenden DDR-Regierung Verantwortungsübernahme für die Taten des NS-Regimes.

Im April 1990 bekannte sich die erste frei gewählte DDR-Volkskammer unter Lothar de Maizière für die deutsche Geschichte verantwortlich und willigte ein – zunächst ohne ein entsprechendes Gesetz –, „verfolgten Juden in der DDR Asyl zu gewähren". Das wurde im Juli 1990 vom DDR-Ministerrat im Ausländer- und Asylrecht geregelt und beschlossen, „Juden unbürokratisch aufzunehmen", was zu „sprunghaft gestiegenen Ausreisewünschen" sowie einer Flut der jüdischen Eingewanderten aus den ehemaligen Sowjetrepubliken führte (vgl. Kessler 2010: 176). Der Geschäftsführer des Zentralrates der Juden in Deutschland Stephan Kramer sprach am 18. November 2003 in einer Anhörung des Zuwanderungsrates in Berlin von „insgesamt rund 180.000 Juden aus der Sowjetunion/GUS" (Bade 2004: 543), die in der Zeit zwischen 1989 bis Ende 2003 nach Deutschland zugewandert waren.

Im Januar 1991 beschloss die gesamtdeutsche Ministerpräsidentenkonferenz der Länder, den rechtlichen Status der sowjetischen Jüdinnen und Juden in der Bundesrepublik auf Grundlage des „Gesetzes über Maßnahmen für im Rahmen humanitärer Hilfsaktionen aufgenommener Flüchtlinge" (Kontingentflüchtlingsgesetz nach der Genfer Flüchtlingskonvention) zu regeln. Ohne individuelle Verfolgung nachweisen und ein Asylverfahren durchlaufen zu müssen, erlangten die Vertreter/innen der jüdischen Bevölkerungsgruppe einen unbefristeten Aufenthaltsstatus (von 1991 bis 2004 mit einem nach sieben Jahren folgenden Antrag auf Einbürgerung), das Recht und die Erlaubnis, eine Arbeit auszuüben sowie Anspruch auf Unterbringung, deutsche Sprachkurse und soziale Leistungen, auf die laut Dmitrij Belkin (2010: 28) mehr als 80 % der Einwanderer angewiesen waren. Kurz, die einst aus ihren sowjetischen Herkunftsländern als diskriminierte Jüdinnen und Juden Ausgewanderten wurden als ‚jüdische Kontingentflüchtlinge' aufgenommen und beinahe wie die nach einem Asylverfahren anerkannten Asylberechtigten behandelt.

Für Brinkmann ist die Erschaffung neuer Euphemismen, die die rechtlich fundierten Möglichkeiten einer zeitlich unbegrenzten Niederlassung mit einem fiktiven Übergangsstatus kaschieren, ein Zeichen dafür, „wie schwer sich Staat und Gesellschaft mit einem offenen Bekenntnis zu Einwanderung und zur kulturellen und religiösen Vielfalt tun." (Brinkmann 2010: 37) Klaus J. Bade weist zudem auf Unsicherheiten zwischen der einheimischen Gesellschaft und eingewanderten Jüdinnen und Juden aus Osteuropa hin (vgl. Bade 2004: 543). Dass viele mit

28 Der Vorsitzende des Zentralrates der Juden und der Berliner Jüdischen Gemeinde.

Identitätsproblemen zu kämpfen haben und sich trotz deutscher Zugehörigkeit als ,Gäste' fühlen – trotz langjähriger umfangreicher ,Nach-Sozialisation' durch diverse Bildungsstationen –, bestätigen auch manche private Gespräche, meistens mit der Kindergeneration der jüdischen Zugewanderten aus Osteuropa.

Bereits im Februar 1991 verlagerte man die Aufnahmestellen der Ausreiseanträge ausschließlich in die GUS-Staaten und definierte den Kreis der Antragsberechtigten mit mindestens einem jüdischen Elternteil, Ehepartner/innen und minderjährigen Kindern. Im August wurde die erste Verteilung der Zugewanderten auf die einzelnen Bundesländer im Rahmen der Quotenstatistik des Bundesverwaltungsamtes Köln (*Königsteiner Schlüssel*) vorgenommen. (Demnach musste beispielsweise das Bundesland Hessen 7,4 % und Berlin 2,3 % der Zugewanderten aufnehmen. Bei den Neufällen – ab dem 01.10.2005 gestellten Anträgen – sind Verteilungswünsche im Rahmen der Quotenregelung zu berücksichtigen [vgl. Kessler 2010: 177].)

Eine informelle Quote bestimmte die erlaubte Gesamtzahl der jährlich eingereisten Menschen jüdischer Herkunft, die bei 10 000 bis 15 000 Personen lag (vgl. Münz 1999: 57). Teilweise sind Jüdinnen und Juden weitergewandert oder zurückgekehrt, mehrere Tausend (von 1991 bis 1998 waren es 23 000) von jüdischen Antragsteller/innen nahmen die positive Entscheidung über die Aufnahme in der Bundesrepublik Deutschland nicht in Anspruch.

Rita Süssmuth (CDU), die die Regierungskommission zur Zuwanderungspolitik leitete, schlug 2001 einen Mechanismus zur Aufnahmereduzierung der jüdischen Einwandernden vor, nach dem nur *halachische* Jüdinnen und Juden zu berücksichtigen wären. Die Umsetzung ihrer Vorschläge fand nicht statt, blieb aber Diskussionsthema auf Regierungsebene bis zum Inkrafttreten des neuen restriktiven Zuwanderungsgesetzes und somit der endgültigen Aufhebung des Kontingentflüchtlingsgesetzes (Gesetzes über Maßnahmen für im Rahmen humanitärer Hilfsaktionen aufgenommener Flüchtlinge [HumHAG] v. 22.07.1980) im Januar 2005. Es sei erwähnt, dass 2004 zum ersten Mal die Zahl der in die Bundesrepublik immigrierten Jüdinnen und Juden die Anzahl der in den Staat Israel jüdischen Ausgewanderten übertraf.

Die Innenministerkonferenz der Länder samt Bundesinnenminister Otto Schily (SPD) sprach sich zeitgleich für eine Aufnahmebegrenzung durch Nachweis ausreichender Deutschkenntnisse aus. Zudem mussten die Antragsteller/innen

> grundsätzlich in der Lage sein, ihren Lebensunterhalt selbst zu sichern, und von einer jüdischen Gemeinde aufgenommen werden können. Dazu wird eine ,Integrationsprognose' mittels eines Punktesystems erstellt, in der Alter, Sprachkenntnisse, Schulabschlüsse, Berufserfahrung, Arbeitsplatzangebote, eine zu erwartende Mitarbeit in einer Gemeinde etc. einfließen. (Kessler 2010: 177)

Seit 2005 genießen die jüdischen Zugewanderten und ihre Familienangehörigen aus der ehemaligen Sowjetunion (die baltischen Staaten – heutige EU-Mitglieder – ausgeschlossen) den Schutz des § 23 Zuwanderungsgesetzes i. V. mit den Beschlüssen der Innenministerkonferenz vom 24. Juni und 18. November 2005.[29] „Ende 2005 lebten in Deutschland noch rund 110.000 zugewanderte Juden, von denen etwa 90.000 Mitglieder jüdischer Gemeinden waren. In diesen Gemeinden stammten 1990 nur 3,5 % der Mitglieder aus der ehemaligen Sowjetunion, während es 2003 knapp 90 % waren."[30] Judith Kessler berichtet über weniger als tausend positiv entschiedene Aufnahmeanträge im Jahr 2009 und weist auf die in den letzten zwanzig Jahren erstmalig erlebte Stagnation der Mitgliederzahlen in der jüdischen Gemeinde hin (vgl. Kessler 2010: 177).

Insgesamt kamen in die Bundesrepublik Deutschland von 1991 bis 2009 schätzungsweise (da statistisch nicht gesondert erfasst) etwa 219 000 jüdische Zugewanderte (mit mindestens einem jüdischen Elternteil, ggf. nichtjüdischen Familienangehörigen und Altfällen inklusive) aus einer der ehemaligen Sowjetrepubliken – Estland, Lettland, Litauen, Moldau, Russische Föderation, Ukraine, Weißrussland, Armenien, Aserbaidschan, Georgien, Kasachstan, Kirgisien, Tadschikistan, Turkmenistan oder Usbekistan. (Vergleichsweise waren es beinahe zwei Millionen nichtjüdische russische [Spät-]Aussiedlerinnen und [Spät-]Aussiedler.)

Die Hauptbeweggründe der jüdischen Zuwanderer aus der ehemaligen Sowjetunion unterscheiden sich nicht gravierend von denen der Spätaussiedler/innen: Sie sind überwiegend wirtschaftlichen und sozial-politischen, und nicht mehr, wie vor 1973, religiös-ideellen Charakters. Die instabile ökonomische Lage, Sorge um die Zukunft ihrer Kinder, physische Unsicherheit in den Herkunftsländern, verbunden mit Feindseligkeiten antisemitischer und/oder diskriminierender Natur, eingeschränkte Möglichkeiten der Selbstrealisierung waren für viele Anlass genug, um ihre Heimat zu verlassen und einen sicheren Staat zum Leben zu wählen.[31] Doch Dmitrij Belkin hebt in seinem Beitrag *Mögliche Heimat: Deutsches Judentum zwei* (2010: 28) zu Recht ein selten erwähntes aber für viele jüdisch-sowjetische Emigrierende wichtiges Auswanderungsmotiv, nämlich „die Sehnsucht nach Weltkultur" hervor:

> Die deutsch-jüdische Kultur der Vorkriegszeit ist jedoch paradoxerweise mit den postsowjetischen Juden miteingewandert: Die Gesamtausgaben von Goethe und Heine,

29 Vgl. http://www.auslaender-statistik.de/juden.htm, letzter Zugriff am 23.08.2013.

30 Vgl. ebd.

31 Ausführlicher dazu im Kapitel 1.1.2 sowie bei Friedgut 2010: 41.

> Thomas Manns Joseph-Trilogie, die Werkausgabe Feuchtwangers, die Romane von Kafka und Hesse kamen als identitätsstiftende Faktoren für Hunderttausende sowjetischer Juden mit nach Deutschland – allerdings auf Russisch. Dasselbe geschah mit den Bildbänden über die Romantik und Barockbauten der deutschen und europäischen Städte, die in der Regel als Bestandteile der Privatbibliotheken nicht aufbewahrt wurden, da sich nun die Möglichkeit bot, diese Städte und ihre Museen zu bereisen. Das „deutsche Judentum zwei" besteht überwiegend aus den Liebhabern deutscher und europäischer Kultur.

Statt eines Fazits

Die ganze Bandbreite der im Laufe der Jahrzehnte entwickelten und beschlossenen politischen und rechtlichen Regulierungen erlaubt, aber erschwert auch den Menschen unterschiedlicher Bevölkerungsgruppen, Fähigkeiten und Lebenslagen die Teilhabe an einem vollwertigen Leben und Mitwirken in der Bundesrepublik Deutschland. Zu Zeiten der virtuellen und realen Verschwommenheit der topografischen, informativen, wissenschaftlichen und sprachlichen Barrieren lässt sich weiterhin ein friedliches und freundliches Miteinander wünschen. Dass dies möglich ist, sah man in den deutschen Städten beispielsweise während der Fußball-Weltmeisterschaft 2014:

> Zerstoben der Krieg der Kulturen. Keine Spur mehr übrig von den Sarrazin-Welten. Weder von seiner eigenen noch von der, vor der zu warnen er behauptet. Nirgendwo ein Korso von Leuten, die rufen: Nie wieder Deutschland! Stattdessen ein einziges riesiges Fest auf der Wiese, jene von Adriano Celentano besungene „festa sui prati": „Was für ein schöner Tag, wir sind alle gute Freunde. Aber wer weiß, warum: Morgen müssen wir uns hassen." (Berliner Zeitung am 15. Juli 2014)

Vom Statistischen Bundesamt wurde 2005 der Begriff *Migrationshintergrund* eingeführt, der Staatsangehörige deutscher und ausländischer Herkunft aufgrund von weiteren Merkmalen „zur Charakterisierung des Integrationsbedarfs" trennt. Dieser Kennzeichnung nach hat jede/r einen Migrationshintergrund, der/die ins Bundesgebiet ab 1950 eingewandert und/oder eingebürgert ist. Es sind alle (Spät-)Aussiedlerinnen und (Spät-)Aussiedler, sowie Kinder, deren Eltern oder mindestens ein Elternanteil sich durch eines der oben genannten Merkmale auszeichnen. 2005 lebten in der Bundesrepublik Deutschland 15,3 Millionen Menschen mit Migrationshintergrund, was einem prozentuellen Anteil in Höhe von 19 % der deutschen Gesamtbevölkerung entspricht (vgl. Bertelsmann Lexikon 2011: 472).

1.2 Probleme und Prozesse der ‚Beheimatung'

> Emigrieren ist mehr als der schlichte Wechsel von einem Ort zum anderen. [...] Aber eines steht fest: Die Migration ist ein Akt, der das Individuum, die Mitmenschen und die gemeinsame Umwelt auf eine sich gegenseitig bedingende Weise zutiefst betrifft. [...] In beiden Migrationen litt ich unter Identitätskrisen, Traurigkeit, dem Verlust und Wiedergutmachungswünschen. Ich habe Wut, Schuld und auch Freude gespürt, ich habe Widerstand und Akzeptanz gegenüber der neuen Kultur empfunden, und ich habe die alte Kultur und ihre Objekte idealisiert, genauso wie ich es auch mit dem gemacht habe, was ich mir vor dem Neuen erhoffte. Mit der Zeit jedoch änderte sich die Qualität des Gehalts, der Vorstellungen und Ziele. Entsprechend der hochdynamischen Kombination innerer und äußerer Faktoren entstanden dadurch Widersprüche.
>
> Léon und Rebeca Grinberg *Psychoanalyse der Migration und des Exils*

Die Psychoanalytiker und Ärzte Léon und Rebeca Grinberg gehören zu den ersten Analytikern, die diese lebenswichtige Unternehmung beschrieben haben – die gut durchdachte oder, je nach Situation, in Eile getroffene Entscheidung, das wohlbekannte Alte zu verlassen und sich einer meist absoluten Terra incognita zuzuwenden, mit allen daraus entstehenden Folgen. Von diesem Zeitpunkt an kann man von ‚transitorischen Prozessen' im topografischen, sprachlichen, kulturellen und sozialen Sinn sprechen, die Migrierende durchleben. *Migrare* steht für ‚wandern' und ist – genauso wie die ‚Erinnerung' (nicht das ‚Gedächtnis') – eine aktive Tätigkeit, die von vielfältigen Prozessen begleitet wird.

Solange der individuelle Migrationsprozess, der je nach Lebenserfahrung eine verkürzte Zeit oder die ganze Lebensdauer in Anspruch nimmt, nicht abgeschlossen ist, hat man als Migrant/in, ob bewusst oder nicht, mit täglicher aufwendiger Verarbeitung der wahrgenommenen Unterschiede und Veränderungen zu tun. Um die Migration in ihrer ganzen Komplexität zu begreifen, denke man an die mit ihr verbundenen vielfältigen Umstellungen, Herausforderungen, Erfahrungen, Krisen und Verlusten, aber auch an ihre Chancen und Gewinne.

Es ist offensichtlich, und nicht nur Psychologen und Psychotherapeuten, sondern auch Historiker, Soziologen, Philosophen und Literaturwissenschaftler weisen in ihren Studien explizit darauf hin, dass die Umbruchsituation, die die Auswanderungsprozesse meistens bedeuten, die menschliche Psyche stark belastet. Die dazu führenden Faktoren, ihre Formen, Mechanismen und Folgen werden hier skizzenhaft-exemplarisch festgehalten.

Dieser Überblick bereitet die in weiteren Kapiteln folgenden Analysen der Werke von Alina Bronsky, Olga Grjasnowa, Nino Haratischwili, Eleonora Hummel, Katerina Poladjan und Julya Rabinowich vor. Sie alle thematisieren Konflikte des migrationserfahrenen und meist auch migrationsbeeinträchtigten Individuums mit sich selbst, seinen Nächsten und der Umgebung. Welche *fictional memories* und realen Erinnerungen verbinden die Werke dieser Autorinnen? Welche authentischen historisch-politischen und psychosozialen oder spezifisch migratorischen Ereignisse werden in ihren Romanen verarbeitet?

Um diese Fragen beantworten zu können, werden die folgenden, für migratorische Prozesse unabdingbaren Bereiche und Begriffe diskutiert: Kulturschock, Akkulturation, Sozialisation; Formung der Identität, Erinnerungen, kollektives Gedächtnis, Großgruppenidentität; Trauma, Krisen, Gewalt und/oder Rebellion; die Rolle der Mutter in der Familie und für die Mutter-Tochter-Dyade; Funktion der Familie bei der Auswanderung und, schließlich, Akkulturation und Integration in die Gesellschaft des Aufnahmelandes. Die hier nur knapp geschilderten, die Identität formenden Grenz-Erfahrungen – und zwar zeitlicher, topografischer, sprachlicher, sexueller, ethisch-moralischer, psychodynamischer Art –, die jeden Migrationsprozess umrahmen, sollen einem besseren Verständnis der Migrationsabläufe und ihrer Auswirkungen im realen Leben einer multikulturellen Gesellschaft beitragen.

1.2.1 Kultur, Akkulturation, Integration

> Es wird nichts mit dem neuen, heiteren Leben, mich zieht es zum alten, trägen – zu meinen Landsleuten.
> Nellja Veremej *Berlin liegt im Osten*

Alle nachfolgend behandelten Romane aus den Jahren 2005 bis 2012 verfügen über einen thematischen Grundton, der einige Aspekte umfasst, die jeden migratorischen Prozess begleiten. So werden etwa Mobilität und Identitätssuche, die Auseinandersetzungen mit Herkunft, Beheimatung in der neuen Gesellschaft und die Frage der erfolgreichen oder misslungenen Integration zeitspezifisch geschildert und erörtert. Diese Schriftstellerinnen sind als Kinder oder junge Erwachsene von ihren Eltern in die Bundesrepublik (oder nach Österreich) mitgenommen worden und in der für sie zunächst neuen Umgebung aufgewachsen. Die Protagonistinnen ihrer Bücher tragen hier und da Züge der Autorinnen und fallen generell durch ihre forschende, unersättliche Suche nach dem Ort ihrer frühen Kindheit, nach und damit einhergehend ihrer Großeltern- und Elterngeneration und deren Schicksalen auf.

Begegnungen mit der Kultur ihrer Herkunftsländer rufen einerseits nostalgische Sinneserinnerungen wach, sorgen andererseits aber auch für einen Kulturschock, für Automatismen der Rechtfertigung und eine Obsession des Vergleichens von hier und dort, einst und jetzt. Sind sie meist aus familiären Gründen in ihr historisches Vaterland gereist, so kehren sie erleichtert zurück, haben ihre Abschiedsrituale vollzogen und ihre russländische Kindheit mehr oder weniger verarbeitet und im Gedächtnis gespeichert.[32] An dieser Stelle soll es im Folgenden, notwendigerweise schematisch, um die wissenschaftlich gesicherten, positiven wie negativen soziokulturellen und psychologischen Begleiterscheinungen einer jeden Migration gehen.

In der sozialwissenschaftlichen Forschung wird Migration als Phänomen des Wandels, als Summe von Veränderungen und Neubildungen verstanden, die „sich nach Mobilität im Raum oder in der Sozialstruktur" unterscheidet und zusammenhängend betrachten lässt. (Hamburger & Hummrich 2007: 112)

Die räumliche Mobilität vollzieht sich im lokalen oder regionalen, nationalen oder kontinentalen, gar globalen Rahmen.

> Das Kriterium der Zeit ermöglicht die Unterscheidung von Migration und Zirkulation. Migration als Wohnsitzverlegung kann temporär oder permanent sein. Von all diesen Formen richtet sich die öffentliche, sozialpolitische und pädagogische Aufmerksamkeit auf Migration über Nationalstaatsgrenzen hinweg, weil dabei die das moderne Bewusstsein besonders beeinflussenden nationalen Zugehörigkeitsgrenzen und Abgrenzungsmuster berührt werden (ebd.).

Die geografischen und temporären Kategorien werden ergänzt durch die sogenannte humane Komponente (vgl. Grinberg/Grinberg 1990: 17). Es geht um Menschen, die allein, in kleinen Gruppen, wie beispielsweise Familien, oder in großen Gruppen (wie deutschstämmige Aussiedler/innen aus Osteuropa) umsiedeln.

Im Jahr 2010 hatten in Deutschland ca. 19 % der Gesamtbevölkerung, also 15 von 82 Mio., eine Migrationsbiografie oder einen sogenannten ‚Migrationshintergrund'[33]. „Dabei sind die noch Lebenden der einst etwa zwölf Millionen Flüchtlinge und Vertriebene, die infolge des Zweiten Weltkrieges bis 1956 in das heutige Staatsgebiet Deutschlands gezogen sind, sowie deren Nachkommen nicht mitgerechnet. Sie gelten als Einheimische". (Kröhnert 2010: 46, 47) In der Europäischen Union lebten 2006 rund fünf Prozent (27 Mio.) Ausländer/innen. „Eine etwa gleich große Zahl umfasst jene Migranten, die bereits die Nationalität ihrer neuen Heimat übernommen haben oder als Kinder von Zuwanderern dort geboren wurden." (Kröhnert 2010: 42)

---

32 Der Romancier und Satiriker Wladimir Kaminer beschäftigt sich hingegen mit der vergleichenden, meist stark karikierenden Darstellung der deutschen und russischen bzw. sowjetischen Kultur und Lebensweise.

33 Oder wie ihn Kat Kaufmann in ihrem Roman *Superposition* (2015) und Olga Grjasnowa in *Gott ist nicht schüchtern* (2017) treffender als *Migrationsvordergrund* bezeichnen.

Die Migrationsgeschichten sind zwar sehr individuell und vielfältig, weisen jedoch aus psychologischer Sicht kulturübergreifend gewisse Ähnlichkeiten auf, die wiederum unter weiteren Aspekten präziser betrachtet, differenziert und definiert werden können, etwa unter geschlechtsspezifischen (siehe Herwartz-Emden 2003: 36) oder migrationsspezifischen Faktoren bei den Aussiedler/inne/n (s. Lanquillon: 1993: 100) oder beispielsweise in der familiendynamischen Sichtweise auf die Migration (vgl. Fatih Güc 1991, zit. n. Kronsteiner 2009: 85).

Im Laufe des Auswanderungsprozesses bewältigt der/die Migrant/in die folgenden fünf Phasen: zunächst die der Vorbereitung, die des eigentlichen Migrationsaktes, der Überkompensierung und des sie lösenden Moments der Dekompensation. Erfolgreich vollendet wird Migration mit generationsübergreifenden Anpassungsprozessen (vgl. Sluzki 2010: 109 f.). Zum besseren Verständnis der lebenspraktischen wie der literarisch fixierten Begleiterscheinungen jedes migratorischen Wandels wird es besonders auf die letzten drei Stufen mit ihren Besonderheiten, Belastungen und Herausforderungen ankommen, auf die ich im Folgenden schematisch eingehen will.

Die Ankunft, das anfängliche Fehlen sozialer Netzwerke und des praktischen, alltäglichen Wissens, sowie die erste (Neu-)Orientierung im sprachlich und kulturell meist fremden Lebensort verlangt von den Eingewanderten hohe Belastungsresistenz, Geduld, Verständnis und Unterstützung – soweit möglich – durch andere Familienmitglieder. Anfangs kehrt der Immigrant gedanklich und emotional zu seinen verlassenen Freunden und Verwandten, zu vertrauten Orten und Ritualen zurück.

Die Kommunikation mit den Zurückgelassenen ist anfangs noch vital, die Sehnsüchte, Erinnerungen und Wiedersehensbestrebungen sind stets präsent. Der Ausgewanderte verspürt die Notwendigkeit Informationen, Emotionen und Eindrücke auszutauschen. Mit der Zeit und im Verlauf der Eingewöhnungsprozesse in die neue Umgebung werden diese verblassen: „Die Menschen verändern sich allmählich“. (Grinberg/Grinberg 1990: 89) Auch wenn in der Regel die meisten Eingewanderten die Akkulturation[34] gut überstehen, birgt sie das

34 Aus einer unzähligen Vielzahl der Ansätze ((sozial-)psychologischer, sozial-, kulturwissenschaftlicher, anthropologischer etc.) und Definitionen des Begriffes – meist aus dem englischsprachigen Raum (Nordamerika, Großbritannien, Australien), wie beispielsweise J. W. Berry 1980, 1990; Sam und Berry 2006; Britannica Concise Encyclopedia 2004; Chiriboga 2004: 274–275; Graves 1967; Aumüller 2009: 43; Borrmann 2010: 117 f.; Makarova 2008: 34 ff.; Schönpflug 2003; Treibel 1990: 167; Trimble 2003: 7; Zick 2010: 33–55 und viele mehr) verdient die prägnanteste und treffendste von Herbert A. Strauss ein besonderes Augenmerk. Für Strauss ist Akkulturation

Potenzial enormer krisenhafter Desorganisation und/oder einer psychiatrischen Symptomatik einzelner Familienmitglieder.

Dies ist die Phase, die Verwandtschaften auf Probe stellt und ihrem Wesen nach als Katalysator dient. Erfreute sich vor der Ausreise eine Familie eines soliden Zusammenhangs mit starker emotionaler Gebundenheit, so werden ihre Beziehungen nun noch enger. Bei einem kühleren Verhältnis wächst die Distanziertheit, die Familienbande lösen sich ungeachtet eines zu Beginn noch fehlenden sozialen Netzwerks. Aber in aller Regel werden anfangs alle innenfamiliären Konflikte aus dem Weg geräumt, und die Familie steht im Zeichen der Akzentuierung der neuen, durch die Migration verursachten Regeln sowie der Etablierung von Anpassungs- und Akkulturationsprozessen (vgl. Sluzki 2010: 114 f.). Die Forschungsergebnisse betonen das typische Sich-Einstellen der Probleme (vor allem im psychosozialen Rahmen) erst nachdem das unvermeidliche Eintreten der Anfangsschwierigkeiten erfolgreich überstanden ist (mehr hinzu siehe Lanquillon 1993).

Die rundum positive Zeit der Überkompensierung wird abgelöst von der Phase der Dekompensation, die seitens der (psycho- oder familien-)therapeutischen Einrichtungen aufgrund der großen Nachfrage am ausführlichsten erforscht und beschrieben ist.

> Diese bewegte Phase ist belastet mit all ihren Konflikten, Symptomen und Problemen. […] Während dieser Zeit ist die Hauptanforderung […], eine neue Realität zu gestalten und sowohl die Kontinuität der Familie zu erhalten wie auch ihre Anpassungsfähigkeit an die neue Umwelt. Diese beiden Facetten des gleichen Ziels können miteinander konkurrieren und erfordern daher sinnvolle Kompromisse zu ihrer Realisierung. (Sluzki 2010: 115)

Bei der Anpassung an die neue Umgebung heißt es konkret, eine gesunde Balance zu finden zwischen dem Aufrechterhalten der bereits eingeführten und gelebten

---

„ein mehrere Generationen übergreifendes ‚kulturgeschichtliches und kulturanthropologisches Konzept', das die Begegnung von Elementen verschiedener Kulturen und ihre Synthese zu einer neuen Einheit in einem unstabilen Gleichgewicht von verschiedener Dauer bedeutet." (Strauss: Akkulturation als Schicksal. In: Ders./Hoffmann (Hg.): Juden und Judentum in der Literatur, S. 9, zit. n. Becker/Krause 2010: 4) Einen ausführlichen und gleichzeitig prägnanten Überblick über die Akkulturationstheorie geben Wolfgang Fikentscher und Konstantin Rall in dem Beitrag *Kontakt der Kulturen: Theorie der Akkulturation im weiteren Sinne* (Dies. 2012: 7–37) Erwähnenswert ist eine umfangreiche vertiefende Studie von Débora B. Maehler, die die Schwerpunkte ihrer Dissertationsforschung auf die Prozesse und Einflüsse der *Akkulturation und Identifikation bei eingebürgerten Migranten in Deutschland* (Maehler 2012) legt.

Familientraditionen und Gewohnheiten und ihrer eventuellen, durch die neuen Kontexte und Anforderungen bedingten Aufgabe. „Diesen Ausgleich zu schaffen ist heikel und schwierig und die gemeinsame Aufgabe komplex und schmerzhaft – aber unausweichlich. Nicht selten schleicht sich bei Versäumnissen die Krise über die nachfolgende Generation in die Familie ein" (ebd.).

Der Gebrauch der Muttersprache kann zu einem der Krisenfaktoren werden. Kinder erlernen die neue Sprache bekanntlich leichter und schneller als Erwachsene, sie eignen sich die Normen und Gesetzmäßigkeiten der neuen Umgebung störungsfreier an, was in einigen Fällen zu Unsicherheit, Besorgnis und emotionaler Abkühlung seitens der Erwachsenen führen kann.

> *Der Vater wird misstrauisch. Der Sohn spricht die fremde Sprache leicht und schnell, redet zu klug, zu weich, er kommt dem Gastland entgegen, entfernt sich vom Land der Urväter. Der Sohn wird zum Schlachtfeld, auf dem der Kampf zwischen der traditionellen Sippe und der Moderne ausgetragen wird.* (Brežná 2013: 123, kursiv im Original)

Die immer geringer werdende Notwendigkeit der Muttersprache wie auch der den Älteren so vertrauten Werte und Traditionen aus dem Herkunftsland führt möglicherweise zur Verschärfung von Generationenkonflikten. Kann das Wort tatsächlich töten oder beleben und die Sprache der neuen Heimat als familiärer Konfliktauslöser wirken? Als System aus Symbolen und Inhalten erfüllt die Sprache mehrere Funktionen in der menschlichen Kommunikation. Eine wesentliche liegt in der individuellen (wie der nationalen) Formung der Weltwahrnehmung,

> als wäre die Sprache das Trägermaterial. Sie zu benutzen tut weh. Ich kann nicht einmal Straßenbahn auf Ungarisch sagen, ohne dass es mich umbringt. Straßenbahn, dachte der Mann mit den geschlossenen Augen. (Mach sie auf, du Dummkopf. Schau sie an. Er konnte es nicht. Das sind unbekannte Felder für mich.) Straßenbahn, dachte Darius Kopp. Nichts weiter. Straßenbahn. Gelb oder nichtgelb. (Mora 2013: 174)

Mithilfe des Sprachvermögens werden die Bilder der umgebenden Realität geschaffen und in der menschlichen Perzeption geprägt. „Für Schaff (1969) handelt es sich um ein gesellschaftliches Produkt, das genetisch und funktional im Gesamtzusammenhang der praktischen Tätigkeiten des Menschen in der Gesellschaft steht. Es handelt sich für ihn um eines der traditionellsten Elemente der Kultur". (Grinberg/Grinberg 1990: 113) Die Beherrschung in erster Linie der sprachlichen, dann kulturellen und sozialen Aspekte charakterisiert den erfolgreichen Verlauf des Akkulturationsprozesses: Für die vor allem erwachsenen Zugewanderten bedeutet das Aneignen einer neuen Sprache (und somit der Realität) oft eine doppelte Belastung und ruft Zerrissenheit oder Verzweiflung hervor.

Die seit der Kindheit mithilfe der Muttersprache geformte und geprägte Weltanschauung wird in der neuen Umgebung ‚bedroht', indem sie angezweifelt, verschoben oder korrigiert wird. Dies führt zu einer meist unfreiwilligen Umorientierung, Anpassung des Verhaltens, der Wahrnehmung sowie kognitiver Tätigkeiten. Wenn das Individuum beispielsweise Schwierigkeiten mit flexibler Umorientierung in neuen Situationen und mit kultureller Offenheit hat, so wird es einige Zeit Kontakte zur neuen Realität und Sprache vermeiden. (Grinberg/Grinberg 1990: 127)

Die abschließende Phase der generationsübergreifenden familiären Anpassungs- und Integrationsprozesse zeichnet sich durch eine langsamere Verinnerlichung der ursprünglichen familiären Werte, Sitten und Traditionen bei der zweiten im Aufnahmeland aufwachsenden Generation aus. Die Realitäten, Sitten und Bräuche, Lebensstil und Gepflogenheiten der neuen Wahlheimat gewinnen an Aktualität. In laufenden Untersuchungen gibt es Indizien dafür, dass Mädchen sich langsamer als Jungen akkulturieren.

Frauen tendieren einerseits zu Assimilationsstrategien[35], andererseits zu einer stärkeren Identifikation mit der Herkunftskultur (vgl. Zick 2010: 160 f.). In der autobiografischen Literatur liefert Irena Brežná ein anschauliches Beispiel dafür:

> Ich bin nicht mehr ständig wütend und traurig, sondern praktisch, eine Sammlerin, durchmische das Alte mit allerlei Neuem, Wrackreste und zusammengesuchte Teile, und werde nie mehr aufhören, an meiner waghalsigen Konstruktion zu basteln, die mal einstürzt, mal sich bewährt. [...] Weder meine Voraussicht noch der praktische Verstand noch die Dankbarkeit bedrohen meine offene Identität. (Brežná 2013: 132)

An der zweiten und dritten Generation der Migranten konstatieren empirische Studien (beispielsweise von Atkinson, Morten & Sue 1983; Keefe & Padilla 1987;

---

35 Britannica Concise Encyclopedia (2004) operiert mit den Ergebnissen der sozialwissenschaftlichen Migrationsforschung und definiert Assimilation als Auflösung in der prävalierenden Mehrheitskultur, kurz als "the process whereby individuals or groups of differing ethnicity are absorbed into the dominant culture of a society – though not always completely. In the U.S. millions of European immigrants became assimilated within two or three generations; factors included the upheaval of overseas relocation, the influences of the public school system, and other forces in American life" (zit. n. Zick 2010: 56). Die Ich-Erzählerin des Romans *Die undankbare Fremde* von der aus der Tschechoslowakei in die Schweiz 1968 immigrierten Schriftstellerin Irena Brežná beschreibt diesen Zustand so: „Assimilation klingt nach Auflösung. Lieber wäre mir, sie hätten mir meine Partizipation bestätigt, aber dass Zugewanderte an der Gesellschaft teilnehmen und dabei bleiben dürfen, wie sie sind, hätte man damals nicht zu denken gewagt." (Brežná 2013: 110)

Mavreas et al. 1989) eine Veränderung der ethnischen Identität in Richtung einer Distanzierung, wenn nicht gar Loslösung von der ethnischen Kultur und Sprache der Eltern und des Herkunftslandes (vgl. Zick 2010: 160 f.). In jeder nächsten Generation wird die Rückkehr dessen beobachtet, was die erste Generation verpasst oder vermieden hat. (Ähnlich verfährt es sich mit Familiengedächtnis und Auseinandersetzung mit der Welt der Vor-Generation.) Die Auseinandersetzungen äußern sich oft in Form von Generationenkonflikten und betreffen nach Sluzki (2010: 118) vor allem Migrant/innen, die ihren Wohnsitz freiwillig oder unfreiwillig in Gettos haben.

In den Familien entwickeln sich die zugewanderten Eheleute beruflich wie persönlich häufig unterschiedlich schnell und erfolgreich, oft ist das Vorhandensein oder Fehlen einer beruflichen Qualifikation oder entsprechenden Arbeitsstelle entscheidend. Diese Differenzen übertragen sich leicht auf die Außenwelt und bestimmen die Integrationsmöglichkeiten in der Aufnahmegesellschaft.

Ein literarisches Beispiel für eine solche Lebenssituation findet man bei Alina Bronsky in ihrem Roman *Scherbenpark*. Während die Mutter der Protagonistin Sascha Theater spielt und gelegentlich in der Redaktion eines Anzeigenblattes arbeitet und eine hilfreiche Rubrik für Russlanddeutsche führt, „die noch weniger wussten und konnten als sie“ (Bronsky 2011: 37), bleibt ihr Stiefvater arbeitslos, wird immer aggressiver und schimpft auf alle und jeden, vor allem auf seinen „strunzdummen Scheiß-Chef, der sich eine doofe Bemerkung erlaubt, zu doof für Vadim, um bei ihm bleiben zu können, und der deswegen auch der einzige und sehr kurzzeitige Arbeitgeber bleibt“ (51). In der Literatur wie im Leben führen die Unterschiede der emotionalen und sozialen Fortschritte, besonders zwischen den Eheleuten mit Migrationshintergrund zu zusätzlichen Belastungen in der Familie, wie Hass- oder Schuldgefühlen, Gewalt, Alkoholproblemen etc.

In der modernen Migrationsforschung wird der Frau als der weiblichen ‚Beziehungsverantwortlichen‘ der entscheidende Einfluss auf den Integrationsprozess der Familie zugeschrieben. „Von ihrer Fähigkeit der Verarbeitung widersprüchlicher Anforderungen sowie deren Vermittlung an die einzelnen Familienmitglieder hängt die psychosoziale familiäre Situation in hohem Maße ab.“ (Herwartz-Emden 2003: 18)

Die bedeutende Rolle der Frau als Mutter und Ehepartnerin im möglichst komfortablen Verlauf des migratorischen Prozesses ist bedeutend, doch nicht die einzig Erfolg versprechende Komponente. Die Psychologin Petia Genkova Petkova benennt zwei weiterführende Gruppen moderierender Faktoren – die situationsbezogenen und die individuellen (vgl. Genkova & Huber 2009; Genkova

2012; Genkova 2014). Zur ersten Kategorie zählen die kulturelle Nähe und/oder Distanz, die Dauer des Aufenthaltes sowie die Qualität und Quantität der Kontakte der Immigranten. Einen individuellen Beitrag zum optimalen Anpassungsverlauf im neuen Land leisten sowohl die vorhandenen Sprachkenntnisse und landeskundliches Wissen, als auch die interkulturelle Ausbildung und während der Auslandsaufenthalte gesammelte Erfahrungen.

Psychische und soziokulturelle Anpassungen korrelieren miteinander. Soziale Unterstützung, berufliche Selbstverwirklichung und finanzielle Absicherung bilden zusammen mit Selbstwahrnehmung und kognitiver Disposition sowie der Aneignung von kulturspezifischen Fähigkeiten eine Reihe weiterer Faktoren für die interkulturelle Effektivität und das individuelle Wohlbefinden (vgl. Dodd 1998; Hammer, Gudykunst & Wiseman 1978; Ward 1996; Ward, Bochner & Furnham 2001). Von einer optimalen Integration spricht man, wenn die soziokulturellen Werte eines Menschen mit Migrationsbiografie zum größten Teil denen der Einheimischen entsprechen, zu denen auch die im Aufnahmeland geborenen Nachkommen der Zuwanderer gehören. „Der Lehrer lockte: / ‚Pass dich an. Stell dir vor, du gehst auf der Straße und alle denken, du seiest von hier.'" (Brežná 2013: 22)

Eine erfolgreich verlaufende Akkulturation kann nach Berry (1980) in die soziokulturelle Assimilation und gesellschaftliche Integration übergehen, was in der neuesten Migrationsforschung jedoch als nicht mehr präzise und aktuell gilt (vgl. Makarova 2008). Assimilation und Integration werden dagegen als interkulturelle Balance und

> zum Teil synonym mit dem Konzept der Akkulturation gesetzt, teilweise als Konsequenzen der Akkulturation (Outcome), teilweise als Ausdruck von Akkulturation selbst (Facette der Adaption) verstanden. / Darüber hinaus wird einerseits Assimilation als (erwünschter) Endzustand der Akkulturation begriffen, andererseits die Integration als erfolgreicher Zielzustand der Akkulturation bestimmt. (Zick 2010: 55)

Im Falle einer negativen Entwicklung endet sie in Ausklammerung und Isolierung von der soziokulturellen Umgebung der dominanten Kultur oder Separation[36] und Marginalisierung[37] (auch Gettoisierung). Auf die letzte Kategorie richten Bronsky in *Scherbenpark* und Rabinowich in ihrem Roman *Die Erdfresserin* ihr besonderes Augenmerk.

---

36 Aufbewahren der Herkunftskultur verbunden mit fehlenden positiven Beziehungen zur Zuwanderungskultur (nach Berry 1980).

37 Verzicht auf die Normen der Ursprungskultur begleitet von fehlenden positiven Beziehungen zur Kultur der Aufnahmegesellschaft (nach Berry 1980).

Bronsky zeigt das abgekapselte Milieu der Außenseiter (bildungsferne soziale Schichten, kaum in die deutsche Gesellschaft integrierte Aussiedler, Kleinkriminelle und Alkoholiker, Jugendliche ohne Zukunft) in einer Großstadt der Bundesrepublik.[38] Rabinowich schildert (wohl pars pro multi) das tragische Schicksal einer totalen Randperson in der österreichischen Hauptstadt – einer illegal eingewanderten Ausländerin, die wegen ihres kranken Sohnes, selbst seelisch und physisch zermürbt, das wenige Geld mit Prostitution verdient.

Die kulturelle Identität beeinflusst nicht nur die Aneignung äußerer kulturspezifischer Fähigkeiten, sondern auch Toleranz und psychologisches Wohlbefinden der zugewanderten Person. Sie bestimmt ihr Selbstvertrauen und den Gesundheitszustand beziehungsweise die Anfälligkeit für Krankheiten (vgl. Ward, Bochner & Furnham 2001). Doch was genau wird unter dem wichtigen Bestandteil der „kulturellen Identität" – der ‚Kultur‘[39] – verstanden? Sigmund Freud geht in seiner Kulturtheorie von zwei Aspekten aus – dem menschlichen Wissen, Können und gleichzeitigen Nutzen durch Naturbeherrschung einerseits, und der darauf folgenden Regelung sozialer Beziehungen und möglichst fairen Verteilung der gewonnenen Güter andererseits (vgl. Freud 1927, 1930 [1929], zit. n. Kronsteiner 2009: 110 f.). Demzufolge befindet sich das Zentrum der sozialen Komponente der Kultur im stabilen friedvollen Miteinander der Menschen.

Das Beherrschen der kulturellen Normen befähigt das Individuum zu konfliktfreier Koexistenz in der Gemeinschaft und einem produktiven Umgang mit

---

38 Das ‚russische Charlottenburg‘ von einst könnte man dagegen erneut, beinahe wie vor hundert Jahren, mit seinen im letzten Jahrzehnt eingewanderten russländischen Künstler/innen, Literat/innen, Intellektuellen als positives Gegenstück sehen.

39 Eine umfangreiche Übersicht der zahlreichen disziplin- und aufsatzabhängigen Kulturdefinitionen findet sich bei Andreas Zick (2010: 78–80). Er hebt besonders den interdisziplinär gut formulierten Kulturbegriff von Marsella (2005) hervor, der sowohl kulturelle Aspekte als auch die Akkulturation berücksichtigt: "Culture is shared learned behavior and meanings that are socially transferred in various life-activity settings for purpose of individual and collective adjustment and adaptation. Cultures can be (1) transistory (i.e. situation even for a few minutes), (2) enduring (e.g., ethnocultural life styles), and in all instances are (3) dynamic (i.e., constantly subject to change and modification. Cultures are represented (4) internally (i.e., values, beliefs, attitudes, axioms, orientations, epistemologies, consciousness levels, perceptions, expectations, personhood), and (5) externally (i.e., artefacts, roles, institutions, social structures). Cultures (6) shape and construct our realities (i.e., they contribute to our world views, perceptions, orientations) and with ideas, morals, and preferences (…)". (Marsella 2005: 657, zitiert nach Zick 2010: 80 f.).

ihr. Die Bundesrepublik Deutschland ist inzwischen ein multikultureller Staat, in dem dieses Axiom nicht nur die Einheimischen betrifft. Hier werden größtenteils gleiche Chancen auf gesellschaftliche Teilhabe gewährleistet, die Menschenrechte aller sind garantiert und „einzelne soziale oder ethnische Gruppen [müssen] keine Diskriminierung befürchten". (Aumüller 2009: 25) Das Verstehen, das Anerkennen und Annehmen der Mehrheitskultur sind Grundsteine einer gelungenen Integration.

Die eigene Kultur wird niemandem in die Wiege gelegt, sondern individuell durch soziales Lernen, Verstärkungs- und Vorbildlernen erlangt. Das eigenkulturelle Orientierungssystem wird mit der Zeit zur Selbstverständlichkeit und bedarf keiner kritischen Reflexion mehr. Negative Erscheinungen, wie beispielsweise ein Kulturschock – auch Anpassungsschwierigkeiten genannt – entstehen durch störende Folgen interkulturellen Kontakts (siehe Ward, Bochner & Furnham 2001; Ward 1996). Dabei entfallen die vertrauten Realien (Klang der Sprache, Mahlzeiten und Gerüche, Haltungen), die Menschen und Dinge, aber auch die gewohnten Ordnungen und Kommunikationsformen.

Die neue Umgebung kommt dem Individuum zunächst unvertraut, fremd und deswegen persönlich besonders herausfordernd, ja beängstigend vor. Klaus J. Bade (1993: 23) weist zum Beispiel auf außerordentliche Eingliederungsschwierigkeiten – trotz Beherrschung derselben Sprache und kulturellen Vertrautheit durch die Medien – selbst bei DDR-Übersiedlern in der alten Bundesrepublik Deutschland hin. Da es dabei um die sozialen, kognitiven und emotionalen Wahrnehmungen jedes Einzelnen geht, spricht die sozialpsychologische Forschung von der *subjektiven Kultur*, die „die Art und Weise darstellt, wie die Menschen ihre Kultur wahrnehmen und wie dadurch die Denk- und Verhaltensmuster einer Person beeinflusst werden. / Die subjektive Kultur äußert sich auch in der Wahrnehmung und Bewertung der eigenen Persönlichkeit, des eigenen Lebens und der Lebenszufriedenheit." (Genkova 2009: 94)

In einer Gruppe von Gleichgesinnten werden die individuellen inneren Kräfte mobilisiert und die Anpassungsmechanismen der Zugewanderten verbessert. Die Volksweisheit besagt, dass man „zusammen weniger allein ist", und Pierre Bourdieu spricht vom sozialen Kapital, das mit der Zeit zu ökonomischen Vorteilen und somit zur Verbesserung der Lebensqualität und gesellschaftlich-beruflichen Integriertheit führt. Damit die Aufnahmegesellschaft vom sozialen, kulturellen und letztlich auch ökonomischen Kapital der Zugewanderten profitieren kann, ist es nötig, Bereitschaft zur Integration zu schaffen und sie gegebenenfalls zu verstärken.

Dies gilt auch, wenn der Integrationsbegriff[40] im aktuellen öffentlich-politischen Diskurs zwar weiterhin *en vogue*, doch nicht zureichend definiert ist.[41] Zum einen ist dies durch die Akzeptanz der Einheimischen gegenüber Migrant/innen möglich; zum anderen durch institutionell geplante und durchgeführte effektive Integrationsmaßnahmen. Berücksichtigt man zudem die Zukunftsentwicklung der meisten westeuropäischen Einwanderungsländer, besonders die absehbaren demografischen Perspektiven (alternde Gesellschaft, Mangel an qualifizierten Arbeitskräften in vielen Bereichen), so gilt: „Menschen mit Migrationshintergrund werden […] ganz wesentlich die Zukunft Deutschlands mitbestimmen – nicht anders als in vielen europäischen Staaten". (Kröhnert 2010: 53)

1.2.2 Migration und Identität

> Welche Verschwendung dieser atemberaubenden, verschreckenden Idee, daß die Seelen ein Anrecht auf eine zweite Verkörperung haben und darauf, von der Lethe zu trinken, um sich von ihren früheren Erinnerungen zu reinigen!
> Joseph Brodsky *Brief an Horaz*

Das neue Bertelsmann Universal Lexikon (2011: 314) definiert den Begriff *Identität*[42] einerseits als „völlige Gleichheit bzw. Übereinstimmung" der Menschen und

40 Jutta Aumüller geht beispielsweise von Max Webers Definition der Vergesellschaftung aus, der darunter „alle Arten rational motivierter Beziehungen des Interessenausgleichs und der Interessenverbindungen" (Weber 1980: 21, zitiert nach Aumüller 2009: 24) versteht. Aumüller weist auf den unbestimmten, stets „prozesshaften und grundsätzlich ergebnisoffenen Charakter" der Integration hin. (Aumüller 2009: 24)

41 Aumüller stellt fest, das Unerreichbare an diesem Begriff sei „seine ‚sozialtechnische' Qualität sowie seine visionäre Implikation eines idealen Endziels für die Gesellschaft *insgesamt* (Favell 2001: 118). Politikern bietet der Begriff die Chance, dass er aufgrund seiner konzeptionellen Offenheit unterschiedliche Einstellungen in der Bevölkerung gegenüber Einwanderung gleichermaßen einfangen kann. Schließlich finden sowohl Befürworter einer multikulturellen, offenen Gesellschaft unter ihm Platz wie auch solche von restaurativen und nationalistischen Bestrebungen." (Aumüller 2009: 45 f.)

42 „Aus transformativem Handeln, nicht bloß aus dem Gefallen an einer neuen Kultur erwächst Identität. Und nicht jedes Wolfsrudel ist auch meines. […] Sie wollten die fremde Identität in Wut wegwerfen, doch dann zerschnitten sie diese in Streifen, in Vierecke, in Dreiecke und nähten die Stücke aus Wolle, Seide, Baumwolle, Spitze aneinander zu großen farbigen Decken, in die sie sich einhüllten. Die Wärme des selbst erschaffenen Patchworks konnten sie annehmen, darunter bewahrten sie sich auf der Flucht. Die stolzen Bäuerinnen zeigten mir, wie eine neue Identität sein kann. Sie schenkt Geborgenheit, liegt aber nicht direkt auf der Haut. Sie muss zuerst zerschnitten

Sachen. Im psychologischen Gebrauch wird seine Bedeutung andererseits verengt, indem der Fokus auf die Unverwechselbarkeit und Einmaligkeit eines jeden Selbst – geformt durch sein individuelles Verhalten, Denken, Erleben – gelegt wird. Die Forschung weist zusätzlich auf die plastische Natur der Identität hin, die sich stets „in Bewegung und Veränderung" (Kronsteiner 2009: 337) befindet.

Die psychoanalytische Literatur kennt diesen Terminus bereits seit 1919 durch Viktor Tausk, der die Erwachsenen in ihrer Entwicklung („Sich-Selbst-Begegnen") mit Kindern verglichen hatte.[43] „In seinem Kampf um Selbsterhaltung muß sich der Immigrant an verschiedene Elemente seiner Heimat (vertraute Objekte, die Musik des Landes, Erinnerungen und Träume, in denen sich Aspekte des Herkunftslandes ausdrücken) klammern, um die Erfahrung des ‚Sich-Selbst-Spürens' aufrechterhalten zu können." (Grinberg/Grinberg 1990: 147) Die individuelle Identität kristallisiert sich in der Migration vor allem durch den Bezug auf kollektive Identitäten – in Form von Vergleichen, Rückblicken und sozial-kulturellen Interaktionen. Die Identifikation wird zur "acquisition, as characteristics of the self, of personality characteristics perceived to be part of others". (Nisbett 2003, zit. n. Cervone/Pervin 2014: 560) Der Begriff der kulturellen Identität ist noch komplexer, impliziert auch die Konzepte des Selbst, des Anderen und der Persönlichkeit (vgl. Makarova 2008: 47 f.).

Die Migrations- und die Akkulturationsforschung bringt beide Prozesse – Akkulturation und Identitätsbildung – in reziproke Abhängigkeit: „Alle Identitäts-Struktur-Modelle gehen von der weit geteilten Annahme aus, dass die Identität und/oder das Selbstkonzept von akkulturierenden Individuen der maßgebliche Faktor ist, der die Akkulturation beeinflusst bzw. sie sogar definiert und aus der Akkulturation resultiert." (Zick 2010: 418)

Jede Kultur verfügt über unterschiedlich explizite und kommunizierte Wertvorstellungen, seit der Kindheit (un-)bewusst abgespeicherte Konzepte von Pflichten und Rechten, Natur und Möglichkeiten eines Individuums und der Gesamtgesellschaft. Das heißt im Extremfall "that no cognition is free of culture; that is […] our entire way of thinking". (Cervone/Pervin 2014: 531) Durch interkulturelle Begegnungen, vor allem in der Migration, werden die für die Wahrnehmung der Umgebung verantwortlichen politischen, religiösen, wissenschaftlichen, ästhetischen

---

und dann von uns selbst neu zusammengenäht werden. Das gemeinsame Schneidern, eine archaische weibliche Tätigkeit, identitätsstiftend. Dort, wo die Welt zusammenwächst, wo Gemeinschaften den bunten Überwurf weiterspinnen, flechte ich meine Fäden hinein." (Brežná 2013: 136)

43 Grinberg/Grinberg finden auch schon bei Sigmund Freud (1926) einen einmaligen Verweis auf die *Identität* in ihrer psychosozialen Komponente (vgl. Dies. 1990: 147).

und sozialen Werte eines Individuums, seine Einstellungen und Prinzipien, sein faktisches und lebenspraktisches Verhalten verändert, bedroht, kurz: beeinflusst.

Die Reflexion der externen Prozesse wirft Licht auf die subjektive Kultur und ihre ethisch-ästhetische, sprachliche und praktische Anpassung an die neue Umwelt. Das mit den und vis-á-vis der anfangs fremden Gruppen Erfahrene, Erlebte, Beobachtete wird durch die Sprache kategorisiert und verinnerlicht (vgl. Genkova 2009: 91). Das setzt einerseits eine gewisse Flexibilität und Offenheit dem Neuen gegenüber voraus. Andererseits verlangt es Mut und Verständnis für die aufkommenden Infragestellungen, Veränderungen und für die Notwendigkeiten einer Anpassung des Selbst. Einstellungen der dominanten Mehrheitskultur (oft Vorurteile und Diskriminierung, die negative Bewertung der fremden Gruppen, während die eigene Kultur das ‚Maß aller Dinge‘ bleibt) wirken osmotisch auf die Identitätsbildung und andere Adaptionsprozesse (vgl. Ward, Bochner & Furnham 2001).

Das Forscherpaar Grinberg macht auch auf die ‚natürliche‘ Reaktion der Einheimischen aufmerksam, besonders Schock und Angst um die eigene kollektive Identität, die durch Ankunft und Anwesenheit des Zugewanderten hervorgerufen werden können. Sie erklären dieses Phänomen wie folgt:

> Mit seiner [fremden] Anwesenheit verändert sich die Struktur der Gruppe; einige ihrer Richtlinien für moralisches, religiöses, politisches oder wissenschaftliches Verhalten werden in Frage gestellt, die bislang existierende Organisation könnte möglicherweise destabilisiert werden. Deswegen ist es auch für die Einheimischen eine schwere Aufgabe, die Anwesenheit des Fremdlings zu ‚metabolisieren‘ und in sich aufzunehmen. (Grinberg/Grinberg 1990: 91)

Die Unterscheidung des Eigenen vom Fremden, die Kategorisierung in Gut und Böse ist für jede Gesellschaft aus mehreren Gründen bedeutsam. Sie wird häufig von den Medien betrieben und kultiviert, die traditionell vor allem bestimmte ideologische, (geo-)politische und/oder wirtschaftliche Ansichten unterstützen. Eine weitere, tiefere Ursache eines solchen Trennens liegt in der Projektion des Eigenen auf das Andere und dient somit als Katalysator für das Verständnis, wenn nicht Verinnerlichung der eigenen Identität.

Während eine Gruppe im Extremfall zur kategorischen Überidentifizierung mit der Aufnahmekultur tendiert, der das mitgebrachte Kulturkapital der Individuen zum Opfer fallen kann, bleiben andere Migranten ihren heimischen sozialen, sprachlichen, kulinarischen Gewohnheiten unabänderlich treu, was zur Gettoisierung und mangelhaften Beherrschung der neuen Kultur und Sprache führen kann. Betont sei deshalb die Wichtigkeit und Pflicht einer Unterscheidung zwischen „der pathologischen Verarbeitung der Migration mit ihrer ungelösten Identitätskrise, ihrer Depressivität und ihrer chronischen sozialen Entfremdung einerseits und der gesunden Verarbeitung der Identitätskrisen, die vom kulturellen Schock herrühren, andererseits". (Garza-Guerrero 1974, zit. n. Grinberg/Grinberg 1990: 101)

Eine ‚gesunde Verarbeitung' der Migration wäre durch einen natürlichen Balanceakt der Aneignung des Neuen mithilfe des vorhandenen Alten gekennzeichnet – basierend auf den entwickelten Kenntnissen unter Berücksichtigung weiterer Aspekte der subjektiven Kultur: von Normen „als Vorstellungen über das korrekte Verhalten" in der Gruppe sowie von bereits reflektierten Erwartungen (vgl. Genkova 2009: 91). Dementsprechend sind die Verarbeitungsprozesse einer Migration und die weitere Identitätsbildung bei einem Individuum äußerst anspruchsvoll und vielfältig. Dabei stellen die Zugewanderten meist den Anspruch an sich selbst, in sprachlicher, soziokultureller und professioneller Hinsicht wenn nicht ebenso gut wie die Einheimischen zu sein, so doch mindestens nicht (negativ) aufzufallen. Denn: „Gleicher geworden zu sein, sagt viel über den Grad der Anpassung." (Streeruwitz 1998: 29)

Einige Wissenschaftler/innen konstatieren, dass nur diejenigen zur Auswanderung neigen, alle damit verbundenen Risiken – insbesondere die soziale Isolation[44] – in Kauf nehmen und sie zu meistern fähig sind, die über ein starkes Ich und eine gewisse innere Reife verfügen (vgl. Grinberg/Grinberg 1990: 24 ff.). Die eigene Beobachtung lässt jedoch auch vermuten, dass die Auswandernden sich erstens über das Ausmaß der Herausforderungen oftmals nicht im Klaren sind und erst später, vor Ort, all ihre Kräfte mobilisieren müssen. Zweitens spielt für die Migrationsbewältigung die familiäre und soziale Unterstützung eine sehr bedeutende Rolle, was an späterer Stelle noch ausgeführt wird.

Zunächst setzen wir uns exemplarisch mit den Phasen des Einlebens und der Identitätsfindung der ethnisch überwiegend homogenen Gruppe von Aussiedler/inne/n in der Bundesrepublik Deutschland auseinander. Im Rahmen der Aussiedlerforschung (1992) wurden von Line Kossolapow (zit. n. Herwartz-Emden 2003: 22) die folgenden, über Jahre andauernden, vier migratorische Etappen herausgearbeitet. Die ‚Einstiegsphase' in der neuen Umwelt erstreckt sich über ein Jahr. Die nächsten zwei Jahre stehen im Zeichen der Kontaktnahme, der die ebenso lange ‚Einbezugsphase' folgt. Fünf Jahre nach der Ankunft in der neuen (familienhistorisch gesehen alten) Heimat tritt die in drei möglichen Varianten ab-

44 Zu weiteren Herausforderungen zählen u. a. der unsichere Aufenthaltsstatus, auf verschiedene Gründe zurückzuführende Benachteiligung auf dem Arbeitsmarkt, fehlende Anerkennung sowie eine unzureichende gesellschaftliche Willkommenskultur, wenn nicht gar Ausgrenzung, Stigmatisierung und/oder Rassismus (vgl. Beck-Gernsheim 2004: 39; Westphal 2007; zit. n. Süzen 2013: 320).

laufende ‚Identitätsfindungsphase‘ ein. Festgestellt wurden hier insbesondere eine „Anpassung unter Verdrängung der Herkunftsspezifika; Gruppenbildung unter besonderer Betonung der eigenen Besonderheit; Entwicklung einer ‚Mischkultur‘, welche die Anteile beider Kulturen verarbeitet.“ (Herwartz-Emden 2003: 22)

Die erfolgreiche Verarbeitung und Verinnerlichung der identitätsformenden migratorischen Abläufe führt zum kreativen Schaffen und zur Bildung einer neuen Kulturform, der Mischkultur, die zugleich keine Fehlentwicklungen ausschließt. Sie werden oft „in Zusammenhang mit Diskriminierungen und Ausgrenzungen von Aussiedlerinnen und Aussiedlern in der bundesdeutschen Gesellschaft gebracht“ (ebd.). Als Ausblick für eine weitere, tiefer gehende Analyse benennt Herwartz-Emden (vgl. ebd.) die für Aussiedler/innen schwierige – aus der Perspektive der Wissenschaft und Aufnahmegesellschaft betrachtet, jedoch äußerst spannende – Komponente der Identitätsfindung und der Selbstdefinition der Aussiedler als Deutsche.

Zu den individuell erlebten landesspezifischen Spannungsbereichen, mit denen Aussiedler/innen in der Bundesrepublik in allen Lebensbereichen konfrontiert sind, gehören diejenigen in der Familie, in einer (anscheinend) ablehnenden Nachbarschaft, in Schulen und Kirchengemeinden, bei den Behörden, in der oft unerfüllten Freizeitgestaltung sowie im zumeist mit hohen Stressfaktoren beladenen Berufsleben.

Das neue Fremde in erzieherisch-pädagogischen oder auch religiösen Praktiken verunsichert und kann eine Verinnerlichung blockieren; kennzeichnend für den Umgang mit Behörden und Institutionen ist „Unterwürfigkeit, Rationalisierung und das Gefühl der Ohnmacht“ (Lanquillon 1993: 101 f.), die sich Aussiedler (in ihren Minderheitensituationen) gegenüber amtlichen Stellen (zum Teil in der ehemaligen Sowjetunion) angeeignet haben sollen.

Wenn die krisenhaften Spannungen nicht bewältigt werden, entscheiden sich viele Migrant/innen für eine Rückkehr. Doch Grinberg/Grinberg warnen vor einer fast unausweichlichen und fatalen Kein-Ort-Zugehörigkeit, weil eine vollständige und absolute Reintegration im Herkunftsland trotz aller Erwartungen und Hoffnungen aufgrund einer inzwischen kritischen und distanzierten Wahrnehmung und entsprechenden Einstellung nicht mehr ohne Weiteres möglich ist: „Als Ausgleich mag man sich etwas mehr als ‚Weltbürger‘ fühlen.“ (Grinberg/Grinberg 1990: 265)

Wie bereits festgestellt weisen die lebenslangen Prozesse der menschlichen Identitätsbildung sowohl universale (temporäre, topografische, sozial-kulturelle) als auch individuelle (besonders psychische) Merkmale aus und sind somit „immer von der Relation zwischen dem Innen und dem Außen geprägt.“ (Kronsteiner

2009: 337) Eine der ersten signifikanten Krisen des Selbst mit kritischer Überprüfung der vorhandenen Identitätsmerkmale und ihrer Erweiterung durch das Neue und Fremde vollzieht sich lebensgeschichtlich in der Adoleszenz.

Durch positive oder tragische Veränderungen (Verlust, Trauer, Angst) und durch Kontakte mit dem Neuen entwickeln Individuen besondere Mechanismen und Fertigkeiten; der Mensch betreibt Mimikry. Beim Los-, Zurück- oder Weglassen der geliebten Menschen, Objekte, Beschäftigungen, der Sprache, Kultur und Traditionen, ja einer ganzen Weltordnung durch die (un-)freiwillige Migration wird die eigene Identität massiven psychischen und emotionalen Herausforderungen ausgesetzt (vgl. Grinberg/Grinberg 1990: 28). Für das Bewahren und Aufrechterhalten des eigenen Identitätskerns im ‚Extremfall Migration' sind „gute Beziehung zu den inneren Objekten, die Akzeptanz der Verluste und die Verarbeitung der Trauer" nötig. Dadurch wird „sich das Identitätsgefühl reorganisieren und konsolidieren" (153 f.).

1.2.3 Migration, psychische Gesundheit, Störungen, Trauma und Gewalt

> Ich könnte natürlich all die lustigen Missverständnisse schildern, die jemandem ohne Deutschkenntnisse so passieren. Aber Migration wird in der Psychologie nicht grundlos als traumatisches Lebensereignis betrachtet. Es ist weit mehr als der Wechsel des Wohnortes. Für viele ist es der Ausfall von Kommunikation mit der Außenwelt, eine Verdrehung sämtlicher bekannter Regeln, eine neue, oft feindliche Umwelt. Die Umgangsformen verlieren jeden Bezugsrahmen und es gibt niemanden, der helfen kann, sich zu orientieren. Dass es inzwischen mehr Integrationsprogramme gibt, ist ein Verdienst der Bundesrepublik. Aber es muss noch viel mehr geben.
> Marina Weisband *Wir nennen es Politik*

Die Migration selbst – mit ihren Hoch- und Tiefpunkten, Verlusten und Gewinnen, gesundheitlichen, psychosozialen, kulturellen und monetären Begleiterscheinungen – verläuft, schematisch gesagt, in drei Akten. Den Ausgangspunkt bildet die Lebensphase im Herkunftsland vor dem Exodus, die meist von Gewalt, Krieg, finanzieller und/oder gesundheitlicher Unterversorgung überschattet ist und zum Grund für die Auswanderung werden kann. Ihr folgt der eigentliche Migrationsprozess, oft von Stress, aller Art Entbehrungen, Trennungen, manchmal von Gewalt und Katastrophen (Schiffbruch, Bombardements) begleitet.

Er vollzieht sich im Extremfall (und leider nicht selten) auf lebensgefährlich illegale Weise. Nach der Ankunft im ‚Gelobten Land' endet die Einwanderungsodyssee mit der Phase des Neubeginns, die häufig lebenslang andauern kann: in der Fremde, sowohl von der vertrauten Umwelt, Sprache und Familie, als auch von der Aufnahmegesellschaft anfangs isoliert.

Die kulturell-gesellschaftliche Integration als Ziel der dritten Migrationsphase implementiert einen abgeschlossenen Akkulturationsprozess, der anhand einer Reihe von äußerlichen Faktoren wie Sprachgebrauch, mindestens bi-kulturellen sozialen Beziehungen, Verinnerlichung kultureller Gebräuche gemessen wird. Aus der Innenperspektive betrachtet, steht die Migration in reziproker Beziehung zu „Wohlbefinden, Lebenszufriedenheit, gesundheitliche[r] Vulnerabilität und psychosomatische[n] Beschwerden[45]". (Makarova 2008: 37)

Jede dieser drei Perioden birgt die Gefahr einer psychischen Beeinträchtigung und Beschädigung der Migrierenden. Dabei kann das während dieser Zeit Erlebte sowohl kurzfristig, in Form einer akuten psychosomatischen Erkrankung, als auch in größerem Zeitabstand gesundheitlich verarbeitet und/oder pathologisch werden.

Im Falle einer raschen Bewältigung der kritischen und vom Stress geprägten Lebensphase – der Eingliederung in die Aufnahmegesellschaft – werden die ,treuen' psychosomatischen Begleiterscheinungen fast jeden Migrationsfalles, wie beispielsweise Depressionen[46], Neurosen[47], Ängste oder Sucht verringert, vermieden oder sogar ausgeschlossen. Es sei angemerkt, dass in der aktuellen Akkulturationsforschung genaue theoretische und empirische Forschungsergebnisse zur akkulturationstypischen und gesundheitlichen Kohäsion ausbleiben.[48] Festgestellt wurden dabei die folgenden Zusammenhänge:

> Marginalisierung korrespondiert mit Akkulturationsstress stärker als mit anderen Akkulturationseinstellungen (Berry et al., 1997; Sands & Berry, 1993); Assimilation korreliert mit Lebenszufriedenheit, während Integration mit Kompetenzgefühlen korreliert (Van-Selm et al., 1997). (Zick 2010: 453)

Im Zusammenhang mit dem Migrationsprozess entstehen am häufigsten psychische Störungen wie Depressionen, somatische und psychosomatische Beschwerden und posttraumatische Beeinträchtigungen, deren Gründe Spallek/Zeeb (2010: 62) vor allem in der „Migration als kritische[m] Lebensereignis,

---

45 Vgl. Berry, Kim, Minde & Mok 1987; Berry, Kim, Power, Young & Bujaki 1989; Schwarzer & Jerusalem 1994.

46 "According to Bandura, discrepancies between performance and standards lead to high motivation when people believe they have the efficacy to accomplish the goal. [...] Depression occurs when a person feels ineffective in relation to a goal but believes the goal to be reasonable; therefore that person feels he or she must continue to strive to meet the standard." (Cervone/Pervin 2014: 487)

47 Mehr darüber siehe Kronsteiner 2009: 361.

48 Darauf weisen zum Beispiel Spallek/Zeeb hin, siehe Dies. 2010: 60.

das die bis dahin erworbenen Anpassungsfähigkeiten, Bewältigungs- und Problemlösungsstrategien überlasten kann", sehen. Weiter kommt eine Reihe von Störungsfaktoren erschwerend hinzu, beispielsweise sprachliche Hemmungen, unsichere Aufenthaltslage und

- ein multiples Stress-Syndrom durch die risikoreiche Reise, das sich unter anderem in Angstzuständen, in depressiven oder in dissoziativen Symptomen äußern kann;
- soziale Entwurzelung, die Trennung von der Familie und von traditionellen Werten;
- Stress durch den Akkulturationsprozess (Unsicherheiten hinsichtlich der Lebensbedingungen, Wohnverhältnisse, Stigmatisierung etc.);
- wirtschaftliche und berufliche Belastungen: wenn sich die Hoffnungen auf verbesserte Lebensqualität nicht erfüllen (kein wirtschaftlicher bzw. finanzieller Erfolg);
- bei neu Ankommenden die soziale Isolation (Familien- oder Freundesnetzwerke stellen eine wichtige Ressource zur Bewältigung des Stresses dar, wobei Netzwerke auch ein Druckfaktor sein können);
- der mögliche Mangel an Unterstützung durch den im Herkunftsland gebliebenen Partner;
- Anspannungen im Verhältnis von Eltern und Kinder, wenn die Aufrechterhaltung kultureller Traditionen „erzwungen" wird (Stressfaktor des generationsübergreifenden Anpassungsprozesses). (Spallek/Zeeb 2010: 62)

Die Bandbreite der individuellen und kulturspezifischen Ursachen für das ertragene Leid der Zugewanderten ist umfangreich und vielfältig. Psychosomatische Krankheiten und psychische Störungen werden aus Selbstschutz gern in ‚politisch korrekte' und somit ‚erlaubte' Krankheitsbilder umstilisiert. Sie alarmieren dennoch, weisen auf die soziale Unterdrückung und/oder aufkeimende Konflikte aller Art hin, ohne dabei offen an- oder ausgesprochen zu werden. Die psychotherapeutischen Angebote – „ein kulturspezifisches Heilverfahren" (Kronsteiner 2009: 383) – für gesundheitlich geschwächte Menschen mit Migrationshintergrund können etwa in Wien der Nachfrage nicht gerecht werden (vgl. Kronsteiner 2009: 59). Kimil/Ramazan (2010: 368) beobachten den stets ansteigenden Bedarf nach Suchthilfe für diese Bevölkerungsgruppe. Gleichzeitig konstatieren sie die unzureichende Bekanntmachung der präventiven und therapeutischen Angebote.[49]

---

49 Nicht auszuschließen ist dabei eine psychische „Abwehr" der Betroffenen gegen die zur Verfügung stehenden Therapieangebote. In der Regel wird die medizinische Hilfe nicht in Anspruch genommen, wenn die Schmerzen verdrängt werden, was sich bei der Problemgruppe besonders stark vermuten lässt. Man könnte auch daran denken,

Die in den meisten Fällen durch die Migration verursachten psychosomatischen Störungen, physischen und psychischen Krankheiten, Beeinträchtigungen und Traumata nebst posttraumatischen Störungen finden ihren unverzichtbaren Platz in allen hier analysierten literarischen Werken der russländischen Autorinnen Bronsky, Grjasnowa, Hummel, Haratischwili, Poladjan und Rabinowich. Die Protagonistinnen verweilen in Krankenhäusern: als Besucherinnen erkrankter Angehöriger (wie beispielsweise in Grjasnowas *Der Russe ist einer, der Birken liebt*, Goreliks *Listensammlerin*, Poladjans *In einer Nacht, woanders*, Bronskys *Scherbenpark*), als Reinigungskraft (in Bronskys *Die schärfsten Gerichte der tatarischen Küche*) oder selbst als Patientin (in Rabinowichs *Die Erdfresserin*). Im Roman *Nenn mich einfach Superheld* (2013) von Alina Bronsky geht es – nicht immer politisch korrekt, dafür wie immer zugleich menschlich, überdreht und interkulturell angehaucht – um eine Gruppe von verschiedenartig beeinträchtigten Jugendlichen, die ihre Lehrjahre und Genesungsprozesse durchleben.

Die Grenze zwischen Krankenhaus, Psychiatrie und Gefängnis ist fast immer unscharf oder schmal. Die unkontrolliert befreite destruktive Kraft wird manchmal nicht nur gegen den eigenen Körper gerichtet (vgl. Kronsteiner 2009: 363). Da das Thema Gewalt in den Werken der genannten Autorinnen durchweg bedeutsam bleibt, ist ein kurzer theoretischer Exkurs über Sucht, Trauer, Trauma und Gewalt angebracht.

---

dass gerade in der Gruppe der Russlanddeutschen weniger Verständnis für Therapie vorhanden ist, weil sie damit kulturell nicht so vertraut sind wie beispielsweise heutige Deutsche oder Amerikaner/innen. (In ihrem Beitrag *The Social and Gendered Lives of Vodka in Rural Siberia* beobachtet Katherine Metzo in dem Zusammenhang mit weiblicher Alkoholabhängigkeit das alarmierende, aber „kulturell begrüßte" Schweigen, Nicht-Sprechen über die gesundheitlichen und psychischen Probleme, das „may even be seen as a positive value." In: Metzo 2009: 202) Zudem fürchtet man vielleicht eher Kontrolle, als dass man Hilfe erwartet.
Joseph Brodsky erklärt dieses Phänomen so: „[…] Russen – zumindest meiner Generation – [nehmen] nie Zuflucht zum Psychiater […]. Erstens gibt es gar nicht so viele. Außerdem ist die Psychiatrie Angelegenheit des Staates. Man weiß, daß es gar keine so tolle Sache ist, eine psychiatrische Akte zu haben. Sie kann jeden Augenblick zurückschießen. Aber wie auch immer, wir waren gewohnt, unsere Probleme selber zu behandeln und dem, was im Innern unserer Köpfe vorging, ohne Hilfe von außen auf der Spur zu bleiben. Ein gewisser Vorteil des Totalitarismus ist, daß er das Individuum zu einer Art eigener vertikaler Hierarchie anregt, an deren Spitze das Bewußtsein steht. […] Und dann bestrafen wir uns selbst. […] nehmen wir Zuflucht zum Alkohol und vertrinken unseren Verstand." (Brodsky 1993: 31)

Der transkulturellen Forschung zufolge spielt der Migrationshintergrund (im Gegensatz etwa zur sozio-ökonomischen Lage) für Somatisierungsstörungen eine untergeordnete Rolle, was für psychotische Störungen hingegen nicht eindeutig belegt werden kann. Auch fehlen bundesweit verlässliche Daten zur ansteigenden Suchtproblematik unter Zugewanderten – wie eine Studie des Bundesministeriums für Gesundheit (2002) zum Thema Sucht und Migration[50] konstatiert. Offensichtlich stehen das eher unkritische Trinkverhalten (etwa bei Menschen aus den GUS-Ländern), das Erkrankungsrisiko und die Behandlungsmöglichkeiten in einer direkten Korrelation (vgl. Bermejo 2013: 231 f.; Kimil/Ramazan 2010: 369; Tänzer 2010: 410 f.).

Weitere Studien (s. Kimil/Ramazan 2010: 371 f.) zeigen, dass beispielsweise die Konsummuster von Aussiedlern und deutschen Jugendlichen sehr ähnlich sind. Junge Aussiedler trinken im Vergleich zu deutschen Gleichaltrigen zwar weniger Alkohol. Zum Alkoholmissbrauch neigen in der Regel ältere Erwachsene, wobei die oben angeführten Stressfaktoren ebenso führen, wie biografische Brüche, die fehlende faktische Anerkennung der Bildungsabschlüsse, die unterqualifizierte Arbeit oder Umschulung in andere Berufe, bis hin zu andauernder Arbeitslosigkeit.

> In der Fachliteratur werden Suchterkrankungen generell in den Zusammenhang mit dem Wunsch eines Menschen gestellt, aus unerträglich erscheinenden Realitäten in einen Zustand der Betäubung zu flüchten. […] Durch den Konsum von Suchtmitteln wird dann ein Gefühl der Euphorie erzeugt, ohne eine reale Verbesserung der Situation zu erreichen. (Kimil/Ramazan 2010: 370)

Die eingewanderten jungen Männer verfallen dem Drogenkonsum oder auch dem ‚Dealen' durch ihre „häufig zu beobachtende gefährliche Neugier und Naivität", die sie zum leichten Opfer für ihre ‚erfahrenen' Landsleute oder neue Freunde und Cliquen machen.

Frauen erweisen sich in dieser Hinsicht als resistenter, flexibler und anpassungsfähiger (vgl. Kimil/Ramazan 2010: 372). Im Roman *Der Russe ist einer, der Birken liebt* zeichnet Olga Grjasnowa ein weibliches Wunder der Anpassung und des in turbulenten Zeiten unentbehrlichen Durchhaltevermögens – die Protagonistin Mascha, die in ihrer Kindheit in Aserbaidschan und im Erwachsenenalter seelische Wunden erleidet und sie selbstständig zu heilen sucht.

---

50 „Die Migration von Menschen ist ein vielschichtiges und der psychoanalytischen Forschung nur wenig zugängliches Gebiet. Die Vielfalt der Migrationsursachen hat dazu geführt, daß nur besonders auffällige Migrantengruppen genauer untersucht wurden, meist jedoch unter administrativ-politischen oder psychohygienischen oder sozialpsychiatrischen Gesichtspunkten." (Grinberg/Grinberg 1990: IX)

Die Trauer als „ältere Schwester der Wut“[51] und Reaktion auf etwas Verlorenes (Freud 1917), sei es ein geliebter Mensch oder ein ideelles Objekt wie der Heimatort – die Trauer oder auch Melancholie also äußert sich in seelischen Bekümmernissen, die nach Außen gerichtet sind, wie das Desinteresse am Leben und Umgebung, soziale Isolation oder Verlust der Lebensfreude. *„Die Ehefrau klagt: / ‚Er machte mich in letzter Zeit wahnsinnig, drehte den ganzen Tag Runden in der Wohnung. Ich fragte ihn: Hast du Kopfweh oder Herzweh? Seelenweh, antwortete er.‘“* (Brežná 2013: 43, kursiv im Original) Im Gegensatz zur Trauer wird Depression als narzisstisches, auf das Individuum gerichtetes Phänomen betrachtet.

Die Trauer ist ein langer, meist heilbarer oder selbstheilender dreistufiger Prozess, der sich von Sehnsucht nach Wiederherstellung des vermissten Objekts über die Desorganisation ausdehnt und in der Fähigkeit endet, sich mit einem neuen Ersatzobjekt abzufinden. Der Seelenzustand des/der Betroffenen wird in der Regel reorganisiert, das eigene Ich erarbeitet eine Balance zwischen sich selbst, der Vergangenheit, der Außenwelt und der gegenwärtigen Realität.

Das Phänomen der ‚übergangenen Trauer‘ – meist in seiner somatischen Form (Magengeschwür, Herzinfarkt) erkennbar, tritt oft im zweiten oder dritten Migrationsjahr auf und „scheint erst dann aufzukommen, wenn jegliche manische Abwehr erschöpft ist, die während der ganzen Zeit verwendet wurde, um die erzwungene Anpassung durchzusetzen und aufrechtzuerhalten“ (vgl. Brežná 2013: 124; Grinberg/Grinberg 1990: 14, 106, 110 f.; Kronsteiner 2009: 66).

Im Falle von Lebensgefahr und Schockzuständen – man denke an Vergewaltigung, kriminelle oder militärische Gewalt, an Naturkatastrophen usw. – werden die Migrant/innen (meist Asylanten oder Flüchtlinge) gegen Traumatisierung und ihre Nachwirkungen therapiert. Wörtlich bedeutet dieser zunächst in der Psychoanalyse verwendete Begriff, der inzwischen aber auch in der Umgangssprache geläufig ist, eine aufbrechende Wunde. Grinberg/Grinberg (1990: 14) weisen auf den eher intrinsischen, im Unbewussten gespeicherten und sich entfaltenden Charakter eines Traumas hin.

Während über die Folgen eines traumatischen Ereignisses – auf der sozialen, historisch-politischen, psychischen und physischen, auch neurobiologischen Ebene[52] – ein überschaubarer wissenschaftlicher Konsens herrscht, ist man im

51 *„Ein Jahr später ist seine Wut einer Depression gewichen, die angenehmer zu dolmetschen ist. Die Trauer, die ältere Schwester der Wut. Doch die Feindprojektion ist noch da“.* (Brežná 2013: 124, kursiv im Original)

52 Ausführlicher bei Lindert 2010: 385.

Hinblick auf traumatische Ereignisse selbst mit einer Vielfalt an Definitionen[53] konfrontiert. Aus theoretischen und praktischen Gründen unterscheidet Jutta Lindert (2010: 384) traumatische Ereignisse von ihrer ‚Gerichtetheit' her in aper-sonale und personale sowie „einmalige oder anhaltende bzw. kumulative".

Daraus resultiert, dass die Sensibilisierung und das Verständnis für die politischen und die kulturellen Kontexte der traumatisierten Zuwanderer von obligater Bedeutung sind. Notwendig bleiben die noch fehlenden empirischen Untersuchungen zur Häufigkeit und Typologie traumatischer Ereignisse aus „den häufigsten Herkunftsländern [...] in Deutschland – Türkei, [die ehemalige Sowjetunion], die Nachfolgestaaten [Ex-]Jugoslawiens und Polen". (Lindert 2010: 383)

Die deutschsprachige Gegenwartsliteratur, hier vertreten durch das Schaffen von Bronsky, Grjasnowa, Haratischwili, Hummel, Poladjan und Rabinowich, leistet dazu einen wertvollen Beitrag. Diese Autorinnen führen in ihren Werken eine Art Chronik unserer Zeit – mit Bezug auf die nationalen und internationalen Konflikte, wie auch mit der Analyse der gegenwärtigen, personalisierten und situativ fokussierten Gewalt. So wie das Jugendmagazin *Bravo* die Jugend über erste intime Erfahrungen aufklärt, so gibt *Scherbenpark* qualitativ anspruchsvolle Hinweise und mögliche Alltagsszenarien für die pubertierend tatkräftige Großstadtjugend. Haratischwili und Grjasnowa liefern für junge Erwachsene ‚praktische Handbücher' über Trauma und Traumaarbeit (vgl. Luschina 2013: 250).

Der russische Schriftsteller Viktor Jerofejew (1995: 14) beobachtet ähnliche Tendenzen in der russischen Literaturszene im letzten Viertel des 20. Jahrhunderts, die „von der *Macht des Bösen* bestimmt" ist, und in der „Themen wie Gewalt, sadistische Aggression, zerstörte Schicksale [...] in den Vordergrund" treten. Norbert Brieskorn S. J. (2005: 80) findet in diesem Phänomen die Widerspiegelung der realen Welt: „Alle Gewalt ahmt das gewalttätige Leben nach, und beschädigtes Leben wird in ihr reproduziert. Und weil auch umgekehrt *das Leben die Gewalt nachahmt*, sind wir in sich wiederholenden Zirkeln gefangen."

Während Klaus J. Bade (1995: 200 f.) vor zwanzig Jahren noch alarmiert das sinkende Interesse an fremdenfeindlicher Gewalt in Medien und Gesellschaft konstatierte, beobachten wir zwanzig Jahre später ihre aktuelle Wiederkehr auf der sozialpolitischen, medialen und wissenschaftlichen Ebene.

53 Siehe zum Beispiel American Psychiatric Association 2003; Bohleber 2000; Breslau/Kessler 2001; Lindert 2010.

> Die Gewalterfahrungen, das Einschreiben der Macht in Körper und Seele, werden an die nächste Generation weitergegeben und somit auf ‚individuelle‘ Weise transportiert. In den so genannten westlichen Demokratien wie Österreich eine ist, spielt sich die Gewalt zunehmend in den nahen Beziehungen, wie sie Familien darstellen, ab. (Kronsteiner 2009: 297)

An dieser Stelle werden die wichtigsten Aspekte, Motive und Merkmale der Gewalt – familiäre und transgenerative Gewalt gegen Kinder, Jugendliche und Frauen sowie die in kriminellen Delikten ausgeübte Gewalt besonders der Jugendlichen mit Migrationsbiografie – schematisch ins Visier genommen.

Das alltägliche Wissen über die häusliche Gewalt seitens der Väter und/oder Ehemänner ausgelieferten Frauen und Kinder wird auch wissenschaftlich bestätigt (vgl. Süzen 2013: 323). Pfeiffer et al. (1999: 10) stellen fest, dass „mehr als ein Viertel der Jugendlichen […] durch häufigere oder massive Formen elterlicher Gewalt in der Kindheit betroffen“ (zit. n. Wendler 2013: 181) sind. Von den empirischen Studien von Funk (1995) und Fuchs (1999) ausgehend konstatiert Haci-Halil Uslucan (2010: 291) eine höhere Betroffenheit durch aktive und passive Gewalttaten bei Kindern und Jugendlichen mit Migrationsbiografie. 2013 kommt Wendler (2013: 186) zu denselben Ergebnissen, indem er sich auf Untersuchungen aus 1999 (Pfeiffer et al.) sowie 2008 beruft. Statistisch gesehen waren es 7,1 % der deutschen Jugendlichen, die körperliche Misshandlung erlebten, „21,1 % der türkischen, 18,8 % der Jugendlichen aus Ex-Jugoslawien und 17,3 % aus anderen südeuropäischen Ländern“ (ebd.).

Das Potenzial, die Formen und Folgen der Gewalt sind schon in der sprachlichen Mehrdeutigkeit dieses Wortes gegeben: Es ist die erlaubte oder nicht, rechtlich korrekt oder nicht korrekt angewandte (meist politische) Macht und körperliche oder elementare Kraft oder Stärke. (Duden 2010: 440) R. D. Parke und R. G. Slaby (1983) kategorisieren Gewalt und ihre Implikationen nach Intentionalität, Schädigung und soziomoralischer Bewertung. Für Uslucan (2010) bedeutet sie eine Form der Machterfahrung, des Tun-Könnens, der Selbstwirksamkeit vor allem in Augenblicken geistiger Ohnmacht sowie des betäubend-betörenden Selbsterlebens, zunächst auf der sinnlichen Basis, vor allem durch zugefügten Schmerz. Während körperliche Aggression traditionell eine männliche Domäne bleibt, werden Mädchen häufiger indirekt aggressiv und gewalttätig, indem sie einander auf der Beziehungsebene sozial-psychologisch und/oder verbal verletzen (vgl. Uslucan 2010: 289 f.). Bei Frauen, die in der Kindheit Gewalt erlebten, entwickeln sich Unsicherheiten, Ängste und Ohnmachtsgefühle. „Die häufigsten Folgen der häuslichen Gewalt wurden in dieser Untersuchung in Selbstvorwürfen, Niederschlagenheit, Hoffnungslosigkeit und geringer Selbstachtung beobachtet.“ (Süzen 2013: 323)

Außerdem besteht ein „eminent bedeutsames Gewaltrisiko für Jugendliche […], denn Gewalt erleidende Kinder können später sowohl depressive Verstimmungen und Rückzugneigungen zeigen als auch aggressive Tendenzen aufweisen". (Uslucan 2013: 197) Die Kinder ahmen ihre gewaltfreudigen Eltern sowie deren ‚Muster der Konfliktaustragung und Emotionsregulierung' nach.

> So lernen Jungen, dass der Mann zur Not auch mit Gewalt Gehorsam und Respekt erzwingen kann; Mädchen wird über das Beobachten der Mütter indirekt eher die Opferrolle vermittelt. Bereits in den Studien der Achtzigerjahre konnte gezeigt werden, dass rund 56 Prozent der aktiv gewalttätigen Eltern selbst in ihrer Kindheit Gewalt erlitten haben (Uslucan 2010: 294).

Auch bei Jugendlichen mit Migrationshintergrund ist Gewalt auf zahlreiche Faktoren, nicht allein auf die familiäre Situation zurückzuführen, obwohl „die Forschung recht übereinstimmend auf die hohe Bedeutung familialer Einflussfaktoren hinweist" (293). Zu erklären sei dies damit, dass die Identität eines jungen Menschen in der Familie von Kindheit an geprägt, geformt und manchmal das ganze Leben lang bestimmt wird. Wie frei oder beeinträchtigt ein Individuum von Ausüben oder Erleiden der Gewalt wird, hängt von zahlreichen Faktoren ab.

Um nur einige zu benennen, sind dies gesundheitlich-ökonomische Lebensbedingungen, fehlendes Wissen der Eltern über die richtige Erziehung im Einwanderungsland, sowie die Ausübung von (in Aufnahmegesellschaft unerlaubten) Erziehungsmethoden (beispielsweise körperliche Strafen [s. Tänzer 2010: 403; Wendler 2013: 186]), auch der Bildungshintergrund (s. Uslucan 2010: 288; Uslucan 2013: 196), die erlebte politische Situation oder Zwänge im Herkunftsland (Krieg, Diktatur) und dadurch verursachte Traumata (vgl. Tänzer 2010: 403; Uslucan 2010: 292), kulturspezifisch ‚gewaltbegünstigende' Sozialisationsmuster der ‚Machokultur' (zum Beispiel bei türkischstämmigen männlichen Migranten [vgl. Uslucan 2013: 197; Tänzer 2010: 403]), der sozial-ökonomische Status und die Berufssituation in der Einwanderungsgesellschaft (Wendler 2013: 181–185) und viele andere mehr.

Kriminologischen Untersuchungen zufolge fördert eine „dauerhafte soziale Benachteiligung die Gefahr der Ausgrenzung und die Tendenz zu in der Gruppe begangenen Straftaten […]. Enttäuschungserfahrungen, unrealistische Zukunftserwartungen und unzureichende Konfliktbewältigungskompetenzen, traditionelle Männlichkeitsnormen und Ehrkonzepte können die Bereitschaft, Gewalt einzusetzen, verstärken." (Tänzer 2010: 402 f.)

Die Lage ist also schlimm, aber nicht hoffnungslos. Denn: Laut Uslucans Recherchen (2010: 288) nimmt die Gewalt in Deutschland kontinuierlich ab; die Zahl schwerer Delikte bei Jugendlichen bleibt relativ stabil, was auch von Tänzer bestätigt wird. Ihm zufolge überwiegt die Zahl der jugendlichen Delinquenten der zweiten und dritten Generation türkischer und arabischer Herkunft vor allem bei Raub, Gewalt- und Straßenkriminalität. Zudem stellt er eine aktuell ansteigende Kriminalität bei den

> aus Osteuropa eingewanderten jungen männlichen Spätaussiedlern, die häufig aufgrund der elterlichen Entscheidung ohne ihr Einverständnis migrierten und schlecht integriert sind. K. H[offmann] (2007) hat ein ausgeprägtes Misstrauen gegenüber staatlichen Autoritäten, eine von Gewalterfahrung geprägte Sozialisation, eine bereits im Herkunftsland bestehende Suchterkrankung und oft geringe Sprachkenntnisse als kriminogene Faktoren und entscheidende Einflussgrößen für eine Gettobildung identifiziert. (Tänzer 2010: 402–403)

Die Besorgnis erregende Beobachtung, dass für ausländische Jugendliche Kriminalität „eine Form der erfolgreichen Anpassung" ist, formulierte 1980 der Soziologe Franz Hamburger, der für das Bundeskanzleramt die sozialen Bestimmungskräfte asozialen Verhaltens ausländischer Jugendlicher untersuchte. Bereits ein Jahr vorher äußerte der erste Beauftragte der Bundesregierung für die Integration der ausländischen Arbeitnehmer und ihrer Familienangehörigen, der ehemalige Ministerpräsident des Landes Nordrhein-Westfalen Heinz Kühn (SPD) die „eindringliche Warnung", „was nicht jetzt für die Ausländerintegration aufgewendet werde, müsse in einigen Jahren für Polizisten und Resozialisierungsmaßnahmen bereitgestellt werden." (Bade 2004: 401 f.) Sie erscheint im Jahr 2016 so aktuell, ja brennend wie 1979.

1.2.4 Migration, Familie, Rolle der Mutter: Funktionen und Herausforderungen

Mother *oder* back to the roots

> HELMER: Liebste, das hab ich als Advokat oft genug erfahren. Fast alle früh verdorbenen Menschen haben lügenhafte Mütter gehabt.
>
> NORA: Warum gerade – Mütter – ?
>
> HELMER: Am häufigsten kommt es von der Mutter her. Aber vom Vater kann es sich natürlich ebenso vererben. Das weiß jeder Jurist.
> Henrik Ibsen *Nora oder ein Puppenheim*

Der Anfang jeder Lebenswanderung findet sich in der Geburt. Neugeborene erleben Stresssituationen beim erzwungenen Verlassen des gut geschützten, sie mit notwendiger Nahrung versorgenden mütterlichen Leibes. Dessen Folge sind verschiedene Ängste, die das Baby entwickelt und erlebt. „Von diesen Ängsten scheint die Angst, sich möglicherweise vollkommen aufzulösen oder zu zerfallen, die schrecklichste zu sein." (Grinberg/Grinberg 1990: 223) So werden Erfahrungen einer (gewollten oder ungewollten) Trennung, ob von Menschen, Idealen oder von vertrauten Orten, nicht nur schwer, sondern traumatisch und belastend verlaufen. Der/die (Aus-)Wandernde wird ohne Halt in eine Art (infantilen) Ursprungszustand zurückversetzt. Wie erfolgreich diese ersten ‚Migrationserfahrungen' sich vollziehen, kann alle weiteren Entwicklungsstadien bei den realen topografischen ‚Umwurzelungen' beeinflussen.

Metaphorisch kann das Verlassen eines Ortes – also die Migration – mit einer (schmerzlichen, traumatischen) Neugeburt, als Trennung von der Nabelschnur der Heimat verstanden werden. Da die Beschreibung dieser Prozesse in den hier untersuchten Werken auf unterschiedlich subtile Art erfolgt, soll der fiktionalen Gestaltung ein theoretisch fundiertes Pendant vorangehen.

Die Auseinandersetzung der Töchter mit ihren Müttern und Großmüttern in der einen oder anderen Form und wechselndem Umfang, sei es in der alltäglichen Gegenwart oder in der Erinnerung, ist eines der zentralen Themen. Motive wie Hilflosigkeit, Distanz oder Ferne, Ungeschicklichkeit, matriarchale Dominanz oder mütterliche Fürsorge und Liebe variieren von Werk zu Werk. Textbezogene Analysen werden folgen. Zunächst scheint mir jedoch wichtig, die reale mütterliche Rolle und Funktion der Frau, die Auswirkung ihrer Haltung und Persönlichkeit auf die Kinder skizzenhaft zu erfassen und die Herausforderungen, Schwierigkeiten und Doppelbelastungen, die auf die Mutter als Migrantin fallen, etwas ausführlicher zu betrachten.

In vielen modernen europäischen Kulturen erfüllt die Mutter die zentrale Funktion in der Familie. Die Mutter ist in der Regel nicht nur für Betreuung und Erziehung der Kinder verantwortlich, für Organisation und Koordination des Alltäglichen, sondern auch für Erhalt und Pflege des verwandtschaftlichen Netzwerks. Nach Herwartz-Emden (2003) ist es für die Mutter üblich, sich „in das Generationenverhältnis der Familie und damit in hohem Maße in das weibliche Verwandtschaftsnetzwerk" strukturell einzubetten. Wenn die Großeltern in greifbarer Nähe wohnen und gesundheitlich dazu fähig sind, beteiligen auch sie sich aktiv an der Erziehung der Enkelkinder. „Die Mutter-Kind-Beziehung beinhaltet somit über die engere Mutter-Kind-Dyade hinaus ein vielfältiges Beziehungsgeflecht." (Herwartz-Emden 2003: 33)

Setzt man weitere Analogien zweier migratorischer Prozesse – der „evolutiven Migration" jedes Individuums von der Geburt an (vgl. Grinberg/Grinberg 1990: 226) und einer wirklich stattfindenden Wanderung voraus, so lässt sich die Wichtigkeit der von der Mutter ausgehenden Fürsorge und Wärme, Unterstützung und Liebe sowie ihrer Kenntnisse von Normen und Werten und praktischer Regeln fürs Überleben in beiden Fällen als plausibel und unentbehrlich verstehen.

In der Familie „bilden sich die ersten psychischen Strukturen des Kindes in enger dyadischer Beziehung mit der Mutter." (Leithäuser 1988: 55) Dabei werden die Eigenschaften einer Persönlichkeit - im Verlauf des Individuationsprozesses - geformt und gefördert. Nach Bion übernimmt die Mutter die Funktion eines „affektiver Behälters“ (ebd.), indem sie negative Emotionen (Unsicherheit, Ängste, Zweifel, Einsamkeit, Neurosen) des Kindes behutsam abräumt, für sich ‚behält‘ und stattdessen ihr Kind mit Trost, Verständnis, guten Gefühlen und Befreiung vom Negativen versorgt. Gelingt es der Mutter, diese für das herangewachsene menschliche Wesen lebenswichtige Aufgabe sensibel zu erfüllen, ihm genug Möglichkeit und Raum zum ‚Träumen‘ und sorglosen Kindsein zu sichern, gewinnt der heranwachsende Mensch nach und nach innere Unabhängigkeit und Stärke, die ihm sowohl bei Entscheidungen als auch beim Ertragen möglicher Schicksalsschläge (Trennung, Enttäuschung, Einsamkeit) helfen. Andernfalls werden das Kind später unterschiedlich ausgeprägte „pathologische Zustände“ begleiten oder sich gar „psychotische Phänomene“ herausbilden (vgl. Grinberg/ Grinberg 1990: 161). Zusammengefasst:

> Wenn die Mutter in der Lage ist, das Kind hinreichend zu stützen, kann dieses die verschiedenen evolutiven „Migrationen“ auf einer festen Grundlage ohne spätere Störungen durchlaufen. Dasselbe gilt auch hinsichtlich der tatsächlichen Migrationen, die sich eventuell im Laufe seines Lebens ereignen können (Dies., S. 226).

Ein einfaches Beispiel ist das Heimwehgefühl[54]. Wird es von der ausgewanderten Person als schmerzhaft und störend empfunden, kann es nach Menges auf nicht verarbeitete Kindheitsprobleme einer konfliktreichen Mutter-Beziehung zurückgehen: „In diesen Fällen geht es nicht um ein schlichtes Heimwehgefühl, sondern um eine krankhafte Abhängigkeit von Daheim“ (ebd., S. 21).

So steuert die Mutter einerseits den Individuationsprozess ihres Kindes und vermittelt ihm unterschiedliche, durch die Kultur bedingte Muster der sozialtypische Habitus. Für Leithäuser sind „Mütter und mit ihnen die Familie [...] durch das Gefecht zärtlicher, erotischer und aggressiver Beziehungen hindurch Sozialisationsinstanz der Gesellschaft.“ (Leithäuser 1988: 60) Von einer positiven Interaktion zwischen Mutter und Kind wird nicht nur die Vermittlung eines normativ-situativen, historisch und kulturell geprägten Wissens abhängen, sondern auch spätere Einstellungen des Kindes zum Ästhetischen und Alltäglichen, zur Arbeit und Liebe, zu Konflikten und Harmonie. Ein unvollständiges oder erfolgloses Interagieren sorgt für individualpathologische Störungen, die das psychische und soziale Verhalten des Individuums beeinflussen (vgl. ebd.).

54 Siehe dazu auch Jean Amérys Essay *Wieviel Heimat braucht der Mensch?* (Ders. 2014: 82–113)

Eine dominantere Rolle der Mutter in Eltern-Kind-Dyaden belegt Bernhard Nauck[55] in seiner bundesweit durchgeführten Studie. Anhand geschlechtsspezifischer Dyaden von Eltern und Kindern untersucht er die „Transmissionsprozesse" in Migrantenfamilien, die in Deutschland und der Türkei leben. Zwischen Müttern und Töchtern stellte sich dabei eine höhere Übereinstimmung als zwischen Vätern und Söhnen heraus. Diese empirischen Ergebnisse bestätigen den entscheidenden mütterlichen Einfluss auf gelungene Individualisierung, Sozialisation und Integration – in der eigenen Familie wie in der Gesellschaft schlechthin. Sie helfen auch zum besseren Verständnis der unterschiedlich breit beschriebenen, aber durchweg wichtigen Auseinandersetzungen der Töchter mit der Figur der Mutter in den Werken der genannten Autorinnen.

Frauen in der Fremde

> Was fremd ist, das ist ja nicht nur das Andersartige, Ungewöhnliche und Unvertraute, es ist oft auch das Machtlose. […] Das Fremde ist ein geschichtsbezogener Begriff; er gibt die Grenzen der Geschichte an, den Bereich, der nicht mehr integrierbar ist, und wo eine andere Geschichte anfängt.
> Mario Erdheim

Die geschlechterspezifisch eindeutige Kategorisierung migratorischer Folgen – mit den für jedes Geschlecht charakteristischen Chancen und Risiken – ist legitim und notwendig[56], weil Frauen und Männer den Exodus sowie die ihm folgende Akkulturation psychosozial und emotional unterschiedlich erleben. Doch pauschal lassen sich Vor- und Nachteile sowie die Abläufe dieser Prozesse für jedes Geschlecht nicht erfassen. Der Forschung zufolge erweisen sich migrationsbezogene Veränderungen in bedeutendem Maß von Kontexten (Umgebung, Rahmenbedingungen, Familie etc.) abhängig, sowie bestimmt „durch die Vielschichtigkeit der aufeinander wirkenden Kontexte". (Herwartz-Emden, 2003: 12)

In migratorischen Diskursen findet sich die verbreitete Auffassung einer mehrstufig ungerechten Behandlung und Diskriminierung[57] eingewanderter

55 Vgl. Kölner Zeitschrift für Soziologie und Sozialpsychologie, 49. 1997, H. 3, S. 477–499, zitiert nach Herwartz-Emden 2003: 15.

56 Herwartz-Emden verweist 2003 darauf, dass die internationale Migrationsforschung die Migrationsprozesse noch „geschlechtsblind" betrachte. (Vgl. dies. 2003: 36)

57 Dass Kranke, Nomaden, Ausländer und andere „immer schon Opfer von Vorurteilen und Fremdenfeindlichkeit" waren, erinnert Arjun Appadurai in ihrer Schrift *Die Geographie des Zorns* (zit. n. Rall 2012: 44).

Frauen[58] aufgrund ihrer sozialen Herkunft und Schicht, ihres besonderen Aufenthaltsstatus sowie ihres weiblichen Geschlechts. Herwartz-Emden (2003: 23) spricht von einer dreifachen Benachteiligung der Migrantinnen „als Fremde, als Arbeitnehmerinnen und gegenüber Männern." Hania Zlotnik (1990: 372–381) erweitert diese These durch positive, sei es auch ‚nur' auf subjektivem Niveau gewinnbringende Begleiteffekte. „Frauen erweisen sich in der überwiegenden Zahl der diskutierten Fälle als aktive Agentinnen von Wandel und Anpassung und weniger als passive Opfer ihrer Umstände", und sie „spielen eine bedeutende Rolle in der Verbesserung ihrer eigenen Verhältnisse und der ihrer Familien". (Dies. 1990: 381)

Mirjana Morokvasic kommt in *Fortress Europe and Migrant Women* aufgrund ihrer empirischen Befunde zum ähnlichen Ergebnis, dass Migrantinnen aktiv und widerstandsfähig sind (vgl. Herwartz-Emden, 2003: 26). Die treibende Kraft kann dabei oft die wirtschaftliche Notlage oder die familiäre Situation der Frau sein, zudem ihr starkes Verantwortungsgefühl für die Kinder und/oder zurückgelassene Eltern und Geschwister.

Migration von Frau und Familie: Risiken

Nach Herwartz-Emden (2003: 13) herrschte in der Forschung der Migration bis in die 1970er Jahre eine „pathologisierende", defizithypothetische und stereotype Sicht auf eingewanderte Familien.

> Zunehmend wird in der internationalen Forschungsliteratur deutlich gemacht, daß Familien in besonderem Maße an der Entstehung, am Verlauf und noch mehr am Erfolg der Migration beteiligt sind. [...] Die zentralen Forschungsfragen richten sich dabei auf innerfamiliäre Beziehungen, auf Geschlechter- und Generationenbeziehungen. (Herwartz-Emden 2003: 9)

Und wenn auch die Rolle der Familie bei migratorischen Umwandlungen theoretisch und/oder empirisch immer noch „erst äußerst lückenhaft untersucht" (13) ist, können die Werke von Bronsky, Haratischwili, Grjasnowa, Rabinowich, Hummel und Poladjan fiktiv-autobiografische Einblicke in die Funktion der modernen Migranten-Familie gewähren, die sich durch „subjektive Authentizität" (Christa Wolf) auszeichnen.

58 Migrationsbericht zufolge ließ sich 2013 „ein überproportionaler Frauenanteil [...] insbesondere bei Personen mit ukrainischem und russischem Migrationshintergrund" feststellen. „Ein deutlich höherer Männeranteil zeigt sich dagegen bei der Bevölkerung mit italienischem, afrikanischem und griechischem Migrationshintergrund" (147).

Abgesehen von einer oftmals belastenden Aufbruchssituation und den damit verbundenen nötigen Arrangements (wie Behördengänge, Kündigungen, Abmeldungen und/oder Auflösung des Eigentums), gerät jede/r Ausreisende auch individuell und im familiären Kontext unter psychischen Druck.

> Es ergibt sich ein Zusammenspiel zwischen Institutionen, Strukturen und kulturellen Orientierungen in der Aufnahmegesellschaft einerseits und der sozialen Praxis der Einwandererfamilie andererseits. Wie sich Einwandererfamilien darin verhalten und zu neuen Arrangements finden, ist ein komplexer und dynamischer Prozeß, dessen Ausgang nicht vorhersehbar ist. (Herwartz-Emden 2003: 14)

Auch wenn wir äußere Umstände und Voraussetzungen an dieser Stelle ausklammern, verlangt eine jede erfolgreich verlaufende Akkulturation der Familie einerseits hohe intrinsische Motiviertheit, psychische Stärke, Gesundheit sowie eine gewisse Reife jedes einzelnen Mitglieds.

Andererseits werden innerfamiliäre Beziehungen auf die Probe gestellt, wobei für deren Erhaltung ein behutsamer, flexibler und offener Umgang miteinander notwendig ist. Ein unterschiedlicher Grad an die gesellschaftliche Integration in das Einwanderungsland kann sich die Kluft zwischen einzelnen Familienmitgliedern durch Neid, Hilflosigkeit, Frustration oder Angst vergrößern. Bleibt ein Ehepartner gesellschaftlich nicht anerkannt oder beruflich erfolglos, wird er/sie aufgrund der erzwungenen sozialen, sprachlichen und emotionalen Isolierung nur auf die innerfamiliäre Kommunikation angewiesen, was zu aggressiven Ausbrüchen, Suchtzuständen und/oder Gewalt führen kann. Ein ‚klassisches' Beispiel ist etwa Sascha Naimanns Stiefvater in Alina Bronskys Roman *Scherbenpark*. So wird die Migrations- und Einwanderungssituation in der Familie „zu einem Kulminationspunkt von geschlechtsbezogenen Konfrontationen und Konflikten" (29).

Trennung und Scheidung

> Ich bin frisch geschieden. Mein Kind habe ich bei meiner Mutter gelassen.
> Julya Rabinowich *Spaltkopf*

> Fünf Tage später kam ich nach Hause und fand einen Brief meines Mannes auf der Fensterbank. In dem Brief stand, dass er eine andere Frau liebte und ab jetzt mit ihr zusammenleben wollte. Es dankte mir für die gemeinsamen Jahre und bat mich herzlich, ihn in Ruhe zu lassen. Mehr stand nicht drin.
> Alina Bronsky *Die schärfsten Gerichte der tatarischen Küche*

Obwohl familiäre Schwierigkeiten und Konflikte der Eingewanderten den empirischen Befunden zufolge sich nicht allzu sehr von den einheimischen, meist deutschen Familien unterscheiden – „[d]ie Zahl der Scheidungen und Trennungen ist nicht höher, soziale Dienste (z. B. Familienberatungsstellen) werden nicht häufiger in Anspruch genommen, begonnene Therapien nicht häufiger abgebrochen. Eine Symptomauffälligkeit von Kindern, die psychiatrische Behandlung erforderlich machen würde, ist nicht häufiger zu verzeichnen“ (Herwartz-Emden 2003: 19) –, lassen sich einige für die Migration spezifische Begleiterscheinungen und emotionale Herausforderungen festhalten.

Nach Herwartz-Emden sind Auswirkungen und Art emotionaler Belastungen und Herausforderung für die Menschen, die eine Migration erlebten, wissenschaftlich nicht ausreichend erforscht. Literarisch aber werden diese Zustände und Phänomene umfangreich, ausführlich und bildhaft geschildert. Für Rabinowich (2011: 10) beispielsweise wird man zu Beginn „entmenschlicht“, einem elektronischen Mechanismus gleich, der sich im Lebenskräfte sparenden „Stand-by-Modus“ befindet; „[a]lle Beteiligten sind erstarrt“ und erleben somit eine Art klinischen Tod. Auch weiterhin kommt Rabinowich auf das Krankhafte einer Emigration zu sprechen, die sie als einen „langwierigen Prozess“ definiert, „der widersprüchlich, nämlich abrupt, beginnt, wie der Ausbruch einer Krankheit oder die Zeugung eines Kindes“ (45).

Das Thema der Trennung (von den vertrauten Orten, geliebten Gegenständen und Erinnerungen, Träumen und Traditionen, Ritualen und Menschen) durchzieht als roter Faden alle Texte der ‚russländischen Autorinnen‘ aus den Jahren 2007–2012. Getrenntsein, Probleme in der Familie, in Scheidung lebende Eltern und/oder von den Großeltern erzogene Kinder werden in ihren Texten ein fester Bestandteil der Erzählhandlung.

Die Protagonistin des Romans *Spaltkopf* heiratet „nach zahllosen Trennungen und Wiederannäherungen“ (157), bekommt ein Kind und lässt sich später scheiden. Gleichzeitig durchlebt sie eine ‚finale Trennung‘ von ihrem Vater, die sie auf eine schmerzhaft-melancholische Weise verarbeitet. (Dieser Schmerz ist auf ein biografisches Ereignis im Leben der Autorin Julya Rabinowich zurückzuführen. Im Jahr 2012 organisierte sie in Wien post mortem eine Ausstellung mit den Arbeiten aus dem Atelier ihres Vaters und brachte dazu einen Katalog heraus.[59])

Alina Bronsky schafft eine facettenreiche, beinahe klinische ‚Grundlage‘ für familiäre Krisen und Konflikte. Ihre Erfolgsromane *Scherbenpark* und *Die schärfs-*

59 Siehe “meeting jedermann: rabinovich revisited” (2013): Diese Publikation erschien anlässlich der gleichnamigen Ausstellung im Jüdischen Museum in Wien, 28.02.–26.05.2013.

ten Gerichte der tatarischen Küche werden unter dem Aspekt Familie, Mutter, Tochter „vor allem aber unter Großmutters Fuchtel“ (Diener 2010: 30) an späterer Stelle ausführlich analysiert. In ihrem ersten, als Jugend- und Adoleszenz-Roman definierten Trilogie-Buch *Spiegelkind* wächst die 15-jährige Juli, „Tochter einer Phee“ (Bronsky 2012: 103), ohne Mutter und stets auf der Suche nach ihr auf: „Wahrscheinlich hatte er [der Vater des Mädchens, N.L.] sogar recht: Außer der Trennung meiner Eltern gab es lange Zeit nichts, was mich hätte stressen können“ (ebd., S. 9). Ihr Leben ist der Suche nach der Mutter gewidmet – und gleichzeitig nach ihrer eigenen Identität.

Nellja Veremejs Protagonisten – im Debütroman *Berlin liegt im Osten* (2013) – leben acht Jahre in Trennung (wobei die Tochter bei der Mutter bleibt), „streiten aber immer noch laut und kompromisslos wie ein Ehepaar.“ (Veremej 2013: 201) Die Streitszenen haben allerdings stark komödiantischen oder gar absurden Charakter.

Im Weiteren möchte ich für diese Problematik einige theoretische Weichen stellen, um die späteren Analysen vorzubereiten. Wissenschaftliche Untersuchungen bestätigen, dass eine Trennung, ein Aufbruch oder eine Ausreise mehr Potenzial für krankhafte Symptome und mehr Anstrengung bei dem ‚Sich-in-der-Fremde-Einpflanzen‘ hat – auf psychische, möglicherweise auch physische und interkulturelle Weise. Frustration, Unsicherheit, Ängste und Ungewissheit, Schmerz und evtl. Trauma sind einige der Faktoren, die für das negative, beladene und konfliktreiche Klima in der Familie sorgen.

Herwartz-Emden (2003: 17 f.) weist auf das Forschungsdefizit in Hinsicht auf emotionale Herausforderungen und Belastungen durch Trennungen sowie deren herausragende emotionale Funktion für die individuelle Persönlichkeit sowie für die ganze Familie hin. Negative Auswirkungen lasten nicht nur auf den zwischenmenschlichen Beziehungen, sondern hindern die Kinder auch daran, sich in der *peergroup* und in der Schule erfolgreich zu entwickeln, „sich im Einwanderungskontext wohlzufühlen und sich zu integrieren.“

Ob die Bewältigungsmechanismen innerhalb einer Familie stark oder schwach sind, erweist sich in einer fremden, neuen Umgebung mit der Zeit, die sich über Monate und Jahre dehnen kann. Nicht alle eingeführten Familienregeln können in der vorhandenen Form erhalten bleiben, sondern „durchlaufen Veränderungen, die Auswirkungen auf die Rollenverteilung und Normen für alle Familienmitglieder haben.“ (Sluzki 2010: 116) So durchlebt zu einem jede/r die migratorischen Veränderungsprozesse für sich allein und im Kontext der Familie; der Verbund Familie wird auf den Prüfstand gestellt. Es ist offensichtlich, dass einige Menschen sich schneller und aktiver an die neue Umgebung anpassen, andere dagegen nicht Schritt halten können und sich innerlich und sozial abgrenzen.

Die Spannungsfelder der Autonomie und Bindung variieren, ihre Diskrepanz führt zu Missverständnissen und Konflikteskalationen. Führt dies zu einer Scheidung, kann nach Sluzki „beobachtet werden, dass sich vergangenheitsorientierte Partner erst nach der Trennung von einer solchen fixen Rolle lösen können. Erst durch den Zwang zur Anpassung entdecken sie ihre Fähigkeiten, mit den neuen Bedingungen zurechtzukommen und für die Zukunft zu planen" (ebd., S. 117). Ein prägnantes Beispiel für eine solche Situation findet sich etwa im Roman *Berlin liegt im Osten* von Veremej.

Bronsky liefert in *Scherbenpark* ein anderes psychisches Szenario. Im Fall einer erfolgreichen Beschäftigung der Ehefrau - im Gegensatz zum Mann, der möglicherweise keine Tätigkeit im neuen Land findet - spricht Sluzki von „drastische[n] Konsequenzen für die Rollenaufteilung und die Familienstruktur [...]. In solchen Fällen neigen eher Männer dazu, Symptome zu entwickeln (Depressionen, Alkoholismus, psychosomatische Beschwerden etc.), oder es treten Familienkrisen auf" (ebd.). Vadim, der Stiefvater der Romanfigur und Erzählerin Sascha, leidet unter Alkoholabhängigkeit, provoziert in Rage gewaltsame Streitigkeiten mit Saschas Mutter und bringt sie schließlich sogar um.

Was die theoretische Auseinandersetzung mit der Scheidung in der Migration verkompliziert, ist die doppelte psychosoziale Belastung der erlebten Trennung und der Transformation, in die mehrere Familienmitglieder involviert sind. „Trennungen lassen sich in dieser Hinsicht als Kristallisationspunkte für Abschied, psychische Bearbeitung und Neubeginn begreifen". (Gerner 2012: 42) Auf der anderen Seite wird bei einem Zerfall der Familie oder der familiären Bande der homogene Transfer „transgenerationale[r] Vermittlung und Bearbeitung von kulturellen Wissensbeständen und familiengeschichtlichen Motiven" (ebd.) durchbrochen. Die von der Familie durch den Migrationsprozess erlebten und erfahrenen Situationen, Erfolge und Niederlagen, die zu weiteren Lebensentscheidungen und -entwürfen geführt haben,

> lassen sich in diesem Zusammenhang als Teil des sozialen Erbes (Ziegler 2000) der Familie begreifen, das im Rahmen der familiären Generationenbeziehungen bewusst oder unbewusst weitervermittelt wird und im Zuge dessen auch familiendynamisch wirksam ist. Der von Karl Mannheim (1928/1970) im Spannungsfeld der gesellschaftlichen Generationenverhältnisse beschriebene gesellschaftliche und kulturelle Prozess wird in dieser Perspektive also quasi auf der Mikroebene der innerfamiliären Generationenbeziehungen und Bildungsprozesse in den Blick genommen. (Gerner 2012: 43).

Auf die Rolle der Großeltern im Erinnerungsprozess der Protagonistinnen und der Weitergabe der Erinnerungskultur sowie des kulturspezifischen Bewusstseins der vergangenen Epoche in den analysierten Romanen werde ich noch ausführlicher eingehen. Vorab soll jedoch an die meist sehr enge Beziehung zwischen den Enkelkindern und ihren Großeltern zu Sowjetzeiten erinnert werden, die auf die Berufstätigkeit der Eltern, auf Mentalität und Familientradition zurückzuführen ist. Alle Autorinnen fügen in ihre Romane eine Hommage dieser Verbindung ein, indem sie sich mit ihren Erinnerungen an Großmutter oder Großvater auseinandersetzen, deren Geschichte sie aufdecken oder fortsetzen.

Bei Trennungen oder Konflikten innerhalb der Familie müssen Kinder und/oder Großeltern meist eine der Parteien unterstützen, wodurch sie ihr Recht und größeren Handlungsraum geben. Die Stresssituation zieht somit ihre Kreise und mündet bei einzelnen Beteiligten in Schmerz und Neurosen. Einige greifen nach Sluzki zu „erlaubten“ Schutzreaktionen wie „‚somatische[n] Beschwerden‘ oder ‚psychische[n] Probleme[n]‘. Jugendliche wählen nicht selten die weniger akzeptable ‚Delinquenz‘ oder ‚Sucht‘“ (vgl. Sluzki 2010: 117 f.).

So endet der Migrations- und Trennungsprozess (vom Heimatland, den zurückgebliebenen Familienangehörigen usw.) nicht damit, dass die Kernfamilie im neuen Land angekommen ist. Wie oben beschrieben wird die Familie unter den neuen Herausforderungen auf die Probe gestellt, indem „in der Familie neue Strukturen, zum Teil auch neue Beziehungen aufgebaut werden müssen. Trennungserfahrungen gehen einher mit hohen emotionalen Belastungen, wobei nicht nur Trauerprozesse, sondern auch Loyalitätskonflikte (vor allem bei Scheidungen), aber auch Schuldgefühle Bedeutung erlangen.“ (Herwartz-Emden 2003: 18)

Aus der Perspektive der geschiedenen Frauen bedeutet die gesetzliche Trennung einen schweren psychischen und sozialen Prozess des Umdenkens sowie der Umorientierung, die unter der Berücksichtigung der migratorischen Erfahrung zusätzliche Konfliktbearbeitung erfordern. In ihrer Studie zur Scheidung und Migration aus der Mehrgenerationenperspektive kommt Susanne Gerner zu Schlussfolgerung, dass

> sich mit Scheidung und Migration verknüpfte soziale Stigmatisierungen und Anerkennungskonflikte unmittelbar auf die familiären Loyalitätsbindungen und damit auch auf das gesamte familiäre Beziehungsgefüge und die adoleszenten Möglichkeitsräume der heranwachsenden Generation niederschlagen. […] Das Prüfen und Ausloten der Qualität der familiären Bindungen und der biografischen Spielräume für Autonomie und kulturelle Grenzüberschreitung bilden für [die Töchtergeneration] dementsprechend zentrale Leitmotive im adoleszenten Individuierungsprozess. (Gerner 2012: 58 f.)

Adoleszenz und Eltern-Kind-Konflikte

> Ich war bei den Kuren von meinen Eltern getrennt, und damit von jedem, der meine Sprache sprach. Ich brauche nicht zu erwähnen, dass das beängstigend und unangenehm war, aber es hatte zwei nette Nebeneffekte. Erstens wurde ich wieder halbwegs gesund. Zweitens lernte ich nicht nur schneller Deutsch, sondern auch, mich an neue Situationen anzupassen. Ich beobachtete, was die anderen Kinder aßen, was sie sangen und spielten, was bei ihnen bestraft und was belohnt wurde.
> Marina Weisband *Wir nennen es Politik*

> Als ich klein war, hatte ich meinen Vater unglaublich bewundert. Später hatte ich ihn einfach nur geliebt und irgendwann hatte ich mich dabei ertappt, dass ich ihn bemitleidete.
> Alina Bronsky *Spiegelkind*

Da sie selbst als Kinder oder Jugendliche in die Bundesrepublik Deutschland oder nach Österreich immigriert sind und die Adoleszenz in der neuen Wahlheimat verbracht haben, verarbeiten die Autorinnen vor allem in ihren jeweils ersten Werken die Zeit der Jugend oder Kindheit in den beiden Welten unterschiedlich ausführlich, aber stets charakteristisch. Was heißt es genau, als Kind das vertraute Heim (oft ungewollt) zu verlassen? Welche Auswirkungen können solche Veränderungen auf junge Heranwachsende und ihre Beziehungen zu einzelnen Familienmitgliedern haben? Wie werden dadurch die Familienbiografien über die Generationen hinweg beeinflusst?

In der migratorischen Fachliteratur finden sich Hinweise darauf, dass der generationelle Zusammenhang von Migration und Familie noch unzureichend erforscht ist (vgl. Hamburger/Hummrich 2007: 122, 127; Herwartz-Emden 2003: 18). (Zudem ist es wichtig, Familien mit Migrationshintergrund nicht nur auf das Attribut ‚Migrant/in' zu reduzieren [vgl. Krüger-Potratz 2004, zit. n. Hamburger/Hummrich 2007: 123].) Léon und Rebeca Grinberg sensibilisieren für „katastrophenartige Veränderungen" im Kontext der großen Desorganisation[60] – Migration (Binnenmigration, Pendelwanderung, Remigration und/oder erneuter Einwanderung) –, aufgrund der sich familiäre Strukturen und/oder Rollenmuster sowie (Generations-)Beziehungen in der Familie möglicherweise

60 Außer Migration sind es alle Lebenssituationen, die eine Objektentfernung voraussetzen/verlangen und zu krisen- sowie schmerzhaften Neuorientierungen und Identitätsreifungen führen, wie beispielsweise „Eheschließung, die Geburt der Kinder, mehr Verantwortung bei der Arbeit und die Übernahme neuer Rollen und neuer Ideologien." (Grinberg/Grinberg 1990: 231)

verändern. Die erfolgreiche Bewältigung aller durch Migration verursachten Krisen führt zu persönlicher Reife und psychosozialer Entwicklung (vgl. Grinberg/Grinberg 1990: 79).

Ohne Anspruch auf Vollständigkeit werde ich im Folgenden auf die Hauptthemen Familie, Adoleszenz, Migration und migratorisch bedingte Generationskonflikte eingehen. In der Familie als ‚Keimzelle' der Gesellschaft sind Konflikte aufgrund der Vielfalt von Interessen und Motiven, Machtverhältnisse und Verhandlungsstrategien unvermeidlich. Denn: „Familien sind kein einheitlich handelndes Kollektiv, sondern eine Gemeinschaft aus mindestens zwei Generationen". (Groppe 2007: 410) Gleichzeitig wird in der Familie von Generation zu Generation Kultur[61] gelebt und an die Nachfolger überliefert: „Eltern leben die kulturellen Muster einer Gesellschaft vor, die nachgeborenen Kinder leben sie nach und modifizieren sie dabei. [...] Die Eltern-Kind-Interaktion besitzt gewissermaßen eine archetypische Qualität." (Stecher/Zinnecker 2007: 389) Weitergegeben werden dabei materielle wie immaterielle Güter (Wissen, Sprache, Geschichte(n), Bildung[62]) sowohl innerhalb des Mikrokosmos Familie als auch in ihren großen generationellen Bahnen.

Durch die Migration gerät diese Weitergabe von Tradition und Ritualen ins Wanken. Die Hauptdiskrepanz in der Fremde besteht darin, dass die Eltern mit den Gepflogenheiten des Gastlandes oft nicht vertraut sind und dessen Kultur nicht vorzuleben wissen, womit sie nicht den Erwartungen und der üblichen Rollenverteilung in Bezug auf kulturellen Transfer zwischen Älteren und Jüngeren im Konzept Familie entsprechen. „Im weitesten Sinne des Begriffs lässt sich jede Art von Kommunikation und Interaktion zwischen Eltern und Kindern letztlich als integrativer Transfer von *Sinn* interpretieren." (Stecher/Zinnecker 2007: 389)

Die Weitergabe des Sinnes scheitert oft oder bleibt wegen des fehlenden Wissens der Eltern aus. Daraus resultieren gegenseitige Enttäuschungen, Unstimmigkeiten zwischen Erwartungen und Hilfestellung. Dies bedeutet auch: Kinder müssen sich mehr Informationen und Kompetenzen aneignen und früher selbstständig werden. Das wiederum führt zu Verschiebung der familialen Rollen sowie zur Infragestellung der Autorität der Eltern und möglicher Enttäuschung

61 „Otyakmaz problematisiert die Perspektive eines innerfamilialen ‚Kulturkonfliktes' (Otyakmaz 1995). Sie geht davon aus, dass ‚Kultur' aktiv als Kategorie verwendet wird, um so Konflikte der älteren mit der jüngeren Generation legitimieren zu können, und entwickelt so eine differente Perspektive." (Hamburger/Hummrich 2007: 123)

62 Ausführlicher darüber siehe Stecher/Zinnecker 2007: 391.

auf beiden Seiten. Hinzu kommt die Tatsache, dass zumeist nicht die gesamte Familie mit drei oder gar vier Generationen auswandert.[63]

Eine weitere Herausforderung für Einwandererfamilien bildet ihr Ansehen in der Aufnahmegesellschaft. Während die Familie „in modernen Gesellschaften die Vergemeinschaftungsform [verkörpert], der bedenkenlos sozialpolitische Funktionen von der Erziehung der nachwachsenden Generation bis hin zur Pflege der abtretenden Generation übertragen werden“, werden die Migrantenfamilien als „Ausdruck und Symbol einer ‚Gegengesellschaft‘ wahrgenommen“. (Hamburger & Hummrich 2007: 112 f.) Den Migrantenfamilien bleibt das Stigma einer fremden, bedrohlichen Welt anhaften. Zum Beispiel unterliegen Aussiedlerfamilien „starken Ausgrenzungen, die sie in ähnlicher Weise betreffen wie andere Zuwanderergruppen.“ (Herwartz/Westphal 2003: 102)

Es sind meistens die Mütter, die mit ihren Kindern mehr Zeit als die Väter verbringen und somit zur zentralen Bezugsperson werden. „Dies mag mit ein Grund sein, warum die Beziehungen zur Mutter von den Kindern häufiger als einfühlend, akzeptierend und unterstützend erlebt und beschrieben werden“. (Kromer/Tebbich 1998: 68, Wilk et al. 1993: 7–66; zit. n. Beham 2004: 133 f.) Im Zuge des Einwanderungs- und Integrationsprozesses fallen den Müttern mehrere Aufgaben, Veränderungen und Herausforderungen (s. Herwartz-Emden 2003: 43) im Zusammenhang mit der Erziehung im Aufnahmeland zu.[64]

In der Forschung ist die Erziehungsleistung von Müttern aber weiterhin mangelhaft untersucht.[65] Einerseits sind es neue und andere Erziehungsnormen und -methoden, die im Gastland berücksichtigt werden müssen[66], und andererseits

63 Zu „Opfern der Migrationsentscheidung“ werden oft Großeltern, v. a. aber von den Eltern getrennt lebende Kinder (vgl. Herwartz-Emden 2003: 9). Die Kinder nehmen zudem an der Entscheidung auszuwandern oft nicht teil und verstehen die Sinnhaftigkeit dieses Schrittes – auch wenn erklärt – nicht (vgl. Grinberg/Grinberg 1990: 129).

64 „In East Asia particularly, a strong Confucian patriarchal ideology generates the expectation that mothers will accompany their children for overseas education.“ (Kang 2013: 2897)

65 „Mütterliche Erziehungsvorstellungen und -praktiken in Migrantenfamilien erscheinen deshalb um so seltener untersuchenswert – in den Studien der westlichen Welt sind weiße Mittelschichtmütter und ihre Kinder überrepräsentiert. [Herwatz-Emden, Mutterschaft und weibliches Selbstkonzept: Eine interkulturell vergleichende Untersuchung, Weinheim/München 1995: 170 f.]“ (Herwartz/Westphal 2003: 99)

66 Aus Platzgründen kann an dieser Stelle auf die ausführliche und ergebnisreiche Studie von Herwartz/Westphal (2003 v. a. 101–119) zur Rolle der Mutter, Erziehung und erziehungstechnischen Umstellungen bei Aussiedlerinnen aus den ehemaligen GUS-Republiken in der Bundesrepublik Deutschland nur verwiesen werden.

eine einfühlsame Versorgung der Kinder, die mit der neuen Umgebung oft überfordert sind und von der Mutter die Vermittlung von Sicherheit und Selbstvertrauen erhoffen. Das Forscherpaar Grinberg (1990: 130, 132) stellt aber fest, dass genau diese Komponenten den emigrierten Müttern oft fehlen, was für Kinder und Jugendliche langjährige negative Folgen von psychosomatischer, kognitiver und kultur-sozialer Art haben kann. „Die Jugend – wer könnte daran zweifeln? – ist das beste und das schlimmste Alter für alles; auch für die Migration." (Grinberg/Grinberg 1990: 144)

Der Übergang von Jugend- zum Erwachsenenalter ist die Phase der Adoleszenz, die von physiologischer Heranreifung und typischen psychischen Phänomenen (wie innerer Unausgeglichenheit und nonkonformistischen Neigungen) begleitet wird (vgl. Bertelsmann 2011: 16, 582). So werden die äußeren sichtbaren Veränderungen von den inneren Prozessen der Reifung und Identitätsbildung sowie damit verbundenen Konflikten begleitet, die ihrerseits wieder zu Streitigkeiten und ‚rebellischem' Verhalten führen. Die Identitätsbildung wird im Wechselspiel von inneren und äußeren Faktoren lebenslang vollzogen.

> Dies bedeutet, dass die Identitätskrise sowohl in der menschlichen lebensgeschichtlichen Entwicklung als auch beim Wechsel des Ortes, wie die Migration oder Exilierung einer ist, auftritt. / Die Gemeinsamkeit ist das Hinausgehen in die Fremde sowohl bei den Adoleszenten als auch bei den MigrantInnen – oft sind diese sowohl adoleszent als auch MigrantInnen. (Kronsteiner 2009: 337)

Statistiken zufolge ist die psychische Gesundheit vor allem von zwanzig- bis dreißigjährigen Immigranten und Flüchtlingen gefährdet. Verantwortlich dafür sind mehrere signifikante Faktoren, von denen einer dem Lebensalter zugeschrieben wird, in dem „die Suche und die Verfestigung des Identitätsgefühls die zentralen Probleme sind, und wenn sich in diese Phase ein Ereignis wie die Migration einschiebt, wird das Identitätsgefühl zutiefst erschüttert." (Grinberg/Grinberg 1990: 144)

Das Identitätsgefühl wird, wie bereits erwähnt, optimalerweise nicht nur vom Individuum selbst, sondern auch von der Gemeinschaft (Familie) und Gesellschaft ausgeglichen entwickelt. Auf der familialen Mikroebene haben die Jugendlichen genealogische Generationsbeziehungen einerseits mit den ‚Generationsdifferenten' – Eltern und Großeltern, sowie andererseits mit Angehörigen derselben Generation, „die eine gemeinsame historische Lage teilen" – also mit Geschwistern und anderen ‚Peers' in der Verwandtschaft. Im ersten Fall geht es also um die reziproken „Bindungen und dialogischen Verständigungs- bzw. Konfliktprozesse zwischen Angehörigen unterschiedlicher Generationen" – in den Eltern-Kind-, Großeltern-Kind- und/oder Großeltern-Eltern-Beziehungen. Diese

Unterscheidung ist für die Generationszuordnung in der Immigration besonders relevant (vgl. Hamburger/Hummrich 2007: 125).

Doch diese Identifikationskonflikte der Jugendlichen können sich gleichzeitig auch auf der gesellschaftlichen Makroebene (vgl. Tänzer 2010: 411; Uslucan 2010: 293) abspielen, indem die Auseinandersetzung mit der Dominantkultur im Zuge der Integration rückwirkend für innerfamiliale Disharmonien sorgt.[67]

> Menschen kommunizieren miteinander auf der bewussten und auf der unbewussten Ebene. Im Unbewussten finden sich kollektive und individuelle Erfahrungen und Konflikte sowie die damit verbundenen Affekte wieder, die dann die Konstrukte der Menschen bestimmen. […] So verhält es sich auch bei Aufnehmenden und Zugewanderten. […] Diese zeigt sich zum Beispiel am Umgang einer nationalstaatlich organisierten Gesellschaft mit Zugewanderten, die diesen wieder verarbeiten und entsprechend agieren. Aber auch die ganz persönliche Identität ist nicht so persönlich wie gedacht, sondern von der „Großgruppe“ geprägt und wirkt auf diese verändernd. Strukturelle Diskriminierungen haben auch individuelle, und psychosomatische Erkrankungen kollektive Hintergründe. (Kronsteiner 2009: 383)

Von ‚Nihilismus‘ und Veränderungslust angefeuert, stellen viele Jugendliche nicht nur die bestehenden Ordnungen, Machtverhältnisse und Konventionen infrage (vgl. Kronsteiner 2009: 323), auch die familiären Rollenmuster werden destabilisiert. „Eltern aus Migrationsfamilien sind häufig in hierarchischen Rollenmustern aufgewachsen; der Vater sollte Familienoberhaupt sein und die Kinder Respekt vor ihren Eltern haben. / Bei Familien, in denen beide Elternteile arbeiten, verliert der Vater seine Stellung.“ (Wendler 2013: 184)

Eltern, die oft die Sprache des Aufnahmelandes nur mangelhaft oder überhaupt nicht beherrschen, nehmen die Hilfe ihrer Kinder für Behördengänge,

---

67 Ein türkischstämmiger Migrant der zweiten Generation berichtet darüber sehr treffend: „Wir haben den Generationskonflikt gleich doppelt erlebt; einmal mit den eigenen Eltern, andererseits mit der Elterngeneration der Deutschen. Wir versuchten, diese verschiedenen Erwartungen miteinander zu kompensieren. Nicht nur unsere Eltern haben es uns schwer gemacht, sondern auch die Deutschen haben uns ihre Werte und Normen aufgedrängt, als ob diese die beste Alternative seien. Diese Werte und Normen wurden uns besonders im Kindergarten und in der Schule aufgedrängt, ohne dass unsere eigenen akzentuiert wurden. So haben wir die Institutionen noch deutlicher als Zwang erlebt, als etwa unsere Altersgenossen. Sie übten sowohl Integrations- als auch Aussonderungspolitik voll an uns aus und so wurden wir als schlechte und unbegabte Kinder und Jugendliche selektiert (Ünsal 1992, in: Die Brücke Nr. 65, 21).“ (Atabay 2011: 204) Bei Haci-Halil Uslucan findet man Verweise auf eine ähnliche Situation (vor allem mit dem Streben nach Erhalt der eigenen kulturellen Werte) der türkischen Migrant/innen der ersten Generation (vgl. Uslucan 2010: 293).

Gespräche mit deren Lehrer/inne/n oder den Erzieher/inne/n der Geschwister in Anspruch. Dies führt bei den Jugendlichen einerseits zu Überforderung und frühem Erwachsenwerden, bei Eltern zu Autoritätsverlust und Scham wegen ihrer unzureichenden Sprachkenntnisse und ihrer Hilflosigkeit, was wiederum in Konflikten zwischen Eltern und Jugendlichen enden kann (vgl. Grinberg/Grinberg 1990: 125; Kronsteiner 2009: 315; Wendler 2013: 184)

Die Eltern sollten in den Augen der Kinder ihren Vorbildcharakter bewahren, vor allem im Falle der Migration, um ihnen Halt, eine Orientierung und ein Sicherheitsgefühl bieten zu können. Wichtig ist zudem, „dass jede Familie sich mit Modernisierungsprozessen auseinandersetzen muss, insofern die Vorstellung von Eltern in aller Regel gegenüber den jugendkulturellen Orientierungen ihrer heranwachsenden Kinder kulturell ‚veraltet' sind." (Hamburger & Hummrich 2007: 115)

Migration von Frau und Familie: Chancen

> Wenn der Wind des Wandels weht, bauen die einen Mauern und die anderen Windmühlen.
> *Chinesisches Sprichwort*

Es wäre trivial, das Thema Migration und Familie nur defizitorientiert und problematisch darzustellen. Schon psychosozial gibt es Beschränkungen, aber auch bestimmte Bedingungen einer erfolgreich verlaufenden Auswanderung.[68] Eine nicht zu unterschätzende Rolle spielt dabei die „familiäre Gemeinschaft, das Zugehörigkeitsgefühl, die Zuwendung, die [man] von [d]en Eltern und Geschwistern bekomm[t]" (vgl. Atabay 2011: 209). Die Mutter fungiert

68 „Eine stabile Partnerschaft und Stabilität im familiären Leben, berufliche Tüchtigkeit und Zufriedenheit stellen günstige Faktoren für die Verwirklichung einer adäquaten Migration dar. Dies gilt auch für diejenigen, die aus ideologischen Gründen emigrieren, da sie weniger von den äußeren Umständen, die am Zielort auf sie zukommen, abhängig sind. Im Gegensatz dazu ist eine Migration für diejenigen kontraindiziert, die persönliche und familiäre Probleme haben, die weniger tüchtig in ihrem Beruf sind oder die deutliche psychische Störungen aufweisen, wie im Fall der schizoiden (aufgrund ihrer Integrationsschwierigkeiten), der paranoiden und der schwer depressiven Persönlichkeiten. Auch die Eigenarten der verschiedenen familiären Gruppen erleichtern oder erschweren die Migration ihrer Mitglieder. So würde die Migration solchen Individuen schwerfallen, die familiären Gruppen angehören, die als ‚zusammengeballt', ‚zusammengeklebt' oder ‚epileptoid' bezeichnet werden können und scheinbar ihre Mitglieder ‚verschlucken', und bei denen große Trennungsschwierigkeiten zu beobachten sind." (Grinberg/Grinberg 1990: 22)

> als affektiver Behälter für die Empfindungen und Ängste [...] des Kindes, und verwandelt sie in erträglichere Ängste. Mit ihrer Reife und Intuition gelingt es der Mutter, Hunger in Befriedigung, Einsamkeit in Gemeinschaft und Todesangst in Ruhe zu verwandeln. Diese Fähigkeit der Mutter, die Projektionen und Bedürfnisse des Kindes aufzunehmen und aufzuheben, nennt man Fähigkeit zur Träumerei. (Grinberg/Grinberg 1990: 161)

Genießt das Kind solch einer Mutter genug Muße zu Träumen, entwickelt es später bessere Fähigkeiten und ‚Tools‘ für den Umgang mit Frustrationen und Trennungen.

In der migratorischen Fachliteratur finden sich Erkenntnisse darüber, dass die Migration für Familien zum Wandlungsprozess in mehreren Lebensbereichen wie auch zum Katalysator der innerfamiliären Beziehungen wird. Dabei wird die Bereitschaft und Reife für mögliche soziale und kulturelle Grenzüberschreitungen erprobt, die mehrere Generationen betreffen werden. Stabile Partnerschaften werden sich in der Migration als wichtige, vor allem moralische Unterstützung bewähren. Diejenigen aber, die bereits vor der Migration konfliktbeladen waren, werden dies in zugespitzter Form erleben, was zu Ehescheidungen oder Streitigkeiten mit den Eltern und/oder Kindern führt (vgl. Bereswill/Pieker/Schnitzer 2012: 11; Gerner 2012: 40; Grinberg/Grinberg 1990: 107).

> Die Frage, ob der Migrationsprozess chancenhaft oder riskant für eine Familie verläuft, hängt nicht nur von der Bewältigung psychosozialer Aufgaben ab, sondern auch davon, ob es einer Familie gelingt, sich zu reorganisieren, oder ob die Tendenz zur Auflösung besteht (Heinz 2000). Die Reorganisation impliziert die Ausbildung von lokalen Bezügen, [von] Neustrukturierung der Kernfamilie bis [...] zu Kontakten im Wohnumfeld. Die Auflösung kann den ‚Zerfall‘ der Familie und Desorientierung bedeuten, wenn die Reorganisation misslingt“. (Hamburger/Hummrich 2007: 119)

Auch Susanne Gerner versteht die Familie in der Migration „über die Generationen hinweg als ein Familienprojekt“ (Gerner 2012: 59), zu dessen Erfolg jede/r beitragen sollte. Und es ist selbstverständlich und fast vorhersehbar, dass es im Laufe dieses Projekts zu Brüchen in der Verwandtschaft kommt. Denn: „Gelegentlich finden wir Menschen, die sich aufgrund bestimmter Eigenschaften gegen die familiären oder sozialen Strukturen auf verschiedene Weisen auflehnen.“ (Grinberg/Grinberg 1990: 108) Gleichzeitig wird festgestellt, dass beispielsweise die meisten Aussiedler/innen mit ihren Familien und alten Freunden auch in der Bundesrepublik ein enges Verhältnis pflegen (vgl. Römhild 1998: 165). Ähnliche Ergebnisse konstatiert Leonie Herwartz-Emden (2003: 19) für Migrantenfamilien generell, die im Vergleich mit deutschen Familien „durch eine hohe Kohäsion gekennzeichnet“ sind, was eine bessere Informiertheit der Familienmitglieder übereinander sowie einen regen kommunikativen Austausch bedeutet.

> Die Generationenbeziehungen sind keineswegs nur durch Zerrüttung oder schwerwiegende Konflikte charakterisiert, sondern durch ein hohes Maß an Unterstützung und gegenseitigem Respekt. Die Funktionalität von Migrantenfamilien zeigt ein sehr breitgefächertes Bild; hoch funktional sind hier in gleicher Weise Merkmale wie z. B. hohe Rückkehrmotivation, aber auch klare Zukunftsorientierung in Deutschland, strenge religiöse Orientierung wie hohe Aufgeschlossenheit für bundesdeutsche Wertorientierungen, Einelternfamilien ebenso wie klassische Familienarrangements. Für die Funktionalität ist in diesen vielfältigen Formen die Kohäsion des familiären Systems eine herausragende Variable. (Herwartz-Emden 2003: 19)

Jede Familie schreibt ihre eigene Geschichte, in die mehrere (öfters erzählte) Geschichten einfließen, die zum Familienkanon und Archiv des Familiengedächtnisses werden. Im Rahmen des individuellen und kulturellen Gedächtnisses werden zwecks Erziehung und Enkulturation der jüngeren Familienmitglieder bestimmte Haltungen, Handlungen, Werte und Normen herausgebildet: Die Familienidentität wird geformt (vgl. Groppe 2007: 406).

Vor allem in den sich stark verändernden Lebensabschnitten und Situationen, wie Adoleszenz oder Migration, bietet das Familiengedächtnis den heranwachsenden Generationen eine ideelle und an mancher Stelle auch praktische Unterstützung. Einige Aspekte des ‚sowjetischen Familiengedächtnisses' werden in den hier analysierten Romanen erneut ans Licht gebracht, ‚von den Motten befreit' und sicher gespeichert. Ähnlich wie die Patient/innen einer Therapie werden Leser/innen dazu gebracht, sich ihrer Lebensgeschichten vor und nach der Migration bewusst zu werden, auf diese Weise eine zeitliche Verbindung zu bauen und gegebenenfalls Sinn für das weitere Leben zu finden.[69] Geschichten erzählen könnte außerdem zu einem konstruktiven und heilenden Element (nicht nur) migratorischen Lebens werden.[70]

Abschließen möchte ich mit einem positiven Ausblick von Léon und Rebeca Grinberg auch zur weiteren Auseinandersetzung mit dem Thema *Migration und Familie* einladen:

---

69 „Auch die Vermittlung zwischen unterschiedlichen Auffassungen innerhalb der Familie und die Frage der integrationellen Auffassungen innerhalb der Familie und die Frage der intergenerationellen Vermittlung (von Wissen, von Lebensart) nehmen einen wichtigen Platz ein. Die unterschiedlichen Konflikte, die für die Eltern mit der Migration und mit der Elternschaft zusammenhängen, werden in der Therapie allmählich aufgearbeitet und von dem alltäglichen Leben mit den Kindern getrennt. Oft hören diese in der Therapie zum ersten Mal die Geschichte der Migration ihrer Eltern" (Sturm 2001: 234–235) (zit. n. Kronsteiner 2009: 317).

70 Ausführlicher über Rituale bei Audehm/Wulf/Zirfas 2007.

Im allgemeinen, wenn die prämigratorische Persönlichkeit des Immigranten ausreichend gesund, die Beweggründe für die Auswanderung rational (auch wenn es immer gleichzeitig irrationelle Motivationen geben wird) und die Bedingungen ihrer Realisierung angemessen waren und die neue Umwelt einigermaßen aufnahmefreundlich ist, wird sich das Individuum allmählich in seiner neuen Lebensweise zurechtfinden. Wenn ihm seine emotionale Situation gestattet, Realist zu sein und die eigenen Grenzen zu akzeptieren, ohne auf extreme Leugnungen oder Abspaltungen zurückzugreifen, wird er in der Lage sein, das Neue zu erfahren und die positiven Aspekte des neuen Landes zu schätzen. Dies wird ihn psychologisch bereichern und eine wirkliche Einpassung in die Umwelt ermöglichen. (Grinberg/Grinberg 1990: 109)

Teil II Verlorene, wiedergefundene oder erfundene Sowjetunion – „La Russie sans peine"? Ethnografische Skizzen

> Wolga durch Russland ohne Visum,[ZEIT]
> Moskauer Eiscreme und die große[VERBUNDENHEIT]
> Rutsche im Plänterwald. Sind Er-[DISTANZ]
> innerungen diesseits und jenseits[VERKLÄRUNG]
> des Eisernen Vorhangs und auch
> ohne scheiß Ostalgie-Mief möglich.
> Postkarte aus dem Zyklus *Heimweh*[71]

> Kein Mann versteht ein tiefgründiges Buch, bis er nicht zumindest einen Teil des Inhalts selbst gesehen und erlebt hat.
> Ezra Pound

In der ersten Ausgabe des Tourismus-Magazins *Russia!* – „der geeignete Zugang, Russland zu ‚checken'" (*Russia!* Frühling 2008: 5) – wird der einen Bärenhunger auf Kaviar verspürenden und nach Wodka dürstenden Leserschaft das moderne Russland in Text und Bild, Zahlen und Zitaten bunt und unterhaltsam, aber auch intelligent auf Deutsch, Russisch und Englisch serviert. Die Themen, die dies repräsentieren sollen, sind so symbolisch und alt wie Lenins Gebote: Iwan der Schreckliche und die Bären, die Moskauer U-Bahn und Nachtclubs, Kaviar und ganz viel Wodka, Abenteuer mit der „schmuddelig-ollen Sowjeteisenbahn" in den fernsten Ecken des Landes oder der Genuss des einfachen Lebens – auf einer Datscha oder beim Wandern. Es heißt ja schließlich, die „Russen sind seit den 60er Jahren verrückt nach Camping (was allgemein als Hemingways Verdienst gilt)". (*Russia!* Frühling 2008: 54)

Romantik hin, Werbelyrik her: Es kristallisiert sich ein Bild der für das Verständnis von Land und Leuten charakteristischen Bereiche und Tatsachen heraus, die auch in allen hier untersuchten Werken aus den Jahren 2005 bis 2012 eine große Rolle spielen: Literatur und Sprache, Kunst und Kultur, Reisen und Unterwegssein, Essen, Trinken und Wohnen. Man verstehe Russland am besten und schnellsten, heißt es im Magazin *Russia!*, indem man einige Zeit in einem typisch russischen Haushalt verbringt. (*Russia!* Frühling 2008: 24)

---

71 Eine konzeptuelle Fotoarbeit von Martin Mlecko, 2003.

Jurij M. Lotman war einer der ersten Kulturtheoretiker, die Bedeutung des Wissens um das ‚einfache Leben' für das Verständnis der historischen Ereignisse sowie der epochalen Entwicklungen, der Kultur und Mentalität eines Volkes hervorhob. In semiotischen Kontexten haben die Gegenstände wie die sie umgebenden Räume eine klare symbolische Bedeutung und tragen eine bedeutende Gewichtung. Natalia Lebina weist im Vorwort ihrer *Enzyklopädie der Banalitäten: Der sowjetische Alltag: Konturen, Symbole, Zeichen* darauf hin, dass die mentalen Codes des *homo sovieticus* nebst den normierenden und normalisierenden Ansichten der Regierung vor allem durch die Realien der sozialistischen Wirtschaft geprägt und geformt wurden (vgl. Lebina 2008: 28).

Dieses Kapitel widmet sich exemplarisch[72] der Auseinandersetzung mit den einst existierenden sowjetischen Verhältnissen und Symbolen, die allen in der Sowjetunion bis etwa 1991 Geborenen aus dem Alltag gut vertraut waren, – und dies nicht nur aus nostalgischen Gründen oder zwecks ‚Vergangenheitsbewältigung'. Zum einen spielen sie in den Romanen der russländischen Schriftstellerinnen – für das Sujet wie für die Protagonist/innen und die Autorinnen selbst – eine signifikante Rolle, die einem ‚uneingeweihten' Leser auch dem „russlandkundige[n] Nichtrussen" (Kolosowa 2012: 204) leicht entgeht oder allzu blumig erscheint. Denn der Zugang zu den überlieferten Texten und Symbolen wird durch Kenntnis jener Realien erleichtert, was nach Lotman eine Kenntnis der gesamten Kultur bedeutet. Zum anderen ist es an der Zeit, manch eingefahrene Stereotype kritisch infrage zu stellen oder zumindest deren möglichen Ursprung aufzudecken. „Erzählen heißt erfinden heißt erinnern". (Jung 2006: 429)

Die erwähnten Autor/innen schaffen in ihren Romanen oft bipolare, separierte Welten für ihre Protagonist/innen. Es sind deren Träume und Sehnsüchte, Erinnerungen aus der Kindheit und die Suche nach der Identität, die klar dreidimensional umgerissen sind und als Widererkennungszeichen fungieren. Nach Maurice Halbwachs hat man „mit zehn oder zwölf Jahren nur eine vage Idee von der Gesellschaft im weiteren Sinne", doch man gehört bereits zu

> kleineren Gruppen wie Familie und Schulkameraden- oder Spielkreis. Man wohnt in einer Wohnung, man verbringt den größten Teil des Tages in bestimmten Zimmern, einem Garten, bestimmten Straßen. In diesem engen Rahmen spielen sich sensationelle Ergebnisse ab. So prägen sich schließlich dominierende Bilder aus dem gewohnten Kontakt mit bestimmten Gegenständen und Personen wie auch aus den wiederholten Anregungen unserer Umgebung tiefer als andere in unseren Geist ein. (Halbwachs 1985: 140)

---

72 Eine ausführliche Studie des alltäglichen Lebens in Russland unter dem Titel *Common Places. Mythologies of Everyday Life in Russia* verfasste Svetlana Boym (1994).

Für die Publizistin Wlada Kolosowa (2012: 18) deckt sich die räumliche Wahrnehmung der ehemaligen Heimat mit der ihres frühen Zuhauses, der Makro- mit dem Mikrokosmos:

> Russland, das größte Land der Welt, blieb für mich dabei aber nur 60 Quadratmeter groß – so groß wie Omas Wohnung. Es war ein ziemlich gemütliches Russland, mit schweren Möbeln, die nach Zitronenpolitur rochen, Tausenden Büchern und Sachen, die ich seit meiner Kindheit kannte. [...] Hier gab es Liebe, Wärme und Pfannkuchen.

Obwohl nach Halbwachs jede Familie ihr eigenes Gedächtnis hat (1985: 215) und die Familienerinnerungen die je nach Situation kombinierbaren Symbole beleben sowie die Umstände reproduzieren, „in denen wir mit dem einen oder anderen Verwandten in Berührung gekommen sind" (1985: 204), lässt sich in den behandelten Werken eine Reihe von signifikanten, sich ähnelnden Komponenten feststellen. In der Aufzählung des kindlichen Sammelsuriums von Kolosowa sind folgende Eindrücke kennzeichnend, die auch fester Bestandteil der Romane sind: erstens die (unterschiedlich kombinierte) Wahrnehmung der Sinnesorgane: Geruch, Geschmack, visuelle Empfindung(en), taktile Perzeption und das Gefühl: Liebe, Geborgenheit, Gemütlichkeit, Stabilität („schwere Möbel"); zweitens die Rolle und die Riten der Großmutter und drittens die Grenze, der Raum, der Ort. Im Weiteren will ich einzelne ethnografische und topografische, kulinarische sowie olfaktorische und sozial-historische Realien ausführlicher skizzieren.

Ein treffendes Beispiel für diese Zusammenhänge bietet der Roman von Katerina Poladjan *In einer Nacht, woanders* (2011: 37):

> Vielleicht gibt es mein Moskau nicht mehr. Blödsinn. Es gab noch nie mein Moskau. Moskau war woanders. Eine Welt, die nicht mir gehörte. Das war die Welt meiner Eltern. In Berlin gibt es auch ein Moskau. Ich wohne mitten in Moskau. Auf dem Spielplatz erziehen russische Kindermädchen russische Kinder. Es gibt Schaschlik, russisches Bier, Schokoquarkriegel und gesüßte Kondensmilch, die ich als Kind löffelweise gegessen habe. Bykovo ist nicht mein Zuhause. Das ist Berlin. Oder es ist Paris oder Kassel. Warum kann ich die Augen nicht öffnen?

Die deplatzierte und in ihrer Identität aktuell gespaltene Protagonistin Mascha ringt mit sich selbst und der Außenwelt um Konturen für „die Welt" ihrer Kindheit, ihrer Erinnerungen und Zugehörigkeit. Sie ‚ver-ortet' sich. Der Versuch einer Verankerung durch die typischen Spezialitäten („gesüßte Kondensmilch") von früher verwirrt sie und misslingt ihr. Nicht einmal die Augen wollen ihre Funktion erfüllen und die Realität deutlich sehen, die Dichtung von der Wahrheit unterscheiden.

Die Ich-Erzählerin in Katja Petrowskajas Reportage aus dem Süden Russlands *Die Kinder von Orljonok. Von Krasnodar nach Sotschi* kehrt an ihren einst obligatorischen Ferienort zurück und bemerkt sehr deutlich alle dort stattgefundenen oder ausgebliebenen Veränderungen zwanzig Jahre nach dem Zerfall der Sowjetunion. Auch bei Marjana Gaponenko, Julya Rabinowich, Nino Haratischwili, Eleonora Hummel, Alina Bronsky, Olga Grjasnowa findet sich die Auseinandersetzung mit den vertrauten Topoi *davor* und *danach*; vertraute Orte, die die Protagonistinnen nach einem Zeitabstand erneut besuchen, an denen sie ihre Nostalgie stillen oder einen für sie wichtigen Auftrag (sei es der Verkauf des geerbten Hauses oder der Besuch bei den verstorbenen und noch lebenden Familienmitgliedern) erfüllen. Svetlana Boym erklärt dieses dichterisch-psychologische Phänomen mit der Notwendigkeit einer zeitlichen und physischen Distanz: „One becomes aware of the collective frameworks of memories when one distances oneself from one's community or when that community itself enters the moment of twilight." (Boym 2001: 54)

Erzähltechnisch ist das System räumlicher Relationen, also die Struktur des Topos, nach Lotman grundlegend, weil sie die Figuren verteilt und organisiert: Sie „fungiert [...] als Sprache für den Ausdruck anderer, nichträumlicher Relationen des Textes. Darin liegt die besondere modellbildende Rolle des künstlerischen Raumes im Text." (Lotman 1993: 330) Ausgehend von den Topografien der Texte wenden wir uns deshalb dem Entziffern ihrer Welt-Modelle zu, in denen Menschen und Gesellschaften fiktiv und real leben.

2.1 Das Pionierlager *Orljonok*: Symbol des Vergänglichen und des Bestehenden

> Ich war noch nie in den Bergen oder am Meer gewesen. Schulkameraden fuhren jedes Jahr ans Schwarze Meer und kamen braungebrannt zurück. Ich hatte das Meer nur auf der Landkarte gesehen und es einmal auf dem Globus im Geographiezimmer angefaßt. Wegen der Lampe im Globus hatte er sich ganz warm angefühlt. [...] Sotschi, Batumi, Suchumi. Anapa klang anders. Ich machte im Atlas einen roten Kringel um diesen Namen und zeigte ihn Vater.
> Eleonora Hummel *Die Fische von Berlin*

Das Pionierlager *Orljonok* (*Орлёнок*), eher ein Kinderstaat, entspricht voll und ganz den drei symbolischen Mechanismen von Michel de Certeau (1988: 105), die die Topoi der Stadt-Diskurse organisieren. Es ist umwoben von einer Legende, von Erinnerung und Traum („legend, memory, and dream"). Bevor man in der Sowjetunion mit 14 Jahren der Jugendorganisation der kommunistischen Partei – Komsomol – beitreten durfte, musste man zu einem musterhaften Pionier werden

(„Pionier – für alle ist ein Vorbild er.“[73]). Heutzutage gibt es in Russland keine Pionierorganisation und somit keine Pioniere mehr, doch Legenden und Lieder sind erhalten geblieben.

> Orljonok, zu deutsch ‚kleiner Adler‘[74], ist eine Gestalt aus einem sowjetischen Lied der dreißiger Jahre. Es handelt von einem sechzehnjährigen Jungen aus Weißrußland, der sich 1917 im Bürgerkrieg den Rotarmisten anschließt, nachdem seine Eltern von der zaristischen Weißen Armee ermordet worden sind. Eines Tages entfernt er sich von seinem Regiment und trifft auf feindliche Soldaten. Anstatt sich in Sicherheit zu bringen, stößt er ins Horn, um seine Kameraden zu warnen. Ihn selbst erwarten Gefangenschaft und Tod. [...] Jedesmal kriege ich eine Gänsehaut, wenn ich das Lied höre. So geht es vermutlich den meisten von uns, egal, welche politische Einstellung wir heute haben. / Zwischen dem Kulturpalast und dem Lager „Der Sonnige“, steht die Granitskulptur eines Jungen, der entschlossen aufs Meer hinausblickt. Ein imaginärer Sturm zerrt an seinem Mantel. Die flatternde Flagge hält er fest in der Hand. Orljonok sieht wie ein großer edler Vogel aus. Um ihn herum ungepflegte Blumenbeete. Er ist Teil der Landschaft. Die Kinder gehen an ihm vorbei, ohne Notiz von ihm zu nehmen. (Petrowskaja 2009: 231 f.)

Die ungepflegte Landschaft wiederholt den ‚verlotterten‘ Habitus im Umgang mit Geschichte und Kultur, bildet einerseits ein Loch in der gesamten Komposition sowie im Dialog der Generationen und andererseits eine Null im kollektiven Gedächtnis. Die Epoche ist zu Ende, es bleiben nur leere Hüllen, nichtssagende und nicht mehr lesbare Symbole. Für die neue Generation werden neue Gedichte gereimt.

> „Orljonok ist unser Haus, wir leben alle in ihm. Es ist gemütlich, geräumig und cool hier“ – Michail Grebentschtschikow, ein berühmter Popmusiker und DJ aus Moskau, singt mit den Kindern. Alles wird gefilmt, geschnitten und gleich im großen Kinosaal präsentiert. Zwei Fliegen mit einer Klappe: für den Sänger eine ‚promotion‘, für die Kinder eine Ehre. Orljonok ist heute eines der wichtigsten Experimentierfelder für Produkt-Marketing in Rußland. In Orljonok wird alles getestet, was in Rußland für Kinder produziert wird – Zeichentrickfilme, Spielfilme (232).

So erfüllt dieser Ort auch im 21. Jahrhundert seine ursprüngliche Funktion: die eines Labors. Lenins Ehefrau Nadeshda Krupskaja ist als Schöpferin der Grundlagen einer sowjetischen Pädagogik in die Geschichte eingegangen. „Sie entwickelte die Idee einer ‚Einheitlichen Erziehung‘, die auf Millionen von Kindern anwendbar sein sollte. Das Kind bildete die ‚tabula rasa‘ für die ideologischen Experimente des Staates. [...] Krupskaja ging es um Pädagogik und ihre Methoden, nicht um das einzelne Kind“ (228).

---

73 Übersetzung N.L.

74 *Adlerchen*; ein Stadtteil in Sotschi heißt *Adler*.

Wie der Name der erzieherischen Methode verrät, sollten alle Kinder einheitlich erzogen werden, „von den Stillzeiten bis zum Sommerurlaub war alles festgelegt. Von Kaliningrad im äußersten Westen bis Wladiwostok im fernen Osten galten in der ganzen riesigen Sowjetunion dieselben Unterrichtspläne, dieselben Ferienzeiten, dieselbe Lektüre und dieselbe Uniform“ (ebd.).

> Diese scheinbare Einheitskindheit“ führte nach zeitlicher Distanz zu einer kognitiven Dissonanz, „eine[r] skurrile[n] Mischung aus Stolz und Schmerz, echten und Pseudo-Welten: Wir sind alle ‚born in the USSR‘. Warum sind wir dennoch so extrem unterschiedlich? Und warum sagen wir immer noch ‚wir‘, wenn wir uns an diese Zeit erinnern? (228 f.)

Es sei an dieser Stelle angemerkt, dass keine andere der sechs russländischen Autorinnen die Erfahrungen im Pionierlager thematisiert. Gründe dafür lassen sich einerseits in der großen Entfernung zum Ferienort vermuten, andererseits im Alter der Schriftstellerinnen im Moment ihrer Ausreise, oder mit den politisch-erzieherischen Ansichten der Eltern erklären. Berühmt und ersehnt war *Orljonok* jedenfalls im gesamten Sowjetimperium.

> Wer von Westen übers Meer in Richtung Georgien aufbricht – das Gebiet der antiken Kolchis –, folgt unweigerlich dem Kurs der Argonauten. Nicht das Goldene Vlies wollte ich finden, sondern ein Stück meiner sowjetischen Kindheit: Ich war unterwegs nach Orljonok, ins größte Kinderferienlager der Welt, ein ehemaliges ‚Pionierlager‘ an der Schwarzmeerbucht von Nowomichajlowski. / Keines der Lager, in denen ich als Kind ein paar traurige Ferien verbringen mußte, hatte einen vergleichbaren Ruf. (Petrowskaja 2009: 221)

Noch berühmter und somit im Rang absoluter Unerreichbarkeit war nur *Arték* (russ. *Артек*), das Pionierlager auf der Insel Krim[75].

> Orljonok wurde erbaut, nachdem der gebürtige Ukrainer Nikita Chruschtschow 1954 die Krim der Ukrainischen Sowjetrepublik ‚geschenkt‘ hatte. Artek befand sich damit außerhalb der Russischen Föderativen Sowjetrepublik, was damals so gut wie keine Rolle spielte. Aber nach dem Zusammenbruch der Sowjetunion und mit der Unabhängigkeit der Ukraine lag Artek im Ausland, und Orljonok wurde mit viel Geld zur absoluten Nummer eins im Lande ausgebaut. (Petrowskaja 2009: 221 f.)

---

75 Esther Kinsky unternahm eine Reise auf die Krim, die sie im Beitrag *Kurortne Oktober 13. Aufzeichnungen von der kalten Krim* getreu, liebevoll und poetisch dokumentierte. Bemerkenswert ist, dass Michail Gorbatschow seinen letzten Urlaub als Generalsekretär der KPdSU am 4. August 1991 auf der Krim begann. Vom 19. bis 21. August 1991 organisierte ein selbsernanntes „Staatskomitee für Ausnahmezustand“ einen Putsch. Demzufolge trat Gorbatschow am 24. August 1991 zurück. Bis zum Monatsende erklärten alle Sowjetrepubliken ihre Unabhängigkeit.

Siebzig Jahre später können die Träume und Hoffnungen manch russischer Jugendlicher auf einen Aufenthalt in Artek wieder erwachen. Und diesen Gedanken begleitet im Hintergrund die fröhliche Zeile aus früherem sowjetischen Liedgut: „Wir sind geboren, um das Märchen zu Realität zu machen".

Zutreffend ist auch die Tatsache, dass das Meeresparadies Orljonok „zwischen dem Marinenstützpunkt Noworossisk und dem mondänen sowjetischen Funktionärs-Badeort Sotschi" (222), neuerdings auch wegen der Olympischen Winterspiele von 2014 und dem Grand Prix der Formel 1-Automobile wieder einige Bekanntheit gewonnen hat. In Sotschi liegt weiterhin die Sommerresidenz ‚Riviera' des russischen Präsidenten, in der auch Staatsgäste begrüßt und empfangen werden, was auf eine ältere Tradition zurückzuführen ist:

> Zu sowjetischen Zeiten war die Stadt ein Traum, ein Ort der Sehnsucht. Aber sie stand nicht allen offen, sondern war nur für Ausgewählte zugänglich. Vielleicht ist Sotschi auch eine Art Pionierlager am Meer gewesen, nur für Erwachsene. Die großen Gewerkschaften bauten hier ihre Sanatorien, die Erholungszentren für die Werktätigen. [...] Früher haben sich hier zahlreiche Kosmonauten und Parteifunktionäre – von Gustav Husak bis Leonid Breschnjew – im Schatten der Palmen erholt. (Petrowskaja 2009: 236)

Wie Sotschi bietet auch Orljonok eine Plattform für internationalen Austausch und Dialog. Eine „Oxana berichtet, daß vor zwei Jahren sogar ein deutsch-russisches ‚Jugendparlament' in Orljonok getagt hat, um Vorschläge zur ‚Entwicklung der deutsch-russischen Partnerschaft' auszuarbeiten" (224 f.). Jährlich erholten sich (zumindest bis 2014) die Kinder der Mitarbeiter/innen des deutschen Stromkonzerns Eon AG im Rahmen eines partnerschaftlichen Abkommens mit dem russischen Konzern Gazprom in Orljonok. Die deutschen Kinder hatten dabei ein individuelles, auf sie zugeschnittenes Programm und eigene Betreuung, verbrachten ein paar abenteuerliche Tage im russischen Nizza und waren über einiges sicherlich erstaunt ...

Als russische ‚Exoten' können in Orljonok die Kinder reicher Eltern gelten, von denen manche so unselbstständig sind, dass sie nicht wissen „wie man Betten macht" (226). Meistens werden aber begabte Kinder in Orljonok gefördert: „die Gewinner regionaler Schulwettbewerbe, die Talente in Sport und Musik, die Aktivisten der Kinder- und Jugendorganisationen. Alle sind sie zwischen elf und sechzehn und stammen aus sämtlichen Regionen Rußlands" (224).

Nach Petrowskaja bestehen in Orljonok die während der Perestroikajahre kritisierten Erziehungsmethoden und -ideale von Krupskaja paradoxerweise weiter – nebst „eine[r] unglaubliche[n] pädagogische[n] Vielfalt", „wo man Ansätze aus der ganzen Welt aufgreift und die entsprechenden Programme entwickelt" (229). Es geht nun um die Erziehung des einzelnen Menschen, der zugleich mit vielen anderen Kindern gemeinsame Tätigkeiten ausführt und nach einem bestimmten Tagesablauf lebt. Kurz: „Orljonok ist zu einem Molotow-Coctail aus alten sowjetischen Mythen, kollektiven Ritualen und den neuen Praktiken der Persönlichkeitserziehung geworden: Kreativität und Patriotismus, Leistung und das Gefühl, dazu zu gehören, sind aufs engste miteinander verkoppelt." (Petrowskaja 2009: 229) Ist nicht das ganze Land – zu Sowjetzeiten wie heute – ein Pionierlager Orljonok, ein für manche unbekömmlicher Cocktail, eine widersprüchliche Bricolage, ein buntes Mosaik, das sich zwischen Europa und Asien ausbreitet?

> In diesem merkwürdigen Land gibt es viel Unverständliches; man kann sich verlieren und verirren. Man kriegt Gänsehaut, wenn man sich vorstellt, was hier noch alles passieren könnte", hieß es in einem Kinderlied aus dem Jahr 1977, einer Bearbeitung von *Alice in Wonderland* durch Wladimir Wyssozki, den halb verbotenen Liedermacher. Die Platte kam in einer Riesenauflage heraus – schon dies allein war ein Wunder. Als Kinder haben wir sofort verstanden, daß dieses merkwürdige Land unsere Sowjetunion war. Endlich ein Märchen über uns! Das gab unserer Realität einen neuen Horizont. Nun bewegten wir uns in einem lustigen Land mit komischen Regeln. Unser kommunistisches Reich war auch damals schon aus Pappmaché, aber das wußten nur einige Erwachsene. Abenteuer à la Wonderland konnte man jederzeit erleben, sobald man sich nicht an die Regeln hielt. Das war mein „imprinting". (Petrowskaja 2009: 235)

Der Schauspieler Wladimir Wyssozkij (1938–1980), in den 70er Jahren populärer Liedermacher (Barde), Rebell und tragischer Held[76] – „betont männlich, trinkend, mit Liedern vom Krieg und bestandenen Abenteuern" (Leupold 1996: 362), bleibt für die meisten in Russland bis heute eine absolute Kultfigur, aus dessen Lieder gesungen und gesprochen, zu passenden Anlässen zitiert wird. Eine unerhörte Popularität erreichte er in den 1970er Jahren aufgrund der unverwechselbaren Stimme, die seine philosophischen und gesellschaftskritischen Texte in verbotenen Liedern intonierte.[77] Rabinowich setzt in ihrem Roman *Spaltkopf* (2011: 191) eine kleine Hommage an den Barden sowie an ihren Vater: „Es läuft Vyssotzky, einer der Lieblingssongs meines Vaters. ‚Ein wenig langsamer, ihr Rösser.' Sie wiegen sich gedankenverloren im Takt."

---

76 „Auf dem Höhepunkt der Parade starb der inoffizielle Staatssänger. Und das hat allen gezeigt, wer er war. Gott hat einen Punkt gesetzt in seinem Leben, als seine Zeit geradegerade um war, und genau auf dem Höhepunkt der byzantinischen Festlichkeit. Das Land hat sich vorbereitet und vorbereitet auf das Jahr '80, und nicht gewußt, daß es sich auf seinen Tod vorbereitet." (Charitonow 1996: 332)

77 Mehr dazu siehe bei Dmitrij Sucharev (2002): Avtorskaja pesnja. Antologija. Ekaterinburg. Der Name von Wyssozkij ist auch in der Berliner Mauer verewigt, nebst Jurij Gagarin und einer Abkürzung, die für die Sowjetunion steht – CCCP.

Der Aufenthalt von Petrowskajas erwachsener Ich-Erzählerin in der „weltgrößten Enklave für die glückliche Kindheit" (Petrowskaja 2009: 234) – Orljonok – macht sie „[s]eltsam kraftlos" (ebd.). Ob es an „der Dauerpräsenz des Wortes ‚Lager', das im Russischen wie im Deutschen gleich lautet" gelegen hatte, oder an der immensen Lautstärke, die den Lageralltag begleitet, an der Auseinandersetzung mit der ins Stocken geratenen Metamorphose des sowjetischen Traums Orljonok, der seine Ideen und Illusionen – Zeiten und Regime beharrlich überdauernd – weiter sät? Pierre Bourdieu würde die sich einschleichende Schwäche der Autorin möglicherweise auf die Wirkungen der hohen Konzentration von subtilen Formen der symbolischen Gewalt zurückführen, die durch die Räume in einem großen Sozialraum wie Orljonok ausgeübt wird (vgl. Bourdieu 1997: 163).

2.2 Sowjetische Räume der Träume und Erinnerungen

> Wie dem auch sei, es gibt eine räumlich beschränkte Welt, in der das Bewußtsein des Kindes erwacht ist und deren Grenzen es lange Zeit nicht überschritten hat.
> Maurice Halbwachs *Das Gedächtnis und seine sozialen Bedingungen*

> In Moscow, Benjamin mastered two words in Russian: *remont* and *seichas*. One characterizes the perpetual transformation of space, a process of endless repair that had neither beginning nor end.
> Svetlana Boym *The Future of Nostalgia*

Bemerkens- und somit erzählenswert ist, dass alle Autorinnen ihre Protagonistinnen – wenn auch verschieden ausführlich – sich in denselben Räumen und Orten ihrer Kindheit bewegen lassen, vor allem in Gedanken. Es sind weder die Schule noch der Kindergarten, weder die Innenhöfe, auf denen für die meisten sowjetische Menschenwesen ihre Primärsozialisation stattfand, weder Parks noch abgelegene Bahnhöfe, Ferienlager oder Kinosäle. „Der *Ort* kann absolut als der Punkt im physischen Raum definiert werden, an dem sich ein Akteur oder ein Ding platziert findet, stattfindet, sich wiederfindet." (Bourdieu 1997: 160) Für die erwähnten jungen Frauen befindet sich ‚der Punkt' – also der Anfang – in den Mikro-Topoi, die für Kinder gleichzeitig ganze Universen darstellen: erstens in der Küche, zweitens in der Gemeinschaftswohnung (Kommunalwohnung, umgs. *kommunálka*), drittens auf einer Datscha und viertens im Haus der Großeltern.

Für Pierre Bourdieu (1997: 163) verbirgt der Sozialraum neben den räumlichen auch Denkstrukturen, die durch subtile Symbole der Macht (der „symbolischen Gewalt") unbemerkt manifestiert und geformt werden. Folgt man dieser Erkenntnis, so entziffert man die Züge der historisch-politischen Realität, die Mentalität, die figurativen Bilder und Traditionen eines Volkes, hier also der Sowjetbürger/innen sehr viel leichter.

Die Küche als alltäglicher und ästhetischer Ort

> The kitchen can be blessed place of a sweet intimacy, of rambling chatter pursued without having to be spelled out with the mother who pirouettes from the table to the sink, her hands busy but her mind available and her speech quick to explain, discuss, or comfort. Later, as an artist in his or her own kitchen or a visitor in someone else's, the adult sighs: "But I receive so much pleasure going into the kitchen. Every time, I feel like I'm going back to my childhood."
> Luce Giard *Plat du jour*

Dass die Küche ein multifunktionaler Ort mit eigenen Regeln und Riten ist, lernt man unbewusst bereits als Kind sowohl in der Praxis als auch aus den Märchen: "The relationship that one maintains with one's own body and with others is read, translated into visible acts, across the interest and care given to meals, in the range of pleasure that are authorized or the restrictions that are imposed." (Giard 1998: 191 f.) Die erinnerte ‚russländische Küche' der Romanfiguren ist ein matriarchales Universum, in dem man mit Wärme, Düften, Essen und Aufmerksamkeit versorgt, verwöhnt und von einer weiblichen Autoritätsperson (in den meisten Werken der Großmutter) durch Rituale und ‚Restriktionen' ernährt und erzogen wird:

> Wie war die Schule, was macht ihr in Mathematik, ach, das ist ja spannend, und ich: Was für Kuchen hast du heute gebacken? Sie macht ein Geheimnis daraus, *erst muss ich zu Mittag essen*, früher versuchte ich, es am Geruch zu erraten. Apfel? Birne? Blaubeeren? Etwas mit Schokolade? Mittags gibt es immer erst eine Suppe, dann etwas mit Fleisch, anschließend Kompott (Rhabarber, Apfel, Pflaumen oder Birne). *Kuchen bekomme ich erst nach den Hausaufgaben.* Dass sie [Großmutter] jeden Tag auf mich in ihrer roten Schürze wartet, drei Gänge kocht und Kuchen backt, obwohl von gestern noch Reste im Kühlschrank sind, die sie abends alleine aufessen oder in zwei Tagen unserer Katze Natascha mitbringen wird, empfinde ich als beruhigend, nicht etwas erdrückend, auch mit sechzehn noch. An den Wochenenden kauft Großmutter ein und geht spazieren, sonst tut sie nichts, bis Montag ist. (Gorelik 2013: 343, Hervorhebungen v. N.L.)

Der unbewusste Generationendialog vollzieht sich auf natürliche Weise am Herd (als dem symbolischen Zentrum der Familie) durch die rituell in der Küche stattfindenden Gespräche und Mahlzeiten. Dass es ausgerechnet die Großmutter ist, die auf das Kind nach der Schule wartet und es betreut, sollte nicht verwundern. In Sowjetzeiten waren die meisten Frauen wie Männer berufstätig. Für die Schulkinder hieß es, entweder früh selbstständig und nach der Schule komplett sich selbst überlassen zu sein oder eine Schulbetreuung in Anspruch zu nehmen (und sich dort eher abzuquälen). Oder man hatte Glück mit Nachbarinnen, guten Bekannten oder eben Großmüttern, die auf das Kind ein paar Stunden selbstverständlich kostenfrei und gerne aufpassten.

Nicht nur sozialhistorisch, sondern auch linguistisch betrachtet ist die russische Küche ein femininer Ort, wo die wichtigsten Gegenstände anders als im Deutschen weiblich sind, wie beispielsweise *plitá* (der Herd) und *petsch* (der Ofen). „Ich setze mich an den Küchentisch. [...] Ich brauche Brot und Milch. Das Brot heißt bestimmt nicht mehr Kosakenbrot, sondern Pain du Irgendwas. Ich werde warme Sachen anziehen und dann versuchen, den Ofen anzuzünden." (Poladjan 2011: 47)

Die Ich-Erzählerin Mascha, die aus Berlin ins Haus ihrer Großmutter und ihrer Kindheit im Vorort von Moskau zurückkehrt, um es nach deren Tod zu verkaufen, beginnt die existenzielle Auseinandersetzung mit der Vergangenheit und Gegenwart im Herzen ihres einmaligen ‚Wohnortes' – in der Küche. Es wird ihr durch alle Sinnesorgane klar, dass kein Weg zurück, kein Einverleiben, keine symbolische Eucharistie möglich sein wird, weil nichts, angefangen mit dem Wesentlichen, dem Brot, mehr so ist wie früher, wie es einmal vertraut war. Nicht nur das Haus, sondern die gesamte Umgebung ist kalt und fremd geworden. Maschas Absicht, sich durch vorgefundene Kleidung sowie durch das Anzünden des Ofens zu wärmen, zeigt den symbolischen Widerspruch zwischen dem Versuch, ihre Kindheitserinnerungen und ihr früheres glückliches Leben wieder zu beleben und der gleichzeitigen rituellen Läuterung und Verbrennung des Vergangenen.

Die Suppentradition lässt sich in der sowjetischen Küche als Sinnbild in einer Reihe mit Brot und Milch stellen, weil sie fester Bestandteil jeder Mittagsmahlzeit war.

> Ich will keine Suppe, habe ich als Kind gesagt. Keine Suppe, soso, was sind denn das für Neuigkeiten [wunderte sich die Großmutter, N.L.]. Jetzt hätte ich gern eine Suppe. Sogar die fette Soljanka mit Blutwurst, frisch aus dem Tier. Als Kind habe ich mich geekelt vor der Blutwurst, die Raissa an Feiertagen vorbeibrachte. Sie hatte eine Wellensittichzucht. (Poladjan 2011: 37)

International bekannt ist bis heute der russische Kaviar, der in manchen Ecken der Sowjetunion seinerzeit günstiger war als Wurst. Doch wer auf einer russischen Feier heute mit landeskundlichem Wissen glänzen möchte, solle sich nach der Geschichte und Symbolhaftigkeit des traditionellen ‚Russischen Salats' erkundigen.

> Es wird gefeiert. Sie lachen, weil sie nicht weinen wollen. [...] Aus Wut über mangelnde Aufmerksamkeit habe ich noch in der Küche in die große Porzellanschale mit

> dem Russischen Salat, der mir ohnehin nicht schmeckt, hineingespuckt und sehe nun gebannt zu, wer dem benetzten Teil des Inhalts am nächsten kommt. Der Plattenspieler versorgt alle mit Jazz und Mozart, draußen tobt der Schnee. Drinnen toben die Kinder, die zwangsweise im Zimmer meiner Großmutter ins Bett gesteckt werden sollen. (Rabinowich 2011c: 20 f.)

Mischka rebelliert, pfeift auf alles Traditionelle wie auf die autoritäre Erwachsenenwelt und erlaubt sich in den Salat *Olivjé* zu spucken und abzuwarten, was passiert.

Überträgt man dieses Verhalten auf die Einstellung der Sowjetmenschen zu den staatlichen Versuchen, die Bevölkerung in öffentlichen Kantinen und Lokalen abzuspeisen (auch zwecks Bekämpfung des häuslichen Alkoholismus), so stellt man fest, dass die Küche als intimer und vertrauter Ort des Beisammenseins sich bravourös durchsetzte:

> Part of the Soviet project to promote and enforce communism included the transfer of food preparation and eating into the public realm. Public dining in communal kitchens, workplace canteens, and state-owned cafeterias and food shops was envisioned as an opportunity to instill [sic!] in Soviet citizens socialist values of social and economic emancipation, egalitarianism, and collective responsibility […]. Despite the state's intensions, however, public dining never replaced completely the family kitchen […], and ironically the kitchen became valued as a safe space where close friends could interact away from the prying eyes of the state. (Caldwell 2002: 300)

So gesehen erfüllt die Küche in der sowjetischen Tradition nicht nur ihre primäre Rolle als Ort der Nahrungsvorbereitung und der gemeinsamen Mahlzeiten. Sie birgt eine symbolische Dimension des Ästhetisch-Weiblichen, die durch die orale Komponente vier wichtigste Funktionen erfüllte: die ernährende, die erzieherische und bildende, die Kultur und Tradition im Generationendialog vermittelnde und schließlich die sozial-politische.[78] „Wo war sie denn, die Freiheit? Nur in der Küche, wo nach alter Gewohnheit weiter auf die Regierenden geschimpft wurde." (Alexijewitsch 2013: 13)

---

78 „[…] kitchens in communal apartments were places of conflict, kitchens in private apartments emerged as highly social and safe areas where close intimates could gather and talk more freely than in public spaces. […] In some cases the political discussions that were generated in kitchens over meals with friends became the very sustenance that nourished these socialist citizens." (Caldwell 2009: 11) Svetlana Boym schreibt über die Küche als Ort, "where people 'really talked,' flirted, and occasionally ate" (Svetlana Boym *Common Places: Mythologies of Everyday Life in Russia*, 1994: 149, zit. n. Cadwell 2009: 111). Küchen waren wahrscheinlich der einzige Ort, an dem durch Gespräche und Geräusche (ob der verbotenen Lieder von Wyssozkij oder „die von Knistern und Rauschen gestörte *Stimme Amerikas*" [Alexijewitsch 2013: 70]) sich der innere Protest der Menschen offen entladen und dadurch verarbeitet werden konnte.

Die Kommunalwohnung als Antiwohnort

> Später freute sich meine Mutter aufrichtig, [...] dass Großmutter allein im Zimmer war. „In der Sowjetunion mussten wir immer mit fremden Menschen in einer Kommunalka leben."
> Lena Gorelik *Die Listensammlerin*

> Sollte es eine Unendlichkeitsvorstellung von Raum geben, dann ist es nicht die seiner Expansion, sondern seiner Reduktion.
> Joseph Brodsky *In eineinhalb Zimmern*

„Minimum einer Unterkunft in der UdSSR sind neun Quadratmeter pro Person." (Brodsky 1993: 56) Der sowjetischen Wohnform – Gemeinschafts- oder Kommunalwohnung (umgs. *kommunálka*) – gebührt eine gesonderte Betrachtung, weil sie mehr als die dem westlichen Leser wohlbekannte Wohngemeinschaft (WG) war und möglicherweise immer noch ist. Auch wenn die Kommunalwohnung glücklicherweise nicht das persönliche Los jeder sowjetischen Familie war, so blieben ihre Existenz und ihre typischen Merkmale wohl jedem von Kindheit an, mindestens vom Hörensagen, vertraut und ein imaginärer Horror.

Die Kommunalwohnung war (und bleibt) ein eklektisches Wohnkonstrukt, bestehend aus privaten und öffentlichen Sphären, wobei man sich die Mitbewohner/innen nicht aussuchen durfte.[79] Die sowjetische Staatsmaschinerie platzierte die Menschen ohne jegliches System. Oder vielleicht war genau dies eines der gewaltigsten Machtsymbole des sowjetischen Regierungsapparates:

> Die Kämpfe um den Raum können aber auch eher kollektive Formen annehmen, sei es in Gestalt der auf gesamtgesellschaftlicher Ebene konzipierten Wohnungspolitiken, sei es in Form des auf lokaler Ebene betriebenen sozialen Wohnungsbaus und dessen Zuteilung, manifestieren sich aber auch bei Fragen öffentlicher Infrastruktur-Entwicklung. Die wichtigsten dieser Kämpfe drehen sich um die staatliche Politik selbst. Der Staat verfügt dank seines maßgeblichen Einflusses auf den Immobilienmarkt, aber auch auf Arbeitsmarkt und Schule, über eine immense Macht über den Raum. (Bourdieu 1997: 166)

79 „Sie – oder vielmehr ‚wir' – lebten alle in Kommunalwohnungen, zu viert oder mehr in einem Zimmer, oft drei Generationen zusammen, schliefen umschichtig, soffen wie die Löcher, gifteten einander an oder die Nachbarn in der Kommunalküche oder in der Morgenschlange vor dem Kommunalklo, verprügelten ihre Frauen mit todgeweihter Entschlossenheit, weinten in aller Offenheit bei Stalins Tod und im Kino, fluchten dermaßen häufig, daß ein normales Wort wie ‚Flugzeug' einem Vorübergehenden als etwas ausgesucht Obszönes vorkommen mußte, und wurden ein indifferenter grauer Ozean von Köpfen oder ein Wald erhobener Arme bei öffentlichen Versammlungen wegen dieses oder jenes Ägypters." (Brodsky 1993: 21)

Die ersten Kommunalwohnungen entstanden infolge der Oktoberrevolution 1917, die gewalttätige Nivellierungs- und Enteignungswellen auslöste: „Das Haus war schon vor Monaten geplündert worden, doch Thekla war es gelungen, die Bolschewiken zu bestechen, damit sie bleiben durfte; das musste sehr viel Geld oder andere Güter gekostet haben, denn man befand sich mitten im brutalsten Enteignungs- und Wohnraumkrieg.“ (Haratischwili 2014: 90 f.) Den kommunistisch-sozialistischen Ideen zufolge durfte keine Ungleichheit der Klassen herrschen, und jede/r hatte das Recht auf einen Wohnraum, den er/sie sich wie auch immer nur möglich erkämpfte. „Als sie am nächsten Tag mit ihrem Koffer die Treppe herunterkam, waren bereits Leute eingedrungen und rannten wie wild durch die Zimmer, stopften sich in die Taschen, was noch mitzunehmen war und stritten sich um die Zimmer.“ (Haratischwili 2014: 104)

Eine ausführliche Auseinandersetzung mit den typischen architektonischen Bauten, *stálinki* und/oder *chruschtschówki*[80] genannt, die eindeutig als Zeichen der früheren Machtsymbolik bzw. der „realen Wirkungen symbolischer Macht“ (Bourdieu 1997: 163) dienen, würde den Rahmen dieses Kapitels sprengen. Es empfiehlt sich ausdrücklich, darüber in Natalia Lebinas *Enzyklopädie der Banalitäten* (Enziklopedia banal'nostej) nachzulesen.

Die von Mischka – Hauptfigur des Romans *Spaltkopf* von Rabinowich – erinnerte Kommunalwohnung ihrer Kindheit in Sankt Petersburg sieht Jahrzehnte später nicht weniger bestialisch aus als zu Beginn des 20. Jahrhunderts:

> Unsere Wohnung, bestückt mit einem Spionoberst in Reserve mit Pensionsschock, ist zudem ein fruchtbarer Boden für absurdeste Meldungen an die Ämter. Von lähmender Sinnlosigkeit gequält, hockt dieser Held der Arbeit stundenlang vor dem einzigen WG-Telefon und stenografiert alle Gespräche, die ungerührt vor seiner Nase geführt werden, in ein eigens dafür angelegtes Dossier. Er sitzt dort im Halbdunkel und schwitzt moralische Verpflichtung dem Vaterland gegenüber aus jeder glänzenden Pore.
>
> Unsere Wohngemeinschaft beherbergt nicht nur Wahnsinnige, Alkoholiker und brave Leute, aus deren Mitte meine Freundin Lenka und ich stammen, sondern auch eine alternde Geheimprostituierte, Tante Musja, die offiziell die Koordination der Universitätsaktmodelle innehat. Ihr gehört das Zimmerchen neben den zwei Räumen, in denen unsere Familie untergebracht ist. Kinderlos und einsam, stillt sie ihre Bedürftigkeit, indem sie uns Kinder immer wieder einlädt und Naschereien an uns verteilt, gewohnt, ihren Besuchern das Leben zu versüßen. Immer betreten wir ihr Reich mit einer leisen Vorahnung von Hänsel und Gretel. Wir spüren, dass sie eine Ausnahmestellung in der sozialen Rangordnung einnimmt. Gerade noch geduldet, obwohl sie doch sehr

80 „*Chruschtschowkas* – in der Chruschtschow-Zeit errichtete billige Neubauten mit meist sehr kleinen Wohnungen, eine Maßnahme, um das Wohnungsproblem der Nachkriegszeit schneller zu lösen.“ (Alexijewitsch 2013: 72)

freundlich agiert. Das kann man von vielen anderen Mitbewohnern nicht behaupten. (Rabinowich 2011: 27 f.)

Lebte man in so einer Gemeinschaft, lauerten die Gefahren nicht nur auf Hänsel und Gretel. Steten Angst- und Ekelgefühlen waren die Erwachsenen ausgesetzt, all jener Freiheiten beraubt, die kontrastiv etwa im Grundgesetz der Bundesrepublik Deutschland verbürgt sind. Die gewaltige Einschränkung der Privatsphäre musste die eigene Identität in eine Dissonanz führen und drohte, sie mit dem barbarisch-vielfältigen Kollektiven zu verschmelzen, denn „nichts ist unerträglicher als die als Promiskuität empfundene physische Nähe sozial fernstehender Personen". (Bourdieu 1997: 165) Dies wiederum war durchaus im Sinn der herrschenden Ideologie. Die Wohnbedingungen in einer Kommunalka schufen im Gegensatz zu Einzelwohnung ein verkehrtes Nähe-Distanz-Verhältnis: Während man mit der Nachbarschaft physisch (und möglicherweise gedanklich) eng verbunden war, musste man sich vom eigenen Ich (un-)bewusst distanzieren.[81]

Die Großmutter rettet ihre einzige Enkelin Mascha aus der kleinen Wohnung ihrer Eltern in Moskau und bringt sie in ihr Eigentumshaus: „Ich denke an die kleine [...] Zweizimmerwohnung in einem grauen Klotz. In einer Seitenstraße gab es ein Kino. [...] Abends vor dem Essen kam meine Großmutter, um mich abzuholen." (Poladjan 2011: 18 f.) Auch im zeitgenössischen Sankt Petersburg hält man sich an die bescheidene Quadratur eines einzigen Einzelzimmers in der Kommunalka und hütet sie wie ein Augapfel: „‚Komm, Mischka', besteht Ljuba. ‚Komm. Sie hat Angst um ihr Zimmer. Was glaubst du, wie das ist, wenn man mit fünfundzwanzig mit den Eltern in einem Zimmer wohnt? Nimm es ihr nicht übel.'" (Rabinowich 2011: 202)

Der Mangel an privatem Raum[82] führte bei den meisten Sowjetmenschen zu architektonischen Experimenten und Umbaukreationen der Einzelnen und zu funktionalen Verschiebungen und Verschmelzungen der wenigen vorhandenen Räume. So wird in privaten Kontexten die Küche zum gesellschaftlichen Ort geselliger Gespräche und Zusammenkünfte der Familien und Freunde, während die

81 Fotografische Einblicke in die modernen Kommunalkas in Sankt Petersburg kann man im Magazin der Bundeszentrale für politische Bildung *fluter* (Laarz 2015, Nr. 54, S. 36–40) gewinnen.

82 „Wenn ich meine eingebildeten und tatsächlichen Lebensängste beiseitelasse, muss ich zugeben, dass mein Leben derzeit nur einen großen Defekt hat – das Fehlen einer Wohnung." Michail Bulgakow am 30. (17. nach dem alten Stil) September 1923. (Bulgakow 2013: 38)

öffentliche Banja[83] (Sauna) diese Funktion meistens für die Männer erfüllt. „Der Mangel an Kapital verstärkt die Erfahrung der Begrenztheit: er kettet an einen Ort." (Bourdieu 1997: 164)

Diesem Axiom folgend bleibt die Esskultur der Bevölkerung wegen des Fehlens vielfältiger Lebensmittel, ausreichenden Raums und genügender Muße sehr rudimentär. Hingegen befindet sich die Trinkkultur in einem evolutionstüchtigen, durch Sagen und Sorgen gepflegten Zustand:

> Meine Tante Ljuba erzählt den Kindern, im Keller des Hauses stehe eine große Flasche mit einem Höllenhund darin. [...] In ihrem Keller lagern aber nur mehrere Paletten Selbstgebrannter, unter alten Zeitungen versteckt. Dieser Höllenhund – allzeit bereit, aus den Flaschen zu fahren – ist in nahezu jeder Kommunalwohnung zu finden. Man hegt und pflegt ihn. (Rabinowich 2011: 26)

Private Wohnräume wurden oft unter großem Risiko als geheime geistige Austauschplattformen benutzt, um beispielsweise über neue Bücher und Kunstwerke, die innen- und außenpolitische Lage im Land oder gar über Ausreisepläne zu sprechen: „Tanja hatte von einem Leonid gesprochen, der eine Zweizimmerwohnung hatte (was ein wenig verdächtig war: Wie war jemand, der bereit war, eine provokante und gefährliche Wohnungsausstellung zu zeigen, an eine Zweizimmerwohnung gekommen?)". (Gorelik 2013: 280) Flogen solche Zusammenkünfte auf – ob durch Denunzierung oder zufällig –, wurden die Beteiligten zu Dissidenten erklärt und des Landes verwiesen: „Frank hatte gesagt, mein Vater und Onkel Grischa seien Dissidenten gewesen, ich dachte sofort an China und Ai Weiwei" (293). Onkel Grischa, der Querdenker, hinterfragte bereits als Kind das staatliche Wohnmonopol:

> Wobei er sich nicht sicher war, ob die Menschen drüben [im Westen, hinter dem Eisernen Vorhang, N.L.] auch in Kommunalkas lebten. Vielleicht hatten sie alle Einzelwohnungen? Aber wie schafften sie das? Waren die Häuser höher? Grischa hatte seinen Vater gefragt, warum man die Häuser hierzulande nicht einfach höher baute, dann gäbe es mehr Platz für alle. (Gorelik 2013: 42)

Von seinem Vater, dem Erfahrenen oder Resignierten, der auf einer Baustelle arbeitete, kann er keine Antwort erhalten, sucht weiter nach der Wahrheit und wird dafür von der staatlichen Gewalt bestraft.

Damit dieser Abschnitt samt dem ein wenig surrealistischen Bild einer typischen sowjetischen Gemeinschaftswohnung gänzlich in düsteren Tönen bleibt,

83 „In einer russischen Banja herrschen durchschnittlich 120 Grad. Damit der Kopf geschützt bleibt, setzen sich die Besucher Filzhüte auf den Kopf. Mit einem Besen aus Eichenblättern wird der Kreislauf angeregt." (Taubert 2015: 64)

lässt er sich mit einer Szene aus dem Roman *Spaltkopf* von Rabinowich (2011: 31) abschließen: „Wieder am Gang, bin ich kurz ratlos: wohin nun? Ich kann mich nicht im Klo einsperren, da wir nur zwei davon für dreißig Leute haben, sie werden mich kollektiv erschlagen, wenn ich eins davon zu lange besetze." Diese parabolische Szene, die Mischka in ihrem Kommunalka-Universum schon als Kind bewusst und rational durchlebt – in die Enge getrieben, allein gegen das gesamte Kollektiv –, lässt sich metaphorisch auf die damalige Lage vieler Erwachsenen übertragen, die sich die ewigen existentiellen Fragen stellten: *Quo vadis*, Sowjetmensch? Oder: eher *schto délat'?* (Was tun?)

Die Datscha als Ort der Freiheit

> Eine Datsche ist ein Sommerhaus, aber das klingt vornehm. Vornehm ist das nicht. Jeden Sommer begeben sich unzählige Russen in ihre kleinen und großen Datschen. Ob Herrenhäuser à la Tschechow oder windschiefe Hütten – hier verläuft sich das Make-up, Hände werden schmutzig und Städter ergehen sich in leichter Landarbeit.
> *Russia!* Frühling 2008

> Moskau hat sich sehr zu seinen Ungunsten verändert, es ist gesichtslos geworden. [...] Deshalb bin ich vor zehn Jahren in eine Datschensiedlung außerhalb der Stadt gezogen. Künftig werde ich zwischen diesem Wohnort und Berlin pendeln, der demokratischsten Stadt Europas.
> Wladimir Sorokin *Nach Berlin*

Die russische Datsch*a* – oder ihr ostdeutsches Pendant Datsch*e* – findet ihren Ursprung bereits im 18. Jahrhundert, bedeutet das *Gegebene, Geschenkte*, gehört somit zum unentbehrlichen russländischen Kulturgut und fungiert als symbolischer Ort. Der Schriftsteller Oleg Jurjew unternimmt in seinem empfehlenswerten Essay *Kleines Haus, große Freiheit, wahres Paradies* eine gefühlvolle Zeitreise zu den Wurzeln der Datscha sowie ihrer weiteren Transformation in den russländischen politisch-historischen Umwälzungen.

Als Ideenvater und Bauherr der ersten Datschen kann mit Recht der große Reformator Peter I. gelten. Nachdem er „seine neue Hauptstadt in der Newa-Mündung gegründet hatte, legte er auch ein Paar Sommerresidenzen für sich an, in erster Linie das [sic!] (mit seinen Parken, und Fontänen, und Palästen) weltberühmte Petershof." (Jurjew 2011: 31) So war eine Datscha des 18. Jahrhunderts „der Sommerpalast eines Würdenträgers" (32). Ein Jahrhundert später wurden die Datschen vermietet. „Besonders gegen Ende des Jahrhunderts, mit dem Zuwachs der gebildeten und gut verdienenden Beamten- und Freiberuflerschicht, wurde die Datscha zum Muß für jede ‚Intelligenzler'-Familie in Moskau und Petersburg." (Jurjew 2011: 32) Stalin erhob die Personal- oder Staatsdatschen zu einem Status- und Machtsymbol, dessen nur die Regimetreuen würdig waren und mit dem sie belohnt wurden.

> Die eigentliche Geschichte der russischen Datscha, wie wir sie kennen, beginnt mit dem chruschtschowschen ‚Tauwetter' der 60er Jahre. Die sowjetische Gesellschaft wurde gewißermaßen modernisiert und teilweise demokratisiert. Datschen wurden auch für ‚Normalmenschen' erhältlich. Und der Normalmensch setzte alle Hebel in Bewegung und kratzte alle Mittel zusammen, um an eine Datscha zu gelangen. So entstanden allmählich diese dichten Datschengürtel um die russischen Großstädte. (Jurjew 2011: 32 f.)

Die ‚obsessive Besessenheit' der Sowjetmenschen von ihren Datschen kann dem sowjetischer Kultur fernen Leser an mehreren Aspekten verständlich gemacht werden. Sie beginnt schon von früh mit dem Gesundheitskult, der Tradition kollektiver und individueller Ausflüge, Wanderungen, Entdeckungen der Pfadfinder und Aktivitäten an der frischen Luft in den Pionierlagern. Für erwachsene Sowjetmenschen, die gesellschaftlichen Normen und Vorschriften sowie den Einengungen der Gemeinschafts- oder minimalistischen Wohnräume entkommen wollten, war das eine offiziell erlaubte Möglichkeit, die Flucht ins Freie (wenn schon nicht ins Ausland) zu ergreifen.

Ihre Kinder konnten auf der Datscha der Fantasie ungezügelt freien Lauf lassen, für einige Augenblicke zum archetypischen Ur-Zustand zurückkehren, um einerseits die ursprünglichen Bande mit der Natur unbewusst zu festigen und gleichzeitig, etwa im Rollenspiel, das angehäufte Sammelsurium an kollektivem Kulturgut und Wissen zu verarbeiten:

> Es raunt der dunkle russische Wald, unweit unserer Sommerresidenz, der Bauhütte neben einer Datscha, die sich fest in der Hand eines Parteiapparatschiks befindet. Wir bewohnen einen kleinen hölzernen Verhau, der mehr einer Scheune gleicht. Ada und Laura haben ihn so gemütlich wie möglich eingerichtet, weiße Häkelgardinen an den Fenstern, bunte Tagesdecken auf den Klappbetten. Wenn man durch den Garten hin zum schön geschnitzten Zaun schlendert, zwischen blühenden Blumenbeeten hindurch, kommt man an dem prächtigen Gebäude vorbei. Am Vormittag habe ich mich mit dem Nachbarjungen im Dreck gewälzt. Wir haben Revolutionäre gespielt. Wir stellen uns darunter etwas wie einen glorreichen Straßenjungen vor. (Rabinowich 2011: 88)

Zurecht weist Oleg Jurjew auf die lebenswichtige Funktion der Datscha als Raum der Initiation und „Entwicklung der sowjetischen Sexualität" (Jurjew 2011: 33) für die heranreifende Jugend hin:

> Selbstverständlich muß man auch bedenken, daß in der Sowjetunion Wohnungsnot herrschte, viele Familien auf sehr engem Raum lebten, häufig 3, 4, 5 Menschen

in einem Zimmer. Später in sehr kleinen Zwei-Drei-Zimmer-Wohnungen, die zur Chruschtschow-Zeit gebaut wurden. So was wie eine ‚sturmfreie Bude' existierte praktisch nicht. Jemand war immer zu Hause. Und in den Urlaub fuhren alle gemeinsam. Doch wenn man eine Datscha hatte, konnte man statt dem Weg zur Schule oder Hochschule einen Vorortzug nehmen. Die Eltern waren sowieso nur am Wochenende da.

Eine Datscha bedeutete für die Großstädter zu Zeiten der Mangelwirtschaft so viel wie eine Kuh im Nachkriegsdorf – zusätzliche Nahrungsmittel plus „eine gewisse Unabhängigkeit vom staatlichen Verteilungssystem [...]. [...] Eigene Gurken- und Tomaten-Beete sowie ein paar Birn- oder Apfelbäume hatten dich von vier Schlangen befreit – und das war eine wesentliche Befreiung!" (Jurjew 2011: 34) Abgesehen vom praktischen Nutzen hat die Datscha einen beinahe sakralen Wert als Ort der Musen und Dichter, die heutzutage nicht nur über das Internet, sondern auch durch das ‚Medium' der selbst gekochten Konfitüre (*warénje*) kommunizieren, für die die Beeren oder Früchte eigenhändig gepflückt werden.

Mit der Verbreitung des mobilen Internets ist es leichter geworden, einen Freund oder eine Freundin am Wochenende zu erreichen und von ihm/ihr eine Mitteilung wie diese zu bekommen (*authentisch!*):
Lieber Oleg! Im Moment sitze ich auf der Datscha. Hier ist ein wahres Paradies. Auf dem Herd steht Erdbeeren-Warenje. Von Zeit zu Zeit renne ich zu meinem Computer, schreibe an meiner Doktorarbeit über Kosmopolitismus und Nationalismus, dann renne ich zurück zum Herd, um das Warenje umzurühren. Sehen Sie, was ich für eine harmonisch entwickelte Persönlichkeit geworden bin! Wie Leo Tolstoi! (Jurjew 2011: 35; kursiv im Original.)

In der Beschreibung der Datscha-Attribute aus der sowjetischen Kindheit von Mischka in Rabinowichs *Spaltkopf* kann man ein Echo der autobiografischen Notizen von Oleg Jurjew sowie der Einträge zur Datscha im Internet hören.

Das Sommer- und Wochenendhaus der Russen [...]. Ein Haus mit (Gemüse-)Garten. So teilen Wörterbücher und Enzyklopedien mit. *Ein Haus mit einer Veranda, wo der Samowar ewig kocht und die Babuschka* [mit Betonung auf der ersten Silbe, = Großmutter, N.L.] *das Warenje* (selbstgekochte Marmelade aus selbstgepflückten Beeren) *austeilt*, sagt ein Rußlandkundiger. *Und ein Dichter sitzt und dichtet*, füge ich hinzu. ... Der silbrige Schimmer des Flusses, der lilafarbene Schatten der leise atmenden Bäume, die Sonne, die langsam in der Ostsee verschwimmt ... Die Freiheit nichts zu tun und nirgendwohin zu gehen ... (Jurjew 2011: 30; kursiv im Original.)

Auch in Mischkas Erinnerungen an die Datscha gibt es eine Holzveranda, einen täglich Tee mit „selbstgekochter Himbeermarmelade" schlürfenden Eigentümer, der abends dann Bier trinkt und mit ihrem Vater Schachpartien übt, wonach sie der Muße genießend und schweigend philosophieren oder (jeder für sich) dichten: „Dann sitzen sie friedlich nebeneinander, sehen in den dunkelvioletten Himmel und blasen Rauchkringel in die Luft." (Rabinowich 2011: 89)

Die reife Ich-Erzählerin Mischka lebt in Wien, erinnert sich aber an ihre intensiven Kindheitsmomente in der Sowjetunion, ihrem heimlichen Kosmos, und versucht, sie in einer an die österreichische Umgebung angepassten Form aufzubewahren. So wie beispielsweise ihre jährlichen „in Sowjetjahren liebgewordenen Datscha-Aufenthalt[e] im Sommer", die sie in das Setting von Kärnten verlagert und „neu interpretiert" (ebd., S. 122):

> Zwar fehlt unser Häuschen auf Hühnerbeinen, eine Baracke, in der der wahre Datscha-Herr die Bauzeit seines prächtigen Holzbaus abgewartet hatte, und die er uns dann jeden Sommer überließ. Auf der windschiefen Veranda des Sommerhäuschens breitete mein Vater oft im Jagdfieber die immense Pilzsammlung, die er soeben im abgewetzten Armeerucksack aus dem Wald getragen hatte, vor uns aus. Herrenpilze, Rotkappen, Braunkappen XS bis XXL. Er sortierte sie in mathematischen Spiralen der Größe nach auf den aufgeheizten Holzbrettern. Dichter, satter Pilzgeruch stieg in meine Nase, während ich liebevoll die samtige Oberfläche der Pilzköpfe streichelte. Dafür haben wir hier eine österreichische Baba Yaga aufgetan. / Unfern des Wörthersees haben wir uns ein Refugium gesucht und gefunden. (Rabinowich 2011: 123)

Wie durch ein Fernrohr betrachten wir Rabinowichs erinnerte und erschaffene, in eine *mise en abyme* platzierte Darstellung der Datschen: einer sowjetischen mit ihrem Vater, mit Wald und passendem Märchenhäuschen, und einer zeitgenössischen in Österreich, mit einem soliden Ferienhaus und einer weiblichen Gestalt, die der markanten russischen Märchenfigur Baba Yaga ähnelt. So wie die von Mischkas Vater gesammelten und gruppierten Pilze mathematische Spiralen bildeten, so formt Mischka eine Möbiusspirale aus zwei Erzählsträngen, die ihren Anfang archetypisch in dem russischen und ihre Fortsetzung im modernen österreichischen Wald finden. Das Gesuchte und Gefundene, Erlebte und Erfundene, Erinnerte und Erdichtete, Ersehnte und Verlorene gehen in endlosen Schleifen ineinander über.

Die russische Datscha hat im 21. Jahrhundert durch wirtschaftliche und geopolitische Veränderungen mehrere ihrer Funktionen (beispielsweise die ernährende) verloren und andere dagegen gewonnen[84]. In den Vordergrund rücken der Wunsch und die Notwendigkeit, sie als eine natürliche Oase der Erholung von der Hektik moderner Großstädte, eine Art Finca anzusehen und entsprechend umzugestalten.

---

84 Belanglose Gespräche über ‚neutrale' und für das alltägliche Leben typische Themen wie Datscha markieren den Grad des (Nicht-)Vertrauens oder der (distanzierten) Nähe der Sprechenden: „Jetzt reden wir nur noch über die Kinder, über die Enkel. Was bei uns auf der Datscha wächst." (Alexijewitsch 2013: 90)

Das anachronistische, leicht fanatische Bestreben der meisten sowjetischen Eltern, die Datscha wöchentlich ruhelos zu beackern, das von symbolischen Routinen begleitet war, wird ab und an in den zeitgenössischen russischen Medien humoristisch verarbeitet. Von der Komödie bis zum Horror, in Werbung oder privaten Youtube-Videos werden (vor allem von den nach dem Zerfall der Sowjetunion Geborenen) die saisonalen Rituale der Datscha-Ausflüge verspottet, wobei die ganze Familie meistens als eine Arbeiterbrigade aus Sowjetzeiten – im passendenden Outfit und mit dem typischen Begeisterungsblick und Enthusiasmus – karikiert wird.

Daraus lässt sich schlussfolgern, dass die russischen Datschabewohner/innen, die ‚Datschler' (*dátschniki*) mehr als nur Sommer*gäste* sind, wie Maxim Gorkis Werk ins Deutsche elegant übersetzt wurde. Die Datschler dienen als Barometer der Zeit und Katalysator der materiellen und geistigen Lage im Land. Ein wenig wie die Hipster von heute – ihrem äußeren (textilen) Erscheinen sowie ihrem *modus vivendi* nach.

2.3 Gestörtes Essverhalten als Folge historisch-politischer Umwälzungen sowie migratorischer Erfahrungen

> „Bobby Burns, Salty Dog, Pussy Foot, Polar Bear, White Russian, Green Russian, Red Russian, Black Russian", flüstert der Barmann mit immer tiefer werdender Stimme.
> „Da sind wir wieder beim Thema Neger!", kichert Lewadski. / „Darauf sollten wir trinken", nuschelt Herr Witzturn.
> Marjana Gaponenko *Wer ist Martha?*

> Es machte den Eindruck, dies sei kein Weizen, sondern eine Probe ausgesuchter Mandeln, wie ich solche zuweilen in der Kindheit zu Hause erblickt hatte, wenn Mütterchen zu Ostern die Osterkuchen mit Mandeln verzierte.
> Nikolai Lesskow *Das erlesene Korn. Eine kurze Trilogie im Halbschlummer*

Seit der Antike beschäftigen sich die Menschen mit gastronomischen Diskursen, die kreuz und quer durch alle Disziplinen und Lebensbereiche verlaufen, denn: "eating is always much more than just eating." (Giard 1998: 198) Der französische Gastrosoph Jean Anthelme Brillat-Savarin versprach zu erraten, wer man sei, wenn man ihm anvertraute, was man zu essen pflege. Die moderne Werbebranche formuliert ihre Weisheit in dem knappen Slogan *du bist was du isst*. Und ähnlich jener Liebe, die bekanntlich durch den Magen geht („und verabschiedet sich durch den After" [Rabinowich 2011: 189]), grasen die Erinnerungen der russländischen Autorinnen und ihrer Protagonistinnen auf den (meist sowjetischen) kulinarischen Weiden und machen manche Leserin trunken. Doch „Äpfel und Birnen lassen sich nicht vergleichen.“ (Gaponenko 2012: 125)

Der degustatorische und kommunikative Genuss wird schon im Babyalter geweckt und im Laufe des Lebens durch die mentalen Figuren eines Volkes, in das man hineingeboren wird, sprachlich ergänzt. Am prägnantesten zeigt sich die Denkart in figurativen Sprachbildern. Zum Beispiel: „Zwei Stunden später steigt ein tief gebräunter Bursche in mein Abteil. Er hat ein quadratisches Kreuz und ein rundes Gesicht. Alles an ihm strotzt vor Kraft, Lebensfreude und Gesundheit. ‚Blut mit Milch‘, sagt man in Russland dazu.“ (Kolosowa 2012: 85) Die Sprachvignetten bilden Codes, die nur Zugehörigen einer Kultur oder den mit ihr Vertrauten verständlich sind.

> Meiner Schwester Irma sah man nicht an, daß sie Schmidt hieß. Von ihren Freundinnen ließ sie sich Irina rufen. […] bis sie dreizehn wurde, war sie ein kantiges Etwas. Später wurde sie zu einem Mädchen, das man eine Mischung aus Blut und Milch nennt. Zum ersten Mal hörte ich das von Onkel Michail, der bei Vater Hosen nähen ließ. „Deine Tochter“, hatte Onkel Michail mit polternder Stimme gesagt, „die hat die richtige Mischung! Das ist ein Mädel aus Blut und Milch!“ (Hummel 2005, 2006: 33)

Irma sieht ‚russisch‘ aus, im Gegensatz zu ihrer kleinen Schwester Alina – der jungen Protagonistin des Romans *Die Fische von Berlin* von Hummel –, die sich durch ihre deutsche Abstammung und ihr Anderssein in der kasachischen Umgebung wie Alice in ihrem Wunderland vorkommt. Während Alina ihre Entfremdung „auf den Magen schlägt“ und sie klein und unterernährt ist (der Großvater muss sie ermahnen: „‚Nun iß doch. Willst doch nicht ewig so dünn bleiben.‘“ [Hummel 2005, 2006: 191]), ist die ‚einheimische‘ Irma/Irina eine vor Gesundheit strotzende Schönheit und zeigt Unbekümmertheit, sowie guten Appetit: „Sie stand im Türrahmen, hielt einen Teller in der Hand und biß in einen gefüllten Pfannkuchen.“ (Hummel 2005, 2006: 32) Im Türrahmen eingerahmt wahrt Irma ihre sichere Statik – sie ‚steht‘, ‚hält‘, ‚beißt‘ – und hat symbolisch gesehen die freie Wahl der Orientierung; in jedem kulturellen Raum – ob kasachisch-sowjetisch oder sowjetisch-deutsch – fühlt sie sich wohl und vertraut.

Alina dagegen ‚fällt aus dem Rahmen‘: eine heranwachsende, suchende Protagonistin, die durch die Erinnerungsgeschichten ihres deutschen Großvaters und somit die Familiengeschichte ebenso irrt wie durch die Sprachen: „Das Deutsch, das ich in der Dorfschule gelernt hatte, erinnerte mich an Konserven, die zu lange im Keller gestanden und einen seltsamen Geschmack angenommen hatten.“ (Hummel 2005, 2006: 158) Die deutsche Sprache schmeckt dem Mädchen ‚seltsam‘, während sie auch im Russischen eine Unstimmigkeit feststellt: „Ich nahm ein Glas Milch, stach mir mit einer Nadel in den Finger und ließ zwei Tropfen

Blut in das Glas fallen. Die Milch blieb weiß. Der Finger tropfte, bis Mutter mir ein Pflaster gab und die Milch wegschüttete." (Hummel 2005, 2006: 33)

Kein Wunder geschieht wie im Märchen, und Alina, die wie Kinder, die „die Worte noch als Dinge zu behandeln gewohnt" ist und „hinter gleichem oder ähnlichem Wortlaut gleichen Sinn" (Freud 2009: 133) sucht, fällt weder in den Zauberschlaf, noch begreift sie die Bedeutung der russischen Redewendung. Bemerkenswert ist dabei die feine Differenziertheit der Übersetzung des Vergleichs *Blut mit Milch* (*krov' s molokóm*) von Kolosowa und Hummel. Während die erste Autorin die Übersetzung ins Deutsche sachlicher macht (‚Blut *mit* Milch sein'), lässt sich die zweite poetisch bedingt erklären (‚*aus* Blut *und* Milch sein'). Im Deutschen heißt es aber eher „Milch und Blut".

Nach Lévi-Strauss formt die Küche ("cuisine") eine Sprache, in der jede Gesellschaft Botschaften verschlüsselt, die es ihr erlauben, zumindest einen Teil von sich selbst zu offenbaren: „„a language through which that society unconsciously reveals its structure."" (Giard 1998: 180) Diese Hypothese lässt sich exemplarisch an zwei Beispielen belegen – einem faktischen und einem fiktiven.

In ihrem Zeitungsessay *Die Lage ist hoffnungslos, aber nicht ernst. Aus dem russischen Sumpf ins deutsche Biedermeier-Volksheim: Ein Grenzgang zwischen zwei Völkern und Mentalitäten* (2014) beobachtet die Russland-Expertin Kerstin Holm in der Bundesrepublik Deutschland die Expansion der „skandinavischen Utopie", in welcher die Kultur „solipsistisch" und die Gesellschaft übertrieben hedonistisch und somit dem *Titanic*-Untergang nahe sei:

> Die musikalische Erfahrung wird kulinarisch, verengt sich zum Ohrenschmaus. Zur Kulturberichterstattung gehört die Restaurantkritik, der größte Sachbuchmarktanteil gehört den Kochbüchern. Der Bestseller der Saison, „Darm mit Charme", setzt dem die deutsche Krone auf. Oft komme ich mir vor wie auf einem riesigen Kreuzfahrtschiff.

Die Entwicklungsrichtung der gegenwärtigen deutschen Gesellschaft lässt sich nach Holm durch die Hinwendung des kulturellen Trends zur Gastronomie charakterisieren.

Gorelik schildert in einer familiären Szene aus dem Roman *Listensammlerin* die differierende Wahrnehmung sowie den unterschiedlichen funktionalen Einsatz der Sprache:

> Russisch, holte Frank gerne aus, so eine schöne, bildreiche Sprache, es folgte meist ein langer, ebenfalls bildreicher Monolog über russische Metaphern, Stilmittel, Wortspiele und Symbolik. Meine Großmutter und meine Mutter benutzten diese bildreiche Sprache, ohne Bilder zu verwenden, um mich zum Schweigen zu bringen. (Gorelik 2013: 139)

Während Frank, der deutsche Stiefvater der Ich-Erzählerin Sofia, die Schönheit und Fülle der russischen Sprache bewundert und ihre Ästhetik und Breite schätzt, sie in seinen Reden auf der Metaebene um- und einsetzt, verwenden Sofias Mutter und Großmutter ihre Muttersprache als eine Waffe, die Sofia ohnmächtig macht: ein Beispiel dafür, dass das Wort beinahe im eigentlichen Sinn ‚töten' kann. „Ein anderer Ausdruck für: ‚Das Gespräch ist hiermit beendet.'" (Gorelik 2013: 146)

Wie bereits festgehalten beherrschen die Vertreterinnen der matriarchalen Linie, die am meisten in der Küche hantieren, somit auch die Sprache, die für sie ein Instrument der Manipulation wird. Die Nahrungs- und Esskultur zu Sowjetzeiten, ähnlich der aus anderen Epochen und Kulturen, ist als Ausgangspunkt der Untersuchung von politischen, wirtschaftlichen, sozialen und kulturellen Aspekten der menschlichen Existenz und Entwicklung durchaus geeignet. Was diese Zeit (und damit das zweifellos schwere und komplexe Los der sowjetischen Frauen) besonders kennzeichnet und prägt, ist das damals herrschende politische Regime sowie die Versorgungslage der Kriegs- und Nachkriegszeit.

Im Lichte dieser Situation werden im Weiteren die folgenden Aspekte analysiert: die Entwicklung von Überlebensstrategien in Zeiten der Lebensmittelknappheit, die Symptomatik und die Auswirkungen der Migration auf das Essverhalten, der Wodka als symbolreiches Universalmittel gegen alle Übel dieser Welt.

Gastronomische Knappheit oder ‚Der Mensch lebt nicht vom Brot allein'

> „Denk nicht an den Tod. Der Hunger ist stärker. Und der Durst auch."
> Eleonora Hummel *Die Fische von Berlin*

> „Esst und gedenkt unser", sagte Lewadski Mutter an jeder Hausschwelle. Esst und gedenkt unser, wollte Lewadski vor der letzten Tür sagen, aber es machte niemand auf. Lewadski sagte es trotzdem vor der geschlossenen Tür.
> „An Hunger gestorben", erklärte Lewadskis Mutter, die den süßlichen Verwesungsgeruch als den letzten Gruß des alten Juden zu deuten wusste, „das arme Großväterchen."
> Marjana Gaponenko *Wer ist Martha?*

Michel de Certeau (1988: XX) setzt alltägliche Aktivitäten eines jeden Menschen "without taking control over time" wie lesen, sprechen und kochen in eine Reihe mit dem "exorbitant focus of contemporary culture and its consumption" und unterteilt diese Tätigkeiten dialektisch nach dem Hauptmerkmalsprinzip des Herstellens und des Konsumierens, wie beispielsweise Schreiben vs. Lesen. Dieser Logik folgend lässt sich die Liste durch Sprechen vs. Zuhören oder Kochen vs. Essen usw. ergänzen. In Krisensituationen, etwa bei Ressourcenknappheit infolge eines Krieges oder der Inhaftierung, kann es zu Funktionsverschiebungen kommen.

> „Brot ersetzte im Lager die Bibel, war Glaube, Hoffnung und Liebe zugleich. Für Brot tat man alles. Und doch gab es Tage, da mochte ich mein Extrastück nicht anschauen. Das Brot nannten wir Ziegel, und das Wort paßte ziemlich genau. Meist war es ein undefinierbarer feuchter, schwerer Klumpen aus nicht durchgebackenem Teig. [...] Ein Mithäftling lachte herzhaft über meine Bemühungen.
> ‚Soll ich dir zeigen, wofür die Ziegel besser geeignet sind?‘ fragte er und riß ohne meine Antwort abzuwarten ein Stück von meinem Brot ab. Den feuchten Teig formte er in Sekundenschnelle zu einer Schachfigur, ich erkannte sie sogar, es war ein Pferd. Der Häftling schien sich keine Sorgen darüber zu machen, daß auf Gesellschafts- und Glücksspiele Karzer stand.“ (Hummel 2005, 2006: 191)

In der beschriebenen Szene, die sich in einem sowjetischen Arbeitslager abspielt, wird die logische Kette im Sinne von de Carteaus *production – consumption* zunächst zwecks Machtausübung, Erniedrigung der Person usw. durchbrochen, sodann aber durch den Inhaftierten umgeformt, umgebaut, erweitert. Brot wird hier nicht in seiner primären Nahrungsfunktion genutzt, sondern wird zu einem Symbol, ja zur Religion, es ersetzt alle moralischen und menschlichen Werte. Zugleich wird es als Waffe der Rebellion, des Aufstandes, des Protests gegen das System und seine Ungerechtigkeit eingesetzt, das Individuum gewinnt mit seiner Hilfe seine Identität und innere Freiheit, die Kraft zum Weiterleben zurück. Auch weil der Schachspieler weiß, dass ein einziger Zug das System komplett verändern und neue Chancen eröffnen oder beenden kann. (Hummel passt den antiken Spruch „Brot und Spiele“ der Lagersituation an: „Spiele aus und statt Brot“, die das eigene Leben „aufs Spiel setzen“.)

In puncto Brotherstellung und Backqualität ist nach allgemeiner Überzeugung Deutschland nach wie vor weltweit führend. Doch ist nicht jedem bekannt, dass dies auf eine langjährige Brot-Tradition zurückgeht, die ihren Anfang zum Teil in Russland nimmt.

> Die Häuser in diesem Teil Petersburgs waren sowieso immer regenfarben. Hier, auf der Wassiljewskij-Insel wohnten im 19. Jahrhundert so viele Petersburger Deutsche, dass Nikolaj Leskow seinen Roman über sie ‚Die Insulaner‘ nannte, und sofort war klar gewesen, wen er meinte. Sie gingen über die Insel, in diesem Regen, dem einst der warme Brotgeruch der deutschen Bäckereien beigemischt war und heute die Abgase der Autos. Die Bäckereien hier waren damals meistens deutsch (einer der Bäcker erfand ‚Russischbrot‘, das den Russen bis heute unbekannt geblieben ist). ‚Die Insulaner‘ sind eine Familie, die der Autor mit allen deutschen Tugenden, mit deutscher Gemütlichkeit, mit deutscher Tüchtigkeit, mit deutscher Empfindsamkeit versehen hatte, dem wohlwollenden Ton wurde nur ein bisschen Ironie beigemischt. (Martynova 2013: 302 f.)

Brot und Wein sind die ersten und wichtigsten, in Kunst und Schrift festgehaltenen gastronomischen Symbole, die die Küche und Herd zu einem einerseits traditionellen, heimischen und andererseits zu einem sakralen Ort machen. Im Roman *Die Fische von Berlin* wird der Wein zum Anfangspunkt des Dialogs zwischen der Enkelin und ihrem Großvater, zum Anlass der Weitergabe von Wissen, der Erfahrungen und Erinnerungen, der Geschichte und Traditionen. Gleichzeitig dient er der Verweigerungsstrategie einer Mahlzeit:

> „Ich habe heute den ersten Wein meines Lebens angesetzt. Aus Muskattrauben."
> „Habt ihr denn in eurem Dorf keinen Wein angebaut?" fragte ich [den Großvater, N.L.]. Wenn mein Vater auf die guten alten Zeiten zu sprechen kam, erzählte er oft Geschichten von seinem Vater, der Weinbauer am Schwarzen Meer gewesen war. Den Wein hatten sie in Fässern nach Odessa verkauft, davon hatte die ganze Familie gelebt. Mein Vater soll als kleiner Junge im Herbst wochenlang rote Füße vom Weintreten gehabt haben. […]
> Ich setzte mich zu seinen Füßen, so daß Großmutter mich vom Haus aus nicht sehen konnte. Sie würde mich sonst zum Essen rufen. (Hummel 2005, 2006: 118)

Während der Vater der Hauptprotagonistin durch die Weinproduktion zum Überleben der Familie beigetragen hat, setzt ihr Großvater seinen ersten Wein in reifen Jahren an und teilt dies der Enkelin Alina feierlich und stolz mit. Um nicht essen zu müssen, versteckt sich Alina geschickt und sättigt sich an den Geschichten des Großvaters. In *Die Fische von Berlin* ist das Essen mehr als Nahrungsaufnahme und der Fisch mehr als just Fisch: Er wird zum Titel und Leitmotiv des gesamten Werkes.

In Poladjans Buch *In einer Nacht, woanders* findet sich eine weiterführende symbolische Betonung des ‚Aufessens' als Vorbedingung für die Erfüllung kindlich-existenzieller Wünsche: „Lieber Gott, lass Oma gesund sein, lass meinen Hund Muchtar nicht so bald sterben, lass Papa Arbeit finden und Mama nicht so komisch sein. Ich will nie wieder in die Regentonne steigen und immer alles aufessen. Einatmen und ausatmen. Es ist warm unter der Decke." (Poladjan 2011: 44) Die junge Protagonistin Mascha verhandelt hier mit Gott – beiläufig erwähnt: Als die Religion und der Glaube offiziell und öffentlich verboten und verpönt waren – und verspricht, als Gegenleistung für alle Gottesgaben, die ihren Nächsten und Liebsten (inklusive Hund Muchtar) zugutekommen sollen, sich von ihren ‚schwersten Sünden' zu befreien und brav zu werden.

Die Kinder satt zu bekommen ist die erste elterliche Aufgabe und Pflicht in Notzeiten. Berücksichtigt man aber den historisch-kulturellen Kontext, so öffnet sich das Verständnis für die Wichtigkeit dieses Dranges und möglicherweise Zwanges der Eltern von Kindern der Sowjetunion, wie aber etwa auch im frühen Nachkriegsdeutschland. Es finden sich mindestens zwei Faktoren, die in der russischen Mentalität in Zusammenhang mit Essen und Lebensmitteln wirksam geworden und geblieben sind.

Erstens ist es die wiederkehrende Knappheit der primären Ressourcen im Laufe des gesamten 20. Jahrhunderts, beginnend mit der Hungersnot nach der Oktoberrevolution von 1917, die damals die meisten Menschen betroffen hatte:

> Im großen Haus an der Fontanka[85] herrschte die bedrohliche Ruhe der Isolation, ein eiskalter Frieden und eine konservierte Vergangenheit, aber draußen, auf den Straßen, an den prachtvollen Promenaden und Ufern, regierte die Gegenwart und sie war grausam, blutig, gefährlich und voller Hunger und Mangel. (Haratischwili 2014: 93)

Oder, um mit den Worten von Trotzkis Zeitgenosse Prof. Kusnezow dieses Bild zu pointieren: „‚Moskau verhungert buchstäblich' (an Trotzki, 1919)". (Alexijewitsch 2013: 64)

In den 1970er und 80er Jahren erfuhren die Menschen mehr und bessere Konsumangebote, deren Genuss jedoch mit hohem Zeit- und Nervenaufwand verbunden war. Da wurden beispielsweise Mittagspausen dafür genutzt, „um Einkäufe zu erledigen, die oft etwas länger dauerten, da man lange in den Schlangen anstehen musste. [...] Auch die unabdingbaren persönlichen Netzwerke, die einem Ersatzteile, Kleidung, Westzigaretten oder andere Konsumprodukte besorgten, pflegte man gerne zur Arbeitszeit." (Oberländer 2014: 32)

Zweitens aber verankerten sich diese Gegebenheiten im sowjetischen kollektiven Gedächtnis und Kulturgut in Form von sprachlichen Redewendungen, Witzen, oder auch typischen Rezepten zu besonderen Festlichkeiten. Die hier genannten Autorinnen setzen diesen Realien in ihren Werken eine subtile aber klare Hommage, weil sie nicht nur zur Änderung des täglichen Essens sowie der festlichen Menüs führten, sondern dadurch auch zu Veränderungen in der Lebenseinstellung und Charaktereigenschaften vor allem sowjetischer Frauen (in den Romanen: Großmütter, Mütter, Tanten) führten, die für das Überleben sorgen mussten und mit der Zeit besondere Fähigkeiten und Fertigkeiten entwickelten.

> Im März des Jahres 1919 begannen Arbeiter in fast allen namhaften Fabriken Petrograds zu streiken. Und Mascha kündigte endgültig. Zuvor hatte sie Stasia in alles eingewiesen, zweimal zum Brotkauf mitgenommen, ihr ein sibirisches Mädchen vorgestellt, das Leute vom Schwarzmarkt kannte und ihr im Notfall aushelfen würde; hatte ihr die Regeln des Drängelns, Schreiens und Sich-bemerkbar-Machens erläutert, die man in jener Zeit zum Überleben brauchte, und hatte sich dann, distanziert, kaum irgendeine emotionale Regung zeigend, von der heulenden Thekla verabschiedet und ging mit einem kleinen Sack auf dem Rücken durch die Tür, die Stasia mit vielen Riegeln hinter ihr verschloss. (Haratischwili 2014: 97)

---

85 Straße in Sankt Petersburg (Russland).

Ohne die Kenntnis und das Beherrschen von Verhaltensregeln der Mangelgesellschaft drohte einem entweder Hunger, Untergang oder auch der Wahnsinn.

> – Vielleicht sollten wir zusammen nach Georgien fahren, Thekla. Unruhen hin oder her, wir wären sicherer dort und an Essen würde es uns nicht mangeln, sagte Stasia eines Morgens beim faden Tee in der Küche zu Thekla. (Den guten, starken Tee konnte [Stasia] im Unterschied zu Mascha niemals beschaffen, sie wurde immer übers Ohr gehauen.) (Haratischwili 2014: 98)

Die Tatsache, dass die Mangel-Erfahrungen in das kollektive Gedächtnis eingegangen und nur in der Gemeinschaft zu bewältigen waren, führt zum Gefühl der Gemeinschaft, wird zum Merkmal der Zugehörigkeit, ja einer Art von gastronomischem Patriotismus, die Melissa Caldwell beispielsweise im modernen Moskau beobachtet:

> In particular, Muscovites' food practices reproduce a commitment to a more collective, singular sense of Russianness that that envisioned with capitalist individualism and autonomy, and particularly the variety of capitalism typically associated with American culture. Through their food choices, Muscovites emphasize their connection to a cohesive sense of Russianness by transforming Russia's political and economic concerns into personally and collectively meaningful experiences. (Caldwell 2002: 297 f.)

Diese nicht zuletzt durch ein chronisches Lebensmitteldefizit antrainierte Gewohnheit oder gar ‚Treue' zum heimischen Hersteller wird von Generation zu Generation weitergegeben und geht zumindest in die Art des Denkens, Wahrnehmens und Sprechens als Volksweisheit ein: „Jetzt sitze ich im Flugzeug, erinnere mich, dass meine Großmutter immer sagte, die russische Fluggesellschaft sei die beste. Aeroflot ist sicher, und es gibt gutes Essen, sagte sie." (Poladjan 2011: 8)

So gibt es kulturspezifische, historisch verursachte Riten und Überlebensstrategien, die eine ganze Generation lebenslang begleiten, weil sie in einer kritischen Situation angeeignet und eingeprägt wurden, sodass sie sich auf den Normalzustand im Frieden, auch ohne Knappheit der Ressourcen und letztlich ohne sachliche Notwendigkeit übertragen.

> Nie schmiss meine Mutter Lebensmittel weg, ich mutmaßte, sie wisse nichts von der Existenz des Ablaufsdatums, beim Bügeln nahm sie Wasser in den Mund und spuckte es auf das zu bügelnde Kleidungsstück, auch lange nachdem Frank ihr ein Dampfbügeleisen geschenkt hatte […]. […] Medikamente bewahrte sie in der Kühlschranktür auf, und alle Essiggurken- und Marmeladengläser hob sie auf, und da sie von Tupperware lange Zeit nicht viel hielt, transportierte sie auch Kartoffelsalat für Feste in den Gläsern, meist liefen sie aus, weil sie nicht mehr richtig schlossen. Die wenigen Worte, die sie auf Englisch wusste, hatte sie ebenfalls aus der Sowjetunion mitgebracht: ‚shoes', ‚apple' und ‚disc'. (Gorelik 2013: 220)

Das importierte sowjetische Erbe von Sophias Mutter überträgt sich auf den Lebensalltag in Deutschland. Sie sammelt, hortet, entwickelt beinahe krankhafte Obsessionen, die bei Sophia genetisch und auch kulturell bedingt zu sein scheinen. Sophia sammelt Listen, während es bei ihrer Mutter *panini*-Bilder und alte Einmachgläser sind. Die Großmutter dagegen musste tagaus tagein Kuchen backen.

Das in der Sowjetunion angesammelte englische Vokabular verrät seine Funktionalität. Während der übertrieben sparsame Umgang mit Lebensmitteln, Medikamenten und Wasser bei der Mutter auf die Defizitzeit der 1970er und 80er Jahre im Sowjetstaat zurückzuführen ist, lässt sich bei der Großelterngeneration aus der Stadt an der Newa der traumatische Umgang mit Essen auf die Hungersnot während der Leningrader Blockade im Zweiten Weltkrieg zurückführen. Es bestanden zwei Möglichkeiten, dem Leningrader Terror zwanghaft zu entkommen: Eine war die Verbannung („Als Deutsche wurden seine Großeltern am Anfang des Krieges nach Kasachstan verbannt, was sie als Russen vielleicht vor dem Hungertod im belagerten Leningrad rettete, aber viele Familiensachen gingen natürlich verloren." [Martynova 2013: 76]) – „Fjodors Großeltern wären höchstwahrscheinlich im von den Deutschen belagerten Leningrad verhungert, wären sie nicht in die kasachische Steppe geschickt worden" (ebd., S. 269). Die zweite Möglichkeit war die notgedrungene Anpassung an die Situation und die Entwicklung der simplen Überlebensstrategien:

> Später, zurück in Wien, wird [die Großmutter einer Freundin aus Wien, N.L.] Lebensmittel weit über das Ablaufdatum hinaus aufbewahren. Sie weiß um den Wert der Nahrung. Niemals würde sie Brot in den Müll werfen. Schließlich sah sie Menschen dafür sterben./Ihre Enkelin rümpft ihr hübsches Stupsnäschen über den ranzigen Sauerrahm und das harte Brot. (Rabinowich 2011: 86)

Bis in die 1980er Jahren gab es sehr viele Witze (vermutlich vor allem aus Leningrad) über die unterernährten, dystrophischen Menschen – etwa, dass man im Krankenzimmer mit den stark Untergewichtigen nicht lüften durfte, ohne sie vorher ans Bett gebunden zu haben. Als Kind lachte man darüber, aber eher unbewusst. Man verstand die Pointe nicht recht und ärgerte sich darüber umso mehr. Solche Witze waren logisch und trotzdem hermetisch-unlustig.)

In den Erinnerungen, den erzählten und verschwiegenen Geschichten aus dem Zweiten Weltkrieg spielen das Essen bzw. sein Fehlen und der Hunger eine zentrale Rolle:

> Seine Mutter hat nie vom Krieg erzählt. Nicht vom Hunger. Nicht von ihrem Vater und ihren drei Brüdern, die allesamt nicht von der Front zurückgekehrt waren. Nicht, wie sie selbst überlebt hatte. […] Als Jugendlicher hatte er manchmal ihre Kriegsgeschichten erzählt. (Gorelik 2013: 267)

In dieser Reihe wird das Fehlen des Friedens, des Essens, des familiären Glücks durch die Verschwiegenheit, den blinden Fleck, die Stille, das Verschwinden der Person und der Worte, kurz: eine Negation durch die Negation ersetzt.

> Mein Vater verschenkte nichts.[86] Er trank Mineralwasser, aber später am Abend ließ er sich zu einem Wodka überreden, und es blieb nicht bei dem einen. / Großvater hatte wenig gegessen und bei Tisch kaum ein Wort gesagt. Ich sah ihn danach im Garten verschwinden. Er kam nicht wieder. (Hummel 2005, 2006: 205)

Traumatische Erlebnisse, hier der Tod der Großmutter der Hauptfigur sowie die erfolgreich gelaufene Herzoperation ihrer kleinen Tochter, werden durch den Verweis auf Nahrungsaufnahme verarbeitet oder auch nicht:

> „Magst du nichts essen, Sofia?", fragte Flox' Vater. Er hatte inzwischen gefüllte Blätterteigtaschen vom Türken geholt und war der Einzige, der aß. Konnten sie nichts essen oder trauten sie sich nicht? Ich würde im Roman auch über das Nicht-Rücksicht-Nehmen schreiben müssen. (Gorelik 2013: 348)

Der Großvater in *Die Fische von Berlin* entwickelte eine psychosomatische Abwehr gegen eine bestimmte Speise – das Sauerkraut –, die er, als Volksfeind verbannt, jahrelang im Lager einnehmen musste, um zu überleben:

> Zweimal in der Woche gab es neben der üblichen Wassersuppe Sauerkraut zum Schutz von Skorbut. Den Skorbut kümmerte das wenig. Skorbut oder Tbc, entweder man kam durch oder nicht. Ich aß fleißig Woche für Woche meine Portion Sauerkraut, erst aus der Überzeugung, mir damit etwas Gutes zu tun, mein Überleben zu sichern, nach Jahren nur noch widerwillig, und jetzt kann ich selbst den Geruch nicht mehr ertragen … Aber vielleicht war es ja doch zu etwas nütze, das Sauerkraut, serviert in alten verrosteten Konservendosen, die unsere Teller, Töpfe und Tassen waren? (Hummel 2005, 2006: 190)

Doch der Zufall verhalf ihm als Küchenhelfer im Lager über den Winter zu kommen, „einen Tag im Warmen zu sein und sich über die Essensreste der Chefs herzumachen. Da gab es alles: Fisch aus den umliegenden Seen und dem Polarmeer, Kaviar, Wild, eingeflogene Früchte, Gebackenes, Gebratenes, Gesottenes, Geschmortes, ausreichend für ein ganzes Häftlingsleben" (ebd., 209 f.). Diese Diskrepanz verdeutlicht die manipulative Machtfunktion der Lebensmittelverteilung, um die bestraften Personen doppelt und dreifach zu demütigen, ihren Körper und Geist durch die Nichterfüllung eines menschlichen Grundbedürfnisses und Verweigerung der Überlebensmittel zu brechen. Nicht zuletzt waren Humor und Kreativität eine gute Möglichkeit der Rettung aus Realitätstristesse und Not.

---

86 Vor der Ausreise nach Deutschland.

Konkordia Antarowa, Schriftstellerin und Sängerin des Bolschoi-Theaters, erinnert sich an die Zusammenarbeit mit dem Regisseur Konstantin Stanislawski in den Jahren 1918–1922 und an die folgende Episode:

> Hungrig, frierend, oft zwei Tage ohne etwas gegessen zu haben, übten wir ohne müde zu werden. [...] Wladimir Sergeewitsch [Stanislawski, N.L.][87] ernährte sich beinahe nur von Hirse. Manchmal pflegte er zu sagen: „Ich denke, sagte zu mir jemand das Wort ‚Hirse', werde ich schießen". Lachen, lustige Lieder [...] klangen aus jeder Ecke heraus. (Nach *Besedy K. S. Stanislawskogo* 1990: 5 f., aus dem Russischen N.L.)

Das Lachen erfüllt in diesem Kontext eine therapeutische, selbstschützende und diätetische Rolle. Humor ist nach Freud eine Abwehrreaktion gegen Affekte, „zu denen die Situation Anlaß gäbe", und eine Form, „sich mit einem Scherz über die Möglichkeit solcher Gefühlsäußerungen" (Freud 2009: 254) hinauszusetzen. Was komisch ist oder sein darf, wird in der Orientierung an sozial-politischen, kulturellen und auch religiösen Normen und Konventionen zeit- und situationsabhängig bestimmt. Sigmund Freud hebt vor allem den Lustgewinn hervor, der in der Rebellion gegen Regeln und Normen der Gesellschaft liegt: „Der Humor ist nicht resigniert, er ist trotzig, er bedeutet nicht nur den Triumph des Ichs, sondern auch den des Lustprinzips, das sich hier gegen die Unlust der realen Verhältnisse zu behaupten vermag." (Freud 2009: 255)

So ist das Komische sozialhistorisch, symbolisch, kulturell codiert und in seinen facettenreichen Kontexten allgegenwärtig – von der Literatur über die Politik bis ins Alltagsleben. Im sowjetischen Alltag der 1970er/80er Jahren war ein ironisches Rätsel sehr populär: „Was ist lang, grün und riecht nach Wurst? Das ist ein Zug von Moskau nach ...", ein Wurst-Zug genannt. Die einzige Bedingung der anekdotischen Korrektheit war die Entfernung von Moskau zu einem beliebigen Ort, die nicht mehr als zwölf Stunden Fahrt benötigen durfte – damit die in der Hauptstadt stückweise ergatterte Wurst nicht schlecht werden konnte.

Basis dieser Anekdote, ihr ‚Sitz im Leben' ist die bittere Realität sowjetischer Menschen in der Epoche ‚des entwickelten Sozialismus'. Der Zusammenbruch des Lebensmittelhandels, der die Folge der allgemeinen krisenhaften wirtschaftlichen Lage im Land war, verlangte von den Bürger/innen besondere Überlebensstrategien (vgl. Lebina 2008: 195). Die Erinnerung, das Wissen über die Schrecken und Qualen der Hungerzeiten sowie der dadurch entwickelte Habitus gehen als mentale Prägungen von Generation zu Generation über, werden aber durch die zeitlich-räumliche Distanz besonders schmerzlich spürbar:

87 Bruder des Regisseurs.

> Kaum sitzen wir in der U-Bahn, kramt [die Großtante in St. Petersburg, N.L.] ein Plastiksäckchen hervor und drückt es mir in die Hand. Ich öffne es und erkenne seltsame, schwarze Strünke mit aus Rissen breiig hervortretender Masse. Bananen? Ja. Drei Wochen alte Bananen. Sie hat sie für mich aufgespürt und bis zu meiner Ankunft aufgehoben, ohne sich ein Stück davon zu gönnen. (Rabinowich 2011: 186)

Mischka, die in die Stadt ihrer Kindheit zurückkehrt, nimmt nicht nur die Unterschiede der Generationen deutlich wahr, sondern auch die kulturell-historischen Kontraste zwischen ihrer alten und neuen Heimat.

In einem anderen kulturellen Umfeld wird die angeeignete Gewohnheit (oder eine typische nationale Eigenschaft) durch die räumlich-zeitliche Entfernung und Verfremdung wiederum fiktiv und unterhaltsam:

> [Mutter] will mich vor allem Bösen schützen und alle Ungerechtigkeiten der Welt mit ihrer Liebe glattstreichen. [...] Schickt meine Mutter mir ein Päckchen zum Nikolaustag, sind darin nicht einfach ein Adventskalender und ein paar Plätzchen, sondern ein Lebensmitteleinkauf für die nächsten zwei Wochen. Als schickten sie Fresspakete in das belagerte Leningrad: Halte durch, Tochter, in drei Wochen bist du bei uns! (Kolosowa 2012: 185)

Eine weitere – mündlich überlieferte – Lebensweisheit aus der frühen Sowjetunion scheint auch im modernen Kapitalismus praktisch zu sein: „Ich beeilte mich an die Kasse, um meine zwei Jeans in Größe dreiunddreißig zu bezahlen, zweimal dasselbe Modell, weil sonst nichts gepasst hatte, ich hatte also nicht gewählt, sondern mitgenommen, was ging, wie ich das aus den Erzählungen meiner Mutter vom real existierenden Kommunismus kannte." (Gorelik 2013: 39) Auch an dieser Stelle verhilft der Humor, psychisch-mentale Barrieren zu überwinden und die übertrieben impulsive Wahrnehmung der Welt zu verharmlosen: „Der Scherz, den der Humor macht, [...] will sagen: Sieh' hier, das ist nun die Welt, die so gefährlich aussieht. Ein Kinderspiel, gerade gut, einen Scherz darüber zu machen!" (Freud 2009: 258)

Dieselbe lindernde Funktion haben positive Kindheitserinnerungen an die Glücksmomente, die nach Luce Giard ihren Ursprung im Geschmackssinn finden: „Flavors [sic] of lost moments of happiness, sweet flavors of time gone by [...]. [...] It is as if talking about these meals from the past that were offered and shared were his only way, meagre and modest, to repeat the sweetness of the past and the tenderness of well-loved faces." (Giard 1998: 188 f.) Ein literarisches Beispiel finden wir bei Eleonora Hummel:

> Der Duft von Honig und Zimt zog durch die Zimmer. Großmutter hatte wie jeden Sonntag gebacken. Sie jammerte, wenn alles schnell weggegessen wurde. Sie jammerte, wenn etwas übrigblieb. In unserer Familie war niemand dünn. Außer mir. Das lag daran, daß ich mich noch im Wachstum befand. Es sei nur eine Frage der Zeit, bis auch ich dick würde, versprachen mir die Erwachsenen, es seien einfach die Gene. / Nach dem Essen hielt Großvater seine Mittagsruhe. (Hummel 2005, 2006: 11)

Bei der Autorin Wlada Kolosowa ist es das traditionelle „Kaviarmüsli zum Frühstück", das es bei ihren rituellen Russlandbesuchen gibt. „Omas Blick begleitet jeden Löffel, der in meinem Mund verschwindet. Schließlich esse ich gerade nicht einfach roten Kaviar aus einer Müslischale. Ich löffle gerade ihre Liebe." (Kolosowa 2012: 15) In beiden Fällen erinnern sich die Ich-Erzählerinnen liebevoll an ihre Großmütter und werden wieder zu kleinen umsorgten Mädchen.

> But there is also the time of the calendar year, the scansions of the calendar with the alteration of workdays and weekends, then the arrival of liturgical holidays whose culinary rites bravely survive the erosion of religious practices, and finally family celebrations (birthdays, baptism, marriages, etc.). Thus, the signs of real time and those of biological, psychological, familial, and social time superimpose themselves, by completing or restricting themselves, on the choice of dishes and the organization of meals. (Giard 1998: 187)

Mindestens einmal pro Jahr zum Neujahrsfest erfreute sich Groß und Klein in der Sowjetunion der 1970er und 80er Jahre an einer Festtafel, deren Attribute Mandarinen und der Salat *Olivjé* waren. Man schreibt die Erfindung dieses Salates, bestehend aus Hasel- oder Rebhuhn, Kalbszunge, schwarzem Kaviar, Kapern und Blattsalat, dem französischen Gourmetkoch Lucien Oliviér zu, der im 19. Jahrhundert in einem vornehmen Moskauer Restaurant tätig war. In Zeiten der sowjetischen Mangelwirtschaft wurde das Rezept an die vorhandenen Lebensmittel angepasst (und entspricht in etwa dem traditionellen ‚russischen Salat' der deutschen Nachkriegszeit, besonders der 1950er Jahre): Salzgurken, Fleischwurst, gekochte Kartoffeln, Eier und Karotten, grüne Dosenerbsen und Mayonnaise.[88]

„Auch wenn die Zutaten inzwischen problemlos in jedem Supermarkt erhältlich sind, hält meine Oma Olivje für eine Delikatesse, mit der sie die Ankunft der Enkelin feiern will." (Kolosowa 2012: 251 f.) Für die Enkelin gleicht dieser für die Russen des 20. Jahrhunderts beinahe heilige Salat einer „Massenkarambolage", die sie mit einem in Deutschland als reichhaltig geltenden Brotaufstrich vergleicht (nach Kolosowa 2012: 17). Bis heute bleiben die Festlichkeiten im Januar für die meisten russischen Familien ohne Salat *Olivjé* undenkbar:

> RUSSISCHES WIHNACHTS-NEUJAHRS-WEIHNACHTS-NEUJAHRSFEST: […]
> *Geruch*: Zimt, Zitrusfrüchte, Bratäpfel / Schnee; seitdem man auch in Rußland um Silvestermitternacht draußen die Feuerwerksraketen anzündet, Feuerwerkspulver […]
> *Geschmack*: Gans, Stör, Plätzchen / Salzgurke gegen den Kater, DER SALAT
> DAS IST DAS WICHTIGSTE: DER SALAT! (Martynova 2011: 26; Schreibweise wie im Original)

88 Schwere Eier und Mayonnaise sind typisch für Halb-Mangel.

Die Beliebtheit dieser Speise wäre auch im Sinne von De Certeau durch den Prozess ihres kollektiven Zubereitens zu erklären, indem "the tactics of the art of cooking, which simultaneously organizes a network of relations, poetic ways of 'making do' (*bricolage*), and a re-use of marketing structures" (De Certeau 1988: XV) geübt und geformt werden. Die Poesie der feierlichen Bricolage bei der Großmutter der Ich-Erzählerin schildert Poladjan in ihrem Debütroman *In einer Nacht, woanders*:

> Meine Großmutter veranstaltete ständig irgendwelche Feste. Ein Namenstag, das Neujahrsfest nach dem alten Kalender, die Geburt eines Nachbarkindes oder ein tragischer Tod im Dorf oder im Nachbardorf – Anlässe fanden sich immer. [...] Irgendwoher kam Lachen, und später gab es Wodka, Streit, Tränen. Irgendjemand weinte immer, und irgendjemand verließ immer mit einer nervösen Notwendigkeit das Haus und schwor, nie mehr wiederzukommen. Am nächsten Morgen stand der Grießbrei schon früh auf dem Herd. (Poladjan 2011: 13 f.)

Und zum Neujahrsfest jedes sowjetischen Kindes gehörten obligatorische und exotische Zitrusfrüchte – Mandarinen –, die schwer zu ergattern waren und durch ihre Seltenheit die kindlichen Glücksgefühle verdoppelten:

> Seine Schwester redete wie oft vor sich hin, jetzt plapperte sie vom Neujahrsfest in der Schule, Väterchen Frost und seine Enkelin Snegurotschka, das Schneemädchen, würden kommen, es würde Lichter und Mandarinen und ein Theaterstück geben, und hatte ihre Mutter ihr nicht letztes Jahr ein neues Kleid für diesen Winter, die diesjährigen Feiertage versprochen? Auf die Mandarinen freute er sich im Übrigen auch, deshalb musste er auch zu diesem Fest gehen, sonst würde er dieses Jahr keine bekommen. Überhaupt konnte er Neujahr als Fest gut leiden: Es gab keine roten Flaggen und keine Hymne wie bei den anderen Festen." (Gorelik 2013: 53)

Migration und Mahlzeiten

> Das Essen ist recht gut hier an Bord. Ob amerikanisches, russisches oder europäisches Essen, das Wichtigste für uns ist, dass es oft genug variiert. Essen spielt eine wichtige Rolle, das ist einer der wenigen Momente, in denen die Mannschaft privat zusammenkommt.
> Astronaut Alexander Gerst im Interview

> Nehmt euch innerhalb Russlands so viel Souveränität, / wie ihr schlucken könnt. / Jelzin
> Nino Haratischwili *Das achte Leben (Für Brilka)*

Der migratorische Prozess bringt Veränderungen bei der umgesiedelten Person auf mindestens zwei Ebenen mit sich – eine Umstrukturierung der wichtigsten Lebensfunktionen und des Alltags sowie eine psychisch-soziale Umstellung. Die beiden Phänomene treffen lokal am deutlichsten in der Küche bei kulinarischen

Ritualen aufeinander – bei der Essenzubereitung und beim anschließenden (v. a. feierlichen) Verzehr. Grinberg und Grinberg stellen bei allen untersuchten Migrant/innengruppen eine signifikante Funktion der oralen Komponente fest: „Alles, was sich auf Nahrung bezog, erhielt eine außerordentliche Wichtigkeit. Jedes Ereignis wurde mit einem großen Mahl gefeiert, und der Tisch, der sich am wichtigsten Standort des Hauses befand, verwandelte sich in das Zentrum aller familiären Bindungen." (Grinberg/Grinberg 1990: 194)

Kultur- und literaturhistorisch denke man nur an die ikonisch gewordene Tafelrunde König Arthurs; den „schlechten Russentisch" in Thomas Manns *Zauberberg* oder vielfältige Hochzeits- bzw. Leichenschmause, um sich der mehrfachen Funktionen alltäglicher oder festlicher Mahlzeiten zu erinnern: von der primär-sättigenden über die ethnisch-soziale, die historisch-symbolische und ethisch-ästhetische bis zur kulturell-kommunikativen Funktion. Denn: "Eating, in fact, serves not only to maintain the biological machinery of the body, but to make concrete one of the specific modes of relation between a person and the world, thus forming one of the fundamental landmarks in space-time." (Giard 1998: 183)

Diese Verdichtung verschiedener Funktionen des Essens dient dem ‚Verdauen' von Speisen und Ereignissen körperlicher und geistiger Nahrung, die aus dem geteilten Wissen, aus emotional gefärbten Erinnerungen (Angst, Trauer, Freude, Glück, Ehre) sowie aus Zukunftsplänen besteht und die Zugehörigkeit zur Gruppe (familiär, beruflich, situativ) markiert. Die gemeinsame Oralität der Ausgewanderten ist eine Art Ariadnefaden, der seinen Ursprung im Vergangenen und Erlebten hat und zur Zukunft und Akkulturation, zur Anpassung an die neue Lebenssituation und Umgebung führt. Die vertraute Tischrunde gibt sicheren Halt in der noch fremden Umgebung und bewahrt durch die einheitliche Sprache und die allen verständlichen Codes und Rituale die ins Wanken geratene Identität.

Lotman weist auf die zusätzliche Funktion des Essens hin: neben dem praktischen Erleben des Alltäglichen die quasi künstlerische Natur der ästhetischen und genussreichen Wahrnehmung. „Schokolade war nur noch ein Andenken an eine andere Epoche, und ohne Schokolade vergaß man die Süße und ohne Süßes vergaß man die Kindheit und ohne Kindheit vergaß man den Anfang und ohne den Anfang erkannte man nicht das Ende." (Haratischwili 2014: 281) Das Beispiel zeigt, dass der Zaubertrank Schokolade, der braunen Tinte ähnlich, die Geschichte und Erinnerungen, also ‚Memoiren' in das menschliche Leben schreibt und durch das Aufrechterhalten des Vergangenen, das von Generation zu Generation weitergegeben wird, die Zukunft sichert.

Zwingen einen die politischen oder wirtschaftlichen Umstände, das eigene Land zu verlassen, so bleibt die Verbindung zum Herkunftsland am längsten durch das Festhalten an Essgewohnheiten und Ritualen erhalten, wenn nicht im Alltag, dann zumindest bei Feierlichkeiten. Luce Giard erklärt dieses ambivalente Verhalten als Versuch, in die Entfremdung des eigenen Ichs ein Gefühl der Zugehörigkeit zum Herkunftsland ‚einzuspeisen': "Food thus becomes a veritable discourse of the past and a nostalgic narrative about the country, the region, the city, or the village where one was born." (Giard 1998: 184)

Wo die Gesprächsthemen nur um das Essen und die Verdauung kreisen, erkennen Grinberg/Grinberg (1990) dahinter „hypochondrische Befürchtungen in Verbindung mit Verfolgungsängsten, die auf dem Verlust des idealisierten, nährenden Objekts Land-Mutter-Brust beruhen." (Grinberg/Grinberg 1990: 194) Sie führen diese Phänomene auf die frühkindlich-affektiven Bindungen der Person zurück, die mit der Zeit pathologisch werden, und beobachteten sie meist unter finanziell benachteiligten Eingewanderten, die im neuen Land anfangs materielle Not erleiden (ebd.).

Im Roman *Die Listensammlerin* von Gorelik findet sich ein pathologisches Merkmal im Umgang mit dem Essen, das sowjetische Menschen sich in Zeiten der Mangelwirtschaft angeeignet hatten und dem sie nach der Emigration treu geblieben sind: „Mutter [schmiss] nichts weg […], weil sie aus einem Land kam, in dem sie alles zurückgelassen hatte, außer der Überzeugung, Lebensmittel nicht wegschmeißen zu dürfen, weshalb sie den Schimmel vom Käse schnitt und auch Lauchzwiebeln komplett verwendete." (Gorelik 2013: 221)

Es sind traumatische, emotional besonders aufgeladene Erlebnisse, die ‚auf den Magen schlagen' und auf die der Körper mit Abwehr oder exzessiver Zunahme reagiert. Das Gesagte, Erzählte wird nicht verarbeitet, weil die umgebene Realität nicht verinnerlicht wird. Was bleibt, ist die Geschichte, die in den Kontexten der Mahlzeiten erzählt oder erfunden, von Generation zu Generation weitergegeben wird und in die Annalen des Gedächtnisses eingeht.

> Vaters Gesundheit war angegriffen, seit er aus Anlaß meiner Geburt bei klirrendem Frost zuviel Wodka auf nüchternen Magen getrunken hatte. Zumindest erzählte er diese Version gern bei Familienfesten, um seine allseits belächelte Vorliebe für Mineralwasser zu erklären. Ich war in dem Bewußtsein aufgewachsen, allein durch meine Existenz eine Mitschuld an seinen körperlichen Leiden zu tragen. Es war fast eine Erleichterung für mich, als mir andere Gründe für seinen nervösen Magen aufgingen.
>
> Vater war bei der örtlichen Behörde zu einem Stammbittsteller geworden. Seit Jahrzehnten setzte er alle Hoffnungen auf eine Halbschwester seiner Mutter, die in den Kriegswirren nach *Deitschland* gekommen war und es geschafft hatte, in der Westzone

> Fuß zu fassen […]. […] Leider erfüllte sie für eine Familienzusammenführung nicht die Bedingung der Verwandtschaft ersten Grades. […]
> Seine Besuche beim Amt nannte Vater ‚Gänge'. Wir wußten sofort, wenn er gerade von einem ‚Gang' zurückgekommen war. Seine Stimme zitterte, die Haut war blaß, das Gesicht fahl, er bekam keinen Bissen herunter. Er litt tagelang unter Magenverstimmung, und wir durften das Zimmer nur auf Zehenspitzen betreten. *Sie* hatten wieder nein gesagt.
> Wenn wir unter uns waren, nannte er sie *die Bande*. (Hummel 2005, 2006: 24 f.)

Die gastronomischen Rituale (das Kochen, die gemeinsamen Mahlzeiten) haben nicht nur eine kulturspezifische magische Kraft, sondern sind manipulierbar und damit als Anlass geschmacklicher und linguistischer Freude nutzbar – wenn beispielsweise die Suche nach dem vertrauten ‚heimischen' Geschmack zur Obsession wird und gesteigerten Konsum anregt. Oft wird auch der unbewusste Versuch unternommen, die verlassene Heimat in einem Kaufrausch zu ersetzen, während zugleich der Überfluss an Lebens- und Genussmitteln frustrierend wirken kann.

> Hinter der Bemerkung über ‚eine langweilige Wurst' im neuen Land steht häufig sehr viel mehr. Durch das Kaufen und Verzehren bestimmter Lebensmittel drücken Immigranten ihre Sehnsucht nach einer vertrauten Welt, nach einem „Zuhausegefühl" im kapitalistischen Deutschland, nach sozialen Kontakten und gesellschaftlicher Partizipation aus. (Bernstein 2010: 120)

Die Küche als Ort und das Kochen wie auch das Essen als Gestus schaffen eine neue kommunikative Dimension, die sich auf drei Ebenen erstreckt: Das (Nicht-)Gesagte bleibt auf der Sachebene, die Beziehungsebene wird zwischen den Personen markiert und die Zeitebene speichert die erzählte und/oder erzählende Zeit, die reale, vergangene oder kommende, eingeplante oder erwartete Zeit. Mahlzeiten sind ein Katalysator der Beziehungen und Erwartungen. Sie leisten – kulinarisch wie sprachlich und mental – eine Balance der oralen Komponenten.

> Meiner Mutter hatte ich früher, wenn ich meine Eltern in meiner Studienzeit besuchte, vorgeworfen, sie behandle mich, als sei ich ein Fernseher für sie. Sie setzte mir Essen vor und sich selbst und Frank auf die andere Seite des Tisches, wünschte mir noch einen guten Appetit, bevor es dann unweigerlich kam: ‚Na dann, erzähl!' (Von deinem Leben, deiner Reise, deinen Freunden, deinem Studium, deinen Plänen, deinem Alltag, deinem Freund und so weiter.) Keine Fragen, nur dieser Befehl, und die leuchtenden Augen dazu, wie die eines Kindes, das gleich seine Lieblingszeichentrickserie zu sehen bekommt. Neben ihr Frank, lächelnd, wartend, froh, dass jemand anderes für ihn den Fernseher anknipste. Ich bat sie um Fragen, um einen Dialog, erklärte ihr das ‚Di', aus dem Griechischen, ein Zwiegespräch, und wenn es schlecht lief für sie, dann sagte ich

> nur, dass ich kein Fernseher sei, und löffelte auch meine Suppe nicht auf oder tat es schweigend und verließ auch mal wütend den Raum, dabei hatte ich mich in Indonesien oder den USA oder einfach nur Hamburg sehr auf sie gefreut. (Gorelik 2013: 287)

Das Essen als Herantasten an die Zurückgekehrte, die kindliche Vorfreude beim Anblick der weit gereisten Tochter, die viel zu erzählen hat; ein ‚Di' in dem Sinne, dass die Mutter ein sättigendes Essen zubereitet hat und von ihrem Gegenüber eine wörtliche Speise erwartet, die sie genießen kann und wird. Das ist der mütterliche Instinkt, dem Kinde die nährende Brust zu geben und sich bei seinem Anblick zu erfreuen. Die Tochter wird als Kleinkind behandelt. (Obwohl bereits Volksweisheiten und Tafelmanieren lehren, erst zu essen und dann zu sprechen. In einem russischen Märchen sagt der Held zu Baba Yaga, dass sie ihn nach seiner Reise zuerst baden, ihm danach etwas zu essen geben, ihn anschließend ausschlafen und erst dann erzählen lassen soll.) Mahlzeiten sind manipulierbar und manipulierend, sie können eine Sprache sein, die einen zum Verstummen bringt und somit das Gespräch verhindert.

Ähnlich wie im Falle einer Migration bleibt der gastronomische Diskurs das einzige Kommunikationsmittel nach nicht hinreichend verarbeiteten traumatischen Erlebnissen oder verdrängtem Wissen: „Ein Messer, das Großmutter in ihrem Bett duldete, weil es etwas mit Großvater zu tun hatte. Dabei sprachen sie längst nur noch über das Essen miteinander." (Hummel 2005, 2006: 20) Die Großeltern wissen von den Ausreiseplänen ihrer Kinder mit den Enkeln aus Kasachstan nach Deutschland, wollen und können die bevorstehende Trennung aber nicht thematisieren, oral verarbeiten und die Ausreisenden innerlich loslassen. Das Messer zieht eine symbolische Grenze zwischen dem alten Ehepaar sowie auch zwischen ihrer Vergangenheit und der Gegenwart, zwischen dem Gesagten und Nichtausgesprochenen, zwischen dem erlebten Sündenfall und religiöser Anspielung auf die Reinheit des Apostels St. Bartholomäus, dessen Attribut das Messer ist.

Während das Messer für den Großvater einen ‚heiligen' Wert hat (und sein Märtyrertum betont), erfüllt es für die Großmutter Alinas seine primäre Funktion beim Zubereiten von Mahlzeiten, beim Trennen von Spreu und Weizen – von Essbarem und gastronomisch Unverdaubarem:

> Auf dem Rückweg hielt ich Deckel auf beide Eimer gepreßt, damit das Wasser nicht zu sehr überschwappte. Großvater legte Wert darauf, die Fische lebend nach Hause zu bringen. Danach war es die Aufgabe meiner Großmutter, sie mit einem Hammerschlag zu töten. Mit einem scharfen Messer säuberte Großmutter die Fische von Innereien und Schuppen. Mit Mehl paniert und in Butter gebraten ergaben sie ein köstliches Mittagsmahl.
>
> „Wir werden nicht lange getrennt sein", versprach Großvater mir (Hummel 2005, 2006: 57).

Nur im Gespräch mit der Enkelin tröstet der Großvater sie oder vielmehr sich selbst mit der Wunschvorstellung, nicht lange von ihr getrennt zu sein. Während die realistisch und praktisch orientierte Großmutter sich mit dem Essen beschäftigt, nährt sich der Vater geistig am Wissen von ihrem baldigen Abschied, von Schmerz und langer Trennung. Solange die Fische lebendig sind, leben auch seine Hoffnung und die Legenden. Für ihn wird der degustatorische Aspekt durch den linguistischen ersetzt, der die möglichen psychosomatischen Erschütterungen aus dem Weg räumt, indem er ein Märchen schafft. So wie im Beispiel von Bernstein (2010) die „exsowjetische Intelligenzschicht" durch den Satz „Es ist ja nur Essen!" die Wichtigkeit materiellen Wohlstandes trotz der Üppigkeit der zubereiteten Speisen, ihrer Vielfalt und manchmal mehrtägiger Kochdauer vermindert.

> Essen wird häufig als Antagonismus zu ‚Hochkultur' verstanden. Doch in der erzwungenen Askese des ‚intellektuellen Essens' im sowjetischen Defizitsystem lag auch eine tiefe heimliche Bewunderung für den Westen verborgen. Der Westen sei vielen wie das Jenseits erschienen, erklärte einer meiner Interviewpartner: „Niemand kommt zurück!" (Bernstein 2010: 118)

Von den kulturellen Wurzeln und Verflechtungen zwischen Orient und Okzident an, über die Vielfalt der Religionen und Nationen in der ehemaligen Sowjetunion, über das in der Bevölkerung andauernde Analphabetentum und die Mangelwirtschaft im 20. Jahrhundert wie auch die Rückständigkeit der medizinischen Versorgung hinweg lässt sich in der russischen Sprache und Kultur der Hang zum Aberglauben und Spiritualismus beobachten.

So wird einigen Speisen, beispielsweise der Brühe, eine heilende Kraft zugeschrieben: „Für Russen gibt es keine Krankheit, die man nicht mit Tabletten oder Hühnersuppe behandeln kann, und für alles, was unerklärbar ist, werden die Dämonen bemüht." (Poladjan 2011: 117 f.) Bestätigt wird dieses kollektive Wissen etwa in den Romanen von Hummel: „[Vater] verließ den Tisch, ohne das Rührei gekostet zu haben. Später sah ich ihn im Bett sitzen, auf dem Schoß das aufgeschlagene ‚Lexikon des Therapeuten'. Mutter kochte ihm eine Rinderbrühe, die er ohne aufzustehen in kleinen Schlückchen trank. / Nach einigen Tagen schien es ihm besser zu gehen." (Hummel 2005, 2006: 29)

Ähnlich bei Gorelik: „Ich beobachte das Gesicht meiner Mutter, die mir gegenübersitzt, sie hat die Tupperschüssel mit der Hühnersuppe abgestellt und trinkt nun ihren abgekühlten Tee, sie hat einen Keks in der Hand, über ihr hängt Tolstoj, ein schwarzweißes Poster von Tolstoj in seinem Esszimmer". (Gorelik 2013: 144) Die Ich-Erzählerin schafft eine wirkungsvolle Verdoppelung – eine *mise en abyme* – der ideellen und irdischen Ebenen, deren Attribute offen gelegt sind – das ikonenhafte Bildnis des russischen Schriftstellers in seinem Esszimmer und Sophias Mutter mit der heilenden Hühnerbrühe.

Zu den heimischen, von Kindheit an vertrauten Gerichten werden die aus den zugänglichen Lebensmitteln zubereiteten – die Brühe entstand in den Sowjetjahren meist aus beinahe symbolischen ‚blauen Hühnern', die ihre Bezeichnung ihrem äußeren Erscheinen (in heutigen Supermärkten völlig unvorstellbar!) verdankten.

> What one "likes" is just as confusing, linked as it is to the multiple game of likes and dislikes and founded in childhood habits, which are either magnified by memory or counterbalanced by the adult will to be rid of them. "In general, we eat what our mother taught us to eat – or what our wife's mother taught her to eat." (Giard 1998: 183)

Während die importierten Waren aus dem Westen (Coca-Cola, Pepsi, Kaffee, Kaugummis, Martini, Trüffelpralinen, Marzipan etc.) in der Sowjetunion äußerst rar, oftmals nicht vorhanden und deswegen heiß begehrt waren, setzte man sie (neben bestimmten Errungenschaften der Technik) mit Luxus, Wohlstand, Prestige, Coolness gleich – sie signalisierten einen besonderen Status der Glücklichen und Auserwählten. „Die Liste plakativ-sowjetischer Essensymbole für den Kapitalismus, die mithilfe von gut gelieferten Fernsehsendungen durch den Eisernen Vorhang gedrungen waren und wie ein Puzzle zu einem inoffiziellen kollektiven Wissensbestand zusammengestellt wurden, ließe sich fortsetzen." (Bernstein 2010: 118)

Ein Beispiel liefert die Szene im Roman *Spaltkopf*: „Ein Stempel wird in meinen Pass [an der Passkontrolle im russischen Flughafen, N.L.] gehämmert, direkt neben den Stempeln der DDR, der USA und Israels. Ich bin ein internationales Zuchtschwein mit guten Papieren. Ein Lebendtransport. Das knallende Geräusch reißt mich aus meiner Trance. Ich entsorge das Huhn [das im Flugzeug serviert wurde, N.L.] und suche vergeblich nach Cola, dem Gruß der neuen Heimat" (Rabinowich 2011: 185) Österreich.

Nicht zuletzt, weil gutes Essen bereits zu Beginn des 20. Jahrhunderts selten genug war und seit dieser Zeit als Zeichen des Kapitalismus betrachtet wurde, ging es in die satirische Folklore als Parodie und Tadel an den Reichen und Satten aus dem Westen ein. Schon Wladimir Majakowski verfasste beispielsweise die folgende Strophe: „Esse die Ananas, kaue das Haselhuhn, Bourgeois! / Dein letzter Tag ist gekommen, dein letzter Tag ist da!" (Übersetzung von Bernstein 2010: 119) So wurde die Ananas, „eines der bekanntesten Symbole für die Fülle in der kapitalistischen Gesellschaft" (Bernstein 2010: 119) symbolisch aufgewertet und zum festen Bestandteil jeder festlichen Mahlzeit „von vielen sowjetischen Immigranten in Deutschland" (ebd.).

Ein Leben im Einwanderungsland Deutschland, also das ‚Deutschsein' wird auch durch typisches Essen definiert: „Als Kind habe ich mir manchmal vorgestellt, wie es wäre, bei Frau Mirbach zu leben. Ihre halbe Tochter zu sein. Mittags mit meinen halben Geschwistern Buletten und Kohlrabi in Rahm zu essen, und nachmittags hätten wir im Garten gespielt. So stellte ich mir ein deutsches Leben vor." (Poladjan 2011: 132) Luce Giard (De Certeau/Giard/Mayol 1998: 189) weist darauf hin, dass die im Alltäglichen befestigten und zur Selbstverständlichkeit gewordenen Essens-Riten auf zwei Beziehungsmodi zurückzuführen sind, von denen einer auf der Beziehung zur ernährenden Person beruht. Die sowjetische Kindheit unter der Aufsicht der Großmutter ist dem offensichtlich konträr und durch andere Mahlzeiten und Rituale gekennzeichnet:

> Trink erst mal ein Gläschen zum Aufwärmen, sagt Pjotr und schenkt Wodka ein. Unter Russen, denke ich. Was wäre aus mir geworden, wenn meine Eltern mich in Bykovo gelassen hätten? Als wir im Westen ankamen, war es warm und Mittagszeit. Von meiner Großmutter war ich gewohnt, immer zur gleichen Zeit zu essen. Erst Suppe, dann Fleisch mit Kartoffeln, Kompott. Jeden Tag um Punkt halb eins. Jetzt warteten wir auf unser Gepäck, und ich hatte Hunger. (Poladjan 2011: 119 f.)

Die feste Uhrzeit des Mittagessens und das obligatorische Drei-Gänge-Menü gibt Halt und stiftet eine Tradition. Fehlt sie, so gerät die kindliche Existenz aus der Balance und der Geborgenheit, die die Großmutter als Erzieherin vermittelt hat. Giard schreibt den familiären Mahlzeiten eine Macht der Mutter oder des Vaters über Körper und Willen des Kindes zu, "who is forced to 'finish his or her plate' and to 'eat all the meat if he or she wants to have dessert'" (ebd.).

Der genaue, von der Großmutter Tamara erschaffene Tagesablauf ihrer Enkelin in Poladjans Roman deutet einerseits auf die ins Alltägliche übertragene Exaktheit ihrer beruflichen Tätigkeit als „Abteilungsleiterin im Institut für Medizinisch-Biologische Probleme im geheimen Auftrag der sowjetischen Raumfahrt" (2011: 19) hin, und andererseits auf die sowjetische Vorstellung, das Kind korrekt und gesund, ‚mit Charakter' großzuziehen.

> Welchen Charakter du bekommst, wiederholte ich immer wieder im Kopf und sagte schließlich, vielleicht bekomme ich keinen Charakter. […] Wenn du keinen Charakter bekommen willst, dann solltest du im Wald bei einer Hasenfamilie leben, sagte sie. Ich war damals sechs, und die Vorstellung, unter Hasen zu leben, erschien mir nicht realistisch. (Poladjan 2011: 19)

Betrachtet man die Familie als Keimzelle der Gesellschaft, so zeigt sich, dass das Sowjetregime die Rolle der ernährenden (Groß-)Mutter gespielt hat, indem es durch den manipulativen Umgang mit Lebensmitteln Macht ausübte und den

Charakter der Sowjetmenschen formte. Das herrschende Regime mit seinen soziologisch-kulturellen Merkmalen und Modellen lässt sich auch in Bezug auf die tägliche Mahlzeit – *comme il faut* in puncto Essen und Lebensmittel – feststellen. Im Roman *In einer Nacht, woanders* werden die Kontraste zwischen kollektivistischen und individualistischen Gesellschaften anschaulich aufgeführt:

> Ich fange an, den Tisch abzuräumen und das schmutzige Geschirr in die Spüle zu stellen. Den Tisch wische ich mit einem Lappen, der nach abgestandener Milch riecht, er hinterlässt Wischspuren auf der Wachstuchtischdecke. Willst du das Brot wieder mitnehmen, frage ich.
> Bitte?
> Ob du den Rest wieder mitnehmen möchtest?
> Macht man das in Deutschland so, fragt er.
> Keine Ahnung, vielleicht, sage ich und packe das Brot in eine Papiertüte.
> Man nimmt die Lebensmittel wieder mit, fragt Pjotr und kritzelt etwas auf ein graues Papier.
> Ja, warum nicht? Was ist denn dabei, sage ich gereizt. Meine Freundin bringt sich ihr Essen sogar manchmal selbst mit, wenn sie eingeladen ist. In einer Plastikbox. Wenn alle am Tisch sitzen, packt sie ihre Box aus. Als wäre es völlig normal.
> Aber das ist krank, sagt Pjotr, immer noch mit seinen Unterlagen beschäftigt.
> Warum ist das krank, sage ich viel zu laut. Warum müssen die Russen aus dem Essen so einen Kult machen? […] Ich habe es einfach satt, ereifere ich mich weiter, dass die Russen sich immer über alles stellen müssen. Diese Arroganz. Diese naive Ungläubigkeit, wenn es woanders nicht so zugeht wie daheim. Hier muss ich das eine verteidigen und in Deutschland das andere.
> Musst du nicht, Mascha, sagt Pjotr. (Poladjan 2011: 90 f.)

Der populäre Romancier und Satiriker Wladimir Kaminer schlägt einen anderen Weg ein, indem er nichts verteidigt, sondern sich mit sowjetischen Realien auseinandersetzt:

> Es ist offenkundig, dass ich nicht aufhören werde, über die Sowjetunion, die es schon lange nicht mehr gibt, zu schreiben … Als ich mein zweites Buch, ‚Militärmusik', schrieb, dachte ich: Na, wer hier, im zivilisierten Europa, interessiert sich denn für den typischen Sowjetmenschen der achtziger Jahre?! Doch, dieses Interesse war da! Dieses Thema ist also noch aktuell … (Kaminer 2007: 60)

Dadurch, dass Autoren wie Kaminer sich mit der ihnen von Kindheit an vertrauten Kultur, dem Alltagsleben der Menschen, ihren Gewohnheiten, Weltvorstellungen, Schwächen und Stärken ausführlich und unermüdlich auseinandersetzen, gelingt es ihnen, im Sinne Juri Lotmans (2011: 9) eine Brücke zum besseren Verstehen sowohl von literarischen Figuren wie auch von realen Menschen der Vergangenheit und Gegenwart zu bauen.

Mehr als ein Getränk: Wodka

„Die Russen sind schlimmer als die Chinesen, oder?" frage ich den rot leuchtenden Himmel über uns, als mein Student kurz innehält.
„Die Russen? Pah. Die waren mal schlimm. Jetzt kann man die vergessen. Die saufen sich zu Tode. Die sind degeneriert."
Alina Bronsky *Scherbenpark*

„Alles ist relativ, nur Wodka absolut." (Kolosowa 2012: 203) Auch die Liebe zum ‚Wässerchen' und erhöhter Alkoholkonsum in Russland[89] haben ihre historisch-politischen, soziokulturellen[90] und wirtschaftlichen[91] Wurzeln. Im 20. Jahrhundert wurden öfters Programme zur Sanierung des Staatsbudgets mithilfe von umfangreichem Wodkaverkauf durchgeführt. Anfang der 1920er Jahre war Leo Trotzki das einzige Politbüromitglied, das die Durchführung solcher Aktionen nicht unterstützte: „If we don't stamp out alcoholism, then we will drink up socialism and drink up the October Revolution" (zit. n. Schrad 2014: 198). Seiner Ansicht nach war es unvernünftig und sogar verbrecherisch, das Staatsbudget auf Kosten der Gesundheit der Arbeiter zu bereichern. Aus der Psychogenetik ist zudem bekannt, dass Alkoholismus bereits in der zweiten Generation zur Beeinträchtigung des nationalen genetischen Fonds führt, was sich auf die demografische Entwicklung negativ auswirken kann.[92]

---

89 Bereits zu Beginn des 20. Jahrhunderts erkannte Will Rogers: „the story of Vodka is the story of Russia." Will Rogers (1927): There's Not a Bathing Suit in Russia & Other Bare Facts, zit. n. Mark Lawrence Schrad *Vodka Politics. Alcohol, Autocracy, and the Secret History of the Russian State* 2014: 392. Mark L. Schrad fügt hinzu, dass die Geschichte des ‚traditionellen' russischen Getränks nicht nur kulturelle und gesellschaftlichen Entwicklungen in Russland widerspiegelt, sondern ein Bild von ihrer Historie „and statecraft as well" schaffte (vgl. Schrad 2014: 392).

90 "Vodka – and alcohol more generally – is an index of social relationships, hospitality, ritual, honor, and disgrace." (Katherine Metzo 2009: 188)

91 „Populist rhetoric aide, time after time the traditional vodka monopoly has *always* put the financial interests of the state ahead of the welfare of its people. […] When Ivan the Terrible instituted Russia's first retail monopoly through his *kabals* in the sixteenth century, it was in the interest of state revenue. When Sergei Witte rebuilt the imperial monopoly in 1894, it was done in the name of reducing out-of-control vodka consumption. […] Following the disastrous prohibition of Nicholas II – continued by Aleksandr Kerensky and Vladimir Lenin – Joseph Stalin again resurrected the vodka monopoly in 1924, ostensibly to protect the people's health from dangerous bootleg vodka. The result? An even more pervasive alcoholization of Soviet society". (Schrad 2014: 387)

92 Vgl. http://www.yburlan.ru/biblioteka/trotskii, abgerufen am 18.10.2014.

Durch die Verkürzung der Wochenarbeitszeit auf acht Stunden täglich an sechs Werktagen hielten die Arbeiter mehr Muße und Freiheit. Trotzkis Ziel war es, dass diese arbeitsfreie Zeit nicht in den Kaschemmen[93] verbracht werden sollte, sondern idealerweise in Berührung mit der Kultur.

Da der russische Mensch seinem mentalen Charakter nach ein kollektives Wesen ist, sah Trotzki das Entwicklungspotenzial des neuen Sowjetmenschen nur in der Gruppe, die der Persönlichkeit kollektives Gut vermitteln und weitergeben könne. Das Experiment schien in der UdSSR gelungen und einen neuen Typus gewissenhafter Menschen mit dem ‚Ellbogengefühl' (statt ‚Ellbogengesellschaft') hervorgebracht zu haben, wie sich bis heute in Krisensituationen (seien es Naturkatastrophen oder Folgen der Kriege) deutlich zeigt. In der westlichen Welt taufte man diesen Typus nicht ohne Ironie ‚homo sov(i)eticus'. Im Kino sah Trotzki ein finanzielles Potenzial, vergleichbar mit der Bedeutung des Alkoholmonopols für den zaristischen Etat. Seine Idee war die Verbindung der hoch entwickelten amerikanischen Technologie mit dem russischen Kollektivismus, die zum Entstehen von neuen gesellschaftlichen Beziehungsmodellen führen sollte (vgl. ebd.).

Zu Trotzkis Plänen gehörte es auch, eine Tradition der öffentlichen Küche und der gemeinsamen Mahlzeiten einzuführen, die seiner Meinung nach besser als das häusliche Essen sein würden. Ideologisch gesehen war die Privatsphäre für Trotzki ein Überbleibsel aus Zeiten der Leibeigenen. Sein Kurs war auf alles Neue, Öffentliche, Kollektive gerichtet und wurde als programmatische Aufgabe der Komsomol-Organisation verstanden.

Der öffentliche und heimische Alkoholkonsum wurde getadelt, die gesunde Lebensweise gelobt und gefordert. Der Wodkaverkauf war aber von der Sowjetmacht weiterhin erlaubt. Gleichzeitig versuchte sie den Alkoholkonsum zu bekämpfen. Die erste Antialkoholkampagne begann im Herbst 1926 (vgl. Lebina 2008: 45). In dem neuen Modell des Sowjetstaates wollte man einen neuen Menschen formen. Ein erster wichtiger Schritt in dieser Richtung war die Antialkoholpropaganda für Erwachsene, die vor allem ihren Kindern ein neues Leben im freien sozialistischen Staat ermöglichen sollte.

1928 wurde die Gesellschaft für die Alkoholismusbekämpfung (OBSA) gegründet, die bis 1932 existierte. Noch 30 Jahre später, im Dezember 1958, wurde die Regelung *über die Verstärkung der Alkoholismusbekämpfung und über das ordnungsgemäße Handeln mit alkoholischen Getränken* unter der Regierung

93 Über einige weitere Gründe dafür siehe im *Bjulleten' oppozicii (Bol'shevikov-Lenintsev)/ Bullettin de'l Opposition (Bolcheviks-Léninistes)*. Nr. 66–67, online unter: http://web.mit.edu/fjk/www/FI/BO/BO-66.shtml, abgerufen am 08.02.2015.

von Nikita S. Chruschtschow erlassen. Viele der großen Wein- und Wodka-Läden, in denen man Alkohol ausschenkte, mussten deswegen schließen und die Menschen begannen, öfters im Freien zu ‚bechern'. Alkohol konnte man erst ab 10 Uhr morgens erwerben. Es gab sogar Versuche, eine feste Verkaufsnorm für Alkohol einzuführen, die nicht mehr als 100 Gramm pro Person je Einkauf ausmachte. Diese und andere Maßnahmen führten zur illegalen, aber äußerst populären Herstellung des ‚Selbstgebrannten'. Das kollektive Bewusste etablierte – vor allem im Kino – das Klischee eines verlorenen, wenn auch sympathischen Trunkenboldes.

Die Breschnew-Epoche bescherte den Sowjetbürgern zehn Jahre später die nächste Antialkoholkampagne. Und auch Gorbatschows tief greifende Veränderungen, die Perestroika, standen im Zeichen der Alkoholismusbekämpfung. 1985 erschien ein Erlass über die Maßnahmen zur Vorbeugung von Alkoholismus, Verhinderung der Herstellung von Selbstgebranntem (*samogón*) (vgl. Lebina 2008: 46–48.).

Als Kind wunderte man sich in den späten 1980er Jahren anfangs nicht wenig über den häufigen süßlich-bitteren Geruch im Treppenhaus, über alchemistische Experimente des Vaters in der Küche wie auch über zerbrochene Fensterscheiben (aus unerklärlichen Gründen stets in der Küche) mancher Nachbarn, was – samt Feuerwehreinsatz – die kindliche Fantasie enorm anregte und den Wissensdurst drastisch verstärkte.[94] Normal war dagegen das Nicht-Sprechen darüber, das Keine-Fragen-Stellen oder auch das Fehlen überzeugender Antworten auf gestellte Fragen. Als Kind wusste man Bescheid, dass niemand etwas von der heimlich vollzogenen Taufe (die Religion war ja schließlich 70 Jahre lang verboten) oder vom Vater selbst geschweißten ‚Monstrum' (eine Art Alkoholbrenner) auf dem Herd erfahren durften.

Und heute? Im Buch *Werft die Gläser an die Wand. Meine russische Familie und ich* widmet Juliane Inozemtsev (2012: 132–135) ihren Wodka-Erlebnissen ein ganzes Kapitel *Wodka und der russische Stolz.* Auf ihrer ganzen Russlandreise hat eine andere Autorin, Wlada Kolosowa (2012: 204), „niemanden puren Wodka trinken sehen." Man greife stattdessen lieber zu Limo oder schwarzem Tee – im Leben wie in der Literatur: „Wir essen Fisch und trinken Tee." (Poladjan 2011: 66)

94 In seinem mit Nobelpreis gekrönten Roman *Doktor Zhivago* bezeichnet Boris Pasternak Wodka als russische „favorite black-market currency." (Boris Pasternak *Doctor Zhivago* (1958: 175), zit. n. Schrad 2014: 313) Eine Flasche Wodka ersetzte oft fehlendes bares Geld und galt als gängiges Zahlungsmittel für Dienstleistungen beispielsweise im Haushalt, Garten oder auf der Datscha.

> „Wodka pur? In Clubs trinken das nur Asis, alte Menschen und Ausländer", sagt der Sakko-Typ dann. Er selbst akzeptiere Wodka höchstens als Cocktailzutat. Und dann am liebsten den schwedischen „Absolut" – dem einheimischen Wodka traue er nicht. [...] Ein Lifestyle-Getränk scheint Wodka nicht gerade zu sein, ein Nationalgetränk ist es wahrscheinlich trotzdem: Laut der Fachzeitschrift „Drinks International" ist Russland immer noch der größte Absatzmarkt für Wodka [was teilweise durch die hohe Bevölkerungszahl zu erklären wäre, N.L.]. Der Aufsatz „Die Geschichte des Wodkas" ist Standardlektüre eines jeden russischen Trinkers, der etwas auf sich hält. Es gibt Bücher über die Heilkräfte des Wodkas [Hausrezepte, die beinahe jedem Russen geläufig sind, N.L.] und ein Museum in Moskau, das allein dem Getränk gewidmet ist. (Kolosowa 2012: 205)

Kolosowas Aufzählung der aus der Reihe fallenden Wodkatrinker in heutigen russischen Bars[95] weist eindeutig auf drei Kategorien der Genießer hin: Alkoholabhängige, Vertreter der ‚alten Schule' und Nicht-Einheimische. Bei Letzteren liegt es wahrscheinlich an dem umschwärmten und kollektiv geformten Wunsch, im Land des Wodkas dieses Getränk zu kosten. (Dies ähnelt der einstigen Sehnsucht nach der ‚Stadt der Liebe', was im Volksmund kategorisch heißt „Paris sehen und sterben".)

> „Es kommt darauf an, wie alt Ihr Romanheld ist. So ein Kosmonautencocktail zum Beispiel wurde in den sechziger Jahren gern getrunken." Der Barmann scheint aus einer Millésimé-Champagner-Flasche zu sprechen.
> „Ich nehme an", tönt die junge Dame aus einer Finlandia-Flasche, „dass mein Landsmann Gagarin zum Cocktailnamen beigetragen hat."
> „Der erste Mensch im Weltraum", hallt es aus dem gläsernen Versteck der [sic!] Barmanns.
> „Sie kommt aus der Sowjetunion", knurrt Herr Witzturn Lewadski ins Ohr, so dass dessen Lider flackern.
> „Ich weiß nicht", sagt die Russin, „ob er wirklich der erste Mensch im Weltraum war." Die Sowjetunion gibt es nicht mehr, will Lewadski zu Herrn Witzturn sagen, doch um dies zu tun, müsste er die Augen öffnen. Oder den Mund. (Gaponenko 2012: 204 f.)

---

95 „‚Bar culture' is only starting to emerge in Russia, primarily among young professionals with disposable income. More common is the practice of ordering beer or increasingly a glass of wine with a meal in a restaurant or café. [...] Instead, social drinkers are increasingly colonizing public parks and sidewalks as spaces to drink and visit with friends. Particulary noticeable is that these spaces are being appropriated primarily by teenagers and young adults – in other words, individuals who live with family or in dormitories and so do not have private spaces of their own. [...] This appropriation of public spaces for drinking by young people has escalated over the past ten years." (Caldwell 2009: 122)

So wie der Molotowcocktail in die Geschichte der Menschheit eingegangen war, hinterließ die erste Raumfahrt ihre Spuren in der Trinkkultur. „Bourbon Highball, Harvey Wallbanger, Sours, White and Black Russian, um es auf den Punkt zu bringen. Sehr beliebt in den Sechzigern: Pimm's Cocktail, Screwdriver, Mojito, Milk Punch, Wodka wurde neu entdeckt. Eine eigene Hausbar zu haben kam auch in dieser Zeit in Mode." (Gaponenko 2012: 206)

Während die russische Generation Y sich (zumindest in den Großstädten) heute für wichtigere Lebensaufgaben schont und somit einen aktiven und gesunden Life Style pflegt, war Alkoholkonsum (bei Knappheit des Angebotes im besten Fall Wodka, am gängigsten aber der Selbstgebrannte), wie schon zu Beginn des 20. Jahrhunderts, für viele sowjetische Jugendliche und Erwachsene – vor allem in den abgelegenen Orten des weiten Landes – die einzig mögliche Freizeitbeschäftigung:

> Was war zu tun in einem Ort, wo es kaum Straßenbeleuchtung gab, ein Kino, im Winter im Klub, im Sommer unterm freien Himmel, einen verwüsteten Maxim-Gorki-Park. Wohin gehen? Zu den Freunden, um mit ihnen Wodka zu trinken? Wohin mit mir? Hätte ich diese Frage jemandem gestellt, hätte ich keine Antwort bekommen. Vater sprach zu uns, wir sollten studieren! Etwas anderes kam nicht in Frage. Seine Söhne sollten alle studieren. Studieren bedeutete für mich weg gehen und nicht zurückkommen. Meine Jugend fing mit den Liedern des Liedermachers Wladimir Wyssozki an. Einmal feierte ich mit Freunden den Abschluss der 8. Klasse. Wir tranken den von ihren Eltern selbst gebrannten Schnaps. Gebrannt aus grünen Pflaumen und Zucker. Vor dem Trinken musste man zuerst ca. 20 Gramm Butter schlucken, dann trinken. Danach musste man viel essen, sonst wurde man betrunken. Wir aßen Brot mit Speck, Lauchzwiebeln und saueren Gurken und hörten Wyssozkis Lieder. Es schien mir, Wyssozki sitzt bei uns und trinkt, raucht und singt. Die Lieder vom Großen Vaterländischen Krieg oder vom romantischen Leben der Alpinisten, von der Morgengymnastik in der eigenen Wohnung. Die meisten Lieder waren verboten, manche hörte man aber in den Spielfilmen, in denen Wyssozki Schauspieler war. Die Schallplatten wurden von findigen Fachleuten aus dem Untergrund aus richtigen gebrauchten Röntgenbildern produziert und man konnte sie auf dem Basar oder auf dem Flohmarkt kaufen. Diese Röntgenbilder, am Rande zu einer Scheibe geschnitten, drehten sich mit dem Brustkorb, dem Herzen oder der Lunge darauf. Mir wurde übel vom Samogon, ich ging fort, warf mich ins hohe Gras, steckte vier Finger in den Mund und übergab mich. Ich lag auf dem Rücken und der mit dichten Sternen besäte südrussische Himmel drehte sich vor meinen Augen wie Schallplatten-Röntgenbilder. Die Realität schien mir langweilig, ausweglos und hoffnungslos zu sein. Ich spielte mit den Gedanken, weg zu gehen. (Scherstjanoi 2006/2008: 119 f.)

Dass Wodka ein intuitiv gewähltes und international verständliches Symbol für eine besondere Gemütslage ist, lässt sich aufgrund der Aussage einer deutschen Arbeitskollegin 2014 vermuten: Geht ein Finanzantrag im Ministerium durch, würden wir darauf Champagner trinken, wenn nicht, dann griffen wir zum Wodka.

Aus der Erinnerung von Valeri Scherstjanoi wird ersichtlich, dass das Wodkatrinken seine festen Attribute („Brot mit Speck und Sauergurken"), Anlässe (hier der beschriebene Schulabschluss) und Rituale (erst Butter essen, dann trinken, verbotene Lieder hören) hat und pflegt. In Deutschland unterliegt man übrigens gerne dem Irrtum, dass der Trinkspruch *na zdrówje* russisch und bei jeder feierlichen Gelegenheit angebracht sei. So einfach ist es (leider) nicht[96]: Die geübten Russen erwarten und wetteifern eher mit langen, fast orientalisch anmutenden Tiraden aus weisen Gedanken und schmeichelhaften Lobreden, die manchmal eine feste Reihenfolge haben – beispielsweise trinkt man das dritte Glas meistens auf die Liebe – *za ljubóv'*.

> Ich will jetzt nicht antworten. Ich will Tee trinken. […]
> Zum Anstoßen habe ich uns ein Fläschchen mitgebracht, es sind genau zwei Gläschen für jeden, sagt er und schenkt ein.
> Die guten Wodkagläser, wieder aus der Vitrine. Die wurden nur an Geburtstagen oder bei Todesfällen herausgeholt. Aus China. […]
> Ich muss schlucken. In Deutschland ist es nicht üblich, sage ich. Was ist los mit mir? Ich geniere mich.
> Was ist nicht üblich, fragt er und hält erwartungsvoll sein Wodkaglas hoch.
> Es ist nicht üblich, sich ständig zuzuprosten, denke ich und sage: Ich trinke auf dich, darauf, dass du dich all die Jahre so um Großmutter gekümmert hast! Es tut gut, etwas zu essen. Der Fisch schmeckt, das Brot und die Pilze sind wunderbar. Ich esse schnell und merke erst gar nicht, dass Pjotr nicht isst, sondern mich ruhig betrachtet, wie ein Bild in einem Museum. (Poladjan 2011: 59 f.)

Ein anderes karikiertes und aufschlussreiches Trinkspruch[97]-Beispiel gibt Gaponenko:

---

96 „In mixed company […] women prepare the table while men open bottles and pour, taking care to top off glasses after each toast. Although women are welcome to make toasts, this is also a male domain. Within this division of labor, there is tension between the male and female stereotypes." (Metzo 2009: 194)

97 Einer der ersten Trinksprüche ist in der Regel dem Anlass, aus dem man beisammen ist und feiert, gewidmet. Es kann ein ‚großes' Ereignis sein, wie beispielsweise Feiertag, Geburtstag oder ein neuer Job. Trinken kann man zudem auf eine neue (Trink-) Bekanntschaft, auf die Gäste oder den Tag, an dem das Gehalt ausgezahlt wurde. Kurz, der Anlass lässt sich immer leicht finden, wenn die ‚passende Gesellschaft' vorhanden ist. Denn: „Drinking culture in Russia is first and foremost a communal activity. The solitary drinker is by definition a problem drinker. One reason drinking cannot be done alone is because it is highly ritualized. […] Drinking occasions abound and mostly take place within the home, especially the kitchen. Location is linked to another important aspect of drinking culture – the need to consume food while drinking alcohol" (Metzo 2009: 191).

> Dabei riecht er selbst nach Schnaps, denkt Lewadski und hebt sein Glas. ‚Ich trinke auf …' Lewadski denkt nach, er will etwas Poetisches sagen, etwas Knappes und Erbauliches. ‚Ich trinke auf die Güte des Menschen!' / ‚Bravo!', krächzt eine heisere Damenstimme von einem der Tische in der Nähe des Klaviers. (Gaponenko 2012: 179)

Für Luce Giard geschieht die Überlappung der kulturellen, sozialen und familiären Geschichten sowie Erinnerungen in erster Linie durch das "impenetrable game of food behaviors [sic!] and their minuscule variations from person to person". Sie inspirieren den Entstehungsprozess der Angewohnheiten, Sitten und Bräuche und werden den "preferences, tributaries of mentalities and sensibilities, marked also by a necessary *inscription in temporality* that intervenes at different levels" (Giard 1998: 186) gleichgestellt.

Auf der fiktiven Ebene lässt Gaponenko ihre Hauptfigur Lewadski die angeblichen Trinkgeschichten und -gewohnheiten großer russischer Komponisten – auf fast Gogolsche Art – in einer Wiener Bar ins Gedächtnis rufen:

> Und Rimski-Korsakow konnte bei Beethoven die Leitidee hinter den löwenartigen Anläufen nicht finden. Wollte er wohl nicht, der neidische Trunkenbold. Ach nein, es war Mussorgski, der dem Wodka zugetan war. Wo habe ich gelesen, dass er als Student der Musikakademie immer eine Wodkaflasche unter dem Tisch stehen hatte? […] Ach nein, der Riesensäufer war Glasunow, nicht Mussorgski! (Gaponenko 2012: 123)

Nach einer systematischen Suche wie in einem Katalog stellt Lewadski endgültig fest:

> Glasunow war es, der sich die Seele aus dem Leib soff. Und gelesen habe ich darüber in einer Schostakowitsch-Biografie. […] Glasunow stand nie auf und ging zu den Musikern oder den Instrumenten. Was ihn an den Schreibtisch fesselte, war ein Gummischlauch. Dieser führte von seinem Mund unter die Tischplatte, wo in einem Fach eine Flasche Hochprozentiges gelagert war. (Gaponenko 2012: 124)

Tatjana Kuschtewskaja, Autorin und Kosmopolitin, unternimmt in *Zu Tisch bei Genies. Neue kulinarische Streifzüge durch die russische Literatur* eine 224 Seiten lange Durchsicht der literarischen Rezepte von Speisen und Getränken. Denn: Die russischen Schriftsteller gelten als große Meister im kulinarischen ‚Anrichten'. Ob die Verfasserin der deutschsprachigen Leserschaft damit das Wesen der Protagonist/innen und Autor/innen, ihre Lebenseinstellungen, den Zeitgeist oder die russische Seele erklären möchte oder nur dem eingangs erwähnten Trend folgt, sei dahingestellt.

Statt eines Fazits

> Es wurde am 7.11.1902 in der russischen Stadt Tula die erste Ernüchterungsstätte, *Herberge für Berauschte* genannt, eröffnet.
>
> Mein Nachbar trinkt schon den dritten Rotwein. Er will mit mir anstoßen. Darf ich Ihnen etwas bestellen, fragt er auf Englisch. Ich will nein danke sagen, sage aber: Ja gern. Ich nehme noch so einen Tomatensaft.
> Katerina Poladjan *In einer Nacht, woanders*

Nikolai Lesskow hat das Wesen des russischen Mannes, seiner unerklärlichen Seele und seines Herzens voller Demut und Liebe wie folgt definiert:

> – Doch wenn dem so ist, dann wissen wir möglicherweise selber nicht, wer wir eigentlich sind.
> – Wie sollten wir das nicht wissen? Was mich selber anbelangt, so weiß ich mit aller Bestimmtheit, daß wir einfach gesegnete Russen sind, die aus den Sümpfen Ingermanlands zu sich nach Hause zurückkehren – zu den warmen Pritschen, zu der Kohlsuppe und zu unseren Weibern … Und hier kommt übrigens auch unsere Haltestelle.
> Der Zug begann langsamer zu fahren, das Gewinsel der Bremsen wurde hörbar, irgendwo erscholl eine Glocke, und die Sprechenden stiegen aus. […] Ich konnte nur wahrnehmen, daß beide große und wohlgenährte Männer waren. (Lesskow 1961: 126)

Aus dem satten und sumpfigen Westen kehren die von Lesskow erschaffenen Russen in ihre geliebte arme, aber vertraute Heimat zurück. Schlägt man die entgegengesetzte Richtung ein, so empfehlen sich heutzutage andere Mitbringsel oder Erinnerungsstücke als Kohlsuppe:

> Die besten Souvenirs aus Russland sind Spezialitäten, so die einhellige Meinung. Praktisch jeder Russe kann einem Tipps geben, wo man welche Produkte am besten kaufen sollte. Samara, Heimat der berühmten Sowjet-Schokoladenfabrik, macht natürlich die beste Schokolade. Die nördlichen Regionen sind bekannt für frischesten und preiswertesten Kaviar und Wild. Den Ural kennt man für sein Bärenfleisch und Astrachan für Wassermelonen. Russen schätzen dieses ‚heilige' Wissen, weil sie sich noch an Zeiten erinnern, als man sich zur Quelle begeben musste, um Begehrtes zu ergattern. Die Menschen kamen schwerstbeladen mit überfüllten Taschen zurück von ihren Geschäftsreisen. Auch heute noch erwartet man von jemand auf Reisen, dass er bei der Rückkehr ein paar leckere Souvenirs mit nach Hause bringt: Honigwein aus Stawropol, Cognac aus Georgien oder Erdbeermarmelade aus Jekaterinburg. (*Russia!* Frühling 2008: 125)

Und anstatt russischen Wodka, dem selbst die Einheimischen nicht mehr völlig vertrauen, empfehlen sich beispielsweise nationale Teetassen-Wärmer[98].

98 Oder einen regionalen Tee, wie beispielsweise „eine Tüte mit Krimtee. Die getrockneten Teekräuter flüsterten in dem Papier, als ich die Tüte in meinen Koffer packte,

„Ich glaube, die kennt man im Rest der Welt nicht. In Russland wird und wurde immer immens viel Tee getrunken. Früher wurden die Kannen und Tassen, um nicht so viel wertvolle Kohle mit dem Aufwärmen von Tee zu verschwenden, mit dicken Wollpuppen warm gehalten. Mittlerweile haben diese Wollpuppen oder ‚Tee-Ladys' fast Kultstatus." (*Russia!* Frühling 2008: 126 f.)

Eine literarische Bestätigung der existenziellen russischen Teeliebe findet man bereits bei Anton Tschechov im Drama *Drei Schwestern* (1974: 35): „Ich möchte Tee. Ein halbes Leben für ein Glas Tee!"

2.4 Wie/So riecht die Heimat?

Ein uralter (‚bärtiger') russischer Witz, von dem Russlandspräsidenten W. Putin bei einem internationalen Treffen Ende Oktober 2014 erzählt: Was unterscheidet einen Optimisten vom Pessimisten? Ein Pessimist trinkt Cognac, rümpft die Nase und sagt: „Pfui, es riecht nach Wanzen (*klop*)". Der Optimist dagegen sieht eine Wanze an der Wand, zerdrückt sie und sagt freudig: „Oh, es riecht nach Cognac!"

Zunächst sei die Frage aufgeworfen, was man im 21. Jahrhundert unter dem wandelbar-plastischen Begriff ‚Heimat' versteht, dessen Kern örtliche Geborgenheit, emotionale Basis und soziokulturelles Wissen und Kapital ausmacht. Während 11 % der Deutschen damit die ‚Nation' assoziieren, verbinden 89 % der Befragten mit diesem Begriff „die Umgebung ihres Geburtsorts und die Nähe zu Familie und Freunden" (vgl. Philosophie Magazin 01/2015: 45).

Dieselbe Synonymenreihe bietet der *Duden*: „Geburtsland, Geburtsort, Heimatland; Vaterland; heimatliche Gefilde; Herkunftsland, Herkunftsort, Ursprungsgebiet, Ursprungsland." (Duden 2010: 488) *Das neue Universallexikon* (2011: 292) definiert Heimat nicht nur durch ihre äußere Form – einheitlich erlebte geografische Räume –, sondern betont die Komponente des gesellschaftlich-kulturellen In-Verbindung-Tretens (durch entscheidende soziale Beziehungen und Prägung der Persönlichkeit) sowie das Gefühl des Verbunden-Seins (besonders „durch Geburt, Tradition u. Lebensweise"). Demnach ist ‚Heimat' ein zeitlich verlaufender Prozess der Wahrnehmung mittels aller Sinnesorgane, der Aneignungen und Erfahrungen. Folgt man dem, so richtet sich das Interesse auf die Form der Vergegenwärtigung und Darstellung der identitätsstiftenden Erinnerungs- oder Vorstellungsräume und -prozesse.

---

und hinterließen in allen Fasern meiner Kleider den Geruch nach Rosen, Schafgarbe, Minze und Wermut, der sich monatelang hielt." (Kinsky 2014: 51)

Jeder Mensch braucht Heimat[99], verbindet damit aber unterschiedliche materielle Aspekte und spirituelle Komponenten – insbesondere Assoziationen und Heimat-Gefühle[100]. Gerät Heimat in Gefahr, verloren zu gehen, so werden diese Werte in regen öffentlichen und kollektiven Diskursen verhandelt. So erinnere man sich an den deutschen Exilanten Thomas Mann und an sein Heimatkonzept – bis hin zur allzu selbstbewussten Deklaration „Wo ich bin, ist die deutsche Kultur".

Es soll vor allem um das Thema der in der Kindheit verlassenen und teilweise ‚mitgenommenen' Heimat – also der Sowjetunion – in den Werken russländischer Autor/innen aus den Jahren 2005–2012 gehen. Dies will ich anhand der über den Geruchssinn wahrnehmbaren Attribute der ‚sowjetischen Duftnoten' exemplarisch erörtern.

> Meine Welt von morgen sah so anders aus als die meiner Kindheit, nur eines war sicher: Auch in dieser zukünftigen Welt wird es die unendlichen Regale geben, voller Bücher, die nach Leder, Druck und meiner Oma riechen werden. Denn wie kann es eine Welt ohne ihre Bibliothek geben? (Lagodinsky 2009: 132)

In der Umbruchssituation nach der Auswanderung soll für das Kind das alte glückliche Leben in seinen wichtigsten Komponenten erhalten bleiben: in der Nähe der duftenden Bücher und ihrer Besitzerin, der Großmutter.

Der Fall des ‚Eisernen Vorhangs' und der ihm folgende Zusammenbruch der Sowjetunion löste nicht nur massenhafte Veränderungen und Folgeprozesse aus, sondern wird inzwischen auch in zahlreichen filmischen und literarischen Werken als historischer und individueller Wendepunkt gestaltet. Dabei gehen sie der Frage nach der „Bedeutung von Heimat und Heimatlosigkeit, von Selbstwahrnehmung und Fremdwahrnehmung, von sprachlicher und kultureller Zugehörigkeit, von Isolation und Integration" (Terpitz 2010: 139) nach.

Jurij Lotman setzt den Begriff Heimat zwischen die beiden Konstanten Natur und Kultur, der eine Fülle an Überschneidungen in sich birgt und deswegen als Konglomerat zu verstehen gilt. So ist beispielsweise für Michail Bulgakow, den Autor von *Der Meister und Margarita* im 20. Jahrhundert wie für Alexander Puschkin im ersten Drittel des 19. Jahrhunderts die Kultur untrennbar vom intimen, heimischen und heimlichen Alltagsleben der Menschen (vgl. Lotman 1992: 462).

---

99 Siehe Essay von Jean Améry *Wieviel Heimat braucht der Mensch?*

100 Der international bekannte Modedesigner Wolfgang Joop definiert Heimat beispielsweise wie folgt: „Was Heimat ist, habe ich mir dann noch einmal erarbeitet, mein eigenes Bewusstsein, mein Ich-Bewusstsein und das Wissen, dass Heimat kein Ort, sondern ein Gefühl ist, das von Menschen ausgeht." (Joop 2013: 123)

Bronsky schildert im Jahr 2011 das Heimatgefühl ihrer Hauptfigur wie folgt:

> als ich mit fünf Jahren einmal bei meiner Großmutter übernachtet hatte – pures ungetrübtes Lebensglück, wenn jede Wahrnehmung noch mehr Freude verheißt. Das Klappern des Geschirrs, das Licht, das Summen der Hummeln, die Stimmen in der Küche und der Geruch frisch gekochten Kaffees und warmen Zimts. Auf den Brötchen, die meine Oma gerade aus dem Ofen geholt hat. (Bronsky 2011: 111)

Auch bei Eleonore Hummel erinnert sich die Enkelin Alina an ihre Großmutter und den sie begleiteten Zimtgeruch: „Der Duft von Honig und Zimt zog durch die Zimmer. Großmutter hatte wie jeden Sonntag gebacken. Sie jammerte, wenn alles schnell weggegessen wurde. Sie jammerte, wenn etwas übrigblieb." (Hummel 2005, 2006: 11)

Lotman zufolge nehmen auch gastronomische (Heimat-)Düfte einen Zwischenplatz zwischen den natürlichen Impulsen und den Symbolen der Kultur ein. Aus diesem Grund lässt sich die Duftsemiotik der Sphäre der meist bedingten künstlerischen Besinnung des Zeichens zuschreiben (vgl. Lotman 2002: 280).

> Der Apfelkuchengeruch. Großmutter am Backofen, einen Mixer in der Hand, am Tisch mit ihrer großen Teetasse vor sich (sie konnten ihr groß genug nicht sein, aus den USA brachte ich ihr ihre Lieblingstasse mit, 0,75 Liter), im Wohnzimmer vor dem Fernseher, „Dallas" schauend, in ihrem braunen Sessel mit einem Buch, mit einer russischsprachigen Zeitung, die Frank für sie auftrieb, bei ihrer „Mittagsruhe" auf der Couch liegend, die Augen geschlossen, aber nicht schlafend, mit der Gießkanne auf ihrem Balkon. Konstant: der Apfelkuchengeruch. Selbst an Tagen, an denen sie Schokoladen- oder Himbeerenkuchen backte. (Gorelik 2013: 345)

Der konstante symbolische Duft von Äpfeln aus der sowjetischen Kindheit, dem verlorenen Paradies, findet sich auch in den Werken von Hummel und Poladjan:

> Nach getaner Arbeit saßen Großvater und ich auf der Veranda und atmeten den Duft frisch gepflückter Äpfel ein. Irgendwann waren alle Äpfel geerntet, auch die Birnen und die Weintrauben. Oft blieb ich bis zum Einbruch der Dunkelheit im Haus der Großeltern. Großvater war müde, und der Sommer schien noch lang; so schwiegen wir, nebeneinander, jeder für sich. (Hummel 2005, 2006: 113)

Und: „Ich will mich an ihren [Großmutters] großen, weichen Busen schmiegen. Ich will ihren Apfelduft einsaugen." (Poladjan 2011: 44) Während die Äpfel aus dem Supermarkt meist nach Plastik oder gar nicht riechen, versprechen die erinnerten und literarisch verarbeiteten Apfel-Düfte aus der Kindheit die Nähe zur Natur, zu ihrer nährenden Brust, verkörpert durch die Gestalt der Großeltern.

Familiengeschichtlich wie kulinarisch sind es meist die Großmütter, die die Verbindung zwischen dem rohen Naturprodukt und seiner kulturellen Bearbeitung und weiterem Fortleben in der Nahrung herstellen. Auf der metaphorischen Ebene verhelfen sie der Enkelgeneration zum geistigen, kulturellen und physischen Heranwachsen und tragen wesentlich zur Entwicklung oder Konservierung des Heimatbewusstseins bei. Emotional und symbolisch am stärksten aufgeladen wird diese Vergegenwärtigung bei den Festen. So erinnert sich die Autorin und Übersetzerin Olga Martynova an den Geruch des russischen „WEIHNACHTS-NEUJAHRS-WEIHNACHTS-NEUJAHRSFEST[ES]", das sie mit „Zimt, Zitrusfrüchte, Bratäpfel / Schnee" (Martynova 2011: 26) verbindet.

Während das Naturgut Äpfel im Agrarland UdSSR keine Mangelware und von der eigenen Datscha oder auf jedem Basar zu bekommen waren, konnte man an gute ‚künstliche Düfte' – also Parfums – nur schwierig kommen. Das bekannteste war ein Parfum mit dem sprechenden Namen *Rotes Moskau.*

In vieler Hinsicht macht es die grundsätzliche Einstellung des Sowjetsystems zu Kosmetik und Parfümerie deutlich. In den 20er Jahren des vergangenen Jahrhunderts wurden Parfüms, Puder, Lippenstifte usw. von den offiziellen Instanzen als Elemente des bourgeoisen oder des NEP[101]-Alltags betrachtet.[102] Das *Rote Moskau* wurde jedoch von den Bolschewiki als ‚sowjetischer Duft' anerkannt. Zu Beginn der 30er Jahre wurde die Herstellung von Kosmetik und Parfümerie deutlich erweitert – das war eine neue Tendenz in der Sozialpolitik der Sowjetmacht. Und seit Mitte dieses Jahrzehnts wurden die Kosmetika, vor allem Parfüms, zu einem festen Bestandteil der Schaufenster im stalinistischen Sozialismus (vgl. Lebina 2008: 207–208).

Der erinnerte Duft des Sowjetparfums, das eine offene Wunde ihres verletzten Geliebten verströmen scheint, ruft bei Grjasnowas Maria starke Übelkeit hervor: „Am Abend suppte Elias' Wunde, das Wundsekret verbreitete einen süßlich-beißenden Duft, der mich an das sowjetische Parfüm *Warszawianka* erinnerte und der mir Brechreiz verursachte." (Grjasnowa 2012: 20) Die Idiosynkrasie der Protagonistin bleibt vorläufig unbegründet, aber signifikant.

In Poladjans Roman *In einer Nacht, woanders* kehrt Mascha nach dem Tod ihrer Großmutter nach Moskau, in das Haus ihrer Kindheit und Erinnerungen

101 Die Neue ökonomische Politik (russ. *Novaja ekonomitscheskaja politika*).

102 Möglicherweise nicht zuletzt wegen der zu dieser Zeit berühmten Luxusware der Pariser High Society, des Duftes Chanel *N° 5*, den der in Moskau geborene Ernest Beaux für Coco Chanel kreierte. Im Alter von 17 Jahren begann Beaux „für die erste französische Parfümerie Russlands Rallet zu arbeiten, zu deren betuchten Kunden unter anderem der gesamte Hofstaat des Zaren gehört". (*Eine Frage der Mode* 2013: 82) Es war der Großherzog Dimitri von Russland, Cousin des Zaren, der im Jahr 1921 die Modeschöpferin Chanel mit Ernest Beaux bekannt machte.

zurück. Bevor sie das traute Heim auflöst, berührt sie ihre bis dahin konservierte Vergangenheit, indem sie die Zimmer und Gegenstände dort aufmerksam studiert.

> Im Regal neben dem Waschbecken steht Parfüm. ‚Belle Époche' ist in kyrillischer Schrift auf dem Flakon zu lesen. Es riecht nach dunklen Samtvorhängen, Staub und Weichspüler. Ich sprühe mir ‚Belle Époche' ins Dekolleté. Neben dem Parfüm ein Lippenstift, ein Kamm, eine Plastiktüte mit Lockenwicklern, eine kleine Porzellanfigur. Im anderen Fach geblümte Handtücher, Seife und eine Glasschale mit getrockneten, eingestaubten Rosenblättern. (Poladjan 2011: 67)

Sprechend ist dieses Stillleben nicht als *memento mori* oder als Hommage an die ‚schöne alte Zeit', sondern als historisch-kulturelle Reminiszenz. Während die breiten Massen sich am *Roten Moskau* erfreuen durften, erlaubte die berufliche Position von Maschas Großmutter als „Abteilungsleiterin im Institut für Medizinisch-Biologische Probleme im geheimen Auftrag der sowjetischen Raumfahrt" (Poladjan 2011: 19) ihr eine luxuriöse (vermutlich importierte) Ware.

Eine kurze Szene in der Küche, die Eleonora Hummel mit wenigen Worten entwirft, erzählt von einem menschlichen Drama: „Großvater mußte den Kopf einziehen, um durch den niedrigen Türrahmen in die Küche zu gelangen. ‚Was gibt es denn heute?' fragte er. Ich erschnupperte den Geruch von Sauerkraut, der alle anderen Düfte überlagerte. Großvater roch ihn auch. / ‚Ich bin schon satt', sagte er." (Hummel 2005, 2006: 155) Die an sich gesunde und traditionelle Speise wird vom Großvater aufgrund seines im Arbeitslager erlittenen Traumas abgelehnt. Die Geruchswahrnehmung ruft Erinnerungen wach, die durch einen Schutzmechanismus auf der psychosomatischen Ebene blockiert werden.

Zusammenfassend lassen sich die von den russländischen Autor/innen aufgespürten und erinnerten Heimatdüfte innerhalb ihrer situativen, lokalen und personellen Kontexte nach drei Sequenzsatzpaaren gliedern: alltäglich vs. feierlich; heimisch vs. fremd; national-patriotisch vs. international. Auf eine weitere – beruflich-professionelle, schöpferisch-kreative, inspirierend-geistige – Funktion des Geruchs wird in einem Generationsdialog in Wladimir Lindenbergs *Bobik begegnet der Welt. Reiseerlebnisse formen einen jungen Menschen* hingewiesen:

> Alle deine Ahnen, die hier lange oder kurz lebten, machten Exerzitien durch, in denen sie ihre Sinne, ihre geistigen und Herzensgaben entfalteten und Meisterschaft für das Leben gewannen. Sascha erzählte mir, daß du Arzt werden willst. Der Arzt ist weitgehend auf seinen Geruchssinn angewiesen; er riecht die Zuckerkrankheit, die Diphtherie, eine eitrige Mandelentzündung, eine Lungenentzündung, Krebs und vieles andere mehr. Aber es ist ein weiter Weg, bis er diese Erfahrungen gesammelt hat. Das geht

> nicht über den Verstand. – Kannst du dich erinnern, daß dir, wenn du einen bestimmten Geruch wahrnimmst, den du schon einmal gerochen hast, die Bilder der früheren Erlebnisse vor die Seele treten?
> „Ja, Onkel Nikolai. Denk, wenn irgendwo Asphalt gekocht wird, das erinnert mich sofort an meine frühe Kindheit. Ich gehe an der Hand der Njanja, sie macht mit den schwarzen Männern Spaß, und ich habe gar keine Angst vor ihnen, weil sie so lieb sind. Und wenn ich einen Menschen treffe, der so riecht wie ein anderer, den ich lieb habe, überträgt sich sofort meine Sympathie auch auf ihn. Ich habe mich schon oft gefragt, wie das zusammenwirkt, und vor allem, ob dieser neue Mensch wirklich so gut ist wie der andere oder ob es nur eine sensorische Täuschung ist."
> (Lindenberg 2002: 297)

Hummels Alina besucht das von den Vormietern verlassene Haus und riecht das Ende der Geschichte einer Familie, die ausgezogen war: „Das Haus roch nach Dingen, die keiner mehr brauchte. Nach Gasheizung mit einem Leck. Und nach Vergangenheit, die nicht die unsere war." (Hummel 2005, 2006: 69) Die eigene Vergangenheit wird im episodischen Gedächtnis in Form von Geschichten, Gesichtern, Gerüchen, Geräuschen und Gefühlen mehrdimensional abgespeichert und wirkt unbewusst auf die persönliche Identität. Der Erinnerungsprozess wird durch die äußeren Stimuli angeregt, setzt sich dann meist unkontrolliert fort und ruft diverse Assoziationen und Imaginationen hervor.[103]

> Der Geruch, der mir entgegenschlägt, stößt mich wie einen unartigen Hund Nase voran in meine Kindheit. [...] Die meisten Gesichter, die sich unbekümmert fröhlich an mich pressen, erkenne ich nicht. [...] Sie imprägnieren mich mit ihrem Geruch und ihrer Geschichte. Mir schwindelt es. Ich schäme mich für den leichten Ekel, der in mir aufsteigt.
> (Rabinowich 2011: 189)

‚Die sorgenden Hausfrauen' backen den ganzen Tag für den Gast – Mischka, die aus familiären Gründen in der Stadt ihrer sowjetischen Kindheit ist – und wecken mit ihren Kochkünsten und -dünsten bei ihr punktuelle Kindheitserinnerungen und das verlorene Gefühl ihrer alten Heimat: „Die Küche duftet nach Dingen, an die ich mich nur wortlos erinnere." (Rabinowich 2011: 190)

---

103 Die unwillkürlichen, intuitiven Erinnerungen, die beispielsweise bei Musik, Farben, Schmecken oder vertrauten, aber vergessenen Düften hochkommen und als Impuls des Erinnerns und Erzählens, der „Poetik des Romans" (Corbineau-Hoffmann 1993: 143) dienen, kommen in der modernen Literatur häufiger vor. Diese nach hundert Jahren eine allgemein verbreitete Technik ist auf das Konzept der *mémoire involontaire* (unbewusstes Erinnern) von Marcel Proust zurückzuführen. Ausführlicher darüber bei Jochen Vogt (1986: 102 ff.).

2.5 Sehnsucht nach der Kultur der Ur-Heimat

> Unsere Herkunft ist wie ein Geist, der uns auf Schritt und Tritt verfolgt, sich hineinschleicht in unsere Sprache, unsere Gesten, unsere Körperhaltung, unsere Art zu lieben, zu arbeiten, zu sein.
> Und doch: Die Verbindung zum Ursprung zu kappen wie eine lästige Nabelschnur, ist uns schlechterdings nicht möglich.
> Svenja Flaßpöhler *Philosophie Magazin*

Die Symbole der Kultur entfalten sich nach Jurij Lotman besonders stark, wenn sie an einen fremden Ort verschoben werden. Die von den Emigrant/innen mitgebrachte Vergangenheit wird erst in der Fremde aufgearbeitet, ‚verdaut', denn „[d]ie Verdauung beginnt dann, wenn der Prozess des Essens in seinem Sinne beendet ist – wenn man aufhört mit dem alten Leben zu leben." (Chasanow 2005: 357, deutsch von N.L.) Lotman schreibt der Kultur drei wichtigste Hauptmerkmale zu, die sich am deutlichsten diskursiv zeigen: mnemonische Komponente (beispielsweise kollektives Gedächtnis oder Text, der aus vielen Texten besteht); das kommunikative Merkmal (Überlieferung der Texte via unterschiedliche Kanäle) und der kreative Aspekt (Schaffen von neuen Texten).

Für die meisten in der alten Heimat Zurückgebliebenen sind die Themen, die von den ausgewanderten Literat/innen behandelt werden, nicht ansprechend, weil veraltet. Dabei wird oft die in der Fremde durch Distanz neu gewonnene Sichtweise der Autor/innen nicht berücksichtigt.

> Denn die Literatur ist sich selbst der Boden. Literatur lebt nicht so sehr von den Säften des Lebens, wie vielmehr von den Erinnerungen, wo das Gedächtnis ihr ernährender Humus ist. Die Kunst bleibt obdachlos und übernachtet in den Kellern – in den Kellern des Gedächtnisses. / Und wenn die Arbeit samt Talent zwei Hälften der Kunst ausmachen, dann ist das Gedächtnis ihre dritte Hälfte. (Chasanow 2005: 357 f., deutsch von N.L.)

Eine Bestätigung dessen findet man in einem Interview mit dem multimedial präsenten Schriftsteller Kaminer:

> Im Alltag bleibe ich natürlich Russe, meine Heimat ist die Sowjetunion, ich lebe in Deutschland und meine Lieblingsstadt ist Berlin. Klar, ich bin als Erwachsener hierher gekommen, mit Lebenserfahrungen und gefestigten Ansichten. Meine Frau Olga beispielsweise hat sich immer wieder Aufnahmen von Opern angehört, und auf einmal hat sie von irgendwo hinter dem Sofa Aufnahmen von Wyssotski, ungefähr zwanzig Kassetten, hergeholt. Und was das Erstaunliche war: Welche Stelle wir auch hörten, wir kannten den Text auswendig. Das ist das Gedächtnis aus dem anderen Leben, es ist immer präsent. Das ist es auch, was uns beide einander nahe bringt. (Kaminer 2007: 60)

Was „[r]ussischstämmige[n] Minderheiten in den anderen postsowjetischen Staaten und etliche[n] mit der sowjetischen Kultur sozialisierte Menschen“ in der neuen Heimat besonders anhaftet, ist die „Sowjetnostalgie vor allem in Bezug auf die russische Sprache als *Lingua franca* und auf die (Alltags-)Kultur der Sowjetunion.“ (Magazin bpb, 3/2014: 55) Die Sprache ist Merkmal des Heimwehs und die Vertrautheit mit den alltäglichen Prozeduren ist eine Art Zuflucht und Halt in der neuen Welt. Die sprachliche und alltägliche Nostalgie steht dabei nicht unbedingt für den Wunsch der Rückkehr, sie sehnt sich nach einem Zuhausesein, einem Sich-Zuhausefühlen auch in der Aufnahmegesellschaft.

> Nicht nur leben wir, wie viele andere Einwanderer, in zwei oder drei Welten gleichzeitig. Wir haben mehrere Welten hintereinander durchlebt: den Kommunismus, den Zerfall der Sowjetunion, die Wohnheime in Deutschland und die neue deutsche Normalität. Die Einwanderungsgeschichten der jüdischen Zuwanderer aus der Sowjetunion sind keine Geschichten des Auf- oder Abstiegs. Es sind Erlebnisse der sozialen Achterbahn, der freiwilligen sozialen Verstümmelung mit ungewissem Ausgang. Es sind Geschichten der Verformung eigener Sprach- und Kulturidentitäten mit dem ungebrochenen Willen, die migrantische Diskrepanz zwischen der Eigen- und Fremdwahrnehmung zu überwinden und sich so gesellschaftlich zu rehabilitieren.
> Die Spannung zwischen, [sic!] dem, was du über dich und deine Familie weißt und dem, was die Umgebung über euch denkt, ist die schwierigste Prüfung der Immigration. Die buchstäbliche Sprachlosigkeit, in die man sich durch die Einwanderung in ein fremdes Land begibt, macht diese Diskrepanz für viele kaum erträglich: So viel hat man über sich und seine Vergangenheit zu sagen, so wenig kann man dies tun! Und je mehr man mitzuteilen hat, desto schmerzhafter sind die Phantomschmerzen der amputierten Vergangenheit, über die man nicht mal kommunizieren kann. Dies trifft die Älteren besonders hart. Dies trifft aber auch die, für die die eigene Welt die Welt des Intellekts ist und die Sprache die einzige Brücke für die Vermittlung dieser Welt. (Lagodinsky 2009: 135 f.)

Das Wort Nostalgie (dtsch.) / nostalgia (engl.) / nostal'gíja (russ.) stammt vom griechischen *nóstos* – Heimkehr und *algia* – Sehnsucht oder *álgos* – Schmerz. Svetlana Boym definiert sie als “a longing for a home that no longer exists or has ever existed. Nostalgia is a sentiment of loss and displacement, but it is also a romance with one's own fantasy.” (Boym 2001: XIII) Eingeführt bereits im 17. Jahrhundert als medizinische Bezeichnung für das Heimweh, erfährt die Nostalgie einen modischen Höhepunkt im Frankreich des 19. Jahrhunderts, vor allem bei Autoren wie Charles Baudelaire, Arthur Rimbaud und Paul Verlaine. In Deutschland beginnend bei den Romantikern bis hin zu den Autoren, insbesondere den Lyrikern der Jahrhundertwende um 1900. Die Sehnsucht in ihren Werken geht ins Unendliche, sie kann nicht durch ein einfaches Ins-Haus-Treten gestillt werden und bleibt letztlich unerfüllbar.

Nostalgie bezeichnet einen psychischen Zustand, der zum kulturell-gesellschaftlichen Mode-Phänomen werden kann. Während Odysseus seinem Heimatort zustrebt, während Marcel Proust nach der verlorenen Zeit sucht, setzt sich der russische Kultregisseur Andrej Tarkovski im gleichnamigen Film *Nostalgia* (1983) auf eine intensive und melancholische Weise mit den Kulturen zweier Länder – Italiens und Russlands – anhand von Sprachen, (auch religiösen) Symbolen, Kunstwerken, Erinnerungen und Naturbildern auseinander. Moderne Technologien, Globalisierung und Urbanisierung führen einerseits zum Verblassen der topografischen und zeitlichen Grenzen. Andererseits fügen die zahlreichen militärischen und religiösen Konflikte Millionen von Menschen physische und psychische Schmerzen zu und ziehen gleichzeitig schärfere Trennlinien zwischen dem Fremden und dem Eigenen. Es kommt zu einer Neudefinierung grundlegender Begriffe wie Heimat, Herkunft, Identität und auch Nostalgie.

> Großvater schwieg, und ich hatte nicht das Gefühl, daß er von mir eine Antwort erwartete. Seine Worte brachten mir die Erinnerung an das Silberkettchen zurück, um das ich einst meine Freundin Lena aus der Stadt Weißes Grab beneidet hatte. Lena hatte es um den Hals getragen und niemals abgelegt. Es war ein Geschenk ihrer Mutter, drei Anhänger baumelten daran, ein Herz, ein Kreuz und ein Anker; Symbole für die Namen von Lenas Mutter und Tanten: Wera, Ljubow und Nadeschda. Es waren drei Schwestern mit Namen Glaube, Liebe und Hoffnung … (Hummel 2005, 2006: 100)

Petia Genkova bezeichnet die gegenwärtige westliche Kultur als „stark entmystifiziert." (Genkova 2003: 43) Treffen durch die Auswanderungs- und Globalisierungsprozesse zwei Kulturmodelle – exemplarisch Individualismus und Kollektivismus – aufeinander, so entstehen hybride Mischungen aus ausgeprägtem Individualismus mit den Errungenschaften des Kollektivs, seiner (hier russländischen/sowjetischen) Ästhetik, dem Hang zur Mythisierung und Idealisierung.

> Ich wollte am nächsten Morgen fahren, doch Mutter taute schon das Lamm fürs Abendessen auf. Ich traute mich nicht zu gehen. Der zweite Abend wurde melancholisch, meine Eltern saßen auf dem Sofa und erinnerten sich an das Glitzern der Meeresoberfläche in der Bucht von Baku, an die Ausflugsdampfer und die Rostropowitsch-Gastspiele. Es waren fast nur schöne Erinnerungen, die sie aufgehoben hatten. Sie vergaßen absichtlich die Korruption, die Nationale Front und die kilometerlangen Schlangen vor leeren Lebensmittelgeschäften und westlichen Botschaften. Obwohl, die Schlangenerinnerungen erheiterten meine Mutter, genau wie die an das Asylbewerberheim oder an die Strömlinge. Damals bestand der Großteil unserer Ernährung aus ebendiesen Strömlingen und Kaviar, der illegal gefischt und verarbeitet wurde. Allerdings war weder Brot noch sonst etwas verfügbar, bis auf die Strömlinge. Strömlinge sind Süßwasserfische, die wie winzige Heringe aussehen. (Grjasnowa 2012: 54)

Für die Außenstehenden scheinen nach Lotman die alltäglichen Rituale einer Kultur fremd, kodiert, verschlüsselt, archaisch, sie werden verglichen und bewertet, während sie für die Einheimischen zur Norm gehören und ihre Eigenständigkeit und unumstrittene Bedeutung behalten. Die Kulturträger, in diesem Fall die Eingewanderten, ertragen alles in der Wahrnehmung der Außenstehenden Absurde und/oder Schlimme oft mit einer gewissen Leichtigkeit und mit Humor. Dies geschieht durch langjährige Sozialisation in der heimischen Gesellschaft, und die nachhaltige Vermittlung ihrer Normen, Sitten und Werte. Gewinnt man Distanz zur vertrauten Kultur und ihrem Alltagsleben, so nimmt man die kulturellen Besonderheiten äußerst sensibel und deutlich wahr. Gleichzeitig entwickelt sich unbewusst eine Vorstellung der Zugehörigkeit zum eigenen Kulturkreis, wie eine Szene im Roman *Scherbenpark* sehr bildhaft darstellt:

> Die Kinderstimmen sind verstummt. Und da höre ich die Musik, die aus Peters Zimmer durch die geöffnete Tür drängt. Ich kenne diesen Song.
> *Der betrunkene Arzt*
> *hat gesagt,*
> *dass es dich*
> *nicht mehr gibt.*
> *Die Feuerwehr meinte,*
> *dein Haus*
> *ist abgebrannt.*
> „Nein", sage ich. „Du hörst Nautilus Pompilius?"
> „Was soll ich denn sonst hören?" […]
> Ich stehe da, versuche zu atmen, alles zerfließt vor meinen Augen.
> „Du hörst das?" wiederhole ich sinnlos.
> „O Mann", sagt Peter genervt. „Nein, ich höre das nicht. Ich esse das."
> Es ist ein Lied, das wie ein Schlag in die Magengrube ist.
> Es kann nicht sein, dass Peter die längst vergessene Musik einer alten Gothic-Band vom Ural[104] einlegt, denke ich. Meine Mutter hat sie gemocht, sie hat viel Pop und Rock gehört, Chansons und Musicals und Opern, sie hat nie in Schubladen gedacht.
> Wie kann es sein, denke ich, dass Peter in dieser Wohnung, die nach Kohl riecht, […] dass in dieser Wohnung diese Musik gespielt wird? (Bronsky 2011: 184 f.)

Maschas Großmutter stillt im Buch *In einer Nacht, woanders* ihre Nostalgie nach alten Zeiten und den verreisten geliebten Menschen im Gespräch, indem sie viele (auch landeskundliche) Fragen stellt und sich fürsorglich vergewissert, dass es

104 Die Autorin stammt aus Swerdlowsk (heute Ekaterinburg), das im Föderationskreis Ural liegt. Laut Alina Bronsky ist sie „auf der asiatischen Seite des Uralgebirges" aufgewachsen.

ihrer Enkelin und Tochter in der Wahlheimat Deutschland gut geht und dass sie als Großmutter sich keine Sorgen um ihre Enkeltochter machen muss:

> Lange saßen wir abends im Wohnzimmer vor dem Fernseher, und [Großmutter, N.L.] stellte Fragen. Alles wollte sie wissen. Wie wir wohnen, wie groß die Wohnung ist, wie teuer die Wohnung ist, was die deutschen Frauen gerne kochen, ob ich viel lese, ob ich Puschkin und Dostojewski gelesen habe, ob wir in der Schule russische Bücher lesen, was mein Vater macht, ob ich Freunde habe, ob es in Deutschland wahre Freundschaften gibt und ob es stimmt, dass es in Deutschland so wenig Kinder gibt und dass die Deutschen so viel trinken. Kein Wort über Mama bis kurz vor meiner Abreise. (Poladjan 2011: 48)

Die Gespräche drehen sich um Themen, die für die in der Sowjetunion sozialisierten Menschen existenziell sind: Wohnsituation, Essen, Werte und Ideale (wie beispielsweise Freundschaft) sowie Kultur und Bildung. Die geistige und kulturelle Entwicklung ersetzte in der Sowjetunion die materielle Konsumfreude und sättigte zuverlässiger als die kaum zu ergatternden oder oft auch kaum genießbaren Lebensmittel: „Von der ganzen Familie war Oma die am weitesten Gereiste! Immerhin durfte sie einmal in einer Gruppe und unter Aufsicht der Behörden nach Bulgarien. Doch was ist schon Bulgarien im Vergleich zu den Ländern, die sie in ihren Bücherschränken aufbewahrte!“ (Lagodinsky 2009: 132)

Ob Bulgarien mit seinen Stränden oder gar die Stadt der Liebe und des Lichts – symbolische Geschichten und Versprechen des puren Glücks und der Zugehörigkeit zu einer höheren westlichen Kultur umwebten diese Orte: „Deine Lieblingsstadt war Paris, noch so ein verklärtes Überbleibsel aus der Sowjetzeit – ‚Paris sehen und sterben.‘“ (Bronsky 2011: 286 f.) Sascha, die im Laufe des Romans *Scherbenpark* ein schweres Familiendrama erlebt und ihren Reifeprozess rebellisch vollendet, blickt im Monolog mit dem Foto ihrer verstorbenen Mutter auf ihre eigene Kindheit zurück und schlussfolgert: „Reisen als Kind bringt wirklich nichts – man erinnert sich höchstens an die Tauben und an das Eis und wie man mal in der Menschenmenge verloren gegangen ist“ (ebd., S. 287). Im reiferen Alter sei man bewusster und aufnahmefähiger. Sascha „[wirft sich] die Tasche über die Schulter, schieb[t] den Schirm [ihrer] Kappe in den Nacken und [tritt] hinaus in die Sonne“ (289).

Rabinowichs Mischka pendelte dagegen als Kind zwischen den Räumen der Kommunalwohnung und der Datscha – somit zwischen den Sphären der Realität mit dem sie „umgebenden Proletariat“ (Rabinowich 2011: 47) und des für sie von ihrer Familie erschaffenen Märchens – Mischkas Kinderwelt der ‚Hochkultur‘ – hin und her.

> Ich bin unterwegs mit Großmutter Ada. Die Szene ist zeitbeständig. […] Und immer spielen wir.
> Wir spielen alles, was sie mich zuvor gelehrt hat: russische Märchen und klassische Literatur, absurd ineinander vermengt und von mir überarbeitet, in etwa folgender Rollenverteilung: Ich bin das kleine Eichhörnchen und sie ist Herakles. Ich bin Margarita, des Meisters Geliebte, sie ist der böse Wolf. Die Bösewichte bekommt immer Ada ab. Meiner Bildung wegen macht sie zähneknirschend mit, bis ich dem Fass den Boden ausschlage […] Ada stellt gerade Penelope, Odysseus' Frau dar, während ich den heimgekehrten Liebsten gebe, der sich noch nicht zu erkennen gegeben hat – mir die kindliche Bemerkung nicht verkneifen kann, ob sie, Penelope, sich mit ihren Freiern denn nicht allzu sehr erschöpft habe? Meine Großmutter läuft rot an wie nachts die strahlenden Kremlsterne aus Rubinglas. Sogar der alkoholisierte Revolutionsveteran uns gegenüber wird neugierig. (Rabinowich 2011: 46)

Die Rolle der Großmutter Ada gleicht einer Grenze, die die erfundene und schöne Welt des Kindes von der der Erwachsenen trennt und sie gleichzeitig vermischt, indem sie die Neuerzählung und Neuinszenierung der literarischen Werke erlaubt.

In der Literatur kann die Nostalgie auf dieselbe Weise überwunden werden, insofern das Wort die Grenzen zwischen Vergangenem und Gegenwärtigem, der Heimat und der Fremde aufhebt. Exemplarisch sieht man es an den literarischen Anspielungen, Zitaten, Hommagen an die klassischen russischen Werke und ihre Verfasser in den Romanen der russländischen Autorinnen. Die Nostalgie wird durch und im Schreiben ausgekostet und festgehalten.

Haratischwili beginnt ihre beiden Erfolgsromane *Mein sanfter Zwilling* (2011) und *Juja* (2010) mit programmatischen Motti. Das zunächst genannte Buch eröffnet ein Zitat der russischen Dichterin Marina Zwetajewa „*Der Körper des anderen, der einen hindert, seine Seele zu sehen. / Oh, wie ich diese Mauer hasse!*" (Haratischwili 2011: 5) Der Roman *Juja* ist nach dem gleichnamigen Lied der zeitgenössischen russischen Sängerin Zemfira aus dem Album *Vendetta* benannt.

> *Juja / Ein Lied*
> *Ich will nichts, Juja.*
> *Ich bin ausgetrocknet,*
> *Wie eine trockene Pfütze.*
> *Und in meinem Herzen*
> *Ist's leer.*
> *Ist's kalt.*
> *[…]*
> *Und wir müssen den Schmerz*
> *Gemeinsam tragen:*
> *Den gläsernen …*
> *Und auf dem Fluss, wieder die alten Boote*

> *So viel älter als ich,*
> *Aber trotzdem kommt jeder an*
> *Irgendwo*
> *Irgendwo*
> *Irgendwo ... an.* (Haratischwili 2010: 5)

In ihrem letzten, über eintausend Seiten starken Roman *Das achte Leben (Für Brilka)* gedenkt Haratischwili (2014) zu Beginn der einzelnen Kapitel verschiedener russischer Dichter des 20. Jahrhunderts – Sergej Jessenin: *„Sterben –, nun, ich weiß, das hat es schon gegeben / doch: auch Leben gab's ja schon einmal"* (1165), Joseph Brodsky: *„ Aus blinden weißen Augen Tränen gießend, / Werd ich als Wasserstrom zum Himmel schießen"* (545) und dessen in den USA bis 2017 lebenden und kürzlich verstorbenen (einst) Rivalen Jewgenij Jewtuschenko: *„Das Blut fließt über die Diele, in Bächen. / Gestank von Zwiebel und Wodka, / die Herren Stammtisch-Häuptlinge lassen sich gehn"* (457). Auch dem berühmten russischen Liedmacher, Schauspieler und Sänger Wladimir Wissozkij stattet sie ihren Tribut ab: *„ Wir waren doch die ersten in der Schlange! / Doch die, die nach uns kamen, essen schon!"* (731) Auch in diesem Roman begegnet uns die Strophe von Marina Zwetajewa:

> *Es war ein Schloss: / rosarot wie die Wintermorgenröte/*
> *Groß wie die Welt, alt wie der Wind. / Wir waren Töchter*
> *Fast eines Zaren, / fast Zarentöchter ...* (Haratischwili 2014: 941)

Grjasnowa zitiert Anton Tschechow und inszeniert, intertextuell und ein wenig ironisch, ihren Debütroman *Der Russe ist einer, der Birken liebt* (2012) als Fortsetzung einer Passage aus dessen Theaterstück *Drei Schwestern*: „Hier ist ein gesundes, slawisches Klima. Wald und Fluss … und dann gibt es auch Birken. Die lieben, bescheidenen Birken, ich liebe sie mehr als sonst alle Bäume." (Grjasnowa 2012: 5) Alina Bronsky schließlich gibt im *Scherbenpark* (2008) eine ausführliche Nachhilfestunde zur russischen Lyrik und Geschichte des 20. Jahrhunderts:

> „Ich habe übrigens ein Gedicht für dich geschrieben", entgegnet Felix darauf […].
> „Weil du ja so eine Gebildete bist. Hör zu." […]
> ‚Lass uns zusammen in der Küche sitzen,
> Wo süßlich riecht das weiße Kerosin,
> Lass uns die Sushi-Kiste öffnen
> Und eine ganze Flasche Gin,
> Und dann die schweren Koffer packen,
> Und zwar so richtig brechend voll,
> Die Flügel anschnallen und abheben
> In Richtung südliches Atoll.'
> […] „Red keinen Scheiß. Das ist doch eine Parodie auf Mandelstam."

„Auf welchen Stamm?"
[…] „Das ist übrigens ein ziemlich bekanntes Gedicht. […] Hier ist es:
‚Lass uns zusammen in der Küche sitzen / Und süßlich riecht das weiße Kerosin.'
Aber weiter geht es natürlich nicht um Sushi, sondern um ein scharfes Messer, ein Laib Brot und Stricke und Körbe …" […] / „Und dass sie abhauen wollen. Dass sie zum Bahnhof wollen. Wahrscheinlich haben sie Angst davor, verhaftet zu werden. Es ist aus dem Jahr 1931." (Bronsky 2011: 168 ff.)

Die Mutter von Bronskys Sascha war in der russischen Prosa bestens zu Hause und verehrte Michail Bulgakows Roman *Der Meister und Margarita*, der nicht explizit genannt, aber beinahe wörtlich zitiert wird:

Aber dann fällt mir wieder ein, dass meine Mutter ebenfalls oft bei Oleg gesessen und gelacht hat und dass er ihr oft ihre Lieblingszitate vortrug – von Pontius Pilatus, dem Prokurator von Judäa, der angetan mit einem blutrot gefütterten weißen Umhang mit schlürfenden Kavalleristenschritten im Säulengang erschien und furchtbare Kopfschmerzen hatte, oh Götter, wofür straft ihr mich? (Bronsky 2011: 248)

Kurz, die Worte einer Protagonistin von Nino Haratischwili treffen sehr genau die (persönliche) Wahrnehmung der russländischen Schriftstellerinnen in den Werken, die von 2005 bis 2012 erschienen sind: „7. ICH (2005) / Ich schreibe, bin weiblich, jung und komme aus einem exotischen Land. Nein, ich bin nicht berühmt […], lebe in einem fremden Land und habe eine Art Sinnkrise." (Haratischwili 2010: 40) Verbindend sind vor allem die gemeinsame Sprache der neuen Heimat sowie der literarische Erfolg. „Wir sprechen und schreiben die Sprache unserer neuen Heimat, und unsere Eltern haben sich auf dem Arbeitsmarkt durchgekämpft. Wir entdeckten die verschollenen schweizerischen Verwandten und sprechen bei unseren Familientreffen Deutsch – die einzige Sprache, die uns alle verbindet." (Lagodinsky 2009: 137)

Statt eines Fazits

Ein Russisch sprechendes Deutschland ist ein Russland, in dem es gut ist; wenn es nur möglich wäre, so in Russland zu leben, würde niemand es verlassen!
Julia Bernstein *Vom Umgang mit dem Kapitalismus. Russische Läden in Deutschland*

Bronsky, Grjasnowa, Haratischwili, Hummel, Poladjan und Rabinowich schaffen in vielen Einzelheiten, Episoden und Figuren ihrer Romane eine gelungene, ausführlich bemessene und unterhaltsame literarische Enzyklopädie des Lebens in der Sowjetunion mit ihren Gegebenheiten, kulturell-historischen Symbolen und kollektiven Erinnerungen. Daniela Strigl beobachtet in ihrer Rezension zu Recht, dass Olga Grjasnowa „[o]ffenkundig [...] von Sachen, Ländern und Menschen [erzählt], die sie gut kennt.“ (*F.A.Z.* am 09.09.2014) Der Nobelpreisträger und Exilant Joseph Brodsky sah in etwas Unfertigem, einer Unterbrechung (wie sie beispielsweise Migration mit sich bringt) eine besondere Quelle der Erinnerungskraft und den Ursprung der Geschichte(n):

> Teils weil wir von den Mythen in unserer Kindheit erfahren, teils weil sie der Antike angehören, sind sie integraler Bestandteil unserer privaten Vergangenheit. Und gegenüber unserer Vergangenheit verhalten wir uns normalerweise entweder ablehnend oder verklärend, denn wir werden nun nicht mehr von jenen Geliebten oder Göttern herumgescheucht. Daher die bannende Macht der Mythen über uns; daher ihre vernebelnde Wirkung auf unsere Privatakte; daher zumindest das Eindringen selbstbezüglicher Sprachwendungen und Bilder in das vorliegende Gedicht. (Brodsky 1996: 140)

Wendet man sich kontrastiv dem Schaffen der zeitgenössischen jungen Literat/innen aus Russland zu – einer „Generation von Hochbegabten“ (*Das schönste Proletariat der Welt* 2011: 5), die auf Russisch schreiben, so erscheinen sie als vom sowjetischen Erbe in jeder Hinsicht freie Menschen,

> verspüren keine Nostalgie, sie haben keine Sympathie für den Teil der Gegenwartskunst, der aus dem Sowjetischen einen Trend machen möchte. Sie kämpfen aber auch nicht gegen die sowjetische Vergangenheit, wie es die ältere Schriftstellergeneration tat, die diesem Kampf ihre ganze Kreativität widmete.
> Die neuen Autoren schreiben einfach über das, was sie umgibt. Und dieses „einfach“ ist sehr wichtig. Denn erst diese – die jüngste – Generation russischer Prosaschriftsteller kann sich voll und ganz auf die Gegenwart konzentrieren. Ohne Übertreibung lässt sich sagen, dass dies die unmittelbarste, die aufrichtigste Literatur ist, die Russland seit dem Oktoberumsturz 1917 hervorgebracht hat. (Slawnikowa 2011: 5)

Umso wichtiger ist als Ergänzung das von den als Kinder aus den Sowjetrepubliken ausgewanderten russländischen Autorinnen geschilderte und gespeicherte Material, ein konserviertes kollektives Gedächtnis und die erinnerte Sammlung des Sowjetlebens. Mein ethnografisch skizzierter Exkurs erhebt nicht den Anspruch auf Vollständigkeit, verfolgt aber das Ziel, an die Ästhetik und Herkunft der sowjetischen Symbolik zu erinnern und sie zu erläutern. Denn das bessere Verständnis der Vergangenheit und Gegenwart ermöglicht nicht nur den leichteren Zugang zu den literarischen Werken, sondern auch, die eigene Verbundenheit mit ihnen zu begreifen, denn „[d]ie Geschichte“, schreibt Lotman, „die sich in einem Menschen widerspiegelt, in seinem Leben, seiner Lebensweise, seinen Gesten, ist von gleicher Gestalt wie die Geschichte der Menschheit. Die eine spiegelt sich in der anderen wieder, und die eine wird durch die andere begriffen.“ (Lotman 1997: 430) Zudem schließt die kulturelle Vertrautheit die Neigung zu Verallgemeinerungen, zur Klischeebildung und Vorurteilspflege aus, sie lädt stattdessen zu einem (kritischen) Dialog und zu gemeinsamen kollektiven Erinnerungen ein. Kurz:

> Was vom Körper galt, nämlich daß man keine Erinnerung aus ihm herausziehen kann, gilt nicht mehr für das System unserer aktuellen Vorstellungen; diese in Verbindung mit bestimmten alten Vorstellungen, die uns das Buch selbst ja reichlich liefert, genügen in bestimmten Fällen, wenn nicht eine Erinnerung wieder zu schaffen, so doch zumindest ihr Schema zu zeichnen, das für den Geist ihr Äquivalent ist. (Halbwachs 1985: 136)

Teil III Von fehlenden Eltern, tapferen Töchtern, nomadischen Migrationsbiografien bei Bronsky, Grjasnowa, Haratischwili, Hummel, Poladjan und Rabinowich. Exemplarische Textanalysen

Natürlich, ein Frauenzimmer!
Thomas Mann *Der Zauberberg*

In diesem dritten und abschließenden Teil meiner Arbeit verfolge ich zwei Ziele – zum einen möchte ich einen ersten systematischen Überblick über die typischen Themen und Motive geben, die in den frühen Büchern der Autorinnen vorkommen und in jedem Roman eine Rolle spielen – ob es die Identitätssuche der weiblichen Hauptfiguren ist oder die Darstellung der Grenze(n) und der Gewalt; die Rolle der (fehlenden) Mutter und die konservierten Erinnerungen, oder schließlich die Gestaltung der erzählten und erinnerten Räume und die Suche nach einem eigenen Schreibstil. Ich verstehe dies als eine Art Bestandsaufnahme der ersten literarischen Texte, mit denen die jungen deutschsprachigen Literatinnen aus der ehemaligen Sowjetunion die vergangene und die neu angebrochene Epoche zu gestalten suchen. Zum anderen wird dieses thematische Spektrum exemplarisch auf Aspekte begrenzt, die für jedes einzelne Werk besonders charakteristisch sind.

Die erwähnten Schwerpunkte erinnern an Tendenzen der deutschen Frauenliteratur der 1970er Jahre (vertreten beispielsweise von Katja Behrens, Verena Stefan, Karin Struck, Christa Reinig, Jutta Heinrich, Brigitte Schwaiger, Herrad Schenk und Irmtraud Morgner). Deren Texte galten damals der Identitätsfindung, der Auseinandersetzung mit der Mutter, mit Natur, mit Gewalt und Krieg. „Es war das erste kollektive Heraustreten des weiblichen Ich aus einer langen Geschichte des Schweigens, der Anpassung und Assimilation, der notgedrungenen Subversion, dem Diskurs der Unterwanderung (*double-bind-discourse*)." (Kroll 2010: 49 f.) Wenn dieses ‚revolutionäre' Heraustreten vor allem aus dem männlich dominierten Diskurs geschah, so lässt sich der literarische Durchbruch (mit sowjetischem Flair) von Bronsky, Grjasnowa, Haratischwili, Hummel, Poladjan und Rabinowich in erster Linie als Bruch mit der migrationsbedingten Verschwiegenheit und Verarbeitung erlittener Traumata verstehen.

Nicht zufällig sind deren Figuren meist moderne Nomadinnen, die heterotope und Transit-Räume durchqueren, sich gedanklich oder real in den Orten des ehemaligen Sowjetimperiums verkehren und dort bis an ihre Grenzen gehen, sich stets auf der kreisenden Suche[105] nach Orientierung für ihr eigenes Ich und weiteres Leben befinden. Die Auseinandersetzung mit den Tatsachen der neuen und mit Erinnerungen und Gewohnheiten der alten Heimat, die grammatisch gesehen auch weiblichen Geschlechts und literarisch untrennbar von der Präsenz der (Groß-)Mutter ist, wird für jeden dieser Romane charakteristisch. Die Lösung von der Heimat, von Kindheit und Jugend, vom Vergangenen, und weitere – nicht zuletzt durch Todesfälle endende – Trennungen (auch vom alten Ich) formen neue und zeitadäquate mobile Identitäten – meistens ortlos und oft verwirrt, doch am Ende stark, selbst- und zielbewusst. Die Grenzsituationen bilden gleichzeitig biografische und handlungstragende Aspekte, die die Eigenschaften der Protagonistinnen in kritischen Situationen aufzeigen und/oder formen.

Mit ihren Figuren bedienen sich die Autorinnen, erzähltheoretisch gesehen, diverser narrativer Genres, von Adoleszenzroman bis zu Elementen des – vor allem russischen – Märchens, vom Schelmenroman bis zur Autobiografie mit fiktionalisierten Elementen. Bemerkenswert, aber nicht weiter verwunderlich ist, dass Erstlingswerke als Ich-Romane mit starker Intertextualität und literarischer ‚Archivierung' autofiktiver Episoden angelegt sind.[106] So können wir von einer

---

105 „Die zyklische Auffassung bezieht sich auf eine Dauer, die nicht auf die einzelne Person fixiert ist. Zyklen zu erfahren bedeutet ja, wie bereits dargestellt, die Zeit nicht nur als lineares Geschehen aus Werden und Vergehen zu erleben, sondern auch als ständige Wiederkehr der Tages- und Jahreszeiten, der Sonnen- und Mondperioden, der Kreisläufe des vegetativen und sonstigen Lebens. / Die zyklische Zeit ist die organische Zeit. Wer sich auf sie einlässt, ist bereits dabei, den individuellen Lebensprozess zu transzendieren, indem er das befristete eigene Leben als Epoche eines übergreifenden Lebensprozesses versteht." (Safranski 2015: 246)

106 Neuere Diskussionen um das Autobiographische haben ihren Beginn sowie ihre Hauptkristallisationspunkte vor allem in den siebziger Jahren beispielsweise anhand der Werke von Christa Wolf, Elias Canetti, Thomas Bernhard, Max Frisch gefunden (vgl. Wagner-Egelhaaf 2000: 190; Schenk 2012: S. 394–495). Gleichzeitig auf- und verarbeiten eine Reihe der ost- und westdeutschen Autorinnen (wie Karin Reschke *Memoiren eines Kindes* [1980], Katja Behrens *Die dreizehnte Fee* [1985], Rita Kuczynski *Wenn ich kein Vogel wär…* [1990], Angelika Mechtel *Wir sind arm wir sind reich* [1977] oder Helga M. Novak *Die Eisheiligen* [1979]) in den 70er und 80er Jahren ihre Kindheitserinnerungen am Ende des Zweiten Weltkriegs und in Nachkriegsdeutschland. Da sie während des Krieges oder unmittelbar danach geboren wurden, bleiben die autobiographischen Züge und Zusammenhänge in ihren

literarischen Amalgamierung sprechen, entstanden aus Motiven, Ereignissen und Orten, die denjenigen der erlebten historischen Realität analog sind.

Besonders deutlich tritt dies Phänomen in *Die Fische von Berlin* (2005) und *Die Venus im Fenster* (2009) von Hummel sowie in *Spaltkopf* (2008) von Rabinowich hervor, die stark autobiografische Züge aufweisen. Um diese Werke geht es ausführlicher im ersten Abschnitt (3.1) dieses Teils. Danach widme ich mich der literarischen Inszenierung von Zeit und Raum in Bronskys *Die schärfsten Gerichte der tatarischen Küche* (2010), bei Poladjan in *In einer Nacht, woanders* (2011) und in Rabinowichs *Die Erdfresserin* (2012). In diesem Abschnitt (3.2) werden die Romane vor allem nach chrono- und topografischen Kategorien unter folgenden Fragen gelesen: Wie wird die Raum- und Zeitwahrnehmung der Protagonistinnen fiktional umgesetzt? Wie realitätsgetreu werden (und vor allem: welche) Orte und Räume dargestellt? In welchen Situationen und mit welcher Intention? Was geschieht mit den Grenzen? Welche werden überschritten – und wie oft? In welchem Verhältnis steht dazu die geschilderte Zeit?

Anschließend (Kapitel 3.3) analysiere ich die literarische Funktion der fehlenden Mutter – mit allen dazugehörigen Erscheinungen und Konsequenzen in dem Adoleszenzroman *Scherbenpark* (2008) und dem Jugendroman *Spiegelkind* (2012) von Bronsky unter Berücksichtigung der intertextuellen Bezüge und Märchenelemente. Besonders interessant sind dabei die Rolle der weiblichen Ersatzpersonen sowie die teilweise erzwungene Übernahme der Frauenrolle durch heranwachsende Protagonistinnen. Sie beweisen dabei oft mehr praktisches Wissen, Lebensweisheit und Handlungskompetenz, als ihre verträumten, naiven und gutmütig sich aufopfernden Mütter.

Überträgt man dieses Schreibmotiv auf die im ersten Teil beschriebenen historisch-realen Migrationsverhältnisse und Familientraumata, so dient dies literarische Mutter-Tochter-Verhältnis einerseits einer anschaulichen ‚Bestandsaufnahme' der familiären Rollenverschiebung sowie der ungewollten Unmündigkeit der Frau und Mutter in der Fremde, die für sie ‚fremd' bleibt – im Gegensatz zu ihren im Einwanderungsland aufwachsenden Kindern. Andererseits zeigen sich auch mögliche Entwicklungswege, die dem metaphorischen Tod, der Nicht-Präsenz zu entkommen helfen. Dadurch verstetigt sich ihre gewachsene Souveränität als Migrantin, Frau und Mutter auf einer anderen Ebene.[107]

Büchern unverkennbar. Sie werden zu Sprecherinnen einer ganzen Generation der in den Jahren zwischen 1939 bis 1946 Geborenen.

107 In ihrem neusten Sachbuch mit sprechendem Titel *Die Abschaffung der Mutter. Kontrolliert, manipuliert und abkassiert – warum es so nicht weitergehen darf* (2016) sprechen Bronsky und Wilk über die für das Kind und die Gesellschaft alarmierend

Auch die Romane *Der Russe ist einer, der Birken liebt* (2012) von Grjasnowa und *Mein sanfter Zwilling* (2011) von Haratischwili, die im Kapitel 4 ausführlicher besprochen werden, behandeln die Diversität und Funktionen der matriarchalen Gestalten in der Familie. Topografisch gerahmt wird dieses Thema meist in der Küche als Mittelpunkt der Erzählung und Erinnerung. Es sind vor allem Erinnerungen, die die Romanfiguren mit ihren (traumatischen) Familiengeschichten sowie ihrer weiblichen Sexualität in den Kontexten der sich nähernden globalisierten Gewalt intensiv auseinandersetzen lassen. Dabei geht es nicht zuletzt um die Dehnung der persönlichen kulturellen, sprachlichen, zwischenmenschlichen und topografischen Grenzen.

So führen die Autorinnen unter persönlichem Blickwinkel Chroniken der gegenwärtigen Epoche, indem sie auch politisch-historische, oft von den Medien verschwiegene Gründe für manche historisch-sozialen und geopolitischen Folgen in Erinnerung rufen.[108] Diese Aufarbeitung vergangener Ereignisse setzt thematische Schwerpunkte, die aus heutiger Sicht wenn nicht prophetisch, so doch sensibilisierend waren, indem sie Tendenzen und Konsequenzen des Globalisierungsprozesses thematisieren. (Die Auseinandersetzung mit aktuellen (geo-)politischen und gesellschaftlichen Erscheinungen lässt sich beispielsweise in Grjasnowas neuesten Romanen *Die juristische Unschärfe einer Ehe* [2014] und *Gott ist nicht schüchtern* [2017] beobachten, die Tabuisierungen im Umgang mit Homosexualität oder die Frage der Flucht und Migration schildern.)

Im Zentrum jedes Romans steht eine meist kluge und belesene, starke und suchende Ich-Erzählerin, die ihre soziale Randexistenz oder Andersartigkeit durch Fleiß, Courage und Liebe auf ihre Art erfolgreich bewältigt und somit zu ihrem wahren Ich, und meist zu einer Orientierung für ihren weiteren Lebensweg findet.

---

reduzierte Rolle der Mutter in der Bundesrepublik Deutschland. Sie liefern eine umfangreiche vergleichende Analyse mit guten Beispielen und historischen Exkursen zur Situation in den Nachbarländern.

108 So werden beispielsweise Grjasnowas Romane „in der Kritik immer wieder für ihre zeitgeschichtliche Relevanz, ihre politische Haltung und analytische Beobachtungen gelobt." http://www.openmikederblog.de/2016/08/31/wir-muessen-reden-mit-olga-grjasnowa/, abgerufen am 28.01.2017.

3.1 Autobiografisches Schreiben und Erinnern in Eleonora Hummels *Die Fische von Berlin* (2005) und *Die Venus im Fenster* (2009) sowie Julya Rabinowichs *Spaltkopf* (2008)

> Die Menschen sind, an was wir uns von ihnen erinnern. Was wir Leben nennen, ist letztlich das Flickwerk der Erinnerung eines anderen. Mit dem Tod löst es sich auf, und am Ende steht man da mit zufälligen, unzusammenhängenden Fragmenten.
> Joseph Brodsky *In memoriam Stephen Spender*

Hinter dem Phänomen des autobiografischen Erzählens – dem „Antrieb, Tatsachen zu erzählen" – stehen laut Günter de Bruyn mehrere Faktoren oder „Stränge", „unter denen der exhibitionistische […] wohl der unbedeutendste ist". Erstens ist da die Notwendigkeit, sich mit dem eigenen Leben und Ich gründlich und kritisch auseinanderzusetzen; zweitens geht es um die Ergründung und Archivierung der historischen Kontexte, in die das eigene Leben eingebettet ist. Dabei entsteht „aus dem Einzelfall so etwas wie eine Geschichtsschreibung von unten". Drittens handelt es sich um die Ambition einer literarischen Umrahmung, die den „bloßen Tatsachen" literarische Konturen verleihen soll. De Bruyn verweist darauf, dass die innerliterarischen Grenzen hier fließend bleiben, „sei es, weil der autobiographische Roman es mit dem Romanhaften nicht so genau nimmt, oder weil die Autobiographie auch Fiktives nicht scheut." (De Bruyn 1995: 18 ff.)

Dieses Kapitel verfolgt also nicht das Ziel, die Spreu von Weizen zu trennen und das von Hummel oder Rabinowich Erzählte auf biografische Wahrheit[109] zu überprüfen; solche diskursirrelevanten Mühen würden wohl eher in der Arbeitsschleife eines Sisyphos enden.[110] Laut Serge Doubrovsky sind *autofiktionale*

109 Dass es sie gibt bleibt zweifellos. In einem Interview antwortet Rabinowich auf die Frage nach den Quellen ihres literarischen Schaffens „aus eigenen Gefühlen und Erfahrungen" positiv: „Natürlich schöpfe ich aus meinen Erfahrungen. Auch im Sinne der Authentizität. Es wäre wirklich schade, diesen Pool an Erlebnissen links liegen zu lassen. Auch wenn man sich natürlich weiter von sich hin zum Anderen bewegt: ein gewisser Anteil ist immer dabei. Man wiederholt ja seine traumatischen Erlebnisse gern (lacht)." Siehe: http://derstandard.at/1226396889022/Interview-Dann-haetten-wir-bald-viele-Wuerstelstand-Literaten, abgerufen am 08.09.2016.

110 Der Kunsthistoriker Stoichita bemerkt in seinem Werk *Das selbstbewusste Bild* radikal, dass jedes (auch wohl literarische) Selbstporträt „einen Mechanismus der Paradoxie ins Werk" setzt. (Stoichita 1998: 240) Und auch Paul de Man (1993: 133) spricht nicht von einer „Frage von Entweder-Oder", sondern von einer ganzen ‚Grauzone', die „unentscheidbar" ist.

Texte per se „nicht Autobiographien, nicht ganz Romane, gefangen im Drehkreuz, im Zwischenraum der Gattungen, die gleichzeitig und somit widersprüchlich den autobiographischen und den romanesken Pakt geschlossen haben." (Doubrovsky 2008: 126)

Die Autobiografie-Forscherin Martina Wagner-Egelhaaf geht einen Schritt weiter und hebt hervor, dass Autorinnen und Autoren, die heute autofiktionale Texte schreiben, sich nicht mehr der Entweder-oder-Maxime des Fiktionalen und/oder Wirklichen bedienen: „Der Text ist autobiographisch ohne sich als Autobiographie zu verstehen bzw. als solche gelesen werden zu wollen." (Wagner-Egelhaaf 2006: 361 ff.)

So gibt das autobiografische Schreiben aus heutiger Sicht nie das ‚tatsächliche' Bild wieder. Es enthält – ob gewollt oder ungewollt – Fälschungen, auf jeden Fall Verschiebungen und Änderungen: „In der Zeit des Schreibens wurde ich gezwungen, das Fühlen neu zu entdecken. Wie Menschen, die nach einem schweren Unfall das Gehen oder Sprechen neu lernen." (Haratischwili 2014: 1264) Autobiografie ist eine in unterschiedlichem Maße und unterschiedlich stark intendierte Autofiktion. Die dort geschilderte biografische Wahrheit bleibt für den Wert des Textes nicht primär.

Wer das Leben ‚getreu' beschreiben möchte, bleibt Sklave seiner/ihrer Erinnerung. Es ist daher keine objektive Wiedergabe, sondern wird strukturiert nach Gesetzen: Etwas wird vergessen und etwas anderes erinnert. Eine natürliche Verschiebung der Erinnerungen vollzieht sich. Dinge, die man nicht mehr rekonstruieren kann, ersetzt man. Die entstandene Lücke wird durch Fiktion oder Fragen geschlossen.

> In der Erinnerung strukturieren wir unsere Wahrnehmungen nach kulturell verfügbaren Mustern. […] Im Gegensatz zu einer ‚tatsächlichen' Wahrheit dient dabei […] vielmehr das Kriterium, inwiefern sich diese ‚narrative truth' in die Gesamtgeschichte einfügt und bekannten narrativen Mustern entspricht. (Nadj 2003: 216 f.)

Autobiografisches Schreiben dient als insofern narratives Modell, als Technik oder ‚Verfahren'. Moderne Autorinnen und Autoren (man denke nur an Walter Benjamins *Berliner Kindheit um neunzehnhundert*) gehen mit ihren Texten freier als ihre Vorgänger um. Die literarische Postmoderne steht gar im Zeichen der Verschweißung der Gattungen, einer Verschiebung des Interesses vom Deskriptiven hin zur reflektierenden und konstruierenden Beschreibung – also zu einem dezidierten poetischen Schreibprozess –, was weiterhin zum Verschwimmen und Verschwinden der Grenze zwischen Fiktion und Faktischem führt.[111]

111 Die interkulturelle Literatur, nicht zuletzt die im Rahmen der vorliegenden Arbeit analysierten Romane weisen zahlreiche autobiographische (Be-)Züge auf, wodurch

Eleonora Hummels Debütroman *Die Fische von Berlin* (2005) schildert Kindheitserlebnisse des zu Romanbeginn zwölfjährigen Mädchens Alina Schmidt. Die Ich-Erzählerin, deren Name mit der der Autorin in seinem ‚typisch deutschen' Klang übereinstimmt, beschreibt hier die Geschichte ihres Lebens – so behauptet sie – als sowjetisches Kind und Jugendliche, im Nachfolgeroman *Die Venus im Fenster* (2009) dann als erwachsene Frau, die in Dresden lebt. Zunächst berichtet Alina retrospektiv vom langwierigen Weg ihrer sowjetisch-deutschen Familie in die ersehnte historische Heimat – wo Alinas Großvater, „ein hochgewachsener, schweigsamer Mann mit einer Glatze, die wie poliert aussah" (Hummel 2005, 2006: 8), einmal „große Fische" gefangen hatte. Es sind Großvaters Erinnerungen und Erzählungen (oft beim Angeln zu zweit), die seine Enkelin am meisten faszinieren.

Einführend spricht die erwachsene Stimme der zunächst unbenannten Ich-Erzählerin in Präsens – wie aus dem Off:

> „Selbst heute verläßt mich nicht das Gefühl, daß zwischen dem, der mein Großvater war, und mir etwas unausgesprochen geblieben ist. An manchen Tagen ist dieses Gefühl nur unterschwellig da, an anderen drängt es empor an die Oberfläche. Es scheint mir dann ganz nah, und doch weiß ich nicht, wie es sich greifen ließe." (Hummel 2005, 2006: 7)

Dieser Gemütszustand sowie der Versuch, Vergangenes einzufangen, ähneln dem Verhalten und Angeln der Fische, die bei bestimmten Wetterbedingungen unter- oder auftauchen und nur mit großem Geschick zu greifen sind. Nicht zufällig sind diese Wasserwesen titelgebend und bilden das zentrale Motiv des Romans, das bis zum Ende – wie eine Rahmenkonstruktion – durchgehalten wird. Der Roman endet mit einer rückblickenden Rahmung, in der die erwachsene Alina (stellvertretend für ihren Großvater) einen See findet, mit dem ihn möglicherweise sehnsüchtige Erinnerungen und die entscheidende Lebenswendung verbunden haben. Es heißt da:

> Zwei Angler saßen auf Klapphockern einträchtig nebeneinander. Beide trugen Regencapes, aber es ließ sich erahnen, daß der eine älter war als der andere, Vater und Sohn konnten es sein.
> Ich blieb stehen, das Bild erinnerte mich an ein anderes, das viel älter war. Ich versuchte mich zu erinnern, was mir Großvater über das Angeln erzählt hatte, über die Vorzüge

sich offensichtlich die Zuordnung diesem Genre anbietet. Beim näheren Betrachten lässt sich Autobiographisches – im Mikro- und Makrokontext – als eine von mehreren Genrekomponenten feststellen. Somit kann man neben den sprachlichen und kulturellen, ethnischen und nationalen, topografischen Hybriditäten in der interkulturellen Prosa auch von gattungstheoretischen Grauzonen sprechen.

> verschiedener Köder und welcher Fisch bei welcher Witterung am besten anbieß. Viel war nicht hängengeblieben, und fragen konnte ich ihn nicht mehr … (Hummel 2005, 2006: 222)

Das reale Bild der Angler wird zum literarischen Sinnbild der Erinnerung und des Dialogs der Generationen, im Laufe dessen das ‚Herausfischen' von (vermutlich) geschehenen Ereignissen im Prozess des Erzählens, Zuhörens, Nachfragens und Erinnerns zustande kommen. Sie werden auf diese Weise aktiviert und archiviert, in der Geschichtsspirale gespeichert und weitergeführt. Die Handlung spielt wieder in Berlin, wohin sich Alinas Großvater ein ganzes Leben so sehnsuchtsvoll hingezogen fühlte, und das seine Enkelin erst im Laufe ihrer Migration ins Land ihrer Ahnen[112] erreicht hat. Die drei Punkte am Satzende können dabei in vielerlei Variationen emotional sowie erzählerisch ausgelegt werden. Das Familiengedächtnis endet; dadurch entsteht eine Lücke, wenn man niemanden mehr fragen kann, wie es etwas ‚tatsächlich gewesen' ist. In der Erzählung hilft in solchen Fällen die Fiktion.

Im Roman *Die Fische von Berlin* sind Alina und ihr (wie sich herausstellt ‚falscher') Großvater Eduard Bachmeier die Hauptfiguren.

> Jahr für Jahr ging ich sonntags den gleichen Weg zu seinem [Großvaters, N.L.] Haus. In meiner Erinnerung gibt es keinen Sonntag, an dem nicht Großvater am Ende meines Weges die Tür geöffnet hätte; Großvater mit seiner seltsamen Leidenschaft fürs Heizen und Angeln, für Fische und Öfen. (Hummel 2005, 2006: 7)

An einer anderen Stelle erfährt Alina, dass ihr Großvater 1957 die ‚Familienverpflichtungen' für den toten Bruder übernommen hat. „Wir redeten nicht viel. Sie [die Schwägerin, N.L.] hatte von meinem Kommen gewußt und ließ mich bleiben. Geheiratet haben wir nicht. Wir trugen denselben Namen, niemand zog die Verbindung in Zweifel, und geändert hätte sich durch eine Ehe auch nichts." (Hummel 2005, 2006: 213)

Hier wird eine fast hundertjährige, für viele Russlanddeutsche typische Familiengeschichte erzählt, über die heutzutage „nicht viel geredet wird" – in Russland ist sie inzwischen vergessen[113] oder verschwiegen, und in Deutschland weiterhin

---

112 Denn es war Katharina die Große, die vor zweihundert Jahren „in weiser Voraussicht ein Goldrubelkonto in der Schweiz angelegt haben" sollte – für die Rückreise ihrer Landsleute, „wenn sie eines Tages nicht mehr in Rußland bleiben konnten oder wollten." (Hummel 2005, 2006: 130 f.)

113 „Ob als eigenwillige Dekoration oder aus Vergeßlichkeit lag in der Geschäftsauslage neben buntbemalten Matrjoschkas eine Zigarettenschachtel. Erst auf den zweiten Blick erkannte ich die Marke. Belomor. Lange wußte ich nicht, wofür dieses Wort

kaum bekannt. Im Reigen von (Ver-)Schweigen, Fragen, Zuhören, Nachfragen, Erzählen, Beobachten und ‚Aufschreiben' (bzw. literarisch verarbeiten) entsteht ein umfassendes Bild menschlicher Schicksale, ein Stück dramatischer und traumatischer russland-deutscher und sowjetischer Geschichte. Angeln konnte der Großvater vor allem in Berlin, wo er durch die Wirrungen des Zweiten Weltkriegs als Russlanddeutscher mit Deutschkenntnissen ankam:

> Als ich in letzter Minute auf irgendeinem Provinzbahnhof auf einen Waggon aufsprang, hatte ich keine Ahnung, wo er halten würde. Es war nur sicher, daß er nicht nach Osten fuhr. / Die Endstation war Berlin. Keiner fragte mich etwas, niemand hielt mich auf. Ich wanderte durch die Hauptstadt, ein Flüchtling unter vielen, auch welchen aus dem Warthegau. Ich lief ihnen nach. Ein Bauer nahm mich mit, zum Arbeitsdienst in der Landwirtschaft, ein Witwer, wortkarg und alt, die Söhne waren an der Ostfront. Eine Tochter war ihm geblieben, unverheiratet, weil's nicht genug Männer gab. / Der Hof lag in der Mark Brandenburg. (Hummel 2005, 2006: 172)

Holz fällen, Öfen bauen und heizen musste er in einem Lager als erklärter Deserteur danach: „Bald kamen Gerüchte über Zwangsrepatriierungen auf. Die Sowjetorgane machten Jagd auf Sowjetbürger, ehemalige / gewesen oder auch nicht, spürten sie auf, steckten sie von der Straße weg in Lager hinter Stacheldraht, die Sammelstellen für Heimkehrer hießen" (174). Eines Tages wird auch der Großvater von Männern in Zivil abgeholt: „Sie stellten mich vor ein Militärtribunal. Die Anklage lautete auf Vaterlandsverrat, das Urteil erging schnell, binnen Minuten. […] Der Satz, der meine Zukunft ausmachte, bestand aus drei Wörtern: Fünfundzwanzig Jahre Zwangsarbeit" (175).

Es ist die sowjetische Realität mit wie nebenbei erwähnter und erinnerter Knappheit der Ware und Kleidung, die man fürsorglich „viel zu groß", für die Zukunft kaufen und tragen (oft nachdem sie den älteren Geschwistern klein wurde) musste. Oder an einer anderen Stelle heißt es mit historischer Präzision:

> Dann passierte etwas. Der Frühling 1953 kam. […] Aus den Lautsprechern drang eine tränenerstickte Stimme zu uns. Was sie sagte, war ungeheuerlich: Der Vater aller Völker und Nationen, Genosse Stalin, war tot. / Er, der unsterbliche, gottgleiche Pharao, das Sonnengestirn, um das unser Staat kreiste, hat nur um ein Jahr die Fertigstellung des Museums seiner Unsterblichkeit überlebt. Hilflos soll er die letzten Tage in seinem Bett gelegen haben, und keiner der treuen Hausgenossen hatte sich getraut, einen Arzt zu holen, denn die Leibärzte des Kreml, die besten Ärzte des Landes – waren das nicht

---

steht. Der Ostsee-Weißmeer-Kanal. Erbaut von Volksfeinden, an die nichts erinnert außer einer Zigarettenmarke. Vielleicht waren die Farben auf der Packung jetzt kräftiger im Vergleich zu damals, als ich sie fast täglich in Großvaters Händen gesehen hatte, aber sonst…" (Hummel 2005, 2006: 221)

> allesamt Verbrecher, Judenpack, das ihm nach dem Leben trachtete? So blieb er vom Schlaganfall gelähmt, und stumm gesellte sich der größte Feind seines Volkes zu jenen, die er millionenfach vorausgeschickt hatte (210).

Die Ich-Erzählerin gibt als doppelte Instanz das Gehörte, Erinnerte und Gesehene wieder, und so entsteht die narrative Erinnerungsspirale, die einem Palimpsest gleich auf der vorhandenen Oberfläche immer wieder neue Informationen festhält: „So könnte es gewesen sein, aber vielleicht war alles auch ganz anders" (17). Es gelingt dem jüngsten Familienglied, der altklugen Alina nicht nur, den verschwiegenen Großvater zum Erzählen und Antworten zu bringen, sie ist die Einzige, die sich für sein Leben, seine Geschichten und Eigenarten interessiert. In dem verfehlten Gespräch der Generationen ist das Motiv innerhalb der Schreibstrategien dieser und weiterer autobiografischen Romane erkennbar.

> „Ich glaube, Großvater braucht seine Ruhe." / Ich schüttelte ihre Hand ungeduldig ab. „Er hat doch seine Ruhe, er ist Rentner. Ich will nur wissen, was er im Krieg erlebt hat. Lenas Großvater erzählt davon gerne." / Mutter zuckte mit den Schultern. / „Ein seltsamer Wunsch. Ich wollte es niemals wissen. Wozu auch? Dieses Wissen ist unnütz. Halt lieber einen Vortrag über die Erfolge der sozialistischen Kinderbekleidungsindustrie. Dazu kann ich dir eine Menge erzählen." (Hummel 2005, 2006: 39)

Rückblickend betrachtet versteht Alina die scheinbar fehlende Anteilnahme seitens ihrer Familie: „Gelogen hat keiner. Sie haben nur alle mehr gewußt als ich" (154). Gleichzeitig reflektiert sie – nicht zuletzt durch den Dialog mit dem Großvater – ihr kindliches Idyll. Denn nach Bachtin sorgt die „Einheit des Ortes im Leben der Generationen" – hier Großvaters Haus – für eine Schwächung und Milderung aller „zeitlichen Grenzen, die es zwischen den individuellen Leben wie auch zwischen den verschiedenen Phasen ein und desselben Lebens gibt. […] Diese aus der Einheit des Ortes resultierende Abschwächung aller Zeitengrenzen trägt auch wesentlich zur Entstehung des für die Idylle charakteristischen zyklischen Zeitrhythmus bei." (Bachtin 1989: 171 f.)

Während Alinas Vater sich bis hin zu psychosomatischen Krisen um eine Ausreise aus der Sowjetunion bemüht[114], Alinas Schwester früh heiratet und das erwachsene Leben mit seinen Verlockungen und Herausforderungen viel zu früh kennenlernt, erlebt Alina im Hause der Großeltern Ruhe und Geborgenheit – nicht

---

114 „Vergessen waren die zwanzig Jahre, die Vater gewartet hatte; sie waren nicht meine, da vergaß es sich schnell. / Wir standen am Bahnhof, warteten auf den Zug und niemand weinte." (Hummel 2005, 2006: 216)

zuletzt durch alltägliche, charakteristisch-zyklische Rituale[115] und durch Gespräche mit dem Großvater über sein Leben und seine Geheimnisse und Geschichten.

> Vorsuppe, Hauptgericht, dazu heißer Tee. Heiß mußte alles sein, glühend heiß, wie der Ofen. Ich verbrühte mich an Großvaters Tee die Zunge, aber er lachte und trank, als wäre sein Gaumen aus Eisen. / Großvater war im Ruhestand. Einmal hatte ich jemanden sagen hören, er sei früher bei einem Ofenbauer in die Lehre gegangen. Früher mußte lange her sein. Nach dem Krieg war er jahrelang verschollen, und als er zurückgekommen war, hatte er seinen ersten eigenen Ofen in Großmutters Küche gebaut, den, vor dem ich sonntags neben ihm saß. Seit seiner Rückkehr zog er das rechte Bein nach. [...] Welcher Art seine Verletzung auch war, ich fand sie nicht schlimm. Es gab viele alte Männer, denen ein Arm oder ein Bein fehlte, Kriegsveteranen, die im Lebensmittelladen außer der Reihe bedient wurden. Ich machte mir keine Gedanken darüber, warum mein Großvater keine Medaillen besaß, sich immer hinten anstellte und sein humpelndes Bein zu verstecken versuchte. (Hummel 2005, 2006: 9)

Alinas kindlich-naive und gleichzeitig genau beobachtete, geraffte Erinnerungen thematisieren in aller Kürze das Leben in der multiethnischen ehemaligen Sowjetunion und die Folgen für die Generation der ‚Kriegserfahrenen' nach dem Krieg. Es war der Großvater, der seine in Kriegszeiten erworbenen Kenntnisse – Öfen bauen –, im Alltag nach dem Krieg anwendet. Der Ofen in „Großmutters Küche" steht metaphorisch für Familiengründung sowie für die Geborgenheit, die die Enkelin Alina Jahre später verspürt.

Ein generationsrelevanter Dialog, ein mündliches wie schriftliches ‚Aufnehmen'[116] – dessen Auslöser Geschichten und Geheimnisse, das Nicht-Sprechen[117]

115 „Der Duft von Honig und Zimt zog durch die Zimmer. Großmutter hatte wie jeden Sonntag gebacken. [...] Jeden Sonntag um die gleiche Zeit stellte Großvater das Radio an. Wenn er auf dem Sofa lag und Radio hörte, wollte er nicht gestört werden. Ich mußte ganz leise sein, wenn ich bei ihm bleiben wollte. Durch das Rauschen der Störsender drangen vereinzelte Wortfetzen an mein Ohr. Oft fielen im Radio die Namen Sacharow und Solschenizyn." (Hummel 2005, 2006: 11)

116 „Hören kann man nur, wenn jemand anwesend ist, der spricht, Lesen dagegen erfordert eine Abwesenheit." (Hahn 1991: 15)

117 Im Roman heißt es beispielsweise: „Die Eltern wollten fort, seit Jahren schon. Das einzige Thema, das sie vereinte. Es ging um ein fernes Land, von dem als *Deitschland* die Rede war. Nur fand ich damals in meinem Schulatlas kein Land dieses Namens, so lange ich auch suchte. Vielleicht benutzten sie einen Geheimcode vor uns Kindern? Ihre Rede war so durchsetzt von ‚Sch-sch!' und ‚Psst!', daß ich zeitweise glaubte, sie litten an einem kollektiven Sprachfehler." (Hummel 2005, 2006: 24) Oder: „Ich hätte gern gefragt, warum denn Großvater nach dem Krieg aus Berlin zurückgekehrt war, aber der Gesichtsausdruck meiner Mutter und die Stimme meines Vaters hielten mich jedesmal davon ab" (24).

sind – findet zwischen der Enkelin und (Roman-)Erzählerin, die das Schweigen aufbricht, und ihrem Großvater statt, was nicht weiter verwunderlich ist. „Traumata sprengen das menschliche Gedächtnis und reißen Lücken in die Kommunikation zwischen den Generationen. Je massiver die Abwehr und je größer die Gedächtnislücken, desto stärker wird das Bedürfnis, diese Lücken nachträglich zu schließen." (Assmann 2013: 42 f.)

Es sind in der Regel Enkelkinder, die Fragen stellen und sich nach Antworten der Großeltern sehnen, solange sie physisch „in der Welt der heranwachsenden Enkel" präsent sind, um ihre „Zukunftserfahrungen" um eine ganze Generation zu verlängern sowie ihre „Bindungen an die Vergangenheit" zu stärken. (Mead 1971: 74) Gleichzeitig übernimmt die ‚nachfolgende Generation' nach Marianne Hirsch das Phänomen und die Verantwortung der „Postmemory": Ein Verhältnis zu persönlichem, kollektivem und kulturellem Trauma ihrer Ahnen mit Erfahrungen, „they ‚remember' only by means of the stories, images, and behaviors among which they grew up."

> To grow up with overwhelming inherited memories, to be dominated by narratives that preceded one's birth or one's consciousness, is to risk having one's own life stories displaced, even evacuated, by our ancestors. It is to be shaped, however indirectly, by traumatic fragments of events that still defy narrative reconstruction and exceed comprehension. These events happened in the past, but their effects continue into the present. This is, I believe, the structure of postmemory and the process of its generation. (Hirsch 2012: 5)

Alinas erinnerte und sich erinnernde Erzählung beginnt und endet an einem See in Berlin und beinhaltet die ereignisreiche Zeitspanne zwischen ihrer Kindheit bis zur lang ersehnten und hart erkämpften Ausreise ihrer Familie nach Berlin. Präsentiert anhand der Lebensgeschichte des Großvaters ist sie nur unter Berücksichtigung historischer Kontexte möglich. So gesehen begleitet die Postmemory die Protagonistin – unter anderem mit vielen (von ihren Familienmitgliedern oder einst ihrer Schulkameradin) gehörten und miterlebten traumatischen Fragmenten.

Die erwachsene Frauenfigur blickt zeitversetzt auf die Gespräche mit ihrem Großvater – und reflektierend, läuternd auf sich selbst – zurück, womit sie ihre eigene Vergangenheit und die ihrer Familie durch einen „Willensakt" der Erinnerung (Wagner-Egelhaaf 2000: 12 f.) aktiv rekonstruiert und erzählt. So wird das aus dem Gedächtnis bewusst aufgerufene Material überprüft, durch ‚Sprechen und Schreiben' reproduziert, therapeutisch aufgearbeitet und anschließend in der Romanform archiviert. Nach Aleida Assmann (2013: 17) „führt kein direkter Weg von individuellen Erfahrungen und Erinnerungen zu einem kollektiven Gedächtnis." Das kollektive Gedächtnis „repräsentiert einen als zentral bewerteten Ausschnitt der Vergangenheit und ist repräsentativ für Einzelschicksale. [...] Auf diese Weise kann man sich als Teil einer größeren Einheit begreifen, die weit über die individuelle Erfahrung hinausgeht."

An einigen Textstellen wird Alinas Andersartigkeit, auch im Umgang mit der Familiengeschichte, mit Memorabilien und Erinnerungen, betont: „‚Ich sehe die alten Sachen durch.' / ‚Meine Güte, was für ein Staub. Schmeiß diese Lumpen auf den Müll'" (76). Oder: „Am Sonntag [...] verschwand ich für Stunden auf dem Dachboden, saß vor den Truhen der Familie Metzger und sortierte deren Erinnerungen neu. Verwundert hörte ich meinen Vater meine Mutter fragen, ob das schon die Pubertät sei. / Dasselbe erklärten sie Großvater" (153). So gleicht das Motiv der Fische den Erinnerungen, die aus der Vergessenheit (aus dem Fluss Lethe) gefangen und gerettet werden müssen.

Es fließen neben erzählten Erinnerungen weitere sinnlich wahrnehmbare Gedächtnisträger ein, wie beispielsweise Briefe, Fotografien, „eine Reihe von Kisten, Schatullen und Truhen" (75), verlassene Bibliotheken oder ein spezifischer Duft der einst bewohnten Räume: „Das Haus roch nach Dingen, die keiner mehr brauchte. Nach Gasheizung mit einem Leck. Und nach Vergangenheit, die nicht die unsere war" (69).

Diese poetischen Metaphern lassen deutliche Bilder entstehen und weisen im direkten und übertragenen Sinn darauf hin, dass für einen Neuanfang ‚gute Durchlüftung der Vergangenheit' notwendig ist. Die kleine Alina ist es, die die Aufarbeitungsarbeit für sich, ihre Familie und manch andere macht. Im selben Haus, das einst Alois Metzger gehörte, Großvaters altem russlanddeutschem Kameraden aus seiner Lagerzeit, findet sie auf dem Dachboden weitere Spuren einer fremden Geschichte: „die Familie Metzger muß es sehr eilig gehabt haben, daß sie ihre Erinnerungen einfach zurückließen. Ich fühlte mich wie die Erbin eines geheimen Vermögens, als ich den Deckel der ersten Holzkiste aufschlug. [...] Es war ein Fotoalbum mit Schwarz-weiß-Fotografien, die erste war mit 1912 datiert" (75).

Eine der hier – im fremden Haus mit seiner eigenen Geschichte, die zu Alinas eigener wird – gefundenen Fotografien bildet den Knoten für Alinas neuen Ariadnes Faden, den sie entrollt, sowie für den Wendepunkt in Großvaters Leben und Erinnerungen, die den eigentlichen Subtext der ‚Familiengeschichte' ausmachen. Sie denkt an das vergilbte Foto der Großeltern im Schlafzimmer und kommt dabei auf eine andere, Schicksal tragende Fotoreliquie des Großvaters.

> Es war nichts besonderes auf dem Bild zu sehen. Fünf Männer, die barfuß in hochgekrempelten Hosen auf einer Waldlichtung saßen, jeder eine selbstgedrehte Zigarette in der Hand. Einer davon war mein Großvater. Ich erkannte ihn kaum, so jung sah er aus. [...] Das Bild strahlte den Frieden eines Spätsommertages aus. Ich hörte beinahe das Geräusch der Zikaden im Gras. (Hummel 2005, 2006: 16)

Wie es sich in der zweiten Romanhälfte herausstellte, war einer der fünf Männer Alois Metzger. Zum Romanbeginn bleibt für Alina (und den/die Leser/in) die Geschichte verschleiert, verstaubt und in vielen Aspekten (beispielsweise topografisch-zeitlichem) fern:

> So könnte es gewesen sein, aber vielleicht war alles auch ganz anders. Je länger ich hinschaute, desto gespannter erschien mir das Lächeln meines Großvaters. Ich wischte den Staub auf dem Foto an meinem Kleid ab, bevor ich es umdrehte. Jemand hatte in blau verlaufener Tinte auf die Rückseite geschrieben: Igarka, 1956. (Hummel 2005, 2006: 17)

Denn Alois Metzger und Eduard Bachmaier, also Alinas Großvater, verbinden nicht nur ihre deutsche Herkunft oder die Zeiten im Lager, sondern die Kreuzungspunkte auf dem Weg in die historische Heimat, nach Deutschland. So ‚verwaltet' Alina ihre eigene Familiengeschichte, die mit der der Familie Metzger in Berührung kommt. Die Heranwachsende übernimmt eine ‚reife' Aufgabe als Archivarin der paradigmatischen wie syntagmatischen Erinnerungen von mindestens drei Generationen einschließlich ihrer eigenen.

Dokumente, Briefe, Fotos und Naturbilder (wie beispielsweise zwei Angler am See) spielen als Gedächtnisstützen und Korrektive im Erinnerungsprozess eine Rolle. Dass das Erinnerte dennoch unzuverlässig ist, gibt die Ich-Erzählerin ohne Zögern zu: „Ich versuchte mich zu erinnern, was mein Großvater […] erzählt hatte […]. Viel war nicht hängengeblieben, und fragen konnte ich ihn nicht mehr …" (222). Die Lücke wird mit einer ‚erzählten Fotografie' des Großvaters gefüllt und in dem Bild der Angler (metaphorisch für seine Sehnsucht, nochmals nach Berlin zu kommen) als zeitversetztes Porträt festgehalten. Auf diese Weise übernimmt die erwachsene Alina die räumliche Verortung und somit die reale, wenn auch stellvertretende Umsetzung des aus der Erinnerung und Erzählung Vertrauten.

In diesem Ich-Roman kommen das Familiengedächtnis und das implementierte kollektive Gedächtnis der Russlanddeutschen durch Erzählungen und Briefe ans Licht. Das Weitergeben der Informationen ist dabei auf die Zeit begrenzt, solange die Erzähler – in diesem Fall die Patriarchen der Familie: Großvater und/oder Vater – leben oder eine zeitlich-räumliche Möglichkeit haben zu sprechen. Am Romanende spricht die Erzählerin ihre innere Sehnsucht aus, „herauszufinden, ob ein Mann namens Alois Metzger noch lebte, und wenn ja, wo. […] Wie viele Alois Metzgers mochte es geben, die das Fotoalbum ihrer Familie auf dem Dachboden hatten liegenlassen, vielleicht, um nie wieder daran erinnert zu werden?" (Hummel 2005, 2006: 221)

Da Alinas Handlungsraum begrenzt ist, bleibt ihr nur das symbolische Gedächtnis gegenwärtig. In diesem Prozess kann man nach Cassirer (1960: 71) „seine vergangene Erfahrung wieder vergegenwärtig[en]" und die Vergangenheit rekonstruieren. Die Einbildungskraft spielt dabei eine wichtige und notwendige Rolle für die „wahre Erinnerung".

Der Dichtung wird die Kraft des reflektierten Urteils zugeschrieben: „Sie ist Selbsterkenntnis und Selbstkritik." So gibt die Romanfigur im letzten Satz auch versöhnlich zu: „Vielleicht war es nicht der richtige See. Aber die Fische, die mußten es sein" (223). Liest man diesen Satz als Erfüllung der ‚inneren Aufgabe' der Romanfigur, Großvaters Lebensgeschichte, stellvertretend für viele Russlanddeutsche aus der Sowjetunion zu verarbeiten und zu verewigen (und somit ein textuelles Mahnmal zu errichten), verspürt man zunächst kathartische Erleichterung und eine Art Beteiligung am kollektiven Gedächtnis.

Auf den zweiten Blick, vor allem nach der Lektüre von Hummels zweitem Romans *Die Venus im Fenster* (2009), wird das zentrale Anliegen des Debütromans klar: Die Erinnerungen von Alina (als Kind und rückblickend als Erwachsene) stellen Weichen für die Auseinandersetzung mit dem Hier und Jetzt, sie dienen gleichzeitig aber auch der Formung der Identität, die später intensiver reflektiert, ‚verarbeitet' wird und eine neue Zukunft bekommt.[118]

Ihre dialogische „Erinnerung erscheint fast als Person, als ein inneres Gegenüber, das über einen bestimmten Schatz an Wissen und Empfindungen verfügt [...]. Erst wenn die Erinnerung ‚spricht', kann sie [...] mitgeteilt, kommuniziert, und oftmals eben auch aufgeschrieben, gelesen, mit anderen verglichen" werden. (Vogt 2016: 75) So stellt Hummel ihre beiden Romane in die Tradition des Bildungs- oder Entwicklungsromans, der den Weg einer Person von der Kindheit bis zum Erwachsenwerden retrospektiv verfolgt, in diesem Fall allerdings von einer homodiegetischen Ich-Erzählerin mit unterschiedlich vielen authentischen Anteilen, erzählt wird.

Während sich in diesem teilweise verschlüsselt autobiografischen Ich-Roman drei Erzählebenen oder Zeitschichten überlagern und die Makrostruktur von der Schreibgegenwart, die einen narrativen Rahmen bildet, über die Erinnerungen, Erzählungen und historische Exkurse der Familienmitglieder entsteht, gelingt ihr zum Schluss ein Übergang von der Geschichte der Generation der Groß- und Eltern zu der der Schwestern:

---

118 Siehe dazu Bachtin (1989: 233) in der Fußnote: „In Memoiren und Autobiographien hat die ‚Erinnerung' einen besonderen Charakter. Es ist die Erinnerung an die eigene Gegenwart und an sich selbst. Diese Erinnerung heroisiert nicht; in ihr gibt es ein Moment des Mechanischen und der (nicht monumentalen) Fixierung. Es ist persönliche Erinnerung ohne Kontinuität, deren Grenzen vom Leben des einzelnen abgesteckt werden (nicht vom Leben der Väter und Generationen). Memoirencharakter ist bereits dem Genre des sokratischen Dialogs eigen."

> Irma fiel mir ein, Irma, die nach gescheiterten Ehe wieder Schmidt hieß. Sergej Posdnjakow war aus dem Krieg zurückgekehrt, dekoriert mit ein oder zwei Tapferkeitsmedaillen, aber er soll nicht mehr derselbe gewesen sein. Irgendwann hatte Irma sich wie alle anderen in der Schlange vor der Deutschen Botschaft wiedergefunden, wo ihr neuer alter Name ein ganz gewöhnlicher war, und sie wartete, geduldig und bescheiden. Zu ihrer Familie wollte sie, als sei das seit jeher selbstverständlich gewesen. [...] Ich könnte ihr entgegenfahren, sie heimführen, ohne Vergangenes anzusprechen, das unwichtig geworden war. (Hummel 2005, 2006: 220)

Die ‚Abrechnung' mit der Schwester Irma – oder vielmehr die autobiografische Auseinandersetzung des schreibenden Subjekts mit sich selbst? – ist das zentrale Thema des Nachfolgeromans *Die Venus im Fenster*, der vier Jahre nach dem erfolgreichen Erstling[119] ebenfalls im Steidl Verlag erschien. Im Umfang von über 200 Seiten und 22 nummerierten titellosen Kapiteln schildert die erwachsene Alina (erneut) rückblickend ihre familiäre Vereinigung, die Ausreise in die DDR, skizzenhaft den Mauerfall und Alinas Leben und Kämpfe in der neuen alten Heimat.

Alinas Schwester Irma wird im *Die Fische von Berlin* im Nebenstrang nur skizzenhaft eingeführt, indem die Erzählerin über ihre Schulerfahrungen und mit Neugierde und kindlicher Naivität von der Reifung der älteren Irma (Irina) berichtet, während ihr Bruder Willi weniger geheimnisvoll ist und somit nur am Rande erwähnt wird. Schon in den frühen Jahren gab es zwischen den beiden Schwestern Irma und Alina – abgesehen von ihrem deutschen Nachnamen – wenig äußere und innere Ähnlichkeiten:

> Sie [Irma, N.L.] nannte mich *das Fräulein*, um mir vorzuführen, wie erwachsen sie im Gegensatz zu mir unreifem Küken bereits war.
> Ich war ein Nachzügler. Sieben und sechs Jahre trennten mich von Schwester und Bruder. [...] Jahrelang lag ich abends im Bett und zweifelte daran, daß ich in der richtigen Familie aufwuchs. [...] Oft überlegte ich unter der Bettdecke, was ich dafür geben würde, nicht mehr rothaarig und sommersprossig zu sein und Schmidt zu heißen. (Hummel 2005, 2006: 13)

So konnte Alina sich beispielsweise „nicht erinnern, dass Irma jemals das getan hatte, was man von ihr erwartete." (Hummel 2009: 7) Während der ganzen Familie endlich die Ausreise nach Deutschland gelingt, bleibt Irma fest entschlossen in Kasachstan: „Sie wollte nicht mit uns fortgehen. [...] Der fremde Mann war ihr wichtiger als ich, ihre Schwester, wichtiger als *Familie* und *Vaterland* zusammen.

119 Das Werk *Die Fische von Berlin* wurde 2006 mit dem Adelbert-von-Chamisso-Förderpreis ausgezeichnet.

Sie wies uns zurück, so einfach, wie man eine unwillkommene Einladung zum Essen ausschlägt." (Hummel 2005, 2006: 35)

Der Roman beginnt an einem Transitort ganz *in medias res* und setzt die Handlung wie die Thematik von *Die Fische von Berlin* beinahe nahtlos fort:

> Keine Minute hatte ich damit gerechnet, dass der Zug Verspätung haben könnte. Ich war vor der verabredeten Zeit gekommen, und nun stand ich auf einem leeren Bahnsteig am ehemaligen Ostbahnhof Berlin mit *voraussichtlich* sechzig Minuten Zeit, die nirgendwo eingeplant waren; zu wenig, um zu gehen, zu viel, um zu bleiben.
> Die Nachricht meiner Schwester, dass sie diesen Zug nehmen würde, hatte mich erst am Vorabend erreicht. Irma schien noch immer gern ihre Pläne über Nacht zu ändern. Statt für die Direktverbindung Moskau–Berlin hatte sie sich fürs Umsteigen in Warschau entschieden. Das war ihre einzige Möglichkeit, tagsüber anzukommen, und das wollte sie aus Rücksicht auf ihre Tochter. Und auf mich. […] Nach langer Trennung stand uns fast ein neues Kennenlernen bevor, eine Art Blinddate unter Schwestern. (Hummel 2009: 5)

Die Romanhandlung spannt einen großen Bogen über den Zeitraum von mehr als einem Jahrzehnt: von der Ausreise aus der Sowjetunion bis in die Zeit nach dem Fall der Berliner Mauer. Anhand einer Familiengeschichte wird, wenn auch punktuell, ein intensives Gefühl für das menschliche Leben und Leiden in der einstigen Sowjetunion vermittelt.

Inzwischen ist Irma „jenseits der dreißig" und die erwachsene Ich-Erzählerin will ihr „auf Augenhöhe begegnen", von der großen Schwester als gleichberechtigt angesehen werden und anders als in ihrer Kindheit – „Erklärungen haben" (2009: 6 f.). Fast kommt Irma jetzt einer ‚verlorenen Tochter' gleich, als sie mit ihrer eigenen heranwachsenden Tochter Marina zu der jüngeren Schwester nach Berlin reist.

Fremd ist der Erzählerin auch ihre Nichte, die Alina bisher nur als fremde Tante aus Deutschland wahrgenommen hat, „von der man sich zweimal im Jahr etwas wünschen konnte, zu Weihnachten und zum Geburtstag" (8). Es ist Alina bewusst, dass auch sie eine erwachsene Frau ist, keine „kleine Alina Schmidt von früher, deren Neugier auf Erwachsensein sie, Irma, stets mit einem geheimnisvollen Lächeln und den Worten ‚bist noch zu klein dafür' abgeschmettert hatte" (6 f.).

Während Alina am Bahnhof ungefähr eine Stunde auf ihre Schwester wartet, blickt sie in die Vergangenheit, vor allem auf ihre eigene Geschichte und ihr Leben in der Sowjetunion, in der DDR und nach 1989 zurück. Denn der „Zustand des Wartens weckte Erinnerungen" – auch solche, die sie „am liebsten in einem Bankschließfach verwahrt gewusst hätte" (8). Dieser Prozess verursacht Kopfschmerzen, was „kein Wunder [ist] bei diesen Gedanken. Manchmal würde ich sie am liebsten als Erinnerungspaket luftdicht verpacken, wegschließen und nicht mehr daran rühren" (61).

Wurde im ersten Roman nach Erinnerungen noch ‚gefischt/geangelt' und war das Kind Alina – auch bei aktiver Übernahme des Familiengedächtnisses – auf ihr Gegenüber angewiesen, so geschieht dieser fluide Prozess im *Die Venus am Fenster* überwiegend an einem Transitort an Schienen und Gleisen, der für die erlebte und erzählte Geschichte der Ich-Erzählerin und ihrer Familie selbst unentbehrlich scheint. Die Begegnung der Schwestern findet erst auf Seite 133 statt.

Alinas Erinnerungen breiten also gerafft und wiederum rückblickend an einem statischen (Nicht-)Ort ihren Lebensweg aus. Sie gleichen einer Fortbewegung im Zug, die zuerst Alina und Jahre später auch Irma auf dem Weg nach Deutschland erlebten. Dieses poetische Stilmittel steht für Migration, die Lebensentwicklung, aber auch für die Erzählung und Behauptung des eigenen Stils. Nicht zuletzt bleibt das „Motiv der Lebensreise ein traditionsreicher (auto)biographischer Topos". (Wagner-Egelhaaf 2006: 367)

Statisch bleibt dagegen die erzählte Wartezeit: „Ich war vor der verabredeten Zeit gekommen, und nun stand ich auf einem leeren Bahnsteig am ehemaligen Ostbahnhof Berlin mit *voraussichtlich* sechzig Minuten Zeit, die nirgendwo eingeplant waren" (5). Das durch Warten und Erwartung bedingte komprimierte Erzählen und ungesteuerte Erinnern gibt zum einen das vertraute Gefühl in ähnlichen Situationen getreu wieder: „Während ich zum achtundfünfzigsten Mal auf die Uhr sah, fühlte ich eine merkwürdige Befangenheit, den Inhalt der vergangenen Jahre vor Irma auszubreiten" (52). Zum anderen bildet dies einen Übergang von den Ereignissen im vorigen Buch und einen ‚sanften' Romaneinstieg. So kann die erste Romanhälfte von *Venus im Fenster* auch selbst als ein narrativer Transitraum, eine Grauzone zwischen beiden Bücher betrachtet werden.

Hintergrund der Handlung bleibt auch im zweiten Werk die exemplarische Auseinandersetzung mit der generationsreichen Geschichte der Russlanddeutschen. War es in *Die Fische von Berlin* die aus Erinnerungen und Gesprächen rekonstruierte Geschichte des Großvaters mütterlicherseits, die Alina im Text rückblickend zu verbalisieren sucht, so schildert sie im Nebenstrang von *Die Venus im Fenster* das dramatische und ungewollt nomadische Schicksal ihrer deutschen Großmutter Erika aus der Sowjetunion.

> Von uns haben sie sich die Geschichten erzählen lassen, wie das war am Anfang, als die ersten den Tod hatten, die zweiten die Not und die dritten das Brot. Davon hat mir als Kind die Großmutter berichtet, und ich hab wissen wollen, was mit den vierten und fünften gewesen sei, und sie hat gesagt, das würden wir schon noch am eigenen Leib erfahren. Am 20. März 1944 hat man uns evakuiert. Zuerst in den Warthegau und dann, je näher die Front kam, immer weiter, bis nach Roßleben an der Unstrut./Das war Welt-

> krieg, der zweite, und als er zu Ende war, ging es weiter mit Verbannung, Flucht und Verstecken. (Hummel 2009: 206)

Zu mündlichen Erzählungen – „Geschichten über ein fremdes Leben aus dem Mund meiner Mutter" (35) –, erinnerten Bildern – „das letzte Bild, das ich von Irma im Kopf trug" (25) – und bildhaften Aufnahmen von passierten Grenzen (siehe zum Beispiel S. 18, 22, 171), Bahnhöfen, Zügen (S. 13, 161) und Stadtanlagen treten im Roman künstlerische Artefakte (Kunstcollagen, Kohlezeichnungen) der Ich-Erzählerin (50) sowie die Gestalt der Venus, zudem diverse Verweise auf Bücher[120] und Bibliotheken als kulturelle Gedächtnisspeicher.

> Ich konnte mir jeden Band nehmen, ohne zu fragen. All diese Bücher enthielten große Leidenschaften. Liebe, Begehren, Tod. Verrat, Verbrechen, Krieg. Zerrüttete Ehen, auseinanderbrechende Familien, auf die schiefe Bahn geratene Kinder. Alles schön verschlossen zwischen zwei Buchdeckeln. (Hummel 2009: 143)

Während die Autorin Hummel von einer Ich-Erzählerin berichtet, die verdrängte oder ihr fremde Erinnerungen verarbeitet, reflektiert sie zum einen ihren Umgang mit Lücken im kulturellen Gedächtnis und zum anderen schärft sie ihren poetischen Stil und wählt Mittel der Fiktion, die diese Lücken geschmeidig und kohärent schließen könnten. Diese Arbeit setzt Hummel in den nächsten vier Jahren fort, in denen sie ihren dritten, 2013 erschienenen Roman *In guten Händen, in einem schönen Land* schreibt.

Die titelgebende und immer wieder erwähnte Venus, ein im kollektiven Gedächtnis fest verankertes Kunstwerk, entfaltet ihre symbolische Funktion auf der letzten Romanseite und in Alinas Zweiraumwohnung in einem Charlottenburger Hinterhaus:

> Es war alles weg. Der Stapel alter Zeitungen. Angefangene, nie zu Ende gelesene Bücher, Schere, Zettelchen mit Telefonnummern, CDs ohne Hülle und sonstige Dinge, an die ich mich nicht genau erinnerte. Abgeräumt, nicht mal Spuren im Staub waren geblieben. Es war auch kein Staub mehr da. / Statt dessen [sic!] hatte Irma irgendwo den Gipsabdruck der Venus von Milo, den ich vor Jahren für eine Projektarbeit zum Thema „antike Kunst" auf einem Flohmarkt gekauft hatte, herausgekramt und auf das Fensterbrett gestellt. (Hummel 2009: 217)

Die Schwester Irma, die für die Romanhandlung, ja für Erinnerungen und Änderungen in Alinas Leben auslösend war, räumt den ‚alten Ballast' weg. Symbolisch ist es die Romanfigur, die mit den Geschichten und ihrer Suche nach Identität und künstlerischer Entfaltung fertig wird. Was bleibt, ist die Kunst mit ihren „points

120 Beispielsweise auf den Roman *Der Meister und Margarita* von Michail Bulgakow (siehe S. 50), sowie die Erziehungslektüre *Kinder richtig fördern* auf Seite 149.

of memory"[121]: Hummels vollendeter Roman, der vervielfältigte, im Gebrauch gewesene und von Alina gekaufte Gipsabdruck und die dargestellte und somit archivierte Vergangenheit, ein Teil der Weltgeschichte.

Diese Vollendung bildet die Venus auch visuell – auf dem Fensterbrett, im Fenster eingerahmt. Nach Simmel (1983: 465) bildet der Rahmen eine „in sich zurücklaufende Grenze eines Gebildes", die das Kunstwerk (hier vor allem den Roman) „gegen die umgebende Welt ab- und es in sich zusammenschließen". Die Grenzen des Rahmens verkünden, „daß sich innerhalb seiner eine nur eigenen Normen untertänige Welt befindet, die in die Bestimmtheiten und Bewegungen der umgebenden nicht hineingezogen ist; indem er die selbstgenügsame Einheit des Kunstwerkes symbolisiert, verstärkt er zugleich von sich aus deren Wirklichkeit und Eindruck" (ebd.).

Für jeden Erinnerungsvorgang ist nach Halbwachs ein sozialer Rahmen unentbehrlich. Alinas Schwester baut eine soziale und narrative Rahmenkonstruktion bereits in *Die Fische von Berlin* auf: „Ich ging in mein Zimmer, um die Schuluniform auszuziehen. Als ich mich umdrehte, stand Irma im Türrahmen." (Hummel 2005, 2006: 201) Wie eingerahmt wirken in beiden Büchern erlebte und erinnerte, erzählte Ausschnitte aus dem persönlichen, kollektiven und Familien-Gedächtnis. Somit fließen biografische Erinnerungen in das Generationengedächtnis ein.

Was die Venus angeht, so ist sie ein durch Zeitzerstörungen unvollständiges weibliches Kunstobjekt, ein historisches und künstlerisches Relikt. Diese Gipsfigur verkörpert im Roman das Sinnbild des Wahren (Autobiografischen) und Fiktiven. Mit einer Analogie von Aleida Assmann könnte man an das Abkoppeln und Zurücklassen des in der „Herkunftswelt" früher Vorhandenen seitens der Migrant/inn/en denken. „[D]as Ziel bestand doch in einem allmählichen Ausbleichen der kulturellen Herkunft im Zuge der Übernahme einer neuen Identität." (Assmann 2013: 125)

Am Romanbeginn befindet sich Alina noch im Prozess der Identitätssuche und -formung: „Es war eine Sprache in meinem Kopf, und ich hatte Angst, sie

---

121 „Roland Barthes's much discussed notion of the punctum has inspired us to look at images, objects, and memorabilia inherited from the past, like this little picture, as ‚points of memory' – points of intersection between past and present, memory and postmemory, personal remembrance and cultural recall. The term ‚point' is both spatial – such as a point on a map – and temporal – a moment in time – and it thus highlights the intersection of spatiality and temporality in the workings of personal and cultural memory. The sharpness of a point pierces or punctures: like Barthes's punctum, points of memory puncture through layers of oblivion, interpellating those who seek to know about the past." (Hirsch 2012: 61)

nach draußen zu lassen. Ich wusste, dass diese Angst nur ein Geschöpf meiner Phantasie war, aber sie stand mir sehr real im Weg und ließ sich nicht beiseite schieben" (77).

Das Alter-Ego der Autorin tastet sich auf der Metaebene literarisch heran:

> Vom Lesen taten mir die Augen weh, und so begann ich im Liegen Tagebuch zu schreiben [...]. Ich kaute die Spitze mehrerer Kugelschreiber ab und schrieb nach langen Überlegungen solche Dinge wie: *Heute habe ich aus dem Fenster die Venus gesehen, den Stern der Liebenden. Vielleicht war es aber auch gar nicht die Venus.* (Hummel 2009: 99, kursiv im Original)

Was bei der Romanfigur in einem Tagebucheintrag steht, wird zum Buchtitel. Die metaphorische Müdigkeit vom Lesen (fremder Bücher), einem eher passiven Prozess, regt Alina zum Schreiben, zu den ersten literarischen Versuchen an. Die ‚vollendete' Venus im Fenster in der finalen Szene des gleichnamigen Romans kann sowohl in die Vergangenheit als auch perspektivisch zum Neuen und Zukünftigen gerichtet, verstanden werden. „Das Moment des Rückblicks ebenso wie das der Genese der persönlichen Geschichte ist eines der wesentlichen Charakteristika von Autobiographiedefinitionen." (Holdenried 2000: 21)

Die Autorin Hummel scheint durch die kritische Selbstreflexion im Rahmen der Erinnerungsarbeit an ihrer persönlichen und literarischen Identität zu feilen, zu formen. Mit *Die Fische von Berlin* und *Die Venus im Fenster* stellt sie nicht nur die Phasen ihrer kindlichen und adoleszenten Entwicklung – mit einem Reife- und Emanzipationsprozess verbunden – dar, sondern auch mehrere Schichten (deutsch-)deutscher, russischer und sowjetischer Geschichte. Sie schildert zudem die historisch, kulturell und sprachlich geprägte Lebenswelt der Russlanddeutschen im 20. Jahrhundert, sowie die Zeit vor und nach dem Mauerfall in Berlin. Diese autobiografisch grundierten Romane heben sowohl die temporale als auch die topografische Dimension hervor.

Ähnlich wie Alina beschäftigt sich auch Mischka, einst als Kind aus Leningrad nach Wien übergesiedelt, in Julya Rabinowichs Debütroman *Spaltkopf* (erstmals 2008 erschienen[122]) mit einer Bücher- und Kunstwelt, wobei sie ihre eigene Lebensgeschichte festhält. Die Texte von Hummel und Rabinowich sind durch eine Vielzahl von Merkmalen (wie die Übereinstimmung der zeitlichen mit der räumlichen Dimension, erzählte und erzählende Biografie aus der Ich-Perspektive) verfügbar. Die immer wieder vorkommenden Figuren der heranwachsenden Mädchen und eigenständigen jungen Frauen belegen die Annahme,

122 Laut Klappentext sei auch „die im Februar 2011 erschienene englische Übersetzung des Romans [...] ein vielbeachteter Erfolg."

dass sie (auch) Sinnbilder für das eigene dichterische Ich der Autorinnen sind. In ihnen wird die all diesen Texten gemeinsame Autobiografik in der Ambivalenz von Fakten und Fiktion deutlich. Persönlich bestätigt Rabinowich den autobiografischen Gehalt des Romans *Spaltkopf* in einem Interview anlässlich des Erscheinens ihres neuesten Buchs *Dazwischen: Ich* (2016).[123]

So wie damals die Autorin selbst (im Dezember 1977), ist Mischka sieben Jahre alt, als eine große, aus der Not der Zeit entstandene Überraschung sie in den Westen (ent-)führt: Die Eltern und Großeltern haben dem Kind die endgültige Ausreise aus Sicherheitsgründen verschweigen müssen: „Ich bin überzeugt von der Richtungsangabe meiner Eltern: Wir befinden uns auf einer Urlaubsfahrt Richtung Litauen." (Rabinowich 2011: 10). Der unerwartete Emigrationsprozess, die Entwurzelung und das ‚Umtopfen' münden in den befestigten Zustand des „Abgebissen, nicht abgerissen"-Seins (7), der die Autorin, wie auch ihre Figur, zunächst erschüttert und ihr Leben lang prägt.

Die erwachsene und zu der Zeit schwangere Mischka sagt: „Ich bin eigentlich nie angekommen" (9) und „[a]uch meine Tochter hat bereits eine Reise angetreten. So sind wir beide unterwegs" (10). Rabinowich konstatiert 2008 die fortdauernde Folge ihrer frühen Kindheitserfahrung, als „Entwurzelung", die ihr „die Möglichkeit genommen hat, [s]ich innerlich noch einmal fix wo niederzulassen. In der Sprache allerdings fühle ich mich sowohl angekommen als auch daheim."[124]

Bereits im ‚Prolog', einem ‚sprachlichen Trailer', der mit Lektion 3 *Sprung. Satz. Schnitt.* (3) beginnt und die Filmmetaphorik bestätigt, werden einführend knapp und atmosphärisch die Hauptthemen, Handlungen und Stimmungen im Roman angekündigt. (Deformierte Rilke-Zitate führen in die Lektion 1 ein – *Wer jetzt verrückt wird, wird es lange bleiben. / Wird lesen, wandern, lange Briefe schreiben.* [10], die in die nächste – *Reisende soll man nicht aufhalten.* [11] – übergeht, um mit Lektion 4 *fast forward* [12] zu enden.)

Die wichtigsten sind Kindheitserinnerungen und die Erfahrung des Unterwegsseins – vom Land zu Land, von Ost nach West, vom Mädchen und Enkelin zur Tochter und selbst Mutter. Weiß man aus Interviews mit der Autorin[125] oder/

---

123 https://www.youtube.com/watch?v=q48G3gwuhMA, zuletzt aufgerufen am 03.04.2017.

124 Siehe Julia Schilly, derStandard.at, 19.11.2008, online unter: http://derstandard.at/1226396889022/Interview-Dann-haetten-wir-bald-viele-Wuerstelstand-Literaten, zuletzt aufgerufen am 08.09.2016.

125 Siehe beispielsweise: https://www.youtube.com/watch?v=q48G3gwuhMA, zuletzt aufgerufen am 03.04.2017.

und aus den biografischen Aufzeichnungen ihrer Mutter, der Künstlerin Nina Werzhbinskaja-Rabinowich anlässlich des Todes ihrer eigenen, ebenfalls nach Wien emigrierten Mutter, der Kunsthistorikerin Eleonora Petrowna Gomberg[126] um die Wahrhaftigkeit und Tragik der Wirrungen samt ihrer Folgen für Millionen von Menschenleben in der ehemaligen Sowjetunion, besonders für Personen russisch-jüdischer Abstammung, bekommt die vergangene Epoche, trotz einer gewissen Distanz, eine schwere, dramatische Färbung.

Der zweite, umfangreichere Romanteil *Die Hunde von Ostia* (13) beginnt mit Mischkas Vor-Geschichte, die aus der Ich-Perspektive in einem märchenhaften Duktus erzählt wird: „Als meine Mutter mit mir schwanger war, saß sie oft vor ihrem Schminktischchen, sah lange in den Spiegel und stellte sich ihr Kind vor. Vor ihr lag ein Buch. Ein abgegriffener Stoff, darauf eingestanzt in goldenen Lettern ‚Russische Märchen'" (15). Die literarischen Bezüge sind von Golem, Sindbad und Odysseus, bis zu Orpheus und Eurydike zahlreich zu finden. Mischka selbst wird durch eine vom Prinzen zu Coburg und Gotha persönlich geschenkte Schreibmaschine früh schöpferisch tätig: „Ich haue mit Nachdruck in die Tasten. Ich kämpfe mich durch klemmende Buchstaben und durch mein erstes Werk, ‚Marillenknödelessen in Sibirien', ein echter Reißer" (122).

Mischka unternimmt diesen Schritt, nachdem die „Sprachlosigkeit […] sich aus[breitet]" und „allen […] die Luft aus[geht]" (116). Im Gegensatz zu Mischka bleibt ihre jüngere Schwester von Kindheit an unfähig zu sprechen. Die Protagonistin dagegen befreit sich durch das Medium des Erzählens: „Mein Vater tritt eine finale Reise an und hinterlässt mir als Mitbringsel lähmende Angst vor Ausflügen aller Art. […] Meines Bewegungsradius beraubt, beginne ich, mir eigene Spiralen zurechtzulegen: / Ich bin oft krank. / Ich schreibe" (11).

Ihre Kindheitserfahrungen werden oft als *tableaux vivants*, als Szenen aus einem Märchenbuch erzählt.

> Links von mir ragt der hohe, geschnitzte Sessel meines Vaters Lev[127] empor. Wie jeder Stammesgründer hat auch er seinen Thron. […] Die dunkelbraunen Löwenköpfe an den Lehnen fletschen mich warnend an. / Vater sitzt im Zentrum des großen Tisches, um den sich die Verwandtschaft versammelt. […] / Ich bin eine Prinzessin! König und Königin sind auf meiner Seite, mir kann nichts geschehen. (Rabinowich 2011: 16)

Im Roman wird der wechselnde Erzählton genau getroffen.

---

126 http://www.ninawr.com/ninawr/german/saal09/index.htm, zuletzt aufgerufen am 12.09.2016.

127 *Lev* oder *lew* heißt auf Russisch Löwe.

Die persönliche und soziale Entwicklung der Figur, ihr Wachsen wird anhand ihrer Sprache deutlich gezeigt. Zunächst in der russischen Märchenwelt schwelgend, die Mischka auf ihren Reisen und in neuen Zeit- und Lebensphasen stets begleitete, schreibt sie später ihre eigene Lebensgeschichte, in der sie sich einmal für schlauer als Scheherazade hält (132) und eine Zeit lang die Rolle einer Märchengestalt – Baba Yaga – erprobt. Später gibt es viele Schatten- und Schmerzfacetten.

Im letzten Romanteil entfaltet die Heranwachsende Szenen aus ihrer Kindheit und beginnender Adoleszenz in der neuen Welt, gemischt mit Erinnerungen an die Leningrader Zeit und erweitert durch die zeitgetreue Schilderung der Situation der Ausreisewilligen (hier: in Italien), unter anderem ihrer Verwandtschaft aus der Sowjetunion.

> [...] Hunde [...] von Ostia, die eigentlich wir sind. / Hunde jüdischer Emigranten, Reinrassige und wild Gemischte, mitgebracht aus Russland. Sie reisen mit ihren Herren über Wien bis nach Italien. Sie sind Teil großer Familien, die sich von vielem trennen mussten, aber auf ihre Gesellschaft nicht verzichten konnten. (Rabinowich 2011: 77)

Zudem beschreibt sie die Verschiebungen in der Familienkonstruktion, die durch Emigration und die neuen Rollen in der Fremde wahrscheinlich unvermeidbar sind. „Mein Vater ist nicht länger allmächtig. / Abend schweigen sich die Eltern bissig an. Meine Mutter wirft beleidigte Blicke, die mein Vater nicht aufheben möchte. [...] Wenn keine Taten mehr bleiben, fehlen die Worte. / Wir verstummen." (Rabinowich 2011: 116) Mischkas kritischer Beobachterblick zeugt von einer inneren Emanzipation. Aus ihren verwandtschaftlichen Banden hat sich Mischka schon früher konsequent gelöst. „Ich empfinde ihren Verlust als bösen Verrat ihrerseits. Hätte ich es gekonnt, ich hätte in ihren Koffer gepinkelt wie eine beleidigte Katze. / Die Emigration reißt Menschen auseinander." (Rabinowich 2011: 94)

Die rebellische Auflehnung gegen die Eltern und ihre Ablehnung, Mischkas ‚planmäßiges' Heranreifen erlebt sie selbst als zweite Immigration, als „eine Gratwanderung zwischen den Welten der Erwachsenen und der Jugend." Dabei nimmt sie diesen Prozess als einen inzwischen vertrauten „Balanceakt", zu dem sie „das Heimat- und das Immigrationsland" (83) zwangen. Mit vierzehn beherrscht sie Deutsch als eine der Klassenbesten und wird durch ihre Art gleichzeitig zur „Lehrerplage", die die Rolle eines „bösen Buben" bereitwillig übernimmt. „Nun bin ich Alphamännchen und pflege meinen Harem. [...] Ich bin in diesem weiblichen Kosmos gut aufgehoben." (Dies. 2011: 93)

So wird aus einem ‚hässlichen Entlein' eine böse, zerstörerische Prinzessin, oder ein „Baba Yaga Girl", wie sie Mischkas Freund und zukünftiger Ehemann (von kurzer Dauer) nennt, und wie der dritte und letzte Romanteil (129) heißt. Das exotische Baba-Yaga-Motiv, aus den russischen Märchen entnommen, zieht sich wie die stete Erwähnung der „goldenen Letter" in unterschiedlichen Kontexten (sei es auf dem Buch, das Mischkas Mutter während der Schwangerschaft liest oder auf dem Grabstein von Mischkas verstorbenem Vater) als roter Faden durch das gesamte Buch.

Sich selbst bezeichnet die Autorin 2008 als „Exote", die nach Wien „nicht in der Masse"[128] gekommen war. Ausgefallen, exotisch ist auch Mischka, das fiktionalisierte Alter-Ego Rabinowichs, angefangen mit ihrem eher künstlich geschaffenen Namen, im Russischen wie im Deutschen untypisch klingend, und – je nach kyrillischer Schreibweise – an eine abgeleitete Koseform vom ‚Bärchen' (*мишка*) oder ‚Mäuschen' (*мышка*) erinnernd.

So entsteht eine hybride Benennung, die dem Bewusstseinszustand der Romanfigur in jeder Lebensphase entspricht und der Protagonistin Halt geben. Mischka bleibt in der Sprache verankert oder gar beheimatet, während sie durch lebensgeschichtliche Höhen und Tiefen gleitet.

Die Sommerferien, die Mischkas Familie „in Sowjetjahren" traditionell auf einer lieb gewordenen Datscha verbrachte, werden im österreichischen Kärnten der Zeit und Realität angepasst und weitergelebt (122). Anders als in der Leningrader Kindheit ist die österreichische Halbpension kein „Häuschen auf Hühnerbeinen" und keine „Baracke", dafür mit einer „österreichischen Baba Yaga" versehen (123). Diese Märchengestalt aus der russischen Sagenwelt ist eine weibliche Einzelgängerin mit angebrochenem, ambivalentem Charakter – meist hässlich und alt, die sich aber je nach Situation und Märchenmotiv verwandeln und junge Helden in Versuchung führen kann.

Der sowjetischen Filmtradition oder auch dem kollektiven Unbewussten folgend hat Baba Yaga meist eine krumme Nase und einen Buckel. Sie bewohnt ein Häuschen auf Hühnerbeinen, das gleichzeitig mobil und stabil bleibt, mit einer schwarzen Katze oder einem Kater. Die paradoxe Reihe kann weitergeführt werden durch die Eigenschaften dieser Frau, die einerseits mit Kräutern heilen oder anderswie helfen, andererseits aber jemanden auf eine listige Art zum Aufbacken in dem Ofen bringen und dann, je nach Intelligenzquotient des Helden, aufspeisen kann. So bleibt Baba Yaga eine weise Frau, eine absolute Matriarchin im Märchenwald, die Hüterin des Dunklen und des Weiblichen,

128 Im Interview mit Julia Schilly, *derStandard.at* am 19.11.2008, erhältlich unter: http://derstandard.at/1226396889022/Interview-Dann-haetten-wir-bald-viele-Wuerstelstand-Literaten, zuletzt aufgerufen am 08.09.2016.

mit allen dazugehörigen Attributen wie Kessel, Ofen, Haus mit einer Küche (wenn auch auf Hühnerbeinen).[129]

Eines Sommers entdeckt auch die pubertierende Mischka ihre Sexualität auf den Wiesen, die sich am Gasthaus der „österreichischen Baba Yaga" ausbreiten. Der letzte Textabschnitt im vorletzten Romanteil handelt von Mischkas Emanzipation und Metamorphose zur erwachsenen Frau. Zu Beginn des dritten Kapitels heißt es programmatisch:

> Ich stehe vor meinem Vater, zwischen uns sein prallgefüllter Koffer. [...] In diesem Augenblick weiß ich, dass er nicht zurückkommen wird, dass ich ihn nie wiedersehen werde. [...] Ich demonstriere meine neue Überlegenheit. Die Stärke einer Frau, die ihren Vater nicht mehr braucht und auch keine Angst hat, allein dem Leben entgegenzutreten. Ich behaupte, völlig ruhig zu sein. Ich verzichte auf unser Ritual. Ich besitze nun neue. Mein schöner Freund wartet auf mich. (Rabinowich 2011: 131)

Die Ablehnung des Vaters und die Behauptung der eigenen sozialen Rolle und (wahrscheinlich unterbewusst) auch ihr künstlerisches Können hat an sich einerseits etwas pubertär Rebellisches, Herausforderndes und andererseits weiblich Animalisches. „Ich werfe alles durcheinander und in einen bodenlosen Topf: Sexualität, Trieb, Angst, alles köchelt vor sich hin, während ich als Baba Yaga in meinem Kessel rühre. Ich bin mir selbst eine Hütte auf Hühnerbeinen, die sich dreht und wendet, wenn man sie ruft." (Rabinowich 2011: 133) Der angebliche Hochmut der Mischka-Hexe wird umso schmerzhafter durch die Nachricht von Vaters Tod bestraft. „Dann fällt Jericho. Der Trompetenstoß, mit dem der Untergang unserer Welt beginnt, verwandelt sich in ein harmloses Telefonklingeln. [...] Die Welt steht Kopf." (Dies 2011: 134) An einer anderen Stelle berichtet Mischka analog über Gestalten im russischen Märchen, „die durch Verwundbarkeit und Freiheitsdrang ein jähes Ende finden" (137).

Der Tod des Vaters löst in der Figur ein obsessives Nomadenleben aus. Wie einst Julya Rabinowich wird Mischka zum Punk: „Zeitgleich mit meinem Innenleben verschließen meine Kleider zum schwarzen Gespinst, kunstvoll mit Schere bearbeitet" (139). Die Zeit der Trauer und des absoluten weiblichen Kosmos beginnt – Mischka ist „nicht mehr die Tochter des Magiers" (144). „Das Matriarchat hat gesiegt." (Rabinowich 2011: 145) Ihre Ehe dauert nicht lange und hinterlässt eine Tochter, und schon

129 Diese „Bilder sind weiblich und rufen ironisch die matriarchalischen Herrschaftsräume auf – den Kochtopf und den Hexenkessel, Szenen, um die herum ihre Worte eine komplizenhafte weibliche Solidarität beschwören." (Assmann 2009: 176)

[w]ieder ist die Familie, wie es sich gehört: Mutter, Tochter, Enkelin. / Bis der nächste Mann die Bühne betritt, früher oder später. / Dann kann das Spiel von neuem beginnen. / Keiner verlässt den Raum, den ich festlege. / Die Zahl muss konstant bleiben, denn die Zahl ist das Wort und das Wort ist das Wissen und das Wissen ist Macht." (Rabinowich 2011: 175, kursiv im Original)

Nach der Geburt ihrer Tochter und einer neuen Mutterschaft träumt sie auf Russisch, ihr altes Ich erwacht; „[b]eendet seinen Winterschlaf" (160). Mischka reist am Romanende nach Sankt Petersburg – in ihre ehemalige Heimatstadt Leningrad, besucht den Grabstein des Vaters, schließt Frieden mit der Vergangenheit und beendet ihre Identitätssuche. Als reife Frau und gute Mutter versteht sie, wo sie hingehört. Den symbolischen Halt findet Mischka zum Schluss durch die Vision des Spaltkopfs – eines Wesens, das ihre Großmutter Ada zwecks ‚pädagogischer Befürchtungsmaßnahme' der kleinen Mischka erfunden hat.

Diese narrative Spirale bestätigt einerseits Mischkas verbale Verbundenheit und Beheimatung im Wort. Andererseits steht sie für die Weiterführung der (russischen und jüdischen) Tradition und der (weiblichen) Familienlinie, des Familiengedächtnisses und der Aufarbeitung der Schicksale und Eigenschaften der Frauenfiguren unterschiedlicher Generationen, die natürlichen Lebenszyklen einer Frau. „Baba Sara ist mir so ähnlich, dass ich bereits mit sieben Jahren weiß, wie ich mit fünfundsechzig aussehen werde. Kurz nähert sich die Vergangenheit der Zukunft an […]. Die Zeit flirrt. Wenn wir uns berühren, löschen wir uns wie zwei einander entgegenrollende Wellen aus." (Rabinowich 2011: 24)

Außer der weiblichen Familienlinie mit beiden Großmüttern beschreibt die Ich-Erzählerin detailgetreu ihre anarchische Kindheitsbegegnung mit der Kommunalka-Nachbarin „Tante Musja", einer schillernden Persönlichkeit und hexenhaft-verführerischen Matrone. „Immer betreten wir ihr Reich wie Hänsel und Gretel." (Rabinowich 2011: 28) In Musjas Zimmerwelt unerlaubt eingedrungen und ihre weibliche Ordnung zerstörend, fühlt sich die geflüchtete, unartige und zerstörerische Mischka „wie Anti-Orpheus in der Unterwelt" (31).

Jahre später kommt sie auf ihrem Besuch in Sankt Petersburg am Romanende bei „Frau Musja" vorbei. Was, genau wen sie vor sich sieht, erinnert sie an die exaltierte Modedesignerin Vivienne Westwood, „an eine bizarre Werbekampagne. Sie trägt Lippenstift, der mir aus dem hellen Gesichtchen in einem freudig-irren Lächeln entgegenleuchtet" (198).

Mischka trifft auf ihre Vergangenheit und konfrontiert mit zwei verschiedenen Wahrnehmungsperspektiven – die des Kindes und die einer reifen Frau. So werden in wenigen Szenen facettenreiche *tableaux vivants* der Frauenrollen als

Mädchen, Jugendliche, als reife, alternde, alte Frau, aber auch als Tochter, Mutter, Schwester, Ehefrau und Enkelin thematisiert. Das Zyklische der Erzählung wird auch durch diese triadische Figur - Mütter - Töchter[130] - Frauen - hervorgehoben. „Die Welt ist rund. […] Aber unsereins sitzt im Karussell, obwohl schon dem Erbrechen nahe. / […] / Kurzum: Ich habe mich angepasst. / Die Welt ist rund." (Rabinowich 2011: 12) Es gelingt Rabinowich das ‚ewig Runde' (das Leben) im ‚Eckigen' (Text) meisterhaft festzuhalten. Das Motiv des Möbius-Bandes - der Zeit und des Lebens selbst - findet sich bei Rabinowich auch in ihren späteren Büchern. „Aus Adas werden Rahels, aus Müttern Witwen und aus Witwen neue, selbstbewusstere Damen. Aus Rebellinnen werden Hausfrauen." (Dies 2011: 176)

In ihren Romanen behandeln Eleonora Hummel und Julya Rabinowich das Thema des Zyklischen und des Ewigen, des Erinnerten und Erzählten im Hintergrund, das an mehreren Textstellen deutlich hervortritt. Ihre Bücher manifestieren die Geschichte und geben ihr ein neues Leben, bis es im Laufe der Zeit selbst zur Vergangenheit wird. Durch die historisch-kulturelle Distanz können die Geschichten der weiblichen Romanfiguren auch eine deutschsprachige Leserschaft berühren, nicht zuletzt indem sie kulturunabhängige, universale Themen ansprechen und so zu einer Formung der Selbstbilder von Leserinnen (und vielleicht auch von Lesern?) verhelfen. Der Gedanke über die Wahrhaftigkeit des Erzählten kann die Lesewahrnehmung verstärken, bleibt aber für die Handlung eher irrelevant.

---

130 Wenn es die deutschen Autorinnen „in den siebziger Jahren schaffen […], Mutter-Tochter-Beziehungen massiv in den kulturellen Diskurs einzuschleusen" (Kraft 1993: 318), dessen Folge ein neuer Diskurs ist, kann man die erneute Aufarbeitung dieses Themas in den Büchern der ‚russischen Schriftstellerinnen' beobachten und sie durch die aktive Identitätsfindung, die Suche nach der Zugehörigkeit und dem Umgang mit ihrem mitgebrachten sprachlichen und kulturellen Gut erklären. Zudem schaffen sie eine neue, multikulturelle weibliche Ästhetik, indem sie die Wege ihrer Entwicklung in diversen historischen, kulturellen und sozialen Kontexten realistisch und nicht idealisierend oder verschönert aufzeigen. „Das Leiden einzelner Frauen, die ihr Rollenmodell verloren hatten und schmerzlich allein nach einem Weg tasteten, kam in dieser ‚Selbstfindungsliteratur' [der siebziger Jahre, N.L.] zum Ausdruck. Ein sich änderndes Selbstverständnis der weiblichen Identität und Wirklichkeitsauffassung zeigt sich in Andeutungen." (Kraft 1993: 322)

3.2 Inszenierung von Raum und Zeit bei Julya Rabinowich *Die Erdfresserin* (2012), Alina Bronsky *Die schärfsten Gerichte der tatarischen Küche* (2010) und Katerina Poladjan *In einer Nacht, woanders* (2011)

> Nirgends bricht die Zeit so leicht zusammen wie im eigenen Kopf.
> Joseph Brodsky *Brief an Horaz*

Spätestens seit Paul Ricœur wissen wir: die „von jedem narrativen Werk entfaltete Welt ist immer eine zeitliche". (Ricœur 1988: 13) Dass die metaphysische Dimension der Zeit und ihre physische Übersetzung in konturierte, voluminöse, symbolische und visuelle (Denk-)Figuren die Autorin Julya Rabinowich seit langem beschäftigt hat, lassen bereits die ersten leitmotivischen Zeilen ihres neuesten Künstlerromans *Krötenliebe* (2016) erkennen. Nach hundert Jahren ‚verlangsamt' sie in ihrer Erzählung das bestimmende Zeittempo moderner Großstadtmenschen, wodurch ein Effekt literarischer Entschleunigung entsteht. Sie findet zurück zur Geschwindigkeit der Jahrhundertwende um 1900, indem sie der Epoche eine atmosphärische Hommage widmet und die Liebes- und Leidensgeschichten prominenter Figuren wie Alma Mahler-Werfel, Gustav Klimt, Gustav Mahler, Oskar Kokoschka, Walter Gropius oder Franz Werfel behutsam und detailtreu schildert. Im Prolog heißt es:

> Wenn man annimmt, die Zeit wäre keine Gerade, sondern ein Kreis, in dessen perfekter Rundung kein Anfang und kein Ende auszumachen sind, dann kann man annehmen, dass dieser Zeit-Ring um seine Achse beweglich ist, dass alles, was in den 360 Grad jemals enthalten war, zu jedem Augenblick erhalten bleibt, jeweils auf seinem eigenen Abschnitt. Das ist tröstlich und erschreckend zugleich: Alles ist zu jedem Augenblick, und nichts ist vergangen. / Man kann aber auch annehmen, die Zeit wäre ein Kaleidoskop: Bei jeder Drehung brechen die Muster aus glänzenden Glassteinchen in neue Konstellationen, die einander ähneln, sich aber nie in exakt gleicher Weise wiederholen. Das ist tröstlich und erschreckend zugleich: Nichts kommt wieder, was einmal verschwunden ist. (Rabinowich 2016: 7)

Die hier zunächst beschriebene Zeitwahrnehmung (Karl Jaspers[131] zufolge die Essenz des menschlichen Daseins) sowie ihre zweite, „erschreckende" Variante

131 Nach Jaspers' metaphysischem Urteil scheint jedes Dasein „in sich rund." (Karl Jaspers *Von der Wahrheit* 1947: 54) Diese Ansicht teilten unabhängig voneinander Vincent van Gogh mit seiner Beobachtung: „Das Leben ist wahrscheinlich *rund*." sowie Joë Bousquet: „Man hat gesagt, das Leben sei schön. Nein, das Leben ist rund" (zit. n. Gaston Bachelard 2006: 176). Im Rahmen dieser Analyse lässt sich behaupten, dass (zumindest das literarisch geschaffene) Dasein eine runde Verdichtung der Zeit in einem konkreten oder gedachten Raum ist.

kennt auch die Protagonistin Diana aus Rabinowichs früherem Roman *Die Erdfresserin* (2012), dem ich mich als erstes zuwende. Sie ist eine nach Wien Zugewanderte aus dem Kaukasus, aus dem russischen Dagestan[132] – eine von Not getriebene Wandererin – „[m]ich kostet das zügige Gehen kaum Anstrengung, ich bin eine Wandererin" (13), faktisch eine moderne „Wanderhure"[133]:

> Hinter mir scheint die untergehende Sonne durch die feingliedrigen Äste. Schnee knirscht unter den Füßen. Ein schwarzvioletter Umriss malt sich unnatürlich langgezogen auf die Schneedecke, ahmt jede meiner Bewegungen nach. Ich folge meinem Schatten, der in einem schmalen Spalt Licht in der Kälte wandert, die Wärme der Sonne am Rücken wie unzählige Männerkörper zuvor. Er hat mich noch nie in die Irre geführt. Unter mir Schnee, schmelzender Schnee und kantige Eisbruchlinien. [...] Stehe auf und gehe weiter. Es gibt welche, die liegen bleiben. Ich gehöre zu denen, die aufstehen und weitergehen. [...] Und keinen Blick zurück. Den Blick zurück kann man sich erlauben, wenn man einen Ort erreicht, der nach dem Zurück liegt. (Rabinowich 2012: 5)

In ihrer Heimat, ihrem „Zurück" hat sie an der Universität Regie als Hauptfach studiert. Metaphorisch und biografisch gesprochen konnte sie ihr früheres Leben selbst bestimmen und ‚inszenieren', sich nicht zuletzt in die fremden Welten der Literatur versetzen. Diana mochte und mag Bücher, vor allem weil sie sich von ihnen eine stumme Zeugenschaft über ihren Vater erhofft.

> Ich schlich mich gerne heimlich in die Bibliothek meines Vaters, sein größtes, sein offensichtlichstes und gleichzeitig sein geheimstes Zeichen an mich. Ich lehnte mich dort an die Regale, Rücken an Rücken mit seinen Büchern. Altes Leder, Staub und die dicken bodenlangen Vorhänge [...] und sog die Luft mit aller Kraft ein, die Augen fest geschlossen, ich wollte die Gegenwart ausatmen und meine Vergangenheit hineinholen. In meinen Kopf, vor meine Augen. Wer war er, dieser Mann, der so viel Platz in unserem Haus bekam und dennoch so wenig mit uns zu tun hatte, wie roch er, was tat er? (Rabinowich 2012: 45)

Ihr früh und unerklärlich verschwundener Vater besaß eine große Büchersammlung:

> Unser Haus, das größte und schönste, im Zentrum des Dorfes gelegen, ein steinernes Haus, im Gegensatz zu den kleinen schiefen Ziegelbauten rundum [...]. [...] Mein Vater war ein belesener Mann, einer, der von den Nachbarn aus Respekt gemieden wurde,

132 Es lässt sich nicht feststellen, ob dies eine kleine Anspielung an die exotisch-erotische Clawdia Chauchat aus Thomas Manns *Der Zauberberg* sein könnte. Dann wäre Diana ihre in die Gegenwart transportierte Vertraute.

133 *Die Wanderhure* (2004) ist der (inzwischen verfilmte) erste Band einer gleichnamigen Krimireihe vom Autoren-Duo Iny Lorentz (Pseudonym). Die Romanhandlung spielt in Südwestdeutschland zu Beginn des 15. Jahrhunderts.

> ja man munkelte sogar, dass er eine Bibliothek besaß, einen eigenen Raum, der nur für Bücher verschwendet wurde. (Rabinowich 2012: 9).

Der fehlende Vater[134], das Vermissen jeglicher Informationen über ihn und sein unerklärliches Verschwinden sowie seine einem Mausoleum ähnliche, leer stehende Bibliothek bildet für die Protagonistin eine schmerzende Wunde. Doch sie muss

> diese Information als gegeben zur Kenntnis nehmen, wusste ich doch so gut wie nichts mehr über Vater, eine vage Erinnerung an eine warme, große Brust, an der mein Hinterkopf lehnte, eine Pfeife mit schwarzem Griff und gelblichem Mundstück. Elfenbein. Seine Lieblingspfeife hätte er nie zurückgelassen, wenn er nicht beabsichtigt hätte, wiederzukommen. (Rabinowich 2012: 28)

Vaters Bibliothek wird für Diana im gesamten Verlauf der Romanhandlung zum roten Faden, zu ihrem Sehnsuchtsort und zum Erinnerungs(h)ort. „Wenn ich über das Wiener Pflaster gehe, denke ich oft an den Weg bis zum Haus meines Vaters.“ (Rabinowich 2012: 114) Über den Vater weiß Diana nicht mehr, als dass er eine Bibliothek besaß und Pfeife rauchte. Deswegen hat sie „das Gefühl, dass eine Erklärung für alles, was in diesem Haus geschah, nur in diesem Raum [in der Bibliothek des Vaters] zu finden wäre“ (48). Aus der Widmung in einem Buch an die Mutter schließt Diana, dass sie von ihrem Vater stammen müsste, „obwohl ich seine Schrift nicht kannte“ (47). Es ist Gustav Meyrinks Roman *Der Golem*[135]

---

134 Unter Berücksichtigung der realhistorischen Umstände in der damaligen Sowjetunion konnten sowohl diese Gerüchte, wie auch seine Intelligenz, seine Zugehörigkeit zum jüdischen Glauben, sein Querdenken oder eine Denunzierung wegen Verbreitung, Herstellen oder Aufbewahren von ‚verbotener Schriften‘ der im Text komplett unbenannte Grund für die Verhaftung und somit für sein stilles Verschwinden gewesen sein. So schreibt beispielsweise die Skandaldichterin, „dekadente Madonna“ und „Chronistin des Krieges und der Revolution in Russland“ Sinaida Hippius am 16. Februar 1918 in ihrem Tagebuch: „Das bedeutet, in Kürze werde ich wohl meinen eigenen Schreibtisch und meine Bücher nicht mehr haben. Bücher sind das erste Merkmal für ‚Bürgerlichkeit‘. Wir haben so viele, dass unsere Wohnung natürlich die ‚bürgerlichste‘ im ganzen Haus ist.“ (Hippius 2014: 326 f.)

135 „Das Buch wirkte ein wenig abgegriffen, hatte einen Stoffbezug und schwarze Lettern, in denen ‚Der Golem‘ auf die Titelseite geprägt worden war. Golem, das sagte mir nichts, aber Vaters Bücher bedeuteten mir selten etwas Bekanntes […]. Der Golem also, auch gut, dachte ich, schlug die erste Seite auf und entdeckte den Namen meiner Mutter. / Das war das erste Buch der Bibliothek, das eine Widmung trug, er hatte es wohl für sie gekauft, absurd, ich hatte meine Mutter noch nie lesen gesehen.“ (Rabinowich 2012: 48) „Ich wollte kein Kind haben, dachte ich mir damals, ich wollte einen Golem. Bekommen hatte ich einen belastenden, nichtsnutzigen Sohn. / Warum

aus dem Jahr 1915 (veröffentlicht in Leipzig), und eben diese Gestalt übernimmt in ihrer Wanderung und Erzählung später eine signifikante Rolle.

Ihr Zuhause muss Diana aus (Geld-)Not verlassen, und sie entscheidet sich für den illegalen Weg in westliche Richtung:

> Die Kornkammer nennt man dieses Gebiet. [...] Das fruchtbarste Gebiet von allen ist Westeuropa, das alle ernährt. Da gibt es Korn, da gibt es Arbeit. Alle wollen wir nur einen Löffel vom Honig, ein Gläschen nur von der Milch, die in Europa fließt. / Ein Teilchen nur, ein elementares Teilchen, um zu überleben. (Rabinowich 2012: 17)

Zu überleben hat in Dianas Fall ihr psychisch kranker Sohn, den sie mit dem erworbenen und an die Mutter überwiesenen Geld auch medizinisch versorgt. Die Mutter, „leise und gefährlich" (46), kümmert sich um ihn.

In Wien lebt Diana als Prostituierte mit ihrer alten Freundin und Studienkollegin Nastja zusammen, die in der Heimat Schauspielerei studierte und von Diana durch Leben und Beruf gelenkt wurde. Nachdem Diana in einer Rotlichtbar einem dicken, hässlichen, kranken und abergläubischen Polizisten kurz vor der Frührente namens Leopold (Leo) Brandstegl begegnet, trennen sich die Wege der beiden Frauen. Diana zieht bei Leo ein, wird seine Geliebte und Pflegerin, auch eine „billige Putzfrau". Doch auch dies nimmt sie nüchtern in Kauf – für das Gefühl von Häuslichkeit, einen flüchtigen Moment der Normalität in ihrem Leben in der Fremde:

> Noch habe ich mehrere Tage Zeit, bevor ich mich wieder auf den Weg mache, mein Weg führt mich in verschlungenen Pfaden durch Europa, Trampelpfade sind das, im Dschungel der Begebenheiten hinterlassen von Einzelwanderern wie mir, wir sind unsichtbar und allgegenwärtig, wir bestimmen eure Zukunft genauso mit, wie ihr die unsere, wir bestimmen Teile eures Lebens, eures Begehrens, eurer Gier und eurer Bedürftigkeit, wir pflegen euch und befriedigen euch und töten euch und nutzen euch aus, so wie ihr uns ausnützt und befriedigt und tötet. (Rabinowich 2012: 216)

Während sie noch vernünftig den Nutzen ihrer gegenseitig profitablen Zweisamkeit mit Leo kalkuliert, wird Dianas Welt nach dessen Tod in Windeseile auf den Kopf gestellt. Es beginnt ein neues, anderes Kapitel, nachdem Diana bewusstlos ins Krankenhaus eingeliefert wird und dort erwacht.

---

gerade dieses Buch, fragte ich mich später, als ich es wieder und wieder gelesen hatte, wieso dieses Buch, das ein Monster beschreibt, einen Homunkulus, der so gar nichts mit Familie und Liebe und Frauen zu tun hat. Was wollte er ihr damit vermitteln, wozu?" (Dies. 2012: 50) Es gibt einen Verweis auf dieses Buch bereits in Rabinowichs Debütroman *Spaltkopf*.

Die kursiv hervorgehobenen Dialoge zu Beginn mehrerer vorhergehender Kapitel ergeben nun erst einen Sinn und ordnen sich kaleidoskopisch zu einer rückblickend rekonstruierbaren Geschichte. Aus den verdolmetschten Therapiegesprächen mit dem Arzt ergibt sich Dianas Lebensweg in knappen Sätzen, ihre emotionale und ausführliche Darstellung des Geschehenen und Erinnerten wird im Inneren Monolog ausgeführt. „*‚Wie lange waren Sie von zu Hause weg?‘ / ‚Üblicherweise immer ein, zwei Monate. Je nachdem.‘ / ‚Und wie lange waren Sie dann in der Heimat?‘ / ‚Maximal zwei Wochen.‘*“ (Rabinowich 2012: 114, kursiv im Original) Die Knappheit des Gesagten im sterilen, offiziellen Behördenkontext und im Spital reduziert und anonymisiert das unbeschwert beschriebene, aber leidvolle Leben Dianas einer statistischen Erhebung gleich.

Die Angaben der Zeit sind präzise und der Protagonistin stets präsent. Der Ausgangspunkt des Geschehenen sowie der Zeitrechnung bleibt für die Fragenden Dianas „Heimat“, ihr „Zuhause“. Die treffenden Gegenbegriffe wie *die Fremde* oder *das Ausland*, Österreich oder *hier* bleiben hingegen aus. Somit wird eine nationale und kulturelle Grenze gezogen, und Dianas Status als Fremde deutlich spürbar. Auch die zeitlich-räumliche Wahrnehmung verschiebt sich dadurch und verleiht den beiden Chronotopoi – Heimat versus Fremde – einen verzerrten Charakter. Während der Herkunftsort als heimisch und konkret identifizierbar ist, wird seine Alternative nicht genannt und lokalisiert.

Im ‚unbekannten Fernen‘ verbringt die Romanfigur jedoch sehr viel mehr Zeit (physisch, nicht gedanklich) als in Russland. Dieser Chiasmus der Räume, Zeiten und Gefühle deutet einerseits auf fehlende Stabilität angesichts der enormen Herausforderungen im Leben Dianas; andererseits bleibt ihre sozio-kulturelle Hybridität trotz der inneren Zerrissenheit eine große Stärke, die ihr und ihrer Familie das Überleben ermöglicht. Erzähltechnisch verleiht diese Diskrepanz der späteren geistigen und temporär-topografischen Verwirrtheit, dem Verlorensein der Figur besondere Intensität.

Der Arzt im Krankenhaus ist zumindest seiner professionellen Berufung treu und will alles unternehmen, um die physischen und seelischen Schmerzen seiner Patientin zu lindern und ihren Zustand medizinisch und rechtlich zu stabilisieren. Doch für einen Asylantrag reichen seine Bemühungen nicht aus – Diana war im Heimatland weder politisch verfolgt noch misshandelt worden. Deswegen wird sie nur solange des Landes nicht verwiesen, als sie im Krankenhaus bleibt. Dort verbringt sie tatsächlich noch einige Zeit und flüchtet eines Nachts, nicht ohne einige Kleinigkeiten gestohlen zu haben. Metaphorisch wird die Göttin der Jagd somit selbst zur Gejagten.

Nachdem Diana diesen Schritt getan und die Grenze der Legalität überschritten hat, bleibt für sie nur der Weg in Richtung Heimat, den sie irrend einschlägt:

> Ich war so lange nicht mehr auf Wanderschaft, dass diese stetige sinnlose Vor- und Rückwärtsbewegung meines Lebens fast verblasst ist. So lange nicht mehr unter freiem Himmel geschlafen, im Regen Schutz unter Bäumen, Scheunen und Dachvorsprüngen gesucht. So lange nicht mehr in fremden Autos gesessen. In fremden Wohnungen. Fast unwirklich scheint es, dieses tägliche Nachhausekommen, anders, als das Nachhausekommen in meines Vaters Haus, aber auch tröstlich. / Der Bus nähert sich der Endstation, ich kann die Staatsoper erkennen, auf der gegenüberliegenden Seite, und dazwischen menschengefüllte Straßen, die ins Innerste der Innenstadt führen, an den Prunkgeschäften vorbei, den glänzenden riesigen Glasflächen, die Exklusivität vorgaukeln nur durch ihre exklusive Lage, denn die Ware ist Massenproduktion und wird den Massen nicht passen. (Rabinowich 2012: 123)

Die Endstation an der Wiener Oper setzt eine symbolische Abwendung von der Zivilisation zur Natur, zum Ursprünglichen und eventuell Barbarischen. Hier vollzieht sich ein stiller Abschied, eine Art erzwungener Abnabelung der jungen Frau vor der Rückkehr zu ihren Wurzeln, zu ihrem Element sowie ihrer (kulturellen und persönlichen, aber auch beschädigten) Identität: „[…] denn wir sind nicht nur wilde, sondern auch heimatlose Tiere, und Tiere sind Objekte und haben keine Bürgerrechte wie jene, die dem großen europäischen Haus zugehörig sind und dem großen Haus des Wohlstandes" (216). Als ausgegrenzte Randfigur kehrt Diana in den Wald zurück und setzt ihren Nachhauseweg auf die gleiche illegale Weise fort, wie sie Westeuropa einst erreicht hat – auf Irrpfaden, unsichtbar. Sie schläft in Mulden aus Erde, wäscht sich in Flüssen und stiehlt Eier von den nur selten auf ihrem Weg liegenden Bauernhöfen.

Diana wandert durch Länder und Wälder, ihr mythologisch-römischer Name (als Göttin der Wildnis, des Waldes) kommt zur Geltung. Doch ab und an konfrontiert sie sich mit den Spuren der Zivilisation auf eine passiv-distanzierte und kritisch-beobachtende Weise: „Ich sitze im verdorrten Gras, wie so oft schon sitze ich im Gras, und sehe den Besuchern des Forum Romanum zu" (215).

Auf ihrer Route passiert sie mehrere Wege mit menschlichen (Reifen-)Spuren, und einmal auch ein Atomkraftwerk – das moderne Denkmal der menschlichen Errungenschaften und der Hybris:

> Arenabreite Betonsäulen, aus denen weißgraue Wolken steigen, die sich nahtlos in den verhangenen Himmel einfügten wie der Rauch der Pfeife meines Vaters in den Nebel, der durch die Wohnung zog und sich an der Decke verdichtete, sodass das Licht des Messinglusters nur spärlich durchdringen konnte. Die Dampfwolken wiesen mir den Weg, ich bog bei der Kreuzung nach links ab, statt dem asphaltierten Weg zu folgen. (Rabinowich 2012: 229)

Die Natur ist Dianas Freundin. Beispielsweise wird der Wald personifiziert und liebevoll beschrieben, als er „sein Fell wechselte", warf der Wald „die Eidechsenhaut ab, schüttelte nun den Fuchspelz im Herbstwind" (230). Einmal gibt Diana (im Traum, in einem Deliriumszustand oder in der Imagination) einem starken und großen Golem das Leben, indem sie ihn mithilfe der Erde zeugt und gebiert.

Dieser Golem, wie in Vaters Buch, soll der jungen Frau den Weg nach Hause weisen: „‚Führe mich heim', sage ich, ‚ich habe den Weg verloren'" (205). Er wird für sie zum Fatum, zur treibenden Kraft, sie folgt ihm wie hörig: „Der Golem wendet sich noch einmal nach mir um und deutet mir, ich weiß, dass ich jetzt zurückblicken darf, und gleichzeitig weiß ich, dass dieses Feld sich rund um uns nun nach allen Seiten erstreckt. Jeder meiner Schritte bricht in eine neue Landschaft" (235).

Der Golem, bekannt als menschenähnliches Wesen aus Lehm mit übernatürlichen magischen Kräften, entstammt der jüdischen mystischen Tradition. Im Roman ist er das Erbe, das Dianas Vater ihr in Form von Schrift in einem Buchgeschenk für ihre Mutter hinterlassen hat. So ist der Golem Dianas letzte Hoffnung und letzte Verbindung zur Heimat und Orientierung auf der Suche nach dem eigenen Ich und Zuhause. Mit dem Golem schließt sich der mit Inhalten und Antworten nicht zu füllende Kreis von Dianas Suche und Erinnerungen.[136] Wie einst der Vater samt jeglicher Spur, so verschwindet auch der von Diana fantasierte Golem.

Unscharf erscheinen im Romantext auch die Konturen des Genres, denn er umfasst verschiedene Aspekte. Zum einen trägt *Die Erdfresserin* Merkmale eines Ich-Romans oder auch eines Reiseromans. Nach der Definition von Wolfgang Kayser könnten wir aber auch von einem „Raumroman" sprechen, in dem es auf „die Darstellung der vielfältigen, offenen Welt" ankomme mit einer „Fülle der Schauplätze und auftretenden Figuren". (Kayser 1973: 363) Die Struktur des Raumromans wird außerdem durch die „rasche Abfolge und fehlende Kausalität der Szenen bzw. Tableaus" (ebd., S. 365) untermauert. Die zyklische Zeitstruktur der Erzählung, die die Kreisfigur Diana schafft, und in der sie sich auflöst, verweist zum anderen auf die legendenhaften, mythischen Merkmale vormoderner Zeitbegriffe. Schließlich wäre auch zu bedenken, ob dies der interessante Versuch einer nomadischen Migrationsliteratur zu Anfang des 21. Jahrhunderts sein könnte.

---

136 Das untermauert auch das hebräische Wort *Golem* selbst, das in der Bibel (Psalm 139,16) „vorkommt und dort das Formlose, Unfertige, noch im Zustand des Werdens Befindliche oder die ungestaltete Masse bedeutet". (Pertsch 1992: 43) Cornelia Temesvári (2010: 121) findet in der nachbiblischen Literatur den Verweis auf die Golem-Bedeutung als „Gottes Schöpfung des ersten Menschen Adam, dessen zunächst noch formlose Gestalt".

Der Weg der jungen Frau ist weder ein Flanieren noch ein den Geist oder die Gesundheit anregendes Wandern, er ist eine triebhafte Bewegung aus äußerer Not, erzwungene Migration, ein Herumirren der Protagonistin als Randfigur zwischen den zwei Welten in West und Ost, zwischen Natur und Kultur, zwischen Gesundheit und Wahn, zwischen Erinnertem[137] und Erzähltem, zwischen Vergangenem und Gegenwärtigem; – das Zukünftige wird bis zum Romanende nicht erreicht.

Das Bild der zu Außenseitern gewordenen Minderheiten gibt Auskunft über die Verschiebung der gesellschaftlichen Grenzziehungen[138] aus interkultureller Perspektive. Doch durch die soziale Ausgeschlossenheit, ihr ‚Ausgegrenzt-Sein' werden gleichzeitig Räume geschaffen, die Menschen illegal und notgedrungen passieren. Einerseits entsteht auf diese Weise das Bild der etablierten ‚fremdheimischen' Strukturen der Mehrheitsgesellschaft. Andererseits beeinflusst und formt diese äußere Wahrnehmung und als Konsequenz, die erzwungene stete Bewegung, die Identität der Figur. Sie wird hoffnungslos nomadisch.

Der Roman *Die Erdfresserin* endet mit einer Ankündigung des Fortgehens, aber es ist denkbar, dass die Protagonistin ihre Odyssee nicht überleben wird, weil sie bereits gesundheitlich angegriffen ist und die Kräfte sie während des Herumirrens verlassen oder weil das Leben in der Natur sie erschöpfen könnte. Dianas Erzählen verlangsamt sich und verstummt wie ihre Schritte und ihr Atem: „Ich gehe weiter. Ich gehe tiefer. Tiefer. Tiefer. / Ich gehe. Ich gehe. / Gehe. / Gehe" (236).

Zum Schluss vollzieht sich eine Aufhebung der Zeit, die nur durch die Präsensform markiert ist, und des dreidimensionalen Ortes; sie lösen und dehnen sich bis ins Unendliche, in die Tiefe, ins Nichts. Auch die Sprache wird auf ein Wort, ein Verb der ewigen kosmischen Bewegung reduziert. Es gibt kein Zurück in den

137 Dianas Erinnerungen kehren vor allem stets zu dem Haus ihrer Eltern zurück, das wie eingefroren, und im Kontrast zu wechselnden Erlebnissen der jungen Frau im Westeuropa ein statisches Tableau (vivant) bleibt. Die Erinnerungen daran schaffen für die Figur einen hassgeliebten Sehnsuchtsort, eine *Fata Morgana*. Auf der Erzählebene entsteht somit eine – der realen und erzählten – diametral konträre Welt, die dem Bereich des Vergangenen, dem nicht Erreichbaren und deswegen Utopischen gehört.

138 Obwohl der Protagonist im neuesten Roman der Autorin Jenny Erpenbeck *Gehen, ging, gegangen* (2015), ein emeritierter Professor aus ehemaligem Ostberlin, es zurecht lächerlich findet, „einen Übergang am Vorhandensein eines Körpers zu messen. Wenn man das so sah, stand für einen Flüchtling die Unbewohnbarkeit von Europa plötzlich in einem Verhältnis zur Unbewohnbarkeit seiner eigenen Hülle aus Fleisch, die dem Geist eines jeden Menschen eigentlich auf Lebenszeiten als Wohnung zugewiesen ist. Dann also eben Berlin." (Erpenbeck 2015: 83)

mütterlichen Schoß der Heimat und zur Mutter mehr. Eine Erfüllung wird für Diana durch die Wendung zu ‚Mütterchen Erde' möglich, zum irdischen Raum und irdischer Zeit, die in die kosmischen Dimensionen übergehen. Die Gleichsetzung der Erde mit der Zukunft an einer früheren Stelle könnte diese Vermutung bestätigen:

> Irgendwo zwischen Weinbergen und heruntergekommenen Städtchen, zwischen Österreich und Italien oder der Schweiz werde ich glühend heiß, das Fieber verbeißt sich in Haut und Knochen, ich brenne, ich zerfließe, und ich zwinge mich weiter, denn ich weiß, dass gerade dann kein Liegenbleiben erlaubt ist, ich wanke also noch einen Kilometer und bin immer noch weit und breit in der Einöde. Dann verlassen mich endgültig die Kräfte, ich gehe immer langsamer, setze mich schließlich mitten auf die Landstraße. [...] [...] die Erde, ich spüre, wie sie in einem kleinen Nachbeben erzittert, das Epizentrum meiner Schuld und meiner Sühne, meiner Geschichte und meiner Zukunft. (Rabinowich 2012: 201)

Mit der Erde verbunden fühlt sich Diana äußerlich, mit der Tarockkarte[139] der Königin der Schwerter innerlich: „Streng ist sie und schmerzvoll, *statisch*, erbarmungslos und präzise, so, wie ich gerne wäre, so gerne wäre." (Rabinowich 2012: 65, Hervorhebung v. N.L.) Auch die Erde trägt in sich die Eigenschaft der Ruhe und Stabilität, das Gefühl des Realen, die der Protagonistin im Leben fehlen: „Ein Küstenstreifen, der sich wie ein Block weißen Fettes ins Meer legt, dichte Landfasern, die sich im Laufe der Jahrhunderte übereinandergelegt haben, ein fettes, reiches Land mit fetter Erde, das nicht auf mich gewartet hat und das ich voller Erwartungen ansteuere" (214). Dianas eigene Dynamik sowie die der fragmentiert dargestellten und stets kurzzeitig bewohnten Räume sind programmatisch für ihr nomadisches Leben.

Die Erzählerin bleibt Frau, Migrantin, kritische Beobachterin und Kind (um nicht zu sagen Produkt) ihrer Zeit – rastlos, an den Nicht-Orten im Sinne von Marc Augé „behaust" (beispielsweise Felder, Raststätten, die Rotlichtbar, das Krankenhaus, ein Einkaufszentrum, Schrebergärten, die Kommunalwohnung,

139 Die symbolische Deutung von Tarockkarten sowie die Buchstabensymbolik sind nach Peter Cersowsky (1983: 50) „für die magische Komponente der jüdischen Mystik" wesentlich. Bei Meyrink (1995: 130) heißt es: „Ist es Ihnen niemals aufgefallen, daß das Tarockspiel einundzwanzig Trümpfe hat – genausoviel, wie das hebräische Alphabet Buchstaben? [...] Was Sie allerdings nicht zu wissen brauchen, ist, daß ‚Tarok' oder ‚Tarot' soviel bedeutet wie die jüdische ‚Tora' = das Gesetz, oder das altägyptische ‚Tarut' = ‚die Befragte', und in der uralten Zendsprache das Wort: ‚tarisk' = ‚ich verlange die Antwort'." Die Aspekte der jüdischen (und okkult-magischen) Tradition im Roman sollten in einem anderen Rahmen vertieft untersucht werden.

die Küche, das Wartezimmer der Notfallambulanz). Eine Ersatzheimat für kürzeste Momente, die in sich gleichzeitig Nähe und Distanz kumuliert, bilden eher mobile, Kommunikation und Verbindung herstellende ‚Einrichtungen' wie beispielsweise Telefonzellen, Autos oder Straßenbahnen.

Was statisch und in Erinnerungen (als Tür, Türschwelle, Gold- oder Holzrahmen, Bibliothek) eingefroren bleibt, ist Dianas Zuhause in Dagestan. Auf narrativer Ebene bringen sich imaginäre Zwischenräume und Transitzonen besonders prägnant zur Geltung, denn die Protagonistin verkehrt in multiplen Welten, Häusern, sozialen Räumen, durchdringt sie, markiert sie und kehrt gedanklich und sprachlich oft zurück, zu ihrem notgedrungenen Sehnsuchtsort – der Bibliothek des Vaters, zum Haus ihrer Eltern, wo Dianas Mutter ihren kranken Enkelsohn pflegt.

So wird der Erzählraum seiner realen Dimensionen, aber vor allem seiner Konturen beraubt, wenn die Flächen des Erzählens (das in Wien oder bei den illegalen Grenzüberquerungen Erlebte) sowie des Erzählten (das Erinnerte und möglicherweise krankheitsbedingt Imaginierte auf den Transitrouten) ineinanderfließend übergehen. Die junge Frau selbst kann darüber zum Schluss keine Auskunft geben: „Und ich weiß nicht mehr, wie viele Stunden und Tage ich nach ihm rufe, ich weiß nicht mehr, wo ich bin. Was immer geschieht, er [der Golem] kennt den Weg, den ich vergessen habe" (208).

Der Golem, eine fiktive Gestalt aus der Welt der Sagen und Legenden, erfüllt für Diana zum einen eine zielweisende und somit pragmatisch-materialistische Funktion. Zum anderen verkörpert er die Welt des magisch Dunklen, des Seelischen, des Geistigen. Symbolisch steht er für die natürliche weibliche Intuition (oder die Instinkte) der Protagonistin, deren Unbewusstes sie aus der topografisch-sozialen Enge und Eingegrenztheit im Schoße der Natur befreit. Die Antithetik von Spiritualität und Materie, die der Golem in sich manifestiert, wird mithin auch in der Figurenkonzeption von Diana verkörpert. Im Geiste überquert die junge Frau alle sie quälenden Grenzen und findet den Weg zu ihrem eigenen bewussten Ich.

Nach Ernst Cassirer (1960: 72) spielt die Zukunft als dritte Dimension der Zeit „für die Struktur des menschlichen Lebens" sowie für unser Zeitbewusstsein die wichtigste und charakteristischste Rolle. Die ideale Zukunft „bedeutet die Verneinung der erfahrbaren Welt, bedeutet das ‚Ende der Tage'; aber sie enthält gleichzeitig die Hoffnung und Versicherung eines neuen Himmels und einer neuen Erde." (Cassirer 1960: 75)

Am Romanende spricht die Erzählstimme, zukunftsorientiert und die patriarchale, globalisierte moderne Welt ermahnend: „Diana darf man nicht vergessen". Nach dieser ‚Setzung des Mahnmals' geht der programmatische Satz weiter: „jeder, der nach Betreten des Erdreichs seinen Namen vergisst, geht darin verloren." (Rabinowich 2012: 236) Man denke dabei an die zukunftsweisende Funktion der Erinnerung und die Wurzeln, die einen von Geburt an prägen und durch Räume und Zeiten begleiten.

Doch die im Roman beschriebenen Situationen und Einstellungen zeigen, ohne zu moralisieren, dass Frauen in der modernen Welt[140] weiterhin verlieren; vor allem als gesellschaftliche Randfiguren wie Migrantinnen, Prostituierte, Reinigungskräfte werden sie allzu oft Opfer männlicher Gewalt und Verfügung. Männer sorgen für die Ausgrenzung Dianas (die prototypisch für viele Frauen steht) aus dem gesellschaftlichen und kulturellen Leben. Allenfalls die matriarchale Linearität fängt sie in miserablen Lagen auf, sie bildet Konturen und Anker in ihren Lebensepisoden, in den Inseln der zwischenmenschlichen Begegnungen und Beziehungen.

Zum Schluss flieht Diana – verwirrt, krank und illegal – zurück, und findet bei Mutter Erde[141] Trost, Nahrung und Geborgenheit. Dianas Weg erscheint von Romanbeginn an als eine vom Tod gezeichnete Bewegung, die paradoxerweise zum wichtigsten Merkmal der Heldin wird.

Rabinowich gestaltet ohne Schwarz-Weiß-Malerei einen bipolaren Raum des (Da-)Seins und Nicht-(Da-)Seins im weitesten Sinne, in dem das Leben der Einheimischen mit der Existenz der Neueingewanderten zunächst wenige Schnittstellen – allenfalls am Rande und als Ausnahme – besitzt. Faktisch basiert ihr Zusammenleben auf gegenseitiger Abhängigkeit – die beiden Systeme bleiben immer offen und bedingen einander. Doch genau die multiplen und mobilen Identitäten, wie beispielsweise Dianas, verschieben die Grenzen zwischen beiden Welten und Kulturen, wenn sie sie auch nicht auflösen können. In diesem Punkt erfüllt die sogenannte Migrationsliteratur – zu der *Die Erdfresserin* jedenfalls thematisch zu zählen ist – eine wichtige kulturvermittelnde Funktion.

140 Auf die Verweisfunktion des desolaten Zustandes „einer gesellschaftlichen Institution" durch die „Beziehung zwischen anorganischem und menschlichem Bereich" macht Peter Cersowsky in seiner Dissertation (1983: 45) aufmerksam.

141 In Thomas Manns Roman *Der Erwählte* finden wir dazu eine verwandte, schöne und ausführlichere Erläuterung: „Ich vermag euch zu sagen, welche Bewandtnis es damit hatte, denn ich habe die Alten gelesen, bei welchen mit vielem Recht die Erde sich den Namen der großen Mutter und magna parens erwarb, aus der jedwedes Lebendige sprießend heraufgeschickt und gleichsam Gott emporgereicht, kurz, aus Mutterleib geboren worden sei. So auch der Mensch, der nicht zufällig homo und humanus heißt, zum Zeichen nämlich, daß er aus dem Mutterleib des humus ans Licht trat. [...] Darum wollen jene Autoren, die ich verehre, wissen, daß anfangs die Erde ihre Kinder mit eigener Milch ernährte nach der Geburt." (Mann 1980: 191)

Fremd und vertraut zugleich könnte der deutschsprachigen Leserschaft eine weitere Arbeitsmigrantin aus Alina Bronskys Roman *Die schärfsten Gerichte der tatarischen Küche* (2010) erscheinen, der hier als nächstes diskutiert wird. Die selbstbewusste Tatarin Rosalinda (Rosa, Röschen) Kalganow – „Ja, ich hatte einen schönen Namen, wie einem ausländischen Liebesroman entsprungen. Ich war nicht irgendeine Katja oder Larissa" (50 f.) – hat zu Romanbeginn einen Mann, mit dem sie seit 25 Jahren verheiratet ist, eine Tochter Sulfia (Sonja) und eine Enkelin Aminat (Anna, Anja).

Die letztere wollte Rosalinda zuerst nicht auf die Welt kommen lassen; sie und ihre Nachbarin Klavdia aus der Kommunalwohnung hatten unterschiedliche Abtreibungsmethoden (heiße Badewanne, Sud aus Lorbeeren, Nadel im Unterleib) angewendet, die sich jedoch als erfolglos erwiesen. Aminat wurde geboren, und Rosalinda „ahnte schon die ganze Zeit, dass es ein Kind werden würde, das grundsätzlich und rücksichtslos alles überlebte" (18). Als Mitarbeiterin einer pädagogischen Berufsschule weiß sie bestens Bescheid, „wie es dort zuging" (43) – und über Kinder und Erziehung überhaupt.

Eine Reihe von Missgeschicken, die schließlich meist eine positive Wendung finden, folgen im Leben von Rosalinda und ihrer Familie aufeinander, von denen die Ich-Erzählerin auf über 300 Seiten meist grotesk, episodisch[142] und mit dem nachträglichen Wissen in chronologischer Abfolge berichtet. – Denn bekanntlich macht es „keinen Sinn, über gesunde Familien zu schreiben." (Bode 2012: 24)

Die tragikomische Gestalt Rosalinda Kalganow, „ein wandernder Notfall" (Bronsky 2010: 247) und weiblicher Schelm (*pícara*), hätte von dem russischen Satiriker Michail Saltykow-Schtschedrin aus dem 19. Jahrhundert stammen können. Klaus Schenk stellt in der interkulturellen Literatur, auch in der gegenwärtigen deutschsprachigen Migrantenliteratur offensichtliche Tendenzen zur pikaresken Erzählweise[143] fest. Denn: „Pikareskes Erzählen lässt sich als ein unzuverlässiges Erzählen verstehen, das sich ambivalent zwischen den Kulturen bewegt." (Schenk 2014: 69)

Als ikonografisch karikierte Repräsentantin ihres Zeitalters zeigt Rosalinda aus der Sicht einer Migrantin – für den Pikaroroman typisch – pseudoautobiografisch, „mit einem einseitigen Blickwinkel" (Bauer 1994: 12) und perspektivisch ‚von

142 Dabei entscheidet der Erzähler über den Wert der „Zeiten besonderer Aufmerksamkeit". (Cordie 2001: 27)

143 Führend für die „literaturwissenschaftliche Erkundung der pikarischen Welt" sind Pionierarbeiten von Frank Wadleigh Chandler und Fonger de Haan. Neben diesen sind „vor allem Claudio Guillén und Michail Bachtin als maßgebliche Inspiratoren der Forschung zu nennen" (vgl. Bauer 1994: 8, 10).

unten' das Komische, Absurde und Fremde in der sowjetischen, russischen und deutschen Kultur auf. Kennzeichnend bleibt für den Schelmenroman, dass „der Schelm auf seiner Lebensreise Einblick in zahlreiche Gesellschaftskreise erhält" (ebd., S. 9). Das Lachen evoziert dabei Gemeinsamkeiten, die die Differenzen und Absurditäten deutlicher machen, aber durch die Komik gleichzeitig entschärfen.[144]

Durch ihre tragikomische Lebensgeschichte macht die Ich-Erzählerin ihre Leserschaft mit sich selbst und der Welt vertraut. Denn das Lachen

> verfügt über die bemerkenswerte Kraft, den Gegenstand heranzuholen, [...] seine äußere Hülle aufzubrechen, in sein Inneres zu schauen, Zweifel zu hegen [...]. Das Lachen [...] macht die Welt zum Gegenstand des familiären Kontakts und legt damit die Grundlagen für ihre völlig ungehinderte Erforschung. Das Lachen ist der wichtigste Faktor, Furchtlosigkeit zu erzeugen – jene Prämisse, ohne die ein realistisches Begreifen der Welt nicht möglich ist. (Bachtin 1989: 232)

Somit erfüllt die Komik viele wichtige Funktionen (unter anderem erzieherische, soziale, sprachliche und psychische), die zu einer Katharsis, einem Befrieden und Stärken führen können. Sigmund Freud betont in seinem Aufsatz *Der Witz und seine Beziehung zum Unbewußten* (1905) den Lustgewinn, den man vor allem im Verstoß gegen gesellschaftliche Regeln und Konventionen sowie durch die Beseitigung dieser „Hindernisse" (Freud 2010: 115) genießen kann.

Doch gleichzeitig scheint das Pikareske „eine Ausdrucksmöglichkeit für die Entfremdung des Menschen" zu sein. Die Romanfigur mit ihrer Suche „nach einem festen Verhältnis zur Außenwelt", nach dem Überleben oder im Fall von Rosalinda nach einer besseren Zukunft für ihre Enkelin Aminat bleibt für die Textstruktur zentral. „Andererseits sind [ihr]e Verletzbarkeit und Hilflosigkeit, [ihr]e Abhängigkeit und Schwäche, [ihr] Fluchtstreben und [ihr]e Orientierungslosigkeit die thematischen Motive." (Knop-Buhrmann 1980: 19) Denn der Schelm ist und bleibt für die etablierte soziale Ordnung ein „liebenswerter Außenseiter", ein Sonderling, ein Hochstapler, Tunichtgut (vgl. Knop-Buhrmann 1980: 11), ja ein „Spielball der Verhältnisse" (Hoffmeister 1985/86: 2), der allein und dauer-

144 Der Soziologe Georg Simmel schreibt dieses ‚Privileg' übertriebener Darstellung der/dem Fremden zu. Denn „er ist der Freiere, praktisch und theoretisch, er übersieht die Verhältnisse vorurteilsloser, mißt sie an allgemeineren, objektiveren Idealen und ist in seiner Aktion nicht durch Gewöhnung, Pietät, Antezedentien gebunden. Der Fremde ist uns nah, insofern wir Gleichheiten nationaler oder sozialer, berufsmäßiger oder allgemein menschlicher Art zwischen ihm und uns fühlen; er ist uns fern, insofern diese Gleichheiten über ihn und uns hinausreichen und uns beide nur verbinden, weil sie überhaupt sehr Viele verbinden." (Simmel 1983: 510 f.)

haft aus der Überzeugung kämpft, in jeder Lebenslage „sich nur auf sich selbst verlassen zu können". (Knop-Buhrmann 1980: 11)

Zu dieser gesellschaftlichen Randposition gelangt diese/r ‚wandernde Held/in' meist „durch obskure Herkunft, durch frühen Verlust der Eltern oder durch Armut". (Jacobs 1983: 29) So sind die Räume, in denen Bronskys Figur Rosalinda sich seit ihrer sowjetischen Kindheit aufhält, meist nicht ihre eigenen, auch ihre Lebensjahre gehören ihr nicht vollständig:

> Mit Ende 20 musste ich […] einen neuen Pass ausstellen lassen, weil mein alter gestohlen worden war. Dafür brauchte ich meine Geburtsurkunde, die ich aber nicht mehr hatte. Das Kinderheim, in dem ich den größten Teil meiner Kindheit verbracht hatte, war abgebrannt, alle Unterlagen waren vernichtet. Die Ausstellerbehörde musste sich auf meine Angaben verlassen – also machte ich mich sieben Jahre jünger, was sowieso sehr gut zu mir passte. (Bronsky 2010: 85 f.)

Gattungstheoretisch zeichnen folgende Merkmale das pikareske Erzählen aus: „a. Die literarische Topographie bzw. der erzählte Raum mit seinen sozio-kulturellen Aspekten; b. Wegstrukturen in diesen erzählten Räumen; c. Sprachen, Reden, Stimmen, die sich auf diesen Wegen begegnen; d. Rollen und Masken, die ihre Sprecher verkörpern." (Schenk 2014: 69) Schenk beruft sich nach wie vor auf Wolfgang Kaysers *Das sprachliche Kunstwerk* und seine Zuordnung der pikaresken Erzählweise zur „Kategorie des Raumromans", wobei „vor allem die Sujetführung und ihre Grenzüberschreitungen konstitutiv sind, wie auch als Erzählraum, durch die Art und Weise, wie die Narration diskursiv geführt wird" (ebd.). Das heißt nach Claudio Guillén, dass „der pikareske Held sich ‚auf der horizontalen Linie durch den Raum und auf der vertikalen durch die Gesellschaft' bewegt" (ebd.).

Doch schon Michail Bachtin ordnete den Schelmenroman im Wesentlichen dem Chronotopos des abenteuerlichen Alltagsromans zu. So sollte es dem Helden gelingen, auf „dem Weg durch eine vertraute Welt" (Bachtin 1989: 99) die schlechten Konventionen „treuherzig-naiv" zu entlarven. Für Bachtin war „die zeitgenössische Wirklichkeit" der Gegenstand des komisch-ernsten Genres und zugleich sein „Ausgangspunkt des Erkennens, Wertens und Gestaltens" (ebd., S. 231).

So liegt es auf der Hand, dass die räumliche Struktur des pikaresken Genres „eng mit einer Problematik von Migration und ihrer ethno- bzw. sozio-kulturellen Dimension verwandt" bleibt. (Schenk 2014: 69) Oder nach Kayser (1973: 363): „Auf die Darstellung der vielfältigen, offenen Welt kommt es ja gerade an." Einsamkeit und Heimatlosigkeit sind dabei oft deutlich ausgeprägte Begleiterscheinungen. Denn: „Ein Schelm, der zur Ruhe käme und seinen Platz fände, hörte auf, ein Schelm zu sein." (Cordie 2001: 576)

Rosalinda schlägt eine erfolgreiche Karriere als Putzfrau ein, verdient ihr gutes Geld selbst und lernt neue Männer, unter ihnen auch den englischen Gentleman und Witwer John kennen. Denn Rosalinda

> war eine schöne Frau. Mit Ende vierzig sah ich immer noch aus wie höchstens Mitte dreißig. Meine Haut war straff und strahlend, und ich schminkte mich jeden Morgen, bevor ich irgendwohin ging, und sei es nur in die Küche. In dieser Zeit hatte ich die Farben Rot und Schwarz für meine Kleidung entdeckt. Ich konnte es mir leisten. [...] Ich trug immer hohe Absätze. (Bronsky 2010: 62)

Bei John findet sie – nach einem Selbstmordversuch, mehreren Todesfällen, einer Migration, dem Verschwinden ihrer Enkelin, der eine tiefe Depression mit beinahe letalen Konsequenzen folgte – innere Ruhe und genug Zeit, mehrere Jahre auf die Lieblingsenkelin zu warten: „Ich hatte alle Zeit der Welt, um auf Aminat zu warten, und ich wollte mir diese Zeit gut vertreiben" (318).

Mit diesen Aussichten beginnt der letzte Absatz in Bronskys modernen Schelmenroman *Die schärfsten Gerichte der tatarischen Küche*. „Der pikarische Roman endet gern mit dem Motiv der Einsiedelei, das heißt der gewaltsamen Absage an die [...] bunte Welt. Aber das ist ein drastisches äußeres Ende, das leicht aufgehoben werden kann". (Kayser 1973: 363) Denn mit den krisenhaften Herausforderungen können die Romanfiguren jederzeit konfrontiert werden. Dementsprechend können sie mit neuen pikaresken Herangehensweisen gelöst werden.

Die Rückwendung auf die pikareske Tradition sollte im Jahr 2010 nicht weiter verwunderlich sein. „In der neuesten, nach 1945 erschienenen deutschen Literatur haben die Kritiker eine ‚Wiederkehr der Schelme' registriert." (Jacobs 1983: 108) Zurückgeführt wird diese literarische Tendenz einerseits auf die gesellschaftliche Krisenbewältigung, wobei „die abstrakten Strukturen der Gesellschaft [...] faßbar und kritisierbar" (Cordie 2001: 35) werden; die dekadente Gesellschaft selbst wird „in der Krise gezeigt" (Knop-Buhrmann 1980: 16). Andererseits ist es der Form sowie den Themen nach nicht selten eine Verarbeitung der „Lebensgeschichten ihrer Autoren" (Jacobs 1983: 91). Kurz: „Präzisierende Erläuterungen verdiente auch die häufiger vertretene These, daß der pikareske Roman immer dann aufblühe, wenn soziale Krisen ausbrechen." (Jacobs 1983: 32)

Generell soll auch im Genre des Komischen „ein beabsichtigtes und unverhülltes autobiographisches und memoirenhaftes Element" (Bachtin 1989: 236) vorhanden sein. Der Erinnerung wird dabei eine minimale Rolle zugeschrieben, denn „Erinnerung und Überlieferung haben in der Welt des Komischen nichts zu verrichten; man verspottet, um zu vergessen" (vgl. ebd., S. 232). All diese Kriterien finden sich im Roman *Die schärfsten Gerichte der tatarischen Küche* wieder, insofern die Ich-Erzählerin Rosalinda die Ereignisse aus ihrem Leben sachlich und teils offen-naiv benennt, ohne sie ausführlich zu beschreiben oder zu analysieren.

Dominant bleibt die genretypische „ursprüngliche künstlerische Symbolik von Raum und Zeit; das Oben und Unten, das Vorn und Hinten, das Früher und Später" (ebd., S. 233). Die erzählte Zeit des Romans umfasst um die zwanzig Jahre, sie archiviert reale historische Ereignisse aus der Sowjetunion vor und direkt nach dem Zusammenbruch und schließt Kontakte mit mehreren Kulturen und Traditionen ein.

Der Umgang mit den Zeit- wie mit den Ortsangaben bleibt im Roman betont ungenau; die scheinbare Präzision verhilft nicht zur Orientierung: „Allmählich gewann ich mehr Klarheit darüber, wo wir uns gerade befanden. Dieter lebte im Vorort einer Stadt, die nicht sehr groß und nicht sehr schön war. In diese Stadt fuhr ein Bus, und zwar einmal die Stunde, auf die Minute genau pünktlich. An der Bushaltestelle hing ein Fahrplan. Die Deutschen hatten solche Sachen gut geregelt." (Bronsky 2010: 213) Die Erzählerstimme schafft somit eine Scheinpräzision. Es war beispielsweise „in Deutschland, in Dieters Dreizimmerwohnung. Ich hatte eine befristete Aufenthaltserlaubnis bekommen" (212).

Und an einer anderen Stelle heißt es konkret: „Wir fuhren mit dem Zug, mussten umsteigen in Basel und in Chur" (256). Oder an einer anderen Stelle detailgetreu: „Dieses Kind, ein kleines Mädchen, 3,2 Kilo schwer und 51 Zentimeter lang, wurde in einer kalten Dezembernacht im Jahre 1978 in der Entbindungsklinik Nr. 134 geboren" (18). Diese unnötige, beinahe behördliche oder medizinische Pseudo-Genauigkeit verlangsamt in erster Linie den Lesefluss und verleiht ihm dadurch mehr Komik. Beim zweiten Blick lässt sich die biografische Inschrift als Signatur der augenzwinkernden Autorin vermuten.

Vielleicht lässt sich dieser Stilzug auch auf den schelmischen Charakter Rosalindas zurückführen? Oder deutet er darauf hin, dass sie psychisch angeschlagen und in Raum und Zeit desorientiert ist: „Ich wischte drei Stunden lang. Es gab viel Boden in diesem Haus. Allerdings war er ziemlich sauber. Mir wurde schnell langweilig. […] Ich vergaß die Zeit und hielt erst inne, als sie mir von hinten mit dem Zeigefinger auf die Schulter klopfte" (219).

Andererseits schafft sie als Schelmin eine besondere theatralische Mikrowelt[145] mit ihren eigenen Rahmenbedingungen um sich herum; aber „man darf sie [diese

145 Nach Jurij Lotman war für den Schriftsteller Leo Tolstoj „der theatrale Raum, in dem die Menschen auf der Bühne diejenigen im Saal nicht zu sehen scheinen und das gewöhnliche Leben imitieren" „die sichtbare Verkörperung von Wahnsinn. In der Tat kommt der Bühne bei der Abgrenzung des ‚normalen' vom ‚wahnsinnigen' Leben eine zentrale Bedeutung zu." (Lotman 2010: 59)

Figuren, N.L.] nicht wörtlich nehmen, sie sind nicht das, was sie zu sein scheinen. […] Sie sind Schauspieler des Lebens, ihr Sein fällt mit ihrer Rolle zusammen, und außerhalb dieser Rolle existieren sie überhaupt nicht. / Es ist ihre Eigentümlichkeit und ihr besonderes Recht, *fremd* auf dieser Welt zu sein." (Bachtin 1989: 93) Die Tatarin Rosalinda bleibt es bis zum Romanende: fremd, aber auch (über-) lebenstüchtig.

Bronskys Heldin nimmt eine vermittelnde Funktion als aktive Übersetzerin der Kulturen, der Welt und des menschlichen Lebens in allen seinen Stadien wahr. Der Tod als Grenzphänomen geht wie ein roter Faden durch den Roman, eher sachlich, als etwas Selbstverständliches und zum Leben Gehörendes, als eine natürliche Vor-Erinnerung an die letzte zeit-räumliche Dimension jedes Menschen. Dies wird aber nicht dramatisch, sondern meist grotesk und makaber dargestellt – und bleibt nach Bachtin (1989: 234) somit furchtlos und frei erforschbar.[146]

Zum großen Abschied gehören auch Rosalindas Abnabelungsprozess von ihrer alten Heimat, sowie das stumme Begräbnis der Sowjetunion und der alten Zeiten. „In meinem alten Land hatte sich vieles verändert. Es trug einen neuen Namen. Auch meine Stadt hieß inzwischen anders. Alles war sehr dreckig und jeder verkaufte irgendetwas." (Bronsky 2010: 266) Das Heimatbild wird dabei ohne genaue Beschreibung, eher umrisshaft symbolisch[147] und realistisch-kritisch[148]

---

146 In Wolfgang Kaysers Worten (1958: 8) ist es der „Raum der Freiheit", der von erzählendem Ich „zwischen uns und das Geschehene" durch „eine beträchtliche Distanz" gelegt, geschaffen wird. „Er erlaubt uns die Haltung des unbeteiligten Zuschauers."

147 „Wir landeten in Moskau. Bis zum Weiterflug mussten wir anderthalb Tage warten. / Ich hatte gehört, dass in Moskau in der Gorki-Straße ein neues Restaurant [gemeint ist McDonald's, N.L.] geöffnet hatte, vor dem immer riesige Schlangen standen. Wir fuhren mit der Metro dahin, und es war wahr: Wenn man am Kopf der Menschenschlange stand, konnte man ihr Ende nicht mehr sehen. Wir stellten uns natürlich an. […] Nach dreieinhalb Stunden waren wir am Ziel. […] Als wir schon ein paar Meter gelaufen waren, drehte ich mich um, sah auf die große Warteschlange derjenigen, die noch auf den Eintritt in diesen Genusstempel warteten, und hatte das Gefühl, gerade den Westen geschmeckt zu haben." (Bronsky 2010: 199 f.)

148 An dieser Stelle sollen exemplarisch einige Beispiele genannt werden: „Ich dachte an meine Kindheit. Ich war immer hungrig gewesen, hatte nur ein Kleid und eine Strumpfhose, und wir hatten zu viert in einem Zimmer gewohnt, das war der bessere Teil meiner Kindheit" (121). Und: „Zum Glück hatte ich meinen Garten auf dem Land, der uns in dieser Zeit ernährte. […] Nächtelang stand ich in der Küche, sterilisierte die Einmachgläser, füllte sie mit Tomaten, Paprika, Gurken und Pilzen, mit Marmeladen und Kompott, und träumte gelegentlich von einer Gefriertruhe." (Bronsky 2010: 167) Dann: „Ich betrachtete die Häuser, die Balkone, die Fenster. Auf den Balkonen standen Skier und Schlitten. Aus den Fenstern hingen Tüten mit tief-

wiedergegeben, vor allem in engen semiprivaten (Kommunalwohnung, Küche, Bad, Wohnheim) oder öffentlichen Orten und Heterotopien, wie beispielsweise Kindergarten, Apotheke, Krankenhäuser, Sanatorium, (Vogel-)Markt, Bahnhöfe.

Diese familiären und institutionellen Innenräume bilden einen Chronotopos der Begegnung und Bewegung. Nach Ottmar Ettes Definition der Grundfiguren textueller Bewegung sind dies zumindest auf den ersten Blick zwei Typen: „das *Pendeln zwischen zwei oder mehreren Orten*“ (Ette 2001: 493) sowie „*diskontinuierliche*, fragmentarische, von Sprüngen und anschließenden längeren Aufenthalten gekennzeichnete Deplazierungen und Reisebewegungen, die sich nicht in ein klares Bewegungsmodell mit Ausgangspunkt und Zielort einordnen lassen.“ (Ette 2001: 498) Kurz, sie erinnern an die nomadischen Bewegungsformen (auch auf der vertikalen ‚Zeit- und Gesellschaftsachse‘) des pikaresken Chronotopos mit seinen transitorisch-metaphorischen Zügen. Rosalinda – als karnevaleske Nomadin – bahnt sich im Roman wie in der Metaphorik der interkulturellen Gegenwartsliteratur einen symbolischen und sicheren Weg: „Ich zweifelte nicht daran, dass es ihn gab. Ich musste ihn nur finden“. (Bronsky 2010: 87)

Abschließend möchte ich mich einer anderen nomadischen Romanfigur in dieser literarischen Reihe zuwenden – Mascha aus Poladjans *In einer Nacht, woanders* (2011). Sie bewegt sich, verallgemeinert formuliert, zwischen zwei kosmischen, kulturellen, topografischen und zeitlichen Räumen. Von diesen in mehrfacher Hinsicht binären Sphären aus vollzieht sich Maschas persönliche Erinnerungsarbeit, die sich über Sprachen, Kulturen und Generationen erstreckt. So entsteht ein narratives Gedächtnisarchiv, in dem die Erinnerungen und Erfahrungen einer Romanfigur ein kollektives Gedächtnis überschreiben. Da die beiden Gedächtnisformen nicht deckungsgleich sind, entwickelt sich eine fast unheimliche Romandiegese, deren Chronotopoi (bereits im Buchtitel annonciert – *In einer Nacht, woanders*) in sich harmonisch sind und ausbalanciert erscheinen.

In diesem Zusammenhang sind vor allem die sogenannten Nahtstellen (*sutures*) interessant. Es sind die narrativen Konstruktionen, die im Text hermetische (und an mancher Stelle filmische) Räume des (Nicht-)Erzählten und (Nicht-)Erinnerten bilden – innerhalb der Haupterzählzeit der zwei Nächte auf zweihundert-

---

gefrorenem Fleisch. Auf den Fensterbänken standen Topfpflanzen und saßen Katzen. Manche Balkone waren mit kaputten Möbeln, alten Schuhen und leeren Flaschen vollgestellt.“ (Bronsky 2010: 47) Oder: „Es war nämlich so, dass sehr viele Juden in diesen Jahren in ihre historische Heimat zurückkehrten. Jeder kannte welche, die nach Israel ausreisen wollten. Auch die Rosenbaums, zu denen inzwischen meine Tochter gehörte, begannen, sich auf die Flucht aus unserem Land vorzubereiten.“ (Bronsky 2010: 151)

sechzig Quadratmeter Fläche[149] im Haus bei Moskau, ohne klare (paratextuelle) Gliederung in Kapitel –, sie zusammenhalten und die entsprechende, beinahe filmische Atmosphäre wiedergeben.

Bei den Verhandlungen um den Kaufpreis für das Haus ihrer Großmutter und ihrer eigenen Kindheit begibt sich die Protagonistin auf ein ihr fremdes und sie befremdendes Terrain – „Matwej sieht mich mit einem schiefen Grinsen an wie in einem Mafiafilm" (121) –, nennt aber eine Summe und spielt somit „das Mafiaspiel mit." Nach Matwejs Kommentar: „Das ist eine Menge" (121) folgt eine unangekündigte textuelle *suture*, die Matwejs letzten Satz und den abrupten Inneren Monolog der Romanfigur inhaltlich und narrativ verbindet. Mascha imaginiert ihre Erinnerungen wie Filmbilder:

> Gleich wird die Tür aufspringen, vermummte Gestalten mit Maschinengewehren werden in die Küche stürmen. [...] Ich, den Tod vor Augen, werde aus der Tür stürzen, rennen, nur rennen und in den alten Kinosaal von Bykovo flüchten, mich in einem Sitz zusammenkauern, den Geruch von muffiger Watte einatmen und auf die Leinwand starren.
>
> Verwackelte Bilder aus dem Krankenhaus in Moskau, ein Baby im Arm meiner Mutter. Sie lacht glücklich in die Kamera, und eine strenge KGB-Schwester steht daneben und hält ein seltsames Messgerät in der Hand. [...] Sie fangen an zu streiten, aber der Ton ist so schlecht, dass ich die einzelnen Worte nicht verstehen kann. Die nächste Einstellung zeigt das Badezimmer in der kleinen Moskauer Wohnung. [...] Schnitt. Ich liege in einem Kinderwagen mit stolzen hohen Rädern. [...] So war das also, denke ich und versinke noch tiefer im Kinosessel. Die Kamera folgt [der Mutter] durch den Park. [...] Froschperspektive. Sie sieht mich direkt an. Ihr jugendliches Gesicht füllt mit einem trotzigen und rebellischen Ausdruck die gesamte Leinwand. [...] Schnitt. Meine Mutter sitzt in der U-Bahn [...]. [...] Schnitt auf Pjotr in der Halbtotalen. [...] Er ist nackt bis auf die Unterhose. Die nächste Einstellung zeigt wieder den Kinderwagen im Park. [...] Das Bild wird immer schlechter, Überblendung. Mein Vater rauchend in der Küche. [...] Da bin wieder ich. Bei der Essensausgabe im Aufnahmelager Marienfelde. Ich warte auf die Suppe [...]. [...] Da ist meine Schule in Schwarz-Weiß. [...] Nochmal Pjotr, sein Gesicht unscharf. Er steht vor der Schule und wartet. Schaut auf die Uhr. [...] Das Bild flimmert, verschwindet und flackert wieder auf. Sterne leuchten auf der Leinwand, und Gagarin sitzt in seinem Raumschiff und drückt verzweifelt Knöpfe. [...] In der nächsten Einstellung liege ich in meinem Bett in Berlin, die Kamera fährt um mich herum. Mein Nachbar liegt neben mir und schläft. Das Bild verschwimmt, beruhigt sich wieder [...]. [...] Ich springe auf, laufe aus dem Kino. Draußen ist es kalt,

149 „Großvater hat es gebaut und die Pläne gemacht. Also wird es wohl stimmen, sage ich. / Mascha, sieh dich doch um. Siehst du hier zweihundertsechzig Quadratmeter? Wo denn? Das ist doch Wunschdenken, sagt Pjotr jetzt lauter. / Die Terrasse. Der Dachboden, sage ich." (Poladjan 2011: 74)

> und es ist mühsam, durch den Schnee zu kommen. Hinter mir Stimmen. Ich drehe mich um und sehe eine Menschenmenge aus dem Kino drängen. Sie alle haben den Film gesehen. Ich erkenne Frau Dr. Krüger, Mira in Begleitung eines jungen Mannes, meine Mutter, ihren Arzt aus der Klinik, Matwej mit seiner Familie und Pjotr, die Hände an den blutenden Kopf gepresst.
>
> Liebe Mascha, ich kann Ihnen gleich sagen, vierhunderttausend werde ich Ihnen nicht zahlen und auch sonst niemand. (Poladjan 2011: 122–127)

Die hier erzählte filmische Szene, ein reflektiertes Kopfkino mit den realen Aktanten der Erzählung, *imaginary places* (möglicherweise von Familienfotos oder -geschichten inspiriert) und *memorized places* (beispielsweise Kino, Klinik, Krankenhaus, Küche, Park), wird nicht nur durch das Futur als Tempus zukünftiger Geschehnisse eingeleitet, und durch das Präsens markiert. Es ist eine stilistisch auffällige Art und Weise, während des Gesprächs mit dem potenziellen Käufer des Hauses die Erinnerungen der Protagonistin an ihre Kindheit und Jugend in Form eines Filmmusters (eines Thrillers? eines Horror- oder Actionfilms? oder gar einer Seifenoper?) ablaufen zu lassen. Interessant ist diese Textstelle durch ihre Darstellungsform des *stream of consciousness*, in der imaginäre Eindrücke und Bilder filmisch organisiert sind.

Maschas innerer Film wird durch die akustische Wahrnehmung eingeführt und beendet. Die unangekündigte *suture* sorgt bei der Leserin/dem Leser an dieser Stelle für eine gewisse Konfusion, indem der packende filmische Bericht abrupt endet und zu kurzzeitiger Lesepause und Neuorientierung seitens der Lesenden führt, die die erzählte Szene im Haus der Großmutter von Maschas erträumter Filmsequenz intuitiv einsortieren.

Der Begriff der Nahtstelle, der *suture* stammt aus der Filmanalyse und ist „the name given to the procedures by means of which cinematic texts confer subjectivity upon their viewers." (Silverman 1983: 195) Jacques-Alain Miller definiert *suture* vor allem ausgehend von der Nicht-Präsenz von Elementen, von einem Nicht-Da-Seienden: „Suture names the relation of the subject to the chain of its discourse … it figures there as the element which is lacking, in the form of a stand-in. For, while there lacking, it is not purely and simply absent" (ebd., S. 200).

In den kinematografischen Diskursen spielen „the values of absence and lack" (ebd., S. 214) immer eine zentrale Rolle. Die Ansätze der *suture* ließen sich nach Kaja Silverman auf die Literaturdiskurse übertragen. Denn: „First-person narration and other indicators of point-of-view would seem to be the equivalents for novels and poems of the shot/reverse shot formation in cinema, and like the latter would seem both to conceal all signs of actual production, and to invite identification" (ebd., S. 236).

In seinem Beitrag *Suture in Literary Analysis* (1990) offeriert Brian Finney neue Möglichkeiten der *suture* in der Literatur mit „considerable potentiality in the theory of suture for further exploration oft he ways in which literary narrative interacts with the reader who is constituted by that narrative and whose pleasure in reading is dependent on satisfactorily suturing over the numerous varieties of cut or discontinuity that occur in all forms of narrative.“ (Finney 1990: 143 f.)

Zu dem *suture*-System im Roman *In einer Nacht, woanders* gehören Techniken wie: a) das Auslassen der Informationen (nicht zuletzt durch elliptische Sätze); b) der Wechsel der Erzählinstanz; c) Gedächtnis- und Fantasiereisen, die die Grenzen der realen und erträumten, erinnerten Zeiten und Räume verwischen; d) Sinneseindrücke, die die Erinnerungsprozesse auslösen und somit die Erzählung vorantreiben. Sie werden hier schematisch und exemplarisch erläutert.

Die Erzählerin Mascha tritt zurück, „das Vorherrschen szenischer Gestaltung“ prägt die Erzählsequenz und „nicht zuletzt [durch] die Fixierung des *point of view* der Darstellung im Bewußtsein der Romangestalt‘ […] – wird die Forderung einer möglichen intensiven Illusion von ‚Wirklichkeit‘ weitgehend erfüllt.“ (Vogt 2006: 55) Durch die kommentierte Montagetechnik sowie imaginäre Kameraeinstellungen wird der Flow des Wirklichkeitsgefühls unterbrochen, was zu Spannung, Angst, Sich-Hineinversetzen in die Szene und sehnsüchtige Erwartung des Finales auf beiden Erzählebenen dient. Die gedanklichen ‚Kinoepisoden‘ wirken zeitdehnend. Die Abfolge der inneren Bilder ist nach dem Muster eines Films organisiert, weil die Ich-Erzählerin im 21. Jahrhundert offensichtlich fundierte Kinoerfahrungen hat.

Die angelsächsische Erzähltheorie bedient sich der für die oben zitierte Passage treffenden Bezeichnung *showing* (im Gegensatz zu *telling*):

> Der Verzicht auf Erzählereinmischungen sowie die Fixierung eines Blickpunktes (oder mehrerer Blickpunkte) im Figurenbewußtsein bewirkt für die Erzählung grundsätzlich eine Einschränkung des Wahrnehmungsfeldes (und damit des Erzählbaren) nach den Gesetzen subjektiv-psychologischer Perspektivik. Die Wahl eines subjektiven Blickpunktes begrenzt, genauer gesagt, die äußere Wahrnehmung aufs jeweilige Hier und Jetzt (und die Außensicht auf andere Personen), öffnet aber die innere Wahrnehmung der Perspektivfigur für Gedanken, Gefühle, besonders Erinnerungen. Deshalb überwiegt häufig die innere Handlung gegenüber der äußeren Realität, die ihrerseits nur durch die subjektive Wahrnehmung der Perspektivfigur vermittelt wird. (Vogt 2006: 55)

Für die Darstellung der inneren (fiktiven) Handlung bedient sich Katerina Poladjan des Inneren Monologs. „Auch die Auslassung von Artikeln, Präpositionen, [an mancher Stelle auch von Verben, N.L.] und Konjunktionen trägt dazu bei, daß Innerer Monolog als ein subjektiver, vom persönlichen Idiom der jeweiligen Figur geprägter ‚Telegrammstil‘ erscheint. Da er per Definition an keinen Adressaten gerichtet ist, fehlen häufig gerade die Angaben, die dem monologisierenden Ich unmittelbar präsent, ‚selbstverständlich' sind, während der Leser sie zum Verständnis des Textes benötigt." (Vogt 2006: 187) Gerade diese syntaktischen Auslassungen bilden mehrere Nahtstellen im Text.

Zum Schluss von Maschas Delirium-Vision ist der Übergang mehrfach markiert durch den Cut, einen neuen Absatz, und mit der Fortsetzung von Matwejs Monolog durch einen Erzählrahmen. Maschas Tagtraum bildet dadurch einen abgeschlossenen Raum. Dass er endet und man den negativen und emotional stark aufgeladenen Vorstellungen entkommt, könnte für manchen Leser einen kathartischen Zustand evozieren. Das geschieht nicht zuletzt durch das Begreifen der Absurdität von Maschas erfundenen Befürchtungen, durch das Lachen über die eigene Naivität, dass man manch skurrilem, doch fest verankertem Stereotyp (über die Russen), auf den Leim gegangen ist und so zur Entstehung der imaginierten Räume beigetragen hat.

Auch Maschas eigentliche literarische Geschichte und Reise zu sich selbst beginnt *in medias res* mit einer Familienangelegenheit, die sie zu einem Flug von Berlin nach Moskau führte:

> Der Flug hat drei Stunden Verspätung, und ich rechne nicht mehr damit, noch zu fliegen. Ich solle kommen, schnell kommen. Sonst würde das Haus verkauft, stand in dem Brief, und das könne ja nicht sein, es sei doch meine Kindheit. Was wissen sie die über meine Kindheit, habe ich gedacht und nicht geantwortet. Es ist ein Haus. […] Weiter nichts, habe ich gedacht. […] Das Haus ausräumen. Ich soll das Haus ausräumen und verkaufen, denke ich. Wie soll das gehen? Ich habe keine Ahnung, wie man ein Haus verkauft. (Poladjan 2011: 7)

Obwohl hier die ersten programmatischen Textbausteine – wie indirekte Zeit- (Vergangenheit, Gegenwart, Zukunft) und Ortsangabe (Flug steht pars pro toto für einen Flughafen, das Haus der Kindheit verspricht Geschichten und Geheimnisse), das erzählende Ich und seine Kontrahenten („sie"), sowie konkreter Ausgangspunkt/Knoten (*zawjazka*) der Geschichte – vorhanden sind, entsteht beim Leser Neugierde auf Unbekanntes, Negiertes oder noch Nicht-Genanntes. Wer spricht hier? Wo geht der Flug hin? Wie groß und unaufgeräumt ist das Haus, das zunächst einer Bausubstanz, einer abstrakten und gleichzeitig stark konnotierten symbolischen Konstruktion gleicht?

Das erzählende Ich weckt durch den Gebrauch des Konjunktivs beim Leser per se Mitgefühl – wegen seiner misslichen Lage am Flughafen und seiner Unentschiedenheit. Louis Althusser spricht von der „Interpellation", die eine Verbindung zwischen dem angesprochenen Individuum und dem Sprecher herstellt. Das Erstgenannte „takes his or her place in the syntax which defines that subjective position. The first of these operations is imaginary, the second symbolic. The concept of interpellation would thus seem to be intimately related to that of suture." (Silverman 1983: 219) Schon die erste Nahtstelle schafft in Poladjans textuellem Netz der *suture* programmatisch die entsprechende zeitlich-räumliche Schwelle zwischen einem Hier und Dort, einem Jetzt, Davor und Danach.

Maschas Reise nach Bykovo, einem Moskauer Vorort, verläuft innerhalb von wenigen Tagen und umfasst eine narrative Collage aus erinnerten, entdeckten und erfundenen Fetzen ihrer persönlichen sowie ihrer Familiengeschichte. Der geografische Grenzübergang wird für die Romanfigur zur praktischen, kulturellen, familienbiografischen und nicht zuletzt existentiellen Grenzerfahrung.

Aus dem ursprünglich ungewollten und nur aus ökonomischen Anlass realisierten Kurzaufenthalt in Russland entsteht ein symbolischer Zeit-Raum der Erinnerungen und Reflexionen – „Hier in Bykovo fühle ich mich sehr deutsch. In Deutschland bin ich die mit dem fremden Namen" (147) und „Gestern war ich eine andere" (41) – sowie eine daraus folgende Identitätsfindung der Figur: „Ich bin das, was meine Erinnerung ist. Erinnerung, die hier im Holz, auf dem Dachboden und in den Bäumen lebt. In Pjotr, der jetzt auch meine Hand nehmen könnte, bis Tamara von der Arbeit kommt. Erschöpft. Strafend." (Poladjan 2011: 146)

In einer Nacht, woanders ist überwiegend ein Roman um Zeit und Erinnerung. Doch auch die räumliche Ordnung scheint mit jedem Schritt Maschas durch die Gegend, durch das Haus und den Garten neu hergestellt zu werden. Ihre Erinnerungen sind zumeist *mémoires involontaires* (vgl. Angelika Corbineau-Hoffmann 1993: 140), sie werden durch spontane Wahrnehmungen der Sinne ausgelöst. Das erinnerte Bild der Großmutter, ihre typischen Eigenschaften entsteht etwa aus haptischen, visuellen, olfaktorischen Puzzlesteinchen beim Blick in ihren einstigen Kleiderschrank, als Mascha nach wärmenden und trockenen Anziehsachen sucht:

> Der Schrank meiner Großmutter ist halb ausgeräumt, die Schrankfächer mit Zeitungspapier ausgelegt. Ein rotes Kleid, noch ein rotes Kleid, ein brauner Rock aus Wolle, zwei grobgestrickte Pullover, aber nicht die erhoffte Mohairjacke. Ich ziehe meinen Mantel aus und beide Pullover übereinander an. Da ist sie, die Große Tamara auf meiner Haut. Maiglöckchen und ihre furchtbare Salbe aus Schlangengift, gegen Verspannungen und alles andere. Die Stiefel passen mir nicht, sie sind viel zu klein. Dass meine Großmutter so kleine Füße hatte, rührt mich. Kleine Füße, weiche runde Knie und einen kurzen Oberkörper. Als ich sie das letzte Mal gesehen habe, war sie sechzig und ich siebzehn. Sie trug die Haare kurz, rot und streng zur Seite gekämmt. Pjotr hat mich damals vom Flughafen abgeholt. Während der Fahrt von Moskau nach Bykovo hat er geschwiegen. (Poladjan 2011: 47 f.)

Die *suture*-Linie, der Erinnerungsschwenk verläuft hier (wie im Verlauf des gesamten Romans meistens) nach dem Schema: Maschas Bestandsaufnahme des Schrankinhaltes und Handlung – *suture* – von Geruch und taktiler Berührung ausgelöste *mémoire involontaire* – *suture* – Wandlung des Blickes nach unten, die Anprobe vorhandener Schuhe – *suture* – assoziativ-situative *mémoire volontaire* und Feststellung der Tatsache, emotionale Bewegung – *suture* – Erinnerung an die Großmutter – *suture* – Erinnerung an den Weg vom Flughafen zur Großmutter.

Im Zentrum aller Erinnerungs- und Erzählvorgänge steht das Haus von Maschas Großmutter, dessen topografische und soziale Mitte die Küche darstellt. Metaphorisch lässt sich das Haus als Symbol der Identität, des menschlichen Ichs verstehen. Im Haus der Großmutter trifft Mascha in einer auf zwei Nächte ausgedehnten oder gerafften Zeit einerseits auf Pjotr, der im Leben jeder Frau in der Familie eine zentrale oder entscheidende Rolle gespielt hat, und gleichzeitig auch auf Maschas eigene Vergangenheit.

Ottmar Ette spricht in solchen Fällen von einer „multifokale[n] Netzstruktur, in der alle mit allen verbunden sind [...]. Die Grenzen zwischen Eigenem und Fremdem sind verwischt, die Möglichkeit klarer, griffiger Identitätszuschreibungen ist bedeutsam geschwunden. Ein Mischungsprozeß hat stattgefunden, der jedoch nicht als Prozeß eines *métissage*, eines *mestizaje* bezeichnet und damit auf *den* Punkt gebracht werden kann." (Ette 2001: 500) Im Roman *In einer Nacht, woanders* wird diese Mischung im Dialog mit Mascha bestätigt: „Ich denke deutsch, sage ich, und wenn ich meine Gedanken auf Distanz halten will, dann denke ich auf Russisch. Ich meine: zu mir selbst auf Distanz halten. / Und fühlst du dich mehr deutsch oder russisch? / Weder noch. Irgendetwas dazwischen." (Poladjan 2011: 130)

Dieses dialektische Konglomerat des Ichs ist auf die emotionale Verbundenheit mit Maschas ‚heimatlichen' Orten zurückzuführen – mit ihrer vergangenen und im Gedächtnis archivierten Kindheit, geprägt durch die Rolle der Großmutter, mit ihrer Sprache und Kultur und mit ihrem aktuellen Wohnort in Berlin, der im Gegensatz zum impulsiven und irrationalen Gefühlsort Russland ein Raum bewusster Wahrnehmung, logischer und vernünftiger Entscheidungen ist. Mascha bindet sich an das Haus, an ihre alte Heimat, indem sie ihren Entschluss anzweifelt:

> Vielleicht sollte ich das Haus nicht verkaufen. Ich hätte immer einen Ort, an den ich zurückkommen kann. [...] Ein Haus nur für mich, von meinem Großvater für mich gebaut. [...] Auch ich könnte dann sagen, ich fahre mal eben nach Hause. Ich komme bald zurück, aber jetzt muss ich nach Hause. Heimat auftanken. (Poladjan 2011: 133)

Die Mutter kann Maschas Bedürfnis nach ‚Heimat' nicht stillen, denn zum einen war ihre Rolle biografisch weniger stark und emotional als die der Großmutter

Tamara. Zum anderen ist Maschas Mutter durch ihre psychische Erkrankung (mit Amnesie und Wahnvorstellungen) inaktiv und dadurch selbst ein Kind, das Geborgenheit braucht und seine Heimat verloren hat. Im Roman heißt es „Krankheit braucht Heimat“ (50).

Der Chronotopos der Krankheit birgt in sich eine Ambivalenz, eine Inkonstante, die sich in bestimmten Räumen und/oder Zeiten stabilisieren und ausbalancieren kann. Der Roman endet mit einer Szene im Krankenhaus: „Meine Mutter ist eingeschlafen, eingewickelt in den Mantel. Draußen ist es jetzt dunkel, und ich lege mich zu ihr. Wir haben keine andere Zeit als diese. Heute werde ich hierbleiben. […] Neben meiner Mutter einschlafen und morgen wieder neben ihr aufwachen.“ (Poladjan 2011: 173) Es ist der Moment der stummen und befreienden Vereinigung zweier sehnsüchtig Heimatsuchender, der im kosmischen Augenblick an einem heterotopen Ort und somit in einem *ent*orteten, transzendenten Raum entsteht.[150]

Eine gewisse Parallele des zeitlichen Verharrens findet sich im Haus von Maschas verstorbener Großmutter Tamara, wo die Zeit wie in einem Zwischenraum konserviert, stillgestellt scheint. Mascha erkennt nach beinahe fünfzehn Jahren dieselben Gläser im Küchenschrank, das alte Parfüm der Großmutter, ihre Kleider; und Maschas „kleiner grüner Freund“ (79) vom Dachboden lebt immer noch dort. Kurz: „Alles ist ganz anders, und alles ist, wie es war. Als wäre nichts geschehen, als wäre ich nie fortgegangen, als wäre ich nicht wiedergekommen und als würde gleich meine Großmutter mit ihrer schrillen Stimme aus dem Wohnzimmer nebenan rufen, wo ich mich so lange herumgetrieben habe.“ (Poladjan 2011: 34)

Um in Michail Bachtins Terminologie zu bleiben, begegnen wir hier dem künstlerisch-literarischen Chronotopos, in dem die Verschmelzung der zeitlichen und räumlichen Dimensionen zu einem Ganzen, Augenblicklichen geschieht. Dabei wird die Zeit „auf künstlerische Weise sichtbar; der Raum gewinnt Intensität, er wird in die Bewegung der Zeit, des Sujets, der Geschichte hineingezogen. Die Merkmale der Zeit offenbaren sich im Raum, und der Raum wird von der Zeit mit Sinn erfüllt und dimensioniert.“ (Bachtin 1989: 8) So fügen sich in das gegebene Gerüst alle anderen Motive, Erinnerungspassagen und Bilder, die in sich metonymische Bedeutung tragen.

---

150 Aus philosophischer Sicht könnte man Maschas Apell *Wir haben keine andere Zeit als diese* als Erinnerung an das Wesentliche im Leben, an einen bewussten Umgang mit der Zeit verstehen. Denn man bleibt nur im Jetzt und Hier da, am Leben, wo nichts Vergangenes und Zukünftiges reproduzierbar ist.

Der Zugang zur Vergangenheit, und somit zur Gegenwart (nach Søren Kirkegaard) und Zukunft, geschieht durch die Erinnerungen. Sie entfalten sich aus der Reduktion auf einen fragmentierten Ort, der sich zu einer Bühne der vergessenen Kindheitserinnerungen erweitert. Auf diese Weise wird der gegenwärtige Moment im Leben zu einer kleinen Ewigkeit, die laut Kirkegaard selbst „zwar vorwärts gelebt, aber rückwärts verstanden" (zit. n. von Schirach 2016: 51) wird. Narratologisch bedient sich die Autorin mehrerer zeitdehnender Strategien (beispielsweise in der imaginierten Szene mit Filmbildern bei den Verhandlungen um den Kaufpreis), um diesen paradoxen Moment der Dauer und des Augenblicks, eine auratische Stimmung des Verharrens im Jetzt zu vermitteln.

Rückblickend auf die hier besprochenen Romane von Rabinowich, Bronsky und Poladjan lässt sich festhalten, dass alle drei aus einer Ich-Perspektive autodiegetisch und retrospektiv[151] erzählt werden, die man als feminin, handelnd, nach einem (Aus-)Weg oder/und nach Wahrheiten suchend, aus den kapitalistischen und patriarchalen Gesellschaften fliehend und von Erinnerungen verfolgt typisieren kann. Maschas Ich ist „das, was [ihre] Erinnerung ist." (Poladjan 2011: 146) Rosalinda erweist sich, abgesehen von ihrem schelmischen Charakter, als eine tapfere und starke Frau: „Ich hatte fast 20 Stunden geschlafen. […] ‚Wir dachten nämlich schon, du wärest auch tot, sagte [Kalganow]. Aber da hatte er sich zu früh gefreut.'" (Bronsky 2010: 271) So auch *die Erdfresserin*-Diana, bei der es heißt: „Das Problem ist, dass nur einer krank sein darf, nur einer schwach, und dieser eine bin niemals ich." (Rabinowich 2012: 200)

Während Bronsky und Rabinowich in ihren Romanen eine fast ohnmächtige, selbstopfernde Suche nach einem besseren Leben konstruieren, nach Rettung und Heilung, die ihre Hauptfiguren ins Ausland treibt, setzt Poladjans Mascha sich mit ihrer eigenen Identitäts- und Heimatsuche auseinander. In einem eisigen abgelegenen Moskauer Vorort, in dem sie von ihrer Großmutter das Haus ihrer Kindheit und vieler unbeantworteter Fragen erbt, werden die Familiengeheimnisse „in einer Nacht" gelüftet. In jedem der Werke finden wir die biografische Zeit, die an existierenden und erinnerten Orten, an vertrauten und für die Protagonistinnen zunächst fremden oder fremd gewordenen Orten abläuft: „Ich bin nach Hause gefahren, und es ist nichts gewesen als Zeit." (Poladjan 2011: 159)

Die Darstellung dieser weiblichen Romanfiguren, ihre Geschichten wie unsere Auseinandersetzung mit ihnen als Vertreterinnen multipler Kulturen der Gegen-

---

151 Wobei der Ich-Erzähler gleichzeitig Hauptprotagonist der Erzählung ist. Siehe Jochen Vogt (2006): Aspekte erzählender Prosa. Eine Einführung in Erzähltechnik und Romantheorie. München: Wilhelm Fink Verlag.

wart können helfen, „den wahren Charakter des Raumes und der Zeit in unserer menschlichen Welt zu entdecken". (Cassirer 1960: 59) Die hier erzählten Welten sind – für die interkulturelle Literatur kennzeichnend – multikulturell, hybrid und, dem Zeitgeist entsprechend, global orientiert. Durch die Andersartigkeit und ihr Fremdsein in den zeitlichen, räumlichen, kulturellen und sozialhistorischen Kontexten dienen die Figuren als ‚Messgeräte' für die eigene Identität mancher Leserinnen und Leser, aber auch auf der rezeptiven Ebene für das Verständnis des Eigenen, gut Bekannten und Gewohnten. Das Motiv der Reise führt dabei zu Berührungspunkten, zu narrativen und kulturellen Nahtstellen.

Auf den ersten Blick mehr Deutsche als Russin (die interessanterweise Russisch inzwischen mit georgischem Akzent spricht [57]), nähert sich Mascha aus Poladjans *In einer Nacht, woanders* ihren Kindheitserinnerungen sowie dem Verständnis und der Begeisterung für die russische Kultur und Mentalität. Fremd kommen ihr anfangs manche Sitten vor; verhasst und abwertend spricht sie dafür von ihren Schülern, indem sie sie in Gedanken entpersonifiziert und als „lernunfähige, dumme Ratten" (S. 34, 35, 101, 126, 163) bezeichnet. Mehr Russin zum Schluss – impulsiv und emotional – überlässt sie das Haus (und die Heimat ihrer Kindheit) Pjotr, ohne dafür Geld nehmen zu wollen.

Wenn die Frau der Ort ist, den nach Luce Irigaray die Frau selbst in sich zu finden hat, so schaffen die Autorinnen dieser Romane ‚mobile Identitäten', die auf der Suche nach und zu sich selbst sind. Denn die Frau „bewegt sich als Ort im Ort. In der Verfügbarkeit des Ortes. Ihr Problem besteht darin, selbst Begrenzungen entwerfen zu müssen, um sich in ihnen situieren und den anderen in ihnen aufnehmen zu können." (Irigaray 2006: 245) Das Herumirren ihrer Figuren lässt sich einerseits auf eine schöpferische Suche der Autorinnen nach einem eigenen Schreibstil (Rabinowichs Diana als Golem-Schöpferin[152]) zurückführen, andererseits auf ihre biografischen Auseinandersetzungen mit Vergangenem und Gegenwärtigem. Bei Rabinowich heißt es explizit: „Die Sprache ist Teil meiner Haut, Teil meiner Schritte, sie wechselt, wie meine Identität gewechselt werden muss".

152 Was in der kabbalistischen Literatur „eher undenkbar" ist, „die ein Äquivalent zur Frauenmystik des Christentums nicht kennt" (vgl. Temesvári 2010: 123). Somit bleibt die Idee einer „weiblichen Golemschöpferin neu" (vgl. ebd., S. 122). Doch bereits im Jahr 1982 (in der deutschen Sprache erst 1987) erschien von der amerikanischen Autorin Cynthia Ozick die Novelle *Puttermesser and Xanthippe*, die dieses Thema, diese Vorstellung aufgreift. Die Neuauslegung und -verwendung der kanonisierten literarischen und religiösen Motive steht eindeutig für den „Ausgangspunkt ihres poetischen und poetologischen Potenzials" (ebd., S. 127).

(Rabinowich 2012: 25) Und sie soll sie „als Ariadnefaden aus der Verworrenheit des Vergangenen führen". (Vogt 1986: 57)

Die Romanform, für die sich Bronsky, Poladjan und Rabinowich entschieden haben, bietet dafür aufgrund ihrer Offenheit einen fast unbegrenzten Frei- und Spielraum. Nach Michail Bachtin ist der Roman „das Formbare par excellence; er ist das ewig suchende, immer wieder sich selbst erforschende und alle seine konsolidierten Formen revidierende Genre. So kann nur ein Genre beschaffen sein, das in der Zone des unmittelbaren Kontakts mit der im Werden begriffenen Wirklichkeit entsteht." (Bachtin 1989: 250)

Die von den drei Autorinnen erlebte und beschriebene Wirklichkeit des 21. Jahrhunderts mit ihren Entgrenzungen von Zeit und Raum steht im Zeichen der Globalisierung und des Nomadentums. Nichts ist beständig außer einer Suche, einer freiwilligen oder erzwungenen Fortbewegung und nichts so notwendig wie eine sich anpassende und flexible, mobile und multiple Identität. Sie bleibt niemals ein Phänomen für sich, sondern ist, wie Jan Assmann formuliert, „ein gesellschaftliches Konstrukt und als solches immer kulturelle Identität." (Assmann 2005: 132) Dafür finden sich in den letzten Jahren zahlreiche Belege und Beispiele auch in der deutschen Gegenwartsliteratur. Um hier nur ein Beispiel zu nennen, sei Jens Sparschuh aus seinem atmosphärischen Nabokov-Roman *Ende der Sommerzeit* von 2014 zitiert:

> Vor dem Hintergrund der Globalisierung und diverser moderner Informationstheorien hatte Deborah in ihrer Studie nun den Begriff dieses ‚eigenen Hauses' selbst in Frage gestellt. In der klassischen Form, in der Freud davon gesprochen hatte, gab es dieses isolierte ‚eigene' geistige Haus des ‚Ich' schon längst nicht mehr: Es war Teil, Knotenpunkt, eines globalen Netzes geworden, Medienströme verbanden es flimmernd rund um die Uhr mit der ganzen Welt. Das ‚Ich' des modernen Menschen war nie ganz bei sich. Es war überall zu Hause – und nirgends. / Das, soweit ich es begriffen hatte, verstand Deborah unter der ‚vierten' Kränkung: eine globale geistige Obdachlosigkeit, ein internationales Nomadentum. Deshalb, vermute ich, hatte sie sich auch so für das Emigrantenleben Nabokovs in Berlin und das Problem seiner Unbehaustheit interessiert. (Sparschuh 2014: 65)

Die literarische Rastlosigkeit und Heimatlosigkeit der Autorinnen Bronsky, Poladjan, Rabinowich zieht sich als roter Faden durch ihre Romane und wird für ihre Figuren zur eigentlichen Heimat, in der sie als ‚mobile Identitäten' existieren. Somit schaffen sie einen wichtigen Beitrag zur interkulturellen Literatur. Und wenn man von einer ‚nomadischen Literatur'[153] sprechen kann, so hinterlassen Bronsky, Poladjan und Rabinowich mit ihren eindrucksvollen Werken dort zurecht eine Signatur.

153 Nach Gilles Deleuze und Félix Guattari (2005: 40) macht „das Denken selber nomadisch" und „das Buch zu einem Teil aller beweglichen Maschinen, zu einem Strang für

3.3 Erwachsenwerden ohne Mutter. Alina Bronskys Romane *Scherbenpark* (2008) und *Spiegelkind* (2012)

> Ich denke mir euch alle weg. Keine Eltern, keine Tanten, keine Großmütter und Großväter. Niemand. Reduziere das Verbliebene auf solche gleicher Herkunft. Reduziere auch die auf Null und ersetze sie mit Fremden.
> Kat Kauffmann *Superposition*

Die Romane *Scherbenpark* (2008) und *Spiegelkind* (2012) von Alina Bronsky ähneln einander trotz manch thematischer und genrebedingter Unterschiede im Hinblick auf Inhalt, Figuren, Metaphern und Handlungsrahmen und bilden insofern eine – wenn auch kurze – literarisch homogene Reihe. Das Motiv der fehlenden Mutter der Hauptfigur ist dabei in beiden Werken zentral und für die Handlung wie für die Entwicklung der beiden Protagonistinnen unentbehrlich. Die Gründe dafür will ich in diesem Kapitel analysieren.

Scherbenpark ist das erfolgreich(st)e, in verschiedene Fremdsprachen übersetzte und in mehreren Auflagen gedruckte, auch verfilmte und auf die Bühne gebrachte Werk der „Frankfurter Nachwuchsautorin" (Jungen 2008) Alina Bronsky, die aktuell mit ihrer Familie in Berlin lebt. Es gehört inzwischen zum Lektürekanon im Deutschunterricht der Sekundarstufen und wirkt offensichtlich Wunder: „Ich weiß nicht, ob das nur eine Legende ist […]. Ein Mädchen, das die Schule abbrechen wollte, hat ‚Scherbenpark' die halbe Nacht durch gelesen – und ist am nächsten Morgen dann doch wieder in die Schule gegangen". (Schmidt 2012: 31) Dies erzählt die Autorin jedenfalls in einem Interview.

Die Spannweite der Kritiken im Feuilleton reicht von Stimmen, die den Roman als eine lebensbejahende Zumutung (Mischke 2008) betrachten, über solche, die die drehbuchartige Schreibweise kritisieren (ebd.) bis zu denen, die ein „Familiendrama vom Ausmaß einer antiken Tragödie" (Meier-Ewert 2008) zu sehen glauben. Mit Auszügen aus dem *Scherbenpark* debütierte Bronsky 2008 in Klagenfurt im Rahmen des Ingeborg-Bachmann-Wettbewerbs, und vollendete den Roman ein halbes Jahr nach der Geburt ihres dritten Kindes. Danach veröffentlichte sie

ein Rhizom". Ein Rhizom hat dementsprechend „weder Anfang noch Ende, es ist immer in der Mitte, zwischen den Dingen, ein Zwischenstück, *Intermezzo*." (Dies. 2005: 41) Als Vertreter der nomadischen (rhizomatischen) Tendenzen nennen sie Kleist, Lenz und Büchner, doch noch ausgeprägter findet man sie „in der amerikanischen und auch schon in der englischen Literatur", deren Autoren „wußten, wie man sich zwischen den Dingen bewegt, wie man eine Logik des UND entwickelt, die Ontologie umkehrt, die Grundlagen außer Kraft setzt, Anfang und Ende annulliert" (ebd.).

2010 den humorvoll-skurrilen Roman *Die schärfsten Gerichte der tatarischen Küche*, im Januar 2013 erschien im Arena Verlag der zweite, an *Spiegelkind* anschließende Teil einer Trilogie für Jugendliche, *Spiegelriss*, in dem der Autorin nach Meinung von Tilman Spreckelsen „[d]ie erzählerische Radikalität […] mit leichter Hand und staunenswerter Effektivität" gelingt und das „Straßenkind zur Revolutions-Ikone" (*F.A.Z.* 2013) wird.

Wie bereits erwähnt, findet der Roman *Scherbenpark* seinen Platz im schulischen Lektürekanon wie auch Anerkennung bei der älteren Leserschaft. Aber nicht nur auf der rezeptiven Ebene gilt er als gutes Beispiel des modernen Adoleszenzromans, in dem nach Carsten Gansel die jugendlichen Helden starke individualistische Merkmale aufweisen und „ihre widersprüchliche Rolle, ihre krisenhafte Entwicklung und innere Zerrissenheit bedenken." (Gansel 2002: 369) In Bronskys Romanen beeinflusst der zusätzliche Einsatz von charakteristischen Erzähltechniken (beispielsweise Ich-Erzählung, innerer Monolog, Traumsequenzen) das Format des Genres und verwischt dabei die Grenzen der Literatur für Erwachsene und Jugendliche.

Gansel führt für den Adoleszenzroman folgende Merkmale an, die der Roman *Scherbenpark* allesamt erfüllt. Erstens gehören zu den zentralen Figuren der Handlung „jugendliche Helden", aber auch „weibliche Protagonistinnen", deren Entwicklung in ihrer risikofreudigen Jugendphase (dem „gesamten Prozess der Identitätssuche" von der Vorpubertät bis hin zur Spätadoleszenz[154]) umfassend dargestellt wird. Zweitens geht es um „eine ganzheitliche Darstellung: die Figuren sind […] *Individuum*, also einmalig und unwiederholbar; neben die Erfassung von Außenwelt tritt die Gestaltung von Innenwelt, von psychischen Prozessen."

Drittens gestaltet der Adoleszenzroman „*das Spannungsverhältnis zwischen Individuation und sozialer Integration in einer eigenständigen Lebensphase mit eigener selbsterlebbarer Qualität.*" Schließlich weisen Adoleszenzromane wiedererkennbare Handlungsszenarien auf wie „a) die Ablösung von den Eltern; b) die Ausbildung eigener Wertvorstellungen […]; c) das Erleben erster sexueller Kontakte; d) das Entwickeln eigener Sozialbeziehungen; e) das Hineinwachsen oder das Ablehnen einer eigenen sozialen Rolle".

Kennzeichnend für die meisten Adoleszenzromane (und für *Scherbenpark*) ist „ein ‚offenes Ende', die Protagonisten bleiben auf der Suche, eine Identitätsfindung im Sinne eines festen Wesenskerns muss nicht erfolgen und auch nicht angestrebt

---

154 „Als Adoleszenz gilt allgemein jene Phase, die den ‚Abschied von der Kindheit' und den Eintritt in das Erwachsenenalter bezeichnet". (Gansel 2002: 359)

sein" (vgl. Gansel 2002: 370 f., Gansel 2016: 6 ff.). Alle diese Aspekte lassen sich, wie ich nachfolgend zeigen will, an Bronskys Debütroman aufweisen.

Zentrale Figur in *Scherbenpark* ist die siebzehnjährige Sascha Naimann – „kein Kerl, auch wenn das hierzulande jeder denkt [...]. [...] Sascha ist eine Kurzform von Alexander UND Alexandra. Ich bin Alexandra. Mein Rufname ist Sascha, so hat mich meine Mutter immer genannt, und so will ich auch heißen. Wenn ich mit Alexandra angesprochen werde, reagiere ich nicht" (11).

Man kann sich die Ich-Erzählerin Sascha zwanglos als sportliche, dünne Jugendliche vorstellen, mit drahtigen dunklen Haaren, der Schauspielerin Paz de la Huerta (124) ähnelnd, oder auch als feminines Pendant zum Commandante Che Guevara: „Ich werfe mir die Tasche über die Schulter, schiebe den Schirm meiner Kappe in den Nacken und trete hinaus in die Sonne" (289). Mit diesem triumphierenden Satz endet der Roman – nach den Gesetzen des Genres ‚ergebnisoffen' und die Leser zur Ergänzung mit weiteren möglichen Entwicklungsszenarien einladend.

Gleichzeitig erinnert Sascha sehr stark an den Protagonisten des russischen Kultfilmes *Brat* (dt. *Der Bruder*, Regie A. Balabanov, 1997), der als ein Symbol der 1990er Jahre in Russland gilt und für ‚wahre Werte', Gerechtigkeit und Orientierung in den Umbruchs- und Krisensituationen steht. Und Eminem, den Rapper aus Detroit, hat Sascha zu ihrem geistigen *Bruder in crime* erkoren. Wie eine zweite Haut oder schützende Rüstung trägt sie „sogar gelegentlich ein T-Shirt, auf dem er einen Revolver lädt und Grimassen schneidet, blondiertes Haar, Tätowierungen, jawohl" (202).

In Eminems Lebensgeschichte sowie seinen „Kämpfe[n] gegen die Herkunftsfamilie" findet Sascha nicht nur ihre eigene Situation wieder, sondern auch Kraft, Trost und Mitgefühl. Sie verarbeitet auf diese Weise ihre traumatischen Erlebnisse: „Also singen wir oft zusammen, er seinen Text und ich meinen, bloß die Melodie ist gleich und die Richtung auch. Trotzdem hat jeder sein Thema, und, wie bei zwei parallelen Wegen, wird es niemals zu einer Überschneidung kommen." (Bronsky 2011: 202 f.)

Denn im Vergleich zum amerikanischen Musiker, der in einem „Bauwagen" aufwachsen musste, empfindet Sascha das Russenghetto oder den „Solitär", in dem sie lebt, fast als Palast. Der zweite gravierende Unterschied zwischen beiden ist inhaltlicher Natur. Während Eminem (im Duett mit Sascha) singend gelobt, seiner Mutter nicht wehtun zu wollen, prophezeit Sascha ihrem Stiefvater Vadim einen qualvollen Tod.

> Dort, wo Vadim eben noch seinen Kopf hatte, ist blutiger Matsch. Ein bisschen schade, dass es daraus auf unseren Tisch und den Fußboden tropft. Ich werde eine Folie unterlegen. Ich weiß bloß noch nicht, ob ich dabei etwas sagen will. „Für meine Mutter und

> Harry", zum Beispiel. Oder: „Krepier doch endlich." Aber halt, ich plane keine Seifenoper. Ich will einfach, dass es passiert, und ich werde dabei weder singen noch Gedichte vortragen. (Bronsky 2011: 48)

Diese Phantasie ist der eigentliche Auslöser für die – von Sascha erzählte – dramatische Geschichte einer Migrantenfamilie und ihre Verwirrung stiftenden Folgen auch für die (jungen) erwachsenen Einheimischen.

Am Romanbeginn sagt Sascha – programmatisch für den gesamten Erzählstrang: „Manchmal denke ich, ich bin die Einzige in unserem Viertel, die noch vernünftige Träume hat. Ich habe zwei, und für keinen brauche ich mich zu schämen. Ich will Vadim töten. Und ich will ein Buch über meine Mutter schreiben." (Bronsky 2011: 9) Sascha, die aus Russland („Zu Russland sagte ich immer ‚drüben'" [16].) mit ihrer Familie, bestehend aus Mutter Marina, Stiefvater Vadim und den Geschwistern Alissa und Anton, nach Deutschland kommt, wächst in einem ‚kaputten Viertel' weitgehend nach dem Prinzip der Selbsterziehung auf. Die Mutter und ihr junger Geliebte Harry sind nach der Scheidung vom Stiefvater Vadim, ob aus Rache, Frust oder Eifersucht, ermordet worden. So übernimmt Sascha die Verantwortung und plant, oder fantasiert zumindest wiederum ihre Rache an Vadim, der sich jedoch zu ihrer Enttäuschung im Gefängnis das Leben nimmt.

Sascha selbst ist eine Art ‚multiple Persönlichkeit' oder eine Collage aus Ghetto-Mädchen („Jenny from the block" [254]), hochbegabter Musterschülerin an einem elitären Gymnasium (das im realen Leben eine „TopTen-Medienschule"[155] in Hessen ist), fürsorglicher großer Schwester und liebender Tochter; wir könnten auch sagen: eine etwas ältere Pippi Langstrumpf, die aber auch keine Scheu hat, sich als verspielte Lolita oder rächende Judith zu geben.

Eine dynamische, suchende Jugendliche, die zu früh und hautnah mit dem Kosmos der Erwachsenen und deren (un-)ausgesprochenen und (un-)geschriebenen Regeln und Taten in Berührung gerät. Der Ausbruch aus familiären und sozialen Zwängen führt zu einem verfrühten Reifeprozess, mit ersten, wenig romantischen sexuellen Erlebnissen, mit dem Erleben und der Reaktion auf Gewalt und dem Ausprobieren des moralisch nicht ganz Erlaubten. Und er endet vorläufig und optimistisch, wie manche Autobiografie, mit dem Aufbruch ins ‚Offene' (vgl. Luschina 2014: 118).

Dem Rat ihrer Mutter folgend, liest das Mädchen alles, was ihr in die Finger kommt: von Bravo-Heften bis zu Michail Bulgakows *Der Meister und Margarita.*

---

155 http://www.fr-online.de/home/alfred-delp-schule,1472778,2729216.html, abgerufen am 18.12.2015.

Mit internationalen Musikidolen (sei es der Rapper Eminem oder die populäre russische Band *Nautilus Pompilius*) führt Sascha Dialoge auf Augenhöhe, ihre dort besungene Lebenssituation nachvollziehend, erkennt aber auch auf Anhieb verschlüsselte Zeilen des russischen Dichters Ossip Mandelstam, wie ihr auch Weisheiten des Geheimrats von Goethe vertraut scheinen. Der gesamte Text ist reich an kulturellen und literarischen Anspielungen, offenen oder verdeckten poetischen Zitaten, Hommagen und (multi)kulturellen ‚Ikonen'.

Die Autorin Bronsky weist jegliche autobiografischen Züge ihres Romans kategorisch ab (Höbel 2008: 136) (wobei man ihr nicht unbedingt folgen muss). „Es ist überhaupt kein Selbstporträt, aber es gibt ein paar Charakterzüge, die [sie] [Sascha] geschenkt habe". (Wagner 2008) Die im Roman beschriebene Siedlung kenne sie aber nur von Besuchen und aus ihrer persönlichen Erfahrung der ersten wenigen Wochen direkt nach Übersiedlung in die Bundesrepublik. Erst nachdem die Grundidee für den Roman entstanden und ausgearbeitet war, erfuhr Bronsky nach eigener Aussage von einem ähnlichen authentischen Fall in Darmstadt.

Sprachlich und stilistisch erinnert *Scherbenpark* vor allem anfangs an das *staccato*-gleiche Erzähltempo und den Bericht aus der Sicht einer dreizehnjährigen Protagonistin im Roman *Feen sterben nicht* (1997) von Gunter Preuß.[156] Wie Sascha Naimann kämpft dort Yvonne Weskott innerlich und äußerlich mit Phänomenen der Pubertät, erlebt die erste Intimität und versucht mit allen Mitteln die Welt der Erwachsenen wieder in die Balance zu bringen.

> Diese Welt hier ist total aus dem Rhythmus. Grausam. Ich habe jedenfalls schon meinen Rucksack gepackt. Bald gehe ich auf große Reise. […] Dorthin, wo man noch Luft holen kann. / […] Ich heiße Yvonne Weskott. Ich bin dreizehn Jahre alt. Meine Zensuren können sich sehen lassen. Auf meinen Zeugnissen stehen nicht nur eckige Einsen. Dort ist von Eins bis Fünf alles vertreten. Damit es nicht langweilig wird. Nur keine Sechs. Ich bin doch nicht blöd. / Ich sehe einigermaßen gut aus. Finde ich. Ich habe mir von meinem Taschengeld die Haare auf Streichholzlänge schneiden lassen. Aus Blond ist Lila geworden. […] Die Jungen pfeifen bei meinem Anblick irgendeinen Heuler von *N-Sing* aus den Zahnlücken. Ich pfeife den Aufreißer *Poison* was ja so viel wie *Gift* heißt, von den sagenhaften *Prodigy* übrigens – zurück. Damit komme ich doch glatt an jedem Jungen vorbei. / Ich weiß auch nicht, warum ich noch nicht von zu Hause weg bin. Obwohl ich jeden Augenblick abhauen möchte. (Preuß 1997: 5)

Vom Großvater bekommt Yvonne das Tagebuch ihrer damals vierzehnjährigen Mutter Luise. „Und Luise, die meine Mutter ist, macht Scheherezade zur Fee.

156 Die Frage nach einem Zufall oder faktischen Zusammenhang muss an dieser Stelle offen bleiben. Vermutlich kennt die Autorin und mehrfache Mutter Alina Bronsky dieses Buch.

Laut Lexikon: *(französisch) weiblich, überirdische Märchengestalt, meist freundlichen Wesens.*" (Preuß 1997: 43, kursiv im Original) Durch die Lektüre nähert sie sich ihrer Mutter wieder, versteht sie und sich selber besser und findet dabei ihr wahres Ich.

Thematische Übergänge von Yvonne zu Juliane aus Bronskys *Spiegelkind* sind ebenfalls deutlich. Auch Juli berührt die Welt der „Pheen" und greift eines Tages zur Schere, um ihre Haare „gnadenlos, nah an der Wurzel" (219) abzuschneiden und sie farblich zu verändern. „Braun, Rot, Schwarz, Blond. Alles nicht das Richtige. Endlich fand ich die Tube, die ich haben wollte. Blau." (Bronsky 2012: 219) Zu Beginn des Romans beobachtet Juliane wie sich ihre Welt, ihre vertraute Umgebung auf den Kopf stellte. „Es war nur eine leise Ahnung, dass mein Leben bis jetzt vielleicht gar nicht mein richtiges Leben gewesen war." (Dies. 2012: 19)

Der Roman *Spiegelkind*, vom Verlag für die Leserschaft ab elf Jahren empfohlen und von der Autorin Bronsky einer „Franka"[157] gewidmet, soll in etwa einem halben Jahr entstanden und nach dem Stöbern im Regal[158] ihrer ältesten Tochter (und für sie) geschrieben worden sein. Er erschien ausdrücklich als Jugendroman bei *Arena*, einem etablierten Kinder- und Jugendliteraturverlag. Neben bekannten Themen wie Scheidung, Trennung, Krankheit, Tod und Verlust ist auch das Anders-, Normal- oder Fremdsein ein wiederkehrendes Motiv im Adoleszenzroman.

Spiegelkind bildet den Auftakt einer ‚Spiegel'-Trilogie und behandelt die Geschichte der fünfzehnjährigen Juliane (Juli) Rettemi, deren Leben sich nach dem Verschwinden ihrer Mutter auf den Kopf stellt und nie wieder wie vorher und ‚normal' wird. Denn während der Suche lernt Juli die andere Seite der Spiegel – Mutters Welt in Quadren – sowie der gesellschaftlichen Strukturen und Moral kennen. Durch das Aufdecken des lange verborgenen Familiengeheimnisses gewinnt Juliane ihre Identität und durchlebt den Reifeprozess – „Wahrscheinlich fing ich bereits in dieser Nacht an, mich zu verändern" (19).

Nach dem Prolog, in dem die Ich-Erzählerin Juli nachts einem aus dem Kontext gerissenen und somit verwirrenden Dialog ihrer Eltern über deren unklaren und auf jeden Fall geheimnisvollen Pakt lauscht, folgt das programmatische erste Kapitel *Das Verschwinden* – „‚Tja, Mamas kommen, Mamas gehen'" (15). Zum Kommen und Gehen ist Julianes Mutter als „Phee" (nicht mit dem herkömmlichen Zauberwesen *Fee* zu verwechseln) nach Gesetzen und Phobien der ‚Normalen' verdammt, die in Bronskys hier geschaffener Dystopie eine Mehrheit bilden.

157 Die laut der Autorin auf der letzten Seite des Buches „die beste Testleserin, die man sich vorstellen kann" (Bronsky 2012: 302) ist.

158 So erwähnt Bronsky in ihrer Danksagung beispielsweise die Fantasy-Autorin Kerstin Gier, „die den Pheen ein so warmes Zuhause vermittelte". (Bronsky 2012: 302)

Darüber hinaus erinnern viele weitere Elemente in diesem Buch die Leserschaft jeden Alters immer wieder an J. K. Rowlings populäre Adoleszenzromane über Harry Potter. (Gansel zählt sie zu *All-Age*-Literatur [vgl. Carsten Gansel 2016: 8].)

Ähnlich wie Juliane Rettemi wächst Harry Potter in der ‚normalen Welt' auf, ohne über seine eigenen magischen Kräfte oder die seiner umgebrachten Eltern Bescheid zu wissen; ebenso wenig über die streng geheim und separat gehaltene deutliche Trennung zwischen der realen Welt der *Muggles* – wohl normaler, eher zweidimensionaler irdischer Menschen, die sich beispielsweise statt Eulen Briefmarken oder statt Zauberpulver Fahrkarten besorgen – und der Magier (*Wizards*).

Auch hier existieren Grauzonen und Kinder aus Mischehen von Zauberern und Normalen, die es im Leben und in der Schule schwer haben, sodass sie gelegentlich sogar verfolgt werden. Während die Hogwarts School in Rowlings Romanen eine zentrale Rolle spielt und ein wichtiger Ort für die Reifung und Sozialisation sowie Entfaltung der speziellen Fähigkeiten und Fertigkeiten bei Harry und seinen treuen Freunden darstellt, werden an Julis Lyzeum die sozialen, mentalen und kulturellen Differenzen und Ausgrenzungen sehr deutlich. Das im *Spiegelkind* geschaffene Lyzeum erinnert den vertrauten Leser stark an das ideologische sowjetische Schul- und Pionier-System mit seinen schwarz-weißen schmuckfreien Uniformen oder dem morgendlichen Gelöbnis im Beisein aller Mitschüler, „[h]art zu arbeiten im Namen der Normalität!" (34)

Sowohl Harry Potter als auch Juli Rettemi fallen aus der Welt der ‚Norm' nie ganz heraus, es finden sich momentane, kontrastive Berührungen und kulturell-historische wie auch familiäre Bezüge. In ihrem Universum der Pheen und der Zauberer sind Juli und Harry allen Figuren als besondere Kinder ihrer herausragenden Eltern – bei Juli der Mutter Phee – gut bekannt. Somit wird ihnen besondere Anerkennung und Autorität gezollt, was sie in die Kategorie der Superhelden versetzt. Die hier nur angedeutete Beziehungsreihe zwischen den Welten und Eigenschaften von Harry Potter und Juliane Rettemi möchte ich mit dem Spiegel-Motiv abschließen: In Hogwarts wie auch bei Juli zu Hause dienen die Spiegel (oder Quadren, Quadrumrahmen als ihre Variation) als Transitzonen für den Übertritt in andere Dimensionen.

Eine Zuflucht findet Julis Mutter (einmal auch das Mädchen selbst) in ihren Bildern – den von den Normalen verbotenen und von Pheenkunst-Verehrern hochgeschätzten „Quadren". Julis Vater, der angesehene Doktor Rudolf Rettemi, der „in der Geschäftsführung des Hygieneartikel-Konzerns HYDRAGON" (10) arbeitet, versucht wegen des Verschwindens seiner Ehefrau kein Aufsehen zu erregen, das alte Leben aufrechtzuerhalten und die Kinder zu behalten.

„Mein Vater und meine beiden Geschwister saßen am Küchentisch [...]. Mein Vater erzählte ihnen, was vorgefallen war. Seine Version davon. Er versuchte es jedenfalls." (Bronsky 2012: 16) Während die siebenjährigen Zwillingen Jaro (Jaroslav) und Kassie (Kassandra) ihm dies noch glauben, protestiert Juliane auf kategorische und emotionale Art und Weise und zu ihrer eigenen Überraschung: „Ich war schließlich Elite-Lyzeistin, ich war gut erzogen" (17).

Die Hauptfigur Juliane ist in gehobenem und intaktem Milieu sorgenfrei und gutbürgerlich aufgewachsen. Eine „Einserschülerin der inzwischen zehnten Klasse des Lyzeums, das zweitlängste Mädchen des Jahrgangs, das wegen des pausbäckigen Gesichts trotzdem gern für jünger gehalten wurde und in Sachen Geburtstagseinladungen nur ganz knapp unterm Durchschnitt lag." (Bronsky 2012: 19) Mit einer „absolut normale[n]", schulterlang gestuften Frisur und mittelbraunen Haaren hat sie „die gleichen Impfungen wie alle anderen", kariesfreie Zähne und eine Schultasche von „einem beliebten Lederartikelhersteller" (20).

Das Einzige, was sie vor der Bekanntschaft mit der neuen Schulkameradin und späterer Freundin Ksenia (Ksü) von den Gleichaltrigen unterscheidet, sind „die beiden symmetrischen Narben an den Schulterblättern, jede etwa drei Zentimeter lang. Ich war als ganz kleines Kind gestürzt und hatte mich verletzt. Erinnern konnte ich mich nicht mehr daran. Manchmal juckten die Narben." (Bronsky 2012: 20) Julianes juckende Schulterblätter rufen assoziativ viele Bilder aus dem kulturellen Gedächtnis hervor – Siegfrieds verwundbare Stelle auf dem Rücken, Achilles' Ferse oder gar die verlorenen Schwingen eines gefallenen Engels, aber auch Harry Potters glühende Schramme auf der Stirn.

Auch wenn im Buch fabelhafte Elemente, Orte und Motive vorkommen, werden sie als Balance für die dystopische Atmosphäre und Metaphorik strukturell gebraucht, nicht zwecks Erschaffung eines Fantasy-Romans. Als Beispiel lassen sich an dieser Stelle der Wald, der Spiegel, hinter dem sich eine andere Welt verbirgt, oder die besonderen Zauberkräfte einiger Figuren nennen, sowie Figuren wie eine moderne wahrsagende ‚Hexe', für die russischen Märchen der nicht wegzudenkende Protagonist Ivan, aber auch die kleine Schwester Alissa, die an ihre Namensvetterin aus Lewis Carrolls Wunderland erinnert und schließlich symbolische Tiere wie Schlange, Katzen und Eulen.

Ksenia (Ksü) Okasaki, von Julianes Mutter einst aus den Flammen gerettet, wird später Julis beste Freundin und Komplizin. Mit ihrem unerwarteten Auftauchen in der Romanhandlung und schulischen Normalität löst sie bei Juli Rettemi eine aktive und kritische Auseinandersetzung sowohl mit ihrer eigenen Identität und Herkunftsgeschichte als auch mit der äußeren Welt aus. Der Name des Mädchens verdoppelt ihre äußerliche Andersartigkeit durch seine Semantik:

xenos – fremd. „An einem freien Platz am Fenster saß ein mir bislang gänzlich unbekanntes Wesen. Es hatte einen kahlen Kopf, was unheimlich war, weil keine Haare die Tätowierung verbargen, die sich um den Schädel schlängelte." (Bronsky 2012: 40)

Die eintätowierte Schlange wird in der strengen Schule bei der Aufnahme toleriert. „‚Das ist kein Tattoo.' […] ‚Ich habe ein Attest, dass es nicht mehr weggeht.'" (Bronsky 2012: 46) Alles ist nicht so, wie es (Juliane) auf den ersten Blick scheint. Die Schlange auf dem Kopf ist das Erste, was ihr auffällt und das Wesen von Ksenia zunächst befremdlich erscheinen lässt. Doch das scheinbar manuell gefertigte Reptil wird im doppelten Sinne zur zweiten Haut Ksenias, die sie vor Gefahren schützt.

> Ksü schrie auf und dann war die Schlange auf ihrem Kopf plötzlich nicht mehr nur eine kunstvolle Zeichnung, sondern wuchs in eine weitere Dimension, wurde zu einer echten Schlange. Der Schlangenkörper schnellte nach vorn, das Zischen ging offenbar nicht nur mir unter die Haut, ich sah, wie die Polizisten zurückschraken, und dann bückte ich mich, glitt unter einem ausgestreckten Arm durch und rannte zurück ins Haus, gefolgt von Ksü, deren Schlange die Verfolger abwehrte. (Bronsky 2012: 253)

Im zweiten Band schrumpft das Mädchen auf wunderbare Weise und verwandelt sich selbst in eine Schlange.

Die beiden auf den ersten Blick unterschiedlichen Romane von Bronsky weisen, wie schon angedeutet, doch eine Reihe von wesentlichen Ähnlichkeiten vor: zum einen den zentralen Reifeprozess und die Sozialisation heranwachsender Mädchen in der Pubertät, im Transit zwischen Kindheit und Erwachsensein, eine Art der Entwicklung und Ich-Formung durch das Überwinden vieler interner, vor allem innerfamiliärer und sozialer Irrungen und Wirrungen; zum anderen das wiederkehrende Motiv der fehlenden Eltern (deren Ehen auf Ungleichheit basieren) und daraus folgend die Übernahme der Verantwortung des Mädchens für kleinere Geschwister. Drittens behandeln beide Romane die Frage der ‚Grenzerfahrung' aufgrund von Herkunft und Zugehörigkeit der Protagonistinnen zu peripheren Schichten – eine aus der ehemaligen Sowjetunion nach Deutschland eingewanderte Familie im *Scherbenpark*, die Tochter der sozial geächteten und gesetzlich verbotenen ‚Gattung der Pheen' im *Spiegelkind*.

Erwähnenswert und offensichtlich ist außerdem, dass beide Titel auch die programmatische und dramatische Glas- und Scherbenmetaphorik in sich tragen. Während aber der zweite Roman *Spiegelkind* im Vergleich zum *Scherbenpark* stark mit phantastischen oder märchenhaften Elementen versehen ist, verbindet sie nicht nur diese Glas-Symbolik im Titel, sondern vor allem das wichtige inhaltliche und strukturelle Motiv der fehlenden Mutter. Die Verwendung und Wahl dieses Topos möchte ich mit drei Thesen begründen.

Die für die Romanhandlung sowie die Reifung der Hauptfiguren zentrale abrupte Abwesenheit der Mutter in beiden Romanen Bronskys lässt sich aus dem soziokulturellen Ansatz erklären. Denn „Adoleszenz ist mehr als eine Krise der Individuierung, es geht in ihr immer auch um den untrennbaren Zusammenhang von individueller und sozialer Veränderung." (Gansel 2002: 371) Bronskys Bücher reflektieren die postmoderne soziale und globalisierte Realität mit verschiedenen und neuartigen familiären Ordnungen nebeneinander (beispielsweise Patchworkfamilien, Stiefeltern, Scheidungskinder) sowie dem unterschiedlichen Verständnis des Familienlebens bei zugewanderten Menschen.

In keinem Fall aber bietet die Institution Familie Geborgenheit und Harmonie – allenfalls nur für kurze Zeit und/oder basierend auf Lügen und Selbstopferungen –, sie ist stets ein mit Spannungen beladener Ort. Hier werden Jugendliche mit Konflikten der Eltern konfrontiert, sie übernehmen Verantwortung nicht nur für sich selbst, sondern auch für ihre Geschwister und sogar ihre Eltern, sie bewältigen ungelöste Aufgaben der Erwachsenen erfolgreicher als diese es selber könnten.

In einem aufbrausenden Monolog, zugleich einem imaginierten Dialog mit der ermordeten Mutter, erinnert sich Sascha Naimann an ihre – für ihr Alter viel zu weisen – Warnungen:

> Schau, freust du dich jetzt, habe ich sie gefragt. Hatte ich dich nicht gewarnt? Wie konntest du nur? Warum hast du diesen Arsch geheiratet? Warum durfte er mit nach Deutschland? Warum hast du ihn an diesem verdammten Abend in die Wohnung gelassen? / Warum, verdammt noch mal? / Du bist schon immer eine dumme, dumme, dumme Frau gewesen, habe ich zu ihr gesagt. Wie konntest du mir das nur antun, so blöd gewesen zu sein? […] Natürlich war es nicht sie, die mir das angetan hat. Sie war bloß, wie sie immer war, und sie konnte nichts dafür. Sie war eben eine Kunstwissenschaftlerin und dazu auch noch Künstlerin. Sie war von der Sorte, die heute nicht mehr hergestellt wird – von allem ein bisschen mehr und ein bisschen besser und ein bisschen feiner. Und das werde ich in meinem Buch schreiben, damit es jeder erfährt. Ich will nicht, dass sie nur berühmt wird, weil sie so elend gestorben ist. (Bronsky 2011: 22 f.)

Die traumatisierende Ermordung ihrer Mutter bringt Sascha einerseits dazu, sich mit den Erinnerungen an ihre Mutter und das Leben vor deren Tod intensiv auseinanderzusetzen. Andererseits reflektiert sie über ihren eigenen Reifeprozess, den sie erzählend vorantreibt und verarbeitet. Ohne Eltern muss die minderjährige Sascha die Verantwortung nicht nur für sich und ihre kleinen Geschwister, sondern auch für ihre russische, des Deutschen nicht mächtige ‚Tante' übernehmen, die auf die Kleinen aufpassen sollte. So vollzieht sich eine enorme Rollenverschiebung: Die Hauptfigur entwickelt sich aus ihrer Rolle als Mädchen und Tochter rapide zur verfrüht Erwachsenen, quasi Mutter (S. 190–191), Erzieherin

(S. 25, 27, 64–65), Nachhilfelehrerin (S. 27, 28, 29, 207–208), Dolmetscherin bei Behördengängen (30), Stilistin (S. 35, 36), Lektorin (S. 38), aber auch zur Frau und Geliebten (S. 129–130, 158, 197, 230).

Beim Zerfall der herkömmlichen Familienstrukturen verwandelt sich das Konzept des passiven, unmündigen und beschützten Kindes in das aktiv handelnde, kritische Ich als verantwortungsbewusstes Oberhaupt der Familie – „Seine Kinder. Das waren sie mal. Jetzt sind sie meine" (48). Und an einer anderen Stelle begründet Sascha vernünftig und reif: „‚Ich kann meine Kinder hier nicht allein lassen'" (197). Das Kind wird zu Mutter und Vater zugleich, indem es die Worte der Mutter wiederholt: „Ich bin mir selber ein Mann" (19).

Auch Juliane Rettemis „heimelige, behütete" Kinderwelt wird nicht durch die Scheidung der Eltern, sondern mit dem Verschwinden ihrer Mutter zerstört. Das Mädchen überkommen Fragen und Vorwürfe:

> Und es war auch meine Schuld – über einiges hätte ich mir schon früher Gedanken machen müssen. […] Meine Mutter hatte nie etwas erzählt, was mich hätte bekümmern können. Sie beklagte sich nicht. Sie war wirklich verschwiegen. […] Ich war die ganze Zeit unerschütterlich davon ausgegangen, dass meine Mutter glücklich war, solange sie uns hatte (Bronsky 2012: 217).

Im Gegensatz zu den Erwachsenen sucht Juli aktiv nach Antworten und vor allem nach ihrer Mutter. Die Suche gibt ihr Mut und Kraft, aber auch Reife und Erkenntnis: „‚Ich komm mir vor wie ein kleines Kind, vor dem Erwachsene Geheimnisse haben und immer so rätselhafte Andeutungen machen'" (201).

Das Fehlen der Mutter in den beiden Romanen wirkt wie Lackmuspapier für die Innen- und Außenwelt der Protagonistinnen, nicht zuletzt aber für die innerfamiliären Strukturen. Die negativ konnotierten Vaterfiguren – von Juli gar unverblümt als „Arschloch" (241) bezeichnet – sind nicht fähig, die Familie aufrechtzuerhalten. Auch die Großeltern zeigen sich ohnmächtig und schwach, unwissend oder unfair, eher nicht vertrauenswürdig. Die Mädchen Juli und Sascha befreien sich von familiären Banden ohne ihre jüngeren Geschwister zu vergessen oder in Stich zu lassen, und schließen neue, ihre eigenen Freund- und Verwandtschaften. Gestärkt werden Kontakte zu den Gleichaltrigen wie den Erwachsenen, die mit den Müttern bekannt oder befreundet waren.

Mit dem problemorientierten Familienroman *Spiegelkind* schafft Bronsky ein zeitdiagnostisches, mit der gegenwärtigen Realität korrespondierendes Erzählmodell. Hier werden soziale Folgen von Andersartigkeit, Scheidung der Eltern, Gewalt und Verschwiegenheit der Erwachsenen für die Kinder auf der Suche nach Orientierung und Halt spürbar und schmerzhaft. Gleichzeitig stellen diese psychologischen Romankomponenten „eine Mündigkeitserklärung an die Kinder und damit auch an die kindlichen Leser“ (Daubert 2000: 695) dar, die belastend, aber gleichzeitig stärkend und ermutigend sein mag.

Scherbenpark ist zugleich eine sozialpsychologische und kritische Dokumentation der deutschen Gegenwartsgesellschaft. Darin geht es, niemals trocken oder gar belehrend, um Fragen der Multikulturalität, um Parallelgesellschaften und Doppelmoral, um Leistung und Zerfall der Familie, um Gewalt und Missbrauch von Erwachsenen wie auch um jugendliche Aggressionen und Gewalttätigkeit. *Scherbenpark* entwirft Alltagsszenarien und gibt (Über-)Lebenstipps für eine multiethnisch-pubertierende Großstadtjugend, nimmt Leserinnen und Lesern aber niemals die Aufgabe des eigenen Urteils ab.

Dann symbolisiert der literarische Tod der Mutter eine durchtrennte Verbindung, eine Distanz und Abnabelung von der Heimat und damit von der ‚Sprache der Mutter‘, von der Natur und dem Künstlerisch-Emotionalen, Unbeschwerten, auch von der Verborgenheit, die die Mutterfigur in ihrem Ursinn repräsentiert. In *Scherbenpark* schafft Bronsky eine Reihe von anwesend-abwesenden Muttergestalten, die sich – gleich den multiplen Bildern von Andy Warhol – in ihrer Funktion und Namengebung ähneln, sich gleichzeitig aber in ihrem Wesen stark unterscheiden und artifiziell bleiben.

Mari*n*a heißt die Mutter von Sascha, Alissa und Anton. Sie lebt im Roman nur in Saschas Erinnerungen und Texten über sie. (Vielleicht ist es auch nicht zu weit hergeholt, in einem visuellen Vergleich hier an eine umgekehrte Pietá zu denken, in der die Tochter ihre Mutter beweint.) Nach Marinas Ermordung übernimmt Mar*ia* – „Mitte dreißig und sieht aus wie fünfzig“ (Bronsky 2011: 24) –, eine entfernte russische Verwandte, die Rolle der Aufpasserin, der Pflegemutter, „denn nach der Erfahrung mit der städtischen Wohnung reagierte [Sascha] allergisch auf das Wort ‚Heim‘, und es standen auch keine Pflegeeltern Schlange, die drei verstörte russischstämmige Bälger auf einmal aufnehmen wollten“ (24). Und schließlich Mar*tin*a, die ferne ‚digital-mediale‘ Mutter von Felix und ehemalige Ehefrau von Volker Trebur – der Vater und der Sohn, mit denen Sascha ihre ersten sexuellen Erfahrungen macht. „‚Sind deine Eltern geschieden?‘ / ‚Ja, was sonst?‘“ (Bronsky 2011: 132)

Martina Trebur wird in die Romanhandlung nur episodisch eingeblendet: „‚Die Frau da. Das ist meine Mutter‘“ (131). Nicht nur die Scheidung trennt sie von ihrem Mann und Sohn, sondern auch die Entfernung von und nach Berlin und das Medium, in dem sie vorgestellt wird – Martina erscheint auf dem Bildschirm des Fernsehers als Nachrichtensprecherin. Für Felix scheint dies eine Gewohnheit zu sein, mit ihr passiv im Kontakt zu bleiben. Bei seinem Vater in Frankfurt fühlt er sich aber wohler, denn er „‚wollte nicht nach Berlin. Und ich mag ihren neuen Macker nicht. Und ich bin gern hier. Ich hab hier alles, was ich brauche'" (132).

Maria bleibt die einzige überpräsente Ersatzmutter mit

> süßliche[m] Parfüm, von dem man niesen muss, rot angemalte[m] große[m] Mund, dicke[n] Backen, kleine[n] Augen. / Liebe Augen. Überhaupt ist sie lieb, die Maria. / Alissa erlag ihr sofort, wie erschossen. Maria dies, Maria das, Mascha, meine, Ma-Ma-Ma-MAMA! [...] [Alissa] hat Marias unermesslichen Schoß sofort besetzt. (Bronsky 2011: 25)

Während Maria für die Kleinen, Alissa und Anton, Geborgenheit, Wärme, Liebe und Mütterlichkeit symbolisiert, ist sie Sascha wegen ihrer sprachlichen Unmündigkeit und ihrer soziokulturellen Unreife weit unterlegen – „Maria hört ja auf mich" (58). Sascha erklärt ihr „die hiesige Welt", geht mit ihr auch einkaufen, wenn

> ein Dolmetscher notwendig ist. [Sascha] weiß, wie man Sozialhilfe beantragt und wie Kindergeld. Meistens bin ich dabei, wenn das Jugendamt auf Visite geht. Ich lobe Maria immer in den höchsten Tönen. Wenn ich eine Frage an sie übersetzen muss, überlege ich mir auch gleich die Antwort dazu. (Bronsky 2011: 30)

Zudem sorgt Sascha für Marias Weiterbildung, indem sie zum Beispiel „Vorlesestunden als Pflichttermin in Marias Tagesplan" (29) einführt.

In der Regel sind es die Mütter, „von denen Veränderungen im familiären Alltag initiiert und organisiert sowie dem Mann und den Kindern gegenüber vermittelt werden. Dieser Vermittlungsprozeß erweist sich als zunehmende ‚Beziehungsarbeit' der Frau und Mutter in der Familie, die sich in verschiedene Aspekte auffächern läßt wie etwa Ehepartner- und Elternbeziehungen, Mutter-Kind-Beziehungen und Hausarbeits- und Berufsarbeitsleistungen." (Herwartz/Westphal 2003: 101) In *Scherbenpark* lässt sich dabei eine erneute Umkehrung der Funktionen beobachten, indem die minderjährige Sascha in der Familie stellvertretend diese Leistungen übernimmt. Versagen die infantilen, unwissenden, nicht vorhandenen Erwachsenen in ihrer Umgebung, so schlüpft Sascha in die vakante Erwachsenenrolle in ihrer Familie: „Ich bin mir selber die große Schwester." (Bronsky 2011: 67)

Der Sozialwissenschaftler Heinz Hengst (2013: 15) stellt neben „vielen Identitäten, die Kindern zugeschrieben wurden und werden, [...] die des kompetenten Kindes" heraus, die hier literarisch ausgemalt wird. Allwissend ist etwa auch Melanie, die eher mittelmäßige – „bilderbuchmäßig deutsch [...] wie kein anderes Mädchen" (Bronsky 2011: 15) aussehende – Mitschülerin von Sascha, die ihrer ungarischen Mutter korrektes Deutsch beibringt, indem sie ihre falsch verwendeten Artikel korrigiert und sie über ihre Geburtstagswünsche belehrt.

Die abwesende Mutter, eine eher exotische Gestalt sowohl als Künstlerin (wie bei Sascha) oder auch als Phee (im Falle von Juli), veranlasst die Hauptfiguren, ihren Blick entschlossen und souverän nach vorn zu richten. Die Hauptfiguren Sascha Naimann und Juliane Rettemi lösen sich letztendlich von den verwandtschaftlichen Banden[159] und Illusionen, verlassen das einst vertraute Zuhause und gehen ihren eigenen, erwachsenen Lebensweg.

Das geliebte Objekt wird zu einer unnahbaren Fata Morgana, die von der Mehrheit der Gesellschaft ihrer Andersartigkeit wegen (als Migrantin, Frohnatur, Zauberin) nicht gesehen, gar verschwiegen oder abgelehnt werden. Die Sprache der Mutter sowie ihre einmalige Präsenz wird im Schreibprozess der Tochter Sascha konserviert und somit am Leben erhalten. Wobei das Aufbrechen der Stille und Leere, der Beginn des Aufschreibens über die tote Mutter ihr äußerst schwer fällt:

> Ich setze mich am selben Abend an den Computer. Ich sitze lange davor, eine Stunde mindestens. Es ist schwerer, als ich gedacht habe. […] / Alle Szenen, die ich aufschreiben wollte, sind wie weggeblasen. Alle Wortfetzen, die ich aufzufangen versuche, sind banal. Warme Hände und Wiegenlieder und unanständige Witze und literweise Kaffee – das alles trifft es nicht. Ich habe nur ihr Gesicht vor Augen, und ich beginne zu tippen, um nicht zu erstarren (Bronsky 2011: 57).

Das Erzählen dagegen fällt Sascha leichter, als Zuhörer wählt sie ungefragt einen Gleichaltrigen, dem sie nach der ersten gemeinsamen Liebesnacht ihre Geschichte präsentiert:

> „Felix", sage ich leise, „willst du eine Geschichte hören?" / […] „Sie geht schlecht aus", sage ich. / Felix schweigt und atmet. / „Es war mal eine Frau", sage ich. „Eine schöne Frau, die auf ihre Art und Weise klug war. Aber auf andere Art schon wieder ganz dumm. Sie konnte sich nicht richtig schützen." (Bronsky 2011: 137)

Saschas Erzählung gibt zum einen einen vollständigen, wenn auch verfremdeten Überblick über die Geschichte ihrer Familie, ihrer Mutter sowie über den dramatischen Abend, an dem diese von ihrem Ex-Ehemann Vadim ermordet wurde.

> Da hob er die Pistole und schoß. Einmal, zweimal, dreimal, viermal. / Die große Tochter begann zu schreien. Sie schrie so laut, dass die Fensterscheiben rausflogen. Sie versuchte, ihre Mutter aufzurichten, aber die war zu schwer und schlaff und lag in einem

---

159 Die väterliche Gestalt verliert für die Hauptfiguren im Laufe der Romanhandlung an Respekt und Wichtigkeit, bis sie schließlich aus der Sujetlinie verschwindet. Dies bestätigt die These von Hannelore Daubert (1999: 102), die besagt, dass die „‚neuen Väter' noch eigentümlich blaß" bleiben; sie „spielen zumeist nur Nebenrollen in den postmodernen Familien, die weitgehend von starken Frauenfiguren geprägt werden."

> Meer von Blut. Dann sprang die Tochter den Mann an, der die Pistole in der Hand hielt, und drosch mit den Fäusten auf ihn ein und brach ihm dabei übrigens die Nase. / Sie weiß bis heute nicht, warum er sie nicht auch erschossen hat. (Bronsky 2011: 139)

Während Marina im kollektiven Gedächtnis der Erwachsenen durch das Medium des Bildes und der Schrift – sowohl durch ihre eigenen Artikel als Hobbyjournalistin wie auch in mehreren Tatortberichten und Interviews – als Narrativ und Erinnerung erhalten bleibt, führt Sascha bei Felix das Initiations- und Einweihungsritual mündlich durch. Als Genre wählt sie dabei ein Märchen mit einem traurigen wahren Ende.

Bei der mündlichen Verarbeitung ihrer schmerzhaften Erinnerungen setzt Sascha in der Romanhandlung einerseits eine Zäsur, mit der sie sich von der quälenden Vergangenheit und ihrer Kindheit befreit, gleichzeitig ihr Trauma verarbeitet. Zugleich symbolisiert ihre Erzählung in deutscher Sprache eine endgültige symbolische Verabschiedung von ihrer toten russischen Mutter und ihrer nicht mehr weiterlebenden und nährenden Muttersprache.

Was Sascha die Kraft zur Selbstschöpfung gibt, ihr Leben bestimmt und vorantreibt, ist der Schreibprozess, in dem der Muttertod die Entstehung des Selbst-Narrativs fördert. „Ich beginne zu lachen. Vadim schreibt über meine Mutter. Wir sind Konkurrenten." (Bronsky 2011: 63) Als kulturell aufgeladene, für Sascha unverzichtbare und Orientierung gebende Figur bleibt die Mutter auch nach ihrem Tod eine relevante Konstante ihrer Identitätsbildung. So erstellt Sascha beispielsweise einen Erziehungskatalog für Alissa und Anton, an dem sich auch Maria zu orientieren und dessen Regeln sie zu befolgen hat:

> Punkt 1: Ihr hattet die beste Mutter aller Zeiten, und sie lebt in euch weiter. […] 3. Lest alles, was ihr in die Finger bekommt. Das hat eure Mutter auch getan. […] Seid mutig und verrückt und reist in jedes Wunderland, das sich euch öffnet – wie jenes Mädchen aus dem berühmten englischen Märchen, Alissa, nach dem dich deine Mutter genannt hat. […] 10. Ihr seid keine armen Waisenkindchen, denn eure Mutter ist unsterblich. (Bronsky 2011: 64 f.)

Die fehlende Mutter, ihr Verschwinden oder ihr Tod in beiden Romanen hat für die Romanstruktur schließlich eine grundlegende erzähltechnische Bedeutung. Das Handlungsgerüst erinnert stark an die Morphologie und die festgelegte Reihenfolge von Situationen in den von Vladimir Propp analysierten russischen Märchen. Das Ziel der folgenden Analyse ist es deshalb, die strukturellen Ähnlichkeiten beider Romane exemplarisch zu zeigen und ihren möglichen Ursprung und ihre strukturelle Logik aufzudecken.

„Ein Märchen beginnt gewöhnlich mit einer bestimmten Ausgangssituation. Hier werden die Familienmitglieder aufgezählt, oder der künftige Held […] in das Märchen eingeführt." (Propp 1972: 31) Die Ausgangssituation im *Scherbenpark* wird bereits im ersten Satz knapp, anschaulich und gleichzeitig vollständig, einem Statement gleich, präsentiert, indem das erzählende Ich, der Ort und die Problematik der Hauptfigur, ihre Umgebung und Gesellschaft thematisiert werden: „Manchmal denke ich, ich bin die Einzige in unserem Viertel, die noch vernünftige Träume hat." (Bronsky 2011: 9) Im Weiteren wird das Programm des Handelns sowie die Vorgeschichte des Konflikts erklärt.

> Ich habe zwei [Träume], und für keinen brauche ich mich zu schämen. Ich will Vadim töten. Und ich will ein Buch über meine Mutter schreiben. Ich habe auch schon einen Titel: ‚Die Geschichte einer hirnlosen rothaarigen Frau, die noch leben würde, wenn sie auf ihre kluge älteste Tochter gehört hätte.' Vielleicht ist das nur ein Untertitel. Ich habe Zeit, es mir genau zu überlegen, denn ich habe noch nicht angefangen zu schreiben. (Bronsky 2011: 9)

Von den durch Propp festgelegten „Funktionen", die für die Handlungsentwicklung in Märchen grundlegend sind, kann schon im ersten Absatz des Romans *Scherbenpark* die folgende benannt werden. Während Propp als erstes das Verlassen des Hauses durch eines der Familienmitglieder festhält (1972: 31), berichtet die Romanerzählerin vom (endgültigen) Ausbleiben ihrer Mutter, der nächsten Familienangehörigen der Protagonistin. Darauf basierend entwickeln sich die weitere Geschichte und die Romanhandlung.

Ähnliches lässt sich im Roman *Spiegelkind* beobachten. Im Prolog unterhalten sich (theatralisch) ein Er und eine Sie, die, wie man am Romanende erfährt, die Eltern der Protagonistin Juliane Rettemi sind: „‚Du musst mir helfen', sagt er. ‚Ohne dich bin ich verloren. Wenn du es tust, wenn du bei mir bleibst, wenn du mich rettest, dann wirst du es niemals bereuen. […]' / ‚Du weißt, was passiert, wenn du das Versprechen brichst', sagt sie." (Bronsky 2012: 5)

Auf der nächsten Seite im Kapitel *Das Verschwinden* wird das familiäre Setting konkreter, die Einführung der Protagonistin direkt und der sich entwickelnde Konflikt durch eine Negation (ein Verbot) intensiver.

> „Schau lieber nicht hin", sagte mein Vater und versperrte mir den Weg. / „Wieso?", fragte ich und versuchte, unter seinem linken Arm durchzuschlüpfen […]. Es war mir fast gelungen, doch dann hielt er mich an der Kapuze fest. […] „Juli", sagte er, diesmal ohne mich anzusehen. „Ich muss dir etwas sagen." (Bronsky 2012: 6)

Das Geheimnis wird nach einem familienhistorischen Exkurs über die Trennung der Eltern der Hauptfigur Juli gelüftet: „‚Deine Mutter ist verschwunden', sagte mein Vater und das sagten auch die Polizisten, die das Chaos mit Blitzlicht fotografierten" (10).

Nach Propp (1972: 85) erfordert die Ausgangssituation eines Märchens mit dem ‚Fehlelement' eine suchende Hauptfigur: „Da aber die Ausgangssituation stets Angehörige einer einzigen Familie verlangt, so verwandeln sich Suchender und gesuchte Person [...] in Bruder und Schwester, Sohn und Mutter usw. Eine solche Situation schließt dann sowohl den Suchenden als auch das Opfer des Gegenspielers ein." So findet Juli Rettemi ihre Tante und Sascha Naimann den Journalisten Volker Trebur, der ihre Mutter gekannt hatte. Sascha und Volker werden für die erzählte Zeit zu einem Paar, zur ‚Familie'. Juli gelangt am Romanende wieder zu ihrer vor der Realität und brutalen Gesellschaftsnormen der ‚Normalen' geflüchteten Mutter Laura.

Im Jahr 2016 setzt sich Alina Bronsky in einem Sachbuch[160] kritisch mit dem Thema der kontinuierlichen gesellschaftlich-politischen „Abschaffung der Mutter" auseinander (gemeinsam mit Denise Wilk). Mit Beispielen aus Alltag und Politik, diversen Vergleichen und international-historischen Verweisen auf die Funktion und Rolle der Mutter, beispielsweise in der ehemaligen Sowjetunion, konstatieren die Autorinnen eine zunehmende Ausgrenzung, Bevormundung, Überwachung und somit eine gewisse Instrumentalisierung und Ersetzbarkeit der Mütter in der heutigen Bundesrepublik.

Dieses ‚Manifest' mündet, wenn auch konträr, in den weltweit aktuellen Mutter-Diskurs, der von der Israelin Orna Donath mit ihrer empirischen Studie *#regretting motherhood. Wenn Mütter bereuen* (2016) angestoßen wurde. Hier geht es um die tabuisierte Frage der Reue, Eltern – genauer gesagt Mutter – geworden zu sein. Esther Göbel widmete sich diesem Aspekt in der heutigen deutschen Gesellschaft. In ihrem Buch *Die falsche Wahl. Wenn Frauen ihre Entscheidung für Kinder bereuen* (2016) untersucht sie das Konzept Familie, das Los der Frauen und Mütter, die „Mär vom Elternglück", die Rolle der „neuen Väter" sowie den deutschen Muttermythos. Die Statistik, die sie am Ende benennt, macht den Kern der gesamten Mutter-Debatte verständlich:

> In Berlin etwa kümmert sich bereits mehr als ein Drittel aller Eltern allein oder vorwiegend allein um den Nachwuchs. Tendenz steigend. 2013 lebten laut Bundesagentur für Arbeit insgesamt 1,6 Millionen Alleinerziehende mit minderjährigen Kindern in Deutschland, in neun von zehn Fällen waren es nicht Väter, sondern Mütter. (Göbel 2016: 169)

160 *Die Abschaffung der Mutter. Kontrolliert, manipuliert und abkassiert – warum es so nicht weitergehen darf.* München: Deutsche Verlags-Anstalt.

Und weiter heißt es:

> Knapp 166 000 Ehen wurden 2014 in Deutschland geschieden – davon betroffen waren auch rund 135 000 minderjährige Kinder. Hinzu kommen noch jene Trennungskinder aus nichtehelichen Beziehungen. Sie werden nicht erfasst, Experten rechnen mit insgesamt rund 200 000 Trennungskindern. (Göbel 2016: 186)

Die international verbreiteten literarischen und publizistischen Mutter-Diskurse und -Debatten sowie die aktuellen Zahlen sprechen für sich und reklamieren einen intensiven Umgang mit diesem Problem. Denn einerseits kann die Unfähigkeit zur liebevollen Beziehung, für die vor allem die Mütter sorgen sollten, zum Liebesmangel führen, der sich laut Hans-Joachim Maaz (2005: 160) manchmal in der „Konkurrenz" oder gar im „Krieg" äußere. Andererseits „entscheiden der Umgang mit Kindern, die Würdigung der Mütterlichkeit und die soziale Unterstützung für Mütter über die Zukunft der Gesellschaft." (Maaz 2005: 189)

Alina Bronskys Romane *Scherbenpark* und *Spiegelkind* zeigen pointiert moderne Familienmodelle und Erziehungsformen sowie ihre Auswirkungen auf die Lebens- und Erfolgschancen der Kinder, auch als künftige Erwachsene und Eltern. Es ist vor allem die Liebe der (toten, verschwundenen, abwesenden) Mutter, ihre erinnerte Akzeptanz und erdichtete Begleitung, die den Protagonistinnen allen Widrigkeiten und schmerzlichen Erfahrungen standzuhalten hilft und auf ihrem Weg beisteht.

3.4 Grenzüberschreitungen, Globalisierung und Gewalt in Olga Grjasnowas Roman *Der Russe ist einer, der Birken liebt* (2012) und Nino Haratischwilis *Mein sanfter Zwilling* (2011)

> *Klick. Licht fällt auf die Linse. Zeitgleich fällt irgendwo eine Bombe. Eine neue Bombe. An einem anderen Ort. Der alte ist schon zerbombt genug. Da macht es keinen Spaß mehr.*
> Nino Haratischwili *Radio Universe*

Nino Haratischwili (1983) und Olga Grjasnowa (1984) sind die jüngsten in der hier vorgestellten Reihe von Autorinnen. Ihre Werke heben sich bereits auf den ersten Blick von denen ihrer etwas älteren Kolleginnen ab, ähneln einander jedoch umso mehr, besonders thematisch. (Am Rande sei erwähnt, dass Grjasnowa bei einer Lesung im Ruhrgebiet 2012 ihre Begeisterung für das Schaffen Haratischwilis ohne Zögern ausgedrückt hat. Auch in ihren Romanen finden sich stellenweise Belege für diese ‚Wahlverwandtschaft' oder Bewunderung.)

In ihren Romanen *Der Russe ist einer, der Birken liebt* (2012) und *Mein sanfter Zwilling* (2011) widmen sich Grjasnowa und Haratischwili stärker den neuesten geopolitischen, historischen und gesellschaftlichen Ereignissen, die ihre Protagonistinnen als prototypische Vertreterinnen einer globalen Welt persönlich oder medial miterlebt haben. Dies sind beispielsweise die Kriege in Georgien um Abchasien, in Armenien und Aserbaidschan um den Hochberg-Karabach, andauernde militärische Konflikte in Israel und Palästina, sowie posttraumatische Echos des Anschlags vom 11. September.

Die Medien werden in diesen Romanen zu einem global(l)wissenden, historische Zeichen setzenden souveränen Erzähler zweiten Grades:

> CNN berichtete über den Nahen Osten. Eine Demonstration mit wütenden, Kafiya tragenden Männern, die palästinensische Flaggen schwenken, zog durch Gaza, dazwischen kamen immer wieder Sequenzen mit zerstörten Häusern und israelischen Panzern. [...] CNN zeigte gerade eine blonde Amerikanerin, die besorgt in die Kamera gestikulierte. (Grjasnowa 2012: 58 ff.)

Im Buch *Mein sanfter Zwilling* werden gar ganze Journalistenfamilien vorgestellt: Stellas Ehemann „Mark hatte gerade einen Vertrag für einen Dokumentarfilm unterschrieben und war damit beschäftigt, seine Reise zu den Drehorten auf Zypern zu organisieren." (Haratischwili 2011: 46) Ihr Adoptivbruder „Ivo lebte schon immer ein Nomadenleben, er arbeitete als freier [Kriegs-]Reporter für große Zeitungen und Sender, und zwar rund um den Globus" (144). Stella selbst erlebt bei ihrer Weigerung, beruflich zu lügen, die kategorische Macht der medialen Strukturen und der Traditionen ihres Arbeitgebers, eines „mittelgroßen, mittelmäßigen Blattes" (84), das auf sie wie auf die Leserschaft eine (sanfte) kulturelle Manipulation und informative Gewalt ausüben:

> – Aber das, was du von mir erwartest, ist absoluter Unfug, alles gelogen, ich kann doch nicht so unverschämt verlogen darüber schreiben.
>
> – Stella, ich habe jetzt eine Konferenz und kann und will nicht mit dir diskutieren, morgen gehen wir in Druck, und ich möchte, dass du den Artikel neu schreibst, neutral und wertfrei berichtest. Von mir aus mach es kurz und knapp. Deine Meinung ist an der Stelle nicht gefragt. Die Linie muss stimmen. Mach nächsten Monat von mir aus ein Interview oder ein Porträt und such dir einen begabten, uneitlen Weltveränderer, aber lass uns jetzt unsere Arbeit machen. (Haratischwili 2011: 85)

Eine Unstimmigkeit über die lokale Kunstbiennale bleibt harmlos im Kontrast zum verbrecherischen Verschweigen des (Massen-)Todes und des Tötens – „Ich wusste, dass die UN sich erst ganz am Ende des Krieges mit dem Konflikt befasst hatten und dass die Medien diesen Krieg totschweigen" (284). So wurde der Krieg in Abchasien „mit vielen Tausend Toten und einer Viertelmillion georgischer Flüchtlinge“ Anfang der 1990er Jahre weltweit fast vollständig ausgeblendet.[161]

Zeitgenössische Bilder der global vernetzten Welt, wie auch Raum- und Zeitvorstellungen, die sich aus traditionellen Grenzen und Kategorien lösen, dienen nicht nur als Inspiration für die Werke Grjasnowas und Haratischwilis. Sie verändern die literarische Wahrnehmung ihrer Leserschaft zumindest unter zwei Aspekten: Erstens, indem sie das selbstreferentielle Modell einer (inter-)national bestens ausgebildeten, vielsprachigen, finanziell und ‚aufenthaltstechnisch‘ abgesicherten Generation mit ihrem Hauptaufenthaltsort in Deutschland am Beginn des 21. Jahrhunderts schaffen. Zweitens lässt sich feststellen, dass die Werke mit ihrem archivierenden Charakter zum einen Ereignisse der Vergangenheit und Gegenwart dokumentieren und aufarbeiten, die in der modernen, rasant schnelllebigen Zeit teilweise schon archaisch erscheinen. Zum anderen fassen sie die Zukunft durch das historische Prisma prognostisch, fast ‚prophetisch‘ und auf gewisse Weise warnend.

So erlebt man die Folgen der Globalisierung nicht nur im nächsten McDonald's am Bahnhof mit oder beim Einloggen in *Facebook*, sondern auch als Begleiter/in der Protagonist/inn/en dieser fesselnden Romane auf ihren Alkohol- oder Drogentrips, zum Studium in die USA oder in die ehemaligen Kriegsgebiete. Und so hat beispielsweise das einst hinter den ‚Mauern‘ liegende sowjetische Georgien – das antike Kolchis am Schwarzen Meer und heute ein Land mit

> so viele[n] [wie nirgends sonst] arme[n] Reiche[n]“ (2011: 319) –, auch *Marriot* Hotels, Latte macchiato und Zigaretten der Weltmarken *Lucky Strike* oder *Pall Mall* vorzu-

---

161 In Haratischwilis Roman werden diese Informationen ein wenig nachgeholt und publik gemacht: „Ivo hatte vor zwei Jahren von der BBC den Auftrag bekommen, eine Reportage über den Kaukasus zu machen. Thema sollte die jüngste Geschichte des Gebiets und vor allem die Beziehungen der drei größten kaukasischen Länder zu Russland sein. Dazu gehörten Georgien, Armenien, Aserbaidschan, und auch Tschetschenien bekam ein wenig Sendezeit.“ (Haratischwili 2011: 230 f.) Herausgefunden hat er dabei: „Kriegsaufnahmen. Die brutalen, dabei schon alltäglich gewordenen Bilder von Verwundeten, Toten, Flüchtlingen, Kindern, die verängstigt, irritiert in die Kamera blicken.“ (Haratischwili 2011: 232) Grjasnowa liefert eine ähnliche, ein wenig detailliertere Beschreibung: „Ich setzte mich in die Küche und breitete die Fotografien vor mir auf dem Tisch aus. Die meisten kannte ich aus meiner Grundschulzeit, Viehwaggons mit Flüchtlingen, ausgehungerte Kinder, abgebrannte Dörfer, abgefrorene Zehen, notdürftig mit Lappen abgebunden, Zelte, Wunden, Tote. Demonstranten, zerschossene Busse, zerquetschte Autos. Rote Nelken auf Gräbern. Prozessionen mit offenen Särgen. Alijew, der erste, der zweite und der dritte. Azerristyle.“ (Grjasnowa 2012: 150)

> weisen. Kurz, es wurde zum Ort, der, „herausgeschnitten aus dem Leben der Stadt, an alle anderen Orte der Welt erinnern sollte.[162] (Haratischwili 2011: 324)

Das verbindende und Wissen verbreitende Medium Radio wahrt durch die (für die Hauptfigur exotische) georgische Sprache das lokale nationale Kolorit[163], berieselt aber gleichzeitig Stella, die Romanheldin und Journalistin aus Hamburg mit der „allgegenwärtigen Popmusik, die es wohl in alle Äther der Welt schafft." Sie hört Songs im Radio, die sie „alle kannte" (2011: 343). Das globale Netz dagegen verschluckt gar alle religiösen, kulturellen oder traditionellen Grenzen und fördert somit ein flächendeckendes Amalgam. Für manch einen nimmt diese grenzenlose Offenheit beinahe anarchische und kommerzielle Formen des Eskapismus und Voyeurismus an:

> Cem [in Frankfurt am Main geborener und aufgewachsener Türke, N.L.] setzte sich an mein Bett [Mascha ist Jüdin aus Aserbaidschan, N.L.] und sagte, er und sein Freund hätten für Elias [geboren und aufgewachsen in Ostdeutschland, N.L.] in Griechenland Klageweiber angeheuert, die die nächsten achtundvierzig Stunden Elias' Tod beklagen würden. Ich könnte sie über einen Livestream im Internet beobachten. Er hätte dafür eigens einen Youtube-Kanal eingerichtet. (Grjasnowa 2012: 107)

Hier lassen sich Realität und Simultanität der globalen Systemregeln verfolgen. Ihnen folgend verschwinden alle Zeit-Raum-Grenzen und ein neuer Platz für einen „homogene[n] Raum und eine neue Gleichzeitigkeit" wird dadurch geschaffen. Auf diese Weise löst sich das „tiefgestaffelte System von Wahrnehmungshorizonten, das sich radial und abstufungsreich um die individuelle Leibzentrierung herum aufbaut" (Safranski 2003: 83) auf.

Die Autorinnen selbst verinnerlichen die moderne, sich rapide verändernde Wirklichkeit, und sie dehnen die Grenzen (zeitgetreu) auch in ihrem eigenen Umfeld. So lebte beispielsweise Olga Grjasnowa, ihrer Protagonistin Mascha gleich, eine Zeit lang in Israel, Polen und Russland und bildete sich dort intellektuell und inter-

---

162 Vgl. die „Nicht-Orte" bei Marc Augé.

163 Das äußert sich im Roman beispielsweise in der Sprache, den Liedern und in nationaler Küche: „Er holte ein Glas Honig und ein großes Stück Käse, der in einer milchigen Flüssigkeit lag. / – Frühstück à la Géorgie, sagte er feierlich und lachte laut auf. [...] / – Das Brot wird in einem Tonofen gebacken, der aussieht wie ein Loch in der Erde. Ein Feuer erhitzt den Ton. Der Brotteig wird dann an die erhitzten Wände geklebt. Das machen hier nur Männer, sie beugen sich richtig in dieses Fegefeuer hinein, du denkst jedes Mal: Dass da nicht mal einer reinfällt. Und in ein paar Minuten ist dieses Brot fertig. Ich finde es jedenfalls fantastisch. [...] Verrückt mit dem Brot, oder? Ja, hier ist vieles verrückt. Okay, trink den Kaffee. Ich erzähl dir ein wenig." (Haratischwili 2011: 270 f.)

kulturell weiter. Seit Ende 2015 arbeitet sie an ihrem neuen Buchprojekt über Flüchtlinge aus Syrien, die nach Europa über das Mittelmeer kommen und hier Rettung vor dem Krieg suchen. 2015 ist Grjasnowa zur Ehefrau[164] des syrischen Schauspielers Ayham Majid Agha vom Berliner Maxim-Gorki-Theater geworden. Ihre inzwischen dreiköpfige Familie lebt zurzeit in Berliner Neukölln, wo die türkische und arabische Kultur sehr präsent ist. In einem anderen Stadtteil wie beispielsweise Kreuzberg hätten sie „keine Wohnung gefunden, die [sie sich] hätten leisten können."[165] In Grjasnowas eigener Familie werden mehrere Sprachen (Arabisch, Englisch und Russisch[166]) gesprochen; die Multikulturalität wird nicht nur literarisch gelebt.

Die Romane *Mein sanfter Zwilling* und *Der Russe ist einer, der Birken liebt* stehen jeglicher Romantik fern, dafür bringen sie uns sehr schmerzliche Erfahrungen im privaten und gesellschaftlichen Leben nahe. Grjasnowas haltlose Kosmopolitin Maria (Mascha) Kogan, die in der Welt zu Hause ist und in Frankfurt am Main lebt, bringt mit einem knappen Satz migrationspolitische Debatten ans Licht: „Wir sprachen deutsch miteinander, wie zwei perfekt integrierte Vorzeigeausländer." (Grjasnowa 2012: 57)

Und Haratischwilis Hauptfigur Stella zerreißt sich zwischen den ineinander verwachsenen Gegenpolen des Erinnerns und Vergessens, der Schuld und Vergebung, Lust und Vernunft, Moral und Ethik, zwischen ihrer Familie und sich selbst, bis sie den Moment des Stillstandes erreicht: „Ich blicke auf die Gegenwart, die leer ist und die nichts verspricht. Aber ich weiß, dass nur sie mir die Antworten liefern kann, für das Vergangene und vielleicht auch für das Kommende." (Haratischwili 2011: 111)

Die innere Zerrissenheit der Hauptfigur Stella, (lat.) *der Stern*, wird in Haratischwilis zweitem Roman strukturell, semantisch, intertextuell wie inhaltlich konstruiert und ausgefüllt; sie lässt sich aus mehreren Perspektiven – unter religiösen, mythologischen, psychoanalytischen, feministischen, kulturellen und anthropologischen Aspekten – lesen und verstehen. Einige Literaturkritiker/innen erkannten darin die einer aktuellen deutschen Leserschaft eher unvertraute „seltene Wucht einer klassischen Tragödie" (Müller 2011) und die Maßstäbe „antiker Dramen" (Hirsch 2011).

Die studierte und inzwischen erfolgreiche Dramaturgin Haratischwili schafft mit dem *Sanften Zwilling* ein mehrschichtiges Werk, das auf jeder Ebene das

---

164 Wohl unbürokratisch und schnell in Dänemark.

165 Vgl. http://www.berliner-zeitung.de/ueber-berlin-reden/interview-mit-olga-grjasnowa-fuer-wen-berlin-heimat-sein-kann---und-fuer-wen-nicht,20812554,30791696.html, abgerufen am 04.01.2016.

166 Vgl. http://www.bz-berlin.de/kultur/mehr-kultur/olga-grjasnowa-schreibt-roman-ueber-syrische-fluechtlinge, aufgerufen am 04.01.2016.

Thema und die Problematik der *Grenze* facettenreich verarbeitet. Darauf deutet bereits das von Haratischwili als Motto gewählte Zitat ihrer Lieblingsdichterin aus dem 20. Jahrhundert, Marina Zwetajewa: *„Der Körper des anderen, der einen hindert, seine Seele zu sehen. / Oh, wie ich diese Mauer hasse!*" (Haratischwili 2011: 5; kursiv im Original) Die Auflösung der topografischen Grenzen durch Globalisierungsprozesse schafft dafür andere Barrieren und macht diverse Ungleichheiten deutlicher seh- und spürbar. Stella wird somit zu einer modernen, reflektierenden und entschlossenen Grenzgängerin: „Ich war erregt und gleichgültig, etwas in mir schrie danach, alle Grenzen zu vergessen [...]. Noch fiel ich, es war ein wunderschönes Gefühl, [...] irgendwann würde ich aufprallen und in tausend Stücke zerspringen, vielleicht würde auch gar nichts zurückbleiben." (Haratischwili 2011: 120)

Der beinahe vierhundert Seiten starke Roman erzählt von der Auseinandersetzung der Hauptfigur Stella mit der Vergangenheit, die sie mit ihrem „sanften Zwilling" Ivo, dessen südostslawische Namenverwandtschaft sich in der Variante *Iwan/Ivan* äußert, seit ihren traumatischen Kindheitstagen teilt – „wir sind erwachsen, und was fehlt, ist der Anfang, die Kindheit" (66). Es klingt paradox, denn die beiden Protagonisten erlebten früh einen beinahe biblischen Fall, den sie als Erwachsene verdrängen, der jedoch ihr ganzes Leben bestimmt. So begreift Stella nicht sofort und erst anhand einer fremden, in ihrer Tragik ähnlichen Familiengeschichte, die sich in fernem Georgien ereignet hatte, warum Ivo Stellas ruhiges Leben nach sieben Jahren erneut auf den Kopf stellte und sie beide zu ‚therapeutischen Gefechten' zwang. Denn: „die Kinder, die Kinder, sie waren die Hauptfiguren in dieser Geschichte, um sie ging es, nicht um die Erwachsenen." (Haratischwili 2011: 344)

Das erste Kapitel beginnt – charakteristisch für Haratischwili – proleptisch und spannend, zugleich mit der Auflösung spielend: „Eigentlich fing es mit dem Ende an" (13). Stellas Suche nach Wahrheit, Vergebung und Zukunft vollzieht sich in zwei Teilen, die *Dort* und *Hier* heißen und mit einer sich wiederholenden, beinahe identischen Klage[167] eingeführt und beendet werden.

> Ich werde gleich meine Haare abschneiden und den neuen Gedanken und dem kühlen Wind kahl begegnen. Strähne für Strähne werde ich leichter, gewichtsloser und vielleicht auch freier. [...] Ich werde weinen müssen. Alles Einverleibte werde ich hervorwürgen müssen, und keiner wird meine Stirn dabei halten. (Haratischwili 2011: 10)

167 Und nach Wolfgang Sofsky (2005: 67) hebt die Klage, „die Sprache des Psalm", erst an, „nachdem der Mensch den Zustand des Wehgeheuls überwunden hat und der Worte wieder mächtig ist. Die Klage ist die Sublimation des Schreis."

Die erste Romanhälfte steht programmatisch für die Vorgeschichte, den vergangenen, aber nicht vergessenen Konflikt aus der Kindheit und Jugend von Ivo und Stella, die sie zumeist im verschlafenen norddeutschen Küstendorf Niendorf[168] bei ihrer ‚Ersatzmutter' Tulja verbrachten. *Hier* ereignen sich tragische und das Schicksal prägende Momente, die Stella einerseits von der Last der Vergangenheit befreien und sie gleichzeitig zu ihrem wahren Ich führen. Die Erkenntnis der tatsächlichen Gegebenheiten lässt sie innerlich verbrennen. Doch wie ein Phönix findet sie Kraft und kehrt zurück; Stella sieht ihrer Zukunft klar und selbstbewusst entgegen: „Und genauso wenig wie das Alleinsein, die Stille, die Fragen, die nach all dem kommen werden, die sich vielleicht in dem Wort Zukunft zusammenfassen lassen, macht mir diese Erkenntnis Angst" (379).

Ivos und Stellas Geschichte wird mosaikartig von der Ich-Erzählerin im Verlauf des gesamten Romans in Rückblenden rekonstruiert. Sie liegt dreißig Jahre zurück und begann mit einer heimlichen Liebesaffäre zwischen Stellas Vater Frank und Ivos Mutter Emma, im Haus von Ivos Eltern mit Garten in Hamburg. Analog verlief die Annäherung der beiden Kinder, die zur Zweisamkeit als Spielkameraden ‚verdammt' waren und das intime Geheimnis der Erwachsenen teilten. So gut und lange es ging, lebten sie in ihrer fragil erschaffenen, auf einem verschwiegenen Geschehen, einem Geheimnis beruhenden Welt.

Bis eines Tages Ivos Vater, der Jäger und „große Mann mit dem dichten Schnurrbart" (349), zwei Tage zu früh von seiner Arbeit als Manager in einem schweizerischen Elektrokonzern nach Hause zurückkehrt. Fast slapstick-artig muss währenddessen Frank „mit seiner Jacke auf dem Arm durch die Kellertür in den Garten und zum hinteren Ausgang" (349) fliehen, während Stella auf die wortlos flehende Bitte Ivos und auf eigene Gefahr bei dem Jungen bleibt. Emma stellt das Mädchen ihrem Mann als Ivos Schulfreundin vor und fährt sie später nach Hause, während Stellas Vater zu später Abendstunde, wohl aus Angst oder Scham, noch nicht zu Hause angekommen ist.

Währenddessen machte Ivos Vater mit dem Kind

> einen Spaziergang an der Elbe. Er fragte seinen Sohn aus, und sein Sohn gab ihm die Antworten, sagte ihm alles, was er wissen musste, um am nächsten Morgen seine Frau zu erschießen. Er hatte auch versucht, sich umzubringen, jedoch nicht genug Mut dafür aufgebracht, und hatte anschließend die Polizei gerufen. (Haratischwili 2011: 359)

168 Bei der Wahl dieser allen Anhänger/innen der Gruppe 47 vertrauten und wichtigen/symbolischen Ortschaft könnte man eine Hommage vermuten. Im Gästehaus des Nordwestdeutschen Rundfunks in Niendorf lasen im Mai 1952 unter anderem Ilse Aichinger, Ingeborg Bachmann, Paul Celan, Siegfried Lenz. Dieses Datum zählt zum Beginn des „literarische[n] Paradigmawechsel[s]" der Gruppe 47 (vgl. Arnold 2004: 72).

So verlor Ivo in dieser Katastrophe im Nu seine beiden Eltern, die Kindheit sowie die Fähigkeit zu sprechen. Bemerkenswert ist, dass auch Frank Jahre später nicht fähig ist, das Drama, dessen Akteur er war, mündlich zu verarbeiten: „Vater sagte nichts mehr. [...] In Gedanken versunken standen wir da und schwiegen. Schweigen schien ein stets funktionierendes Mittel zu sein, das uns von Kanten festhielt, die in unsere Wirbelsäulen schnitten." (Haratischwili 2011: 146)

Erschütterung und Schuldgefühle sind so groß, dass Ivo nicht beschreiben und ausdrücken kann, was er erlebt hat.[169] Er hüllt sich in Schweigen und vertraut sich nur Stella nonverbal an, die die Semiotik seiner Körpersprache – der Körper wird hier zum Schauplatz des Gedächtnisses und somit zum Erzählten und zum Erzähler! – zu entziffern weiß. Durch diese Aufgabenverteilung beim (Nicht-) Sprechen und (An-)Deuten werden sie erneut zu einem Ganzen, zu einem vom Trauma geformten Zwillingspaar.

---

169 Stella sucht nach einer Erklärung für Ivos Schweigen: „Vielleicht hat er in dem knappen Jahr seines Schweigens, seines Trauerns um die Tragödie seiner Eltern, in seinem Autismus eingeschlossen, als sei eine gewisse Selbstbestrafung nötig, alles gelöscht, was nicht im Moment stattfand, vielleicht um damit alle Möglichkeiten eines Verlusts, einer Enttäuschung und eines zweiten Abschieds auszuschließen." (Haratischwili 2011: 104) Therapeutisch lässt sich dieses Phänomen wie folgt erklären: „Es handelt sich um eine schreckliche Schuld, wobei das ‚Schreckliche' keine emphatische Markierung beschreibt, es geht vielmehr um einen Konflikt, in dem die Schuld mit dem Schrecken, mit dem äußersten Entsetzen steht. Ein Entsetzen, das in der Schwierigkeit der zu erfüllenden Aufgabe selbst liegt: der Adaption der Katastrophe an das Denken. [...] Das Sprechen der Katastrophe muß seinen Anfang gerade im Nichtfaßbaren nehmen, in der Hoffnung, daß es gelingt, der Katastrophe aus dem Schweigen heraus zu begegnen." (Beledian 2000: 315 f.) Elias Canetti setzte sich mit der Verweigerung der Sprache literatur-philosophisch auseinander: „Das *Schweigen* auf eine Frage ist wie das Abprallen einer Waffe an Schild oder Rüstung. Verstummen ist eine extreme Form der Abwehr; wobei Vor- und Nachteile sich die Waage halten. Der Verstummte gibt sich zwar nicht preis, doch dafür wirkt er gefährlicher, als er ist. Man vermutet mehr in ihm, als er verschweigt. Er ist verstummt nur, weil er viel zu verschweigen hat; umso wichtiger ist es, ihn nicht loszulassen. Hartnäckiges Schweigen führt zur peinlichen Befragung, zur Tortur." (Canetti 1960: 329) Auch der Text an sich bleibt, metaphorisch gesprochen, stumm, verschlossen und verständigt sich mithilfe eines visuellen Zeichensystems. Es ist die Aufgabe des Lesers, ihn (richtig) zu deuten lernen. Krikor Beledian sieht zwischen einer mündlichen Erzählung und einem literarischen Werk eine Verbindung. Nach ihm liegt sie in der jeweiligen „Beziehung zur Sprache, in die die Gewalt eintritt. Die Sprache selbst löst hier Probleme aus." (Beledian 2000: 298)

Stella entwickelt sich zu Ivos treuer ‚Versteherin' und Dolmetscherin, zu seinem Vor-Mund, denn sie lernt, „ihm die Sprache zu ersetzen", und mit ihm gemeinsam und sprachlos, wohl auf der Körpersprache basierend, ein neues Sprachsystem, „ein gemeinsames stummes Vokabular" zu entwickeln. Sie begleitete Ivo als die Einzige, die seine „Mimik und Gestik in Worte übersetzen konnte" (103), bei Therapie- und Betreuungsgängen. Und stellt eines Tages fest, dass diese eher zu ihren eigenen „Therapiesitzungen wurden, auch wenn [Stella] stets versucht hatte, seine Welt durch [ihr]e Augen wiederzugeben" (103).

So verarbeitet sie ihr erlebtes Trauma therapeutisch, indem sie sich erinnert, Ivos in der Körpersemiotik verbalisierte Gefühle und Gedanken erneut interpretiert, sie mit ihren eigenen verbindet und darüber wiederholt sprechen muss. Ivo dagegen zieht eine Grenze zwischen dem Geschehenen und Gesprochenen, bewahrt Schweigen und lässt die Heilungsprozesse (bei Stella) geschehen, die er nur passiv beobachtet. Nach einer gewissen Zeit beginnt er zu kommunizieren und richtet sein erstes Wort an die Adoptivschwester und spätere Geliebte Stella. Von den traumatisch schmerzlichen Erinnerungen, in denen Stella eine feste Figur war, will oder kann Ivo sich lange nicht lösen. Denn er braucht Stella als Spiegelung und Erinnerung seiner Identität, Schuld und Geschichte: „Ich sehe immer den Knall vor mir, wenn du bei mir bist, und manchmal sehne ich mich danach, ich muss ihn manchmal vor mir haben, damit ich mich erinnere, damit ich weiß, wer ich bin." (Haratischwili 2011: 202)

Die kinderlose, mehrfach geschiedene Tulja, bei der Ivo und Stella aufwachsen, spielt im Roman die Rolle einer exotischen und archaischen Ur-Mutter der traumatisierten Familie, mit ihrer mythischen „Liebe zum Meer, ihre[m] Hang zur Theatralik, ihre[n] wilde[n] Rosen, ihre[r] eiserne[n] Liebe und ihre[r] Ausdauer" (101). Bei Tulja konnte sich Stella in der Vergangenheit „immer wie ein Kind fühlen" (96), das die ‚große Mutter' „beschützte, [...] verwöhnte und [...] die Leviten las" (97). Tulja glaubt an die Natur, Mystik und Astronomie und wahrte ihre eigenen Geschichten sowie die Familiengeheimnisse.

> Glaubte man Tulja, dann wäre die Welt nichts anderes als ein Gewebe aus Geschichten, aus einzelnen Geschichten von Menschen, Ländern, Zivilisationen und Göttern, deren Sprache wir noch nicht entziffert hatten. Für ein Kind eine faszinierende Vorstellung: die Welt wie ein buntes Wollknäuel, mit verschiedenen Fäden ineinander verwoben. (Haratischwili 2011: 291)

Und sie sorgt für feste Bande der ‚Familie', indem sie als Matriarchin alle und jeden zusammentrommelt, beispielsweise zu einer „Jahrhundertfeier und jeder, der ihrer Einladung nicht folge, gehöre nicht mehr zu ihrem Familienkreis" (46). Der Anlass für die beschriebene Feier (und als Folge für das aus allen Fugen geratene Familienleben Stellas) ist Ivos unerwartete Rückkehr aus seiner Wahlheimat New York: „Er ist einfach so reingeplatzt, unser kleiner Adonis[170]" (13).

Der Grund dafür liegt in Ivos fortgesetzter Suche nach sich selbst, nach Heilung und Befreiung von der Vergangenheit, die er mit Stellas Hilfe im exsowjetischen Georgien erreichen will. Die Antwort und Erlösung entdeckte Ivo in einem Familienereignis aus dem kaukasischen Krieg der 1990er Jahre: „Und Ivo hörte einer anderen zu, der Geschichte hinter der Geschichte: seiner Geschichte" (367). Seine wahren Motive erkennt Stella erst nach dem Ende von Ivos eigenständiger ‚Georgien-Mission' und seinem Tod[171]:

> Ivo versprach sich Frieden, und er versprach ihn dem Georgier und dem Russen. Ivo wollte etwas gutmachen. / Er wollte Fremde um Verzeihung bitten. Für mich und für sich. Er bat seine tote Mutter um Verzeihung, indem er einer anderen toten Frau die Wahrheit schenkte. […] Er wollte Salome die Freiheit schenken, zu gehen, zurückgehen zu ihrer Familie […]. […] Er hatte fremde Menschen in einem fremden Land dazu gebracht, dass sie das Schweigen brachen. Er hatte ihnen Fragen gestellt, er hatte gesucht und gefunden, er hatte das Früher und das Jetzt zusammenbringen wollen, weil er das für sich und seine Familie nicht geschafft hatte. (Haratischwili 2011: 365 f.)

Die tötende und befreiende Erkenntnis – für jeden seine eigene, aber vor allem die zentrale: Dass die Kinder die Taten der Erwachsenen nicht zu verantworten

---

170 Ivos ‚Zugehörigkeit zum Göttlichen' betont Stella an einer anderen Stelle: „Da lachte er auf, und in dem Moment traf der letzte Sonnenstrahl seine Stirn, und er wirkte, über und über beleuchtet vom zärtlichen Sommerlicht, wie ein Heiliger." (Haratischwili 2011: 106) Betrachtet man Ivo als Adonis, dann wäre Stella übertragen gesehen (und sehr treffend) Aphrodite, Göttin der Liebe und der Schönheit. Gleichzeitig verdient hier eine andere mythologische Parallele erwähnt zu werden. Das sind Orest und Elektra mit vertauschten Rollen in ihrem Familiendrama. Den Ehebruch begeht Ivos (nicht ‚Elektra-Stellas') Mutter, sein Vater wird für ihn im Gefängnis nicht mehr präsent und so gut wie tot bleiben. ‚Orest-Ivo' dringt, einem Fremden aus der Außenwelt gleich, in die hermetische Seelenlandschaft ‚Elekra-Stellas' ein, und er macht sie intakt. Ivos Fremdheit kennzeichnen sieben Jahre, die Stella ihn nicht gesehen hat, sowie die fremdsprachige Färbung der Redeart – „sein Deutsch [war] durch das Englische weicher geworden" (2011: 29) und schmeichelte der Stimme. Stellas Schwester Leni bezeichnet Ivo an einer Stelle leicht sarkastisch und sprechend als (biblischen) verlorenen Sohn (40), was Ivos Charisma nicht mindert, seiner Gestalt dagegen mehr Dramatik und Außergewöhnlichkeit des Charakters verleiht.

171 Ivo ist in einem für Kriegsjournalisten in einem ehemaligen Krisengebiet grotesken Autounfall umgekommen, als der (weiße) Mercedes eines Franzosen und internationalen UN-Beobachters „ungebremst in die rechte Seite des Landrovers prallte" (368), in dem er saß.

haben –, die durch Ivo initiiert und artikuliert wird, bildet eine Alternative zu Gewalt, Macht und Krieg. Dabei ist es schwer zu sagen, wer ein positiver oder negativer Held, wer Täter oder Opfer ist. Die Kategorien der Gewinner und/oder Verlierer fehlen in *Mein sanfter Zwilling* gänzlich. Jede Romanfigur in diesem Knäuel aus Geschichten besitzt auf die eine oder andere Weise, ob physisch oder seelisch, den potenziell zerstörerischen Keim. Was aber im narrativen Nebenstrang subtil und meist in Zahlen über die Kriege und Kriegsopfer berichtet wird, sollte zunächst zu deren Gedenken dienen, als Rettung vor dem schnellen Vergessen- oder Verschwiegenwerden, und sodann als ein Aufruf zum Beenden der Gewalt auf allen Ebenen dienen.

Denn hinter den blassen Zahlen stehen konkrete, individuelle Menschenschicksale und die Familiengeschichten ganzer Generationen: „Es gibt ein Gedächtnis dieser Verletzung, dessen (raumloser) Ort die Nähe der Beziehung zu den anderen Menschen ist. Dieses Gedächtnis gehört keinem individuellen Menschen, sondern allen Menschen, die miteinander im lautlosen Wort oder in der Nähe der Beziehung stehen.“ (Delhom 2000: 291 f.) Stellas und Ivos Geschichte ist ein lehrreiches Beispiel dafür, denn: „Es ist erschreckend, wie sich die Welten gleichen in ihren Unterschieden. Nicht?“ (Haratischwili 2011: 328) Deswegen sollte man sich an kleinen, alltäglichen Dingen erfreuen, die für den Menschen eine einzig große Bedeutung haben:

> Vielleicht sind das die Momente, die letztlich die Fäden zusammenhalten, die Geschichten, die man erzählen sollte, und nicht die Schlachten, nicht, wer die Welt gewonnen und verloren hat, nicht die kulturellen Umbrüche, die Revolutionen, die Krieger und Helden, die Könige und Königinnen, die Herrscher und die Tyrannen. Nein, vielleicht sollte man in der Schule erzählt bekommen, wie man das erste Mal gelacht hat, das erste Mal geschrien hat, wie sich der erste Kuss anfühlte. Vielleicht sollte man darüber sprechen und sich an solche Augenblicke erinnern wie jenen, als Buba an meiner Schulter eingenickt war und ich dabei Glück und Geborgenheit empfunden hatte. (Haratischwili 2011: 321)

Nach ihrer Georgienreise, nach ihren Begegnungen und Erlebnissen dort findet Stella den Weg zu ihrem wahren Ich. Mit dem Verlust des Zwillingsbruders löst sie sich aus ihrer einstigen Symbiose und entdeckt die Kraft weiterzuleben: „Ich suche doch das Wasser im Leben. Das Weite und Weiche und Tiefe und Schwere und alles Tragende. Das Meer, Ivo“ (339). Statt sich wie früher nach Schmerz bereitenden ‚Ecken und Kanten‘ zu sehnen[172], die allein sie Liebe und Realität

---

172 „Wie lebt man ohne Kratzer? Wie lebt man, ohne sich permanent an sich selbst, an den eigenen Wünschen und an den eigenen Kanten zu schneiden?“ (Haratischwili 2011: 134)

spüren ließen[173] oder sich wie einst vom Leben befreien zu wollen (260), wendet sich Stella am Romanende mit Sehnsucht der fluiden Materie – dem Wasser, dem Meer – zu, das schmerzfreie Grenze und Konturen versinnbildlicht.

Am Romanende muss und will Stella wieder nach Georgien zurück – zu Salome, die nach Ivos Enthüllungen ihren Geliebten ebenfalls verloren hat. Salome aus dem Kaukasus stellt ihrer Exotik nach eine Gegenfigur zu der in Deutschland lebenden Familienmatrone Tulja dar und vertieft die literarische Matrilinearität im Werk. Salome ist

> nicht gerade klassisch schön, zu lange Adlernase und ein wenig zu weit standen ihre Augen auseinander, aber sie strahlte irgendetwas sehr Anziehendes aus, etwas unübersehbares Körperliches, fast schon Herausforderndes, so dass ich plötzlich an das Wort denken musste, das Buba im Zusammenhang mit ihr benutzt hatte: „heiß". (Haratischwili 2011: 295)

Wie so oft legt die Dramaturgin Haratischwili hier eine Hommage an die Mythen ab und lässt ihre eigene georgische Prinzessin, sowie viele Assoziationskette entstehen, um das Bild der Romanheldin Salome, ihre Aura zu vervollständigen. In den bildenden Künsten findet man visuelle Salome-Darstellungen etwa von den Sezessions-Künstlern Gustav Klimt, Franz von Stuck, Julius Klinger. Dabei gilt Salome als Inbegriff der wirkungsmächtigen *Femme fatale*, die Eros und Tod in sich verkörpert. Mythosgetreu vereint auch Haratischwilis Salome Verlangen und Erfüllung, indem sie ein Idol ihrer Liebe schafft und sich ihm leidenschaftlich und sich selbst aufopfernd widmet.

Im Roman finden wir Salome – der Göttin Hestia gleich – als Hüterin des Häuslichen, die oft am Herd steht und Gäste und Familie mit Nahrung versorgt: „Und die da am Herd ist Salome, sie kann auch Deutsch, sagte er und führte mich zu ihr. Die großgewachsene Frau drehte sich um und lächelte mich entschuldigend an, ihre Hände waren voller Mehl" (293). Es ist eine weise Frau, die in ihrem Leben vielerlei Leid und Schmerz gesehen und erlebt hat. Dennoch hat sie für Stella ein Lied, ein gutes Wort und einen Funken Hoffnung parat. Salome

> kochte für uns. […] [Sie] lächelte mich an und legte den Kopf ein wenig schräg. Dann nickte sie einfach nur, als wisse sie alles, bevor ich es aussprach. / Dann bat ich sie, mir was vorzusingen, und ohne etwas zu erwidern, fing sie an zu singen. Ihre Stimme verzauberte mich, sie sagte mir immer wieder aufs Neue: Egal, wie beschissen das Leben ist, alles wird trotzdem gut. (Haratischwili 2011: 330)

---

173 „[Ivo] presste mich an sich, er presste mich gegen die Bettkante, ich spürte das Holz gegen meine Wirbelsäule drücken, und wieder war die Liebe wie gewohnt da: die Liebe samt der scharfen Kanten, an denen man sich schnitt." (Haratischwili 2011: 90)

Salome wie Tulja halten sich oft in der Küche auf. Tuljas Küche, ein beinahe alchimistischer Ort des fruchtbaren kollektiven Familiengedächtnisses ‚barocker Art', ist „sehr groß", üppig „mit einem langen Holztisch und zwei ebenso langen Holzbänken" ausgestattet, mit „Blumen in großen Tonvasen", mit „vollen Schalen" und Geschirr gefüllt. Das Interieur wird ergänzt von „Salzfläschchen und kleine[n] Fläschchen mit Gewürzen [...]. Wir alle hatten diese kleinen Fläschchen mit Tuljas getrockneten Gewürzen in unseren Küchenschränken. Ich erinnere mich sogar, einige dieser Fläschchen in der Küche meiner Mutter in Newark gesehen zu haben." (Haratischwili 2011: 55) So wird ein Stück der engsten Heimat in die Welt verstreut und als Erinnerung an die eigene Herkunft und (nicht zuletzt kulinarische) Familientradition[174] und -geschichte mitgenommen.

Auf ein ähnliches Phänomen trifft Mascha in Grjasnowas *Der Russe ist einer, der Birken liebt* bei ihrem libanesisch-deutschen Freund Sami, der in den USA promoviert. In der Küche seiner Eltern in Frankfurt am Main, bei denen auch die Schwester wohnt, ist am Kühlschrank „eine kleine Palästinaflagge mit einem schwarzen Magneten befestigt. Minna war in einem Flüchtlingslager im Libanon zur Welt gekommen." (Grjasnowa 2012: 70) Diese Flagge symbolisiert im übertragenen Sinne das Ritual der territorialen Markierung, wie es moderne Menschen aus den Bücherwelten Jules Vernes oder vom amerikanischen Video mit den ersten Menschen auf dem Mond kennen. Dass Minna die Flagge ausgerechnet am Kühlschrank platziert, lässt ihren inneren Bezug zur Heimat als einem nahrhaften, sicheren, verschlossenen und abgegrenzten Ort – dem Mutterleib ähnelnd – vermuten.

Die Küche als neutraler[175], universaler und in seiner Multifunktionalität jegliche Grenzen sprengender Raum[176], der in beiden Romanen gleichzeitig lokal und global sein kann, verdient in einem anderen Rahmen einer umfangreicheren

---

174 „Frank war verschwunden, und Ivo war nicht gekommen, mich zu begrüßen. Leni half in der Küche, war fleißig dabei zu backen, Anton saß in unserem Kindersitz – er war für den uralten Kindersitz, in dem auch ich gesessen hatte, eigentlich zu groß – und malte bunte Striche auf eine Kreidetafel." (Haratischwili 2011: 56)

175 „Ich überlegte, ob ich in die Küche gehen sollte oder abwarten, dass er zu mir kommen würde. Die Küche war ein neutraler Ort." (Haratischwili 2011: 126)

176 Während andere Räume metonymisch und semantisch durch Gegenstände konturiert und in ihrer Funktionalität eindeutig ein- und begrenzt sind, wie beispielsweise Badewannenrand (337), Kante der Fensterbank (336), Bettkanten (S. 90, 241, 272, 278), Gartenzaun (312), Garten (S. 57, 64, 74, 75, 89, 322, 331, 332, 342, 349, 350, 359, 370, 374), Gartentor (349), Vorgarten (356), Türrahmen (242), Friedhof (323), bleibt die Küche in ihrer Funktionalität fluid und offen, in alle Richtungen passierbar.

Analyse. Hier sei nur noch erwähnt, dass die Küche im Buch *Mein sanfter Zwilling* nach dem Garten (selbstverständlich mit Apfelbäumen) von den Romanfiguren am häufigsten besucht und somit beschrieben wird.

So beginnt auch bei Grjasnowa die Schlusspartie des Romans, die visuell ein wenig an ein Magritte-Bild[177] erinnert, an diesem Ort: „Ein Knall. Das Küchenfenster zitterte. Im Nachbarhaus klaffte ein Loch. Dahinter ein Küchentisch und eine geblümte Tapete. Ich wischte mir eine Haarsträhne aus dem Gesicht, das Blut blieb an meiner Wange kleben." (Grjasnowa 2012: 283) Und Stella schneidet sich, nachdem sie Ivos Asche ausgestreut hat, symbolisch die Haare mit der Schere[178] ab, die sie „aus Tuljas Küche mitgenommen" hat. (Haratischwili 2011: 377)

Mehrere Küchen-Situationen könnte man auch mit den stummen und zugleich ausdruckstarken Pausen beim nachdenklichen Zigarettenrauchen im *Film noir* vergleichen. Bei Haratischwili etwa: „Ivo und ich saßen in der Küche und warteten, was geschah" (350). „Tulja saß in der Küche und sah nachdenklich aus dem Fenster" (217). Oder wiederum „Emma, die immer öfter in der Küche am Tisch saß und vor sich hin starrte, als wäre dort draußen, im Garten, in der Ferne die Lösung all ihrer Probleme" (225). Und ähnlich bei Grjasnowa (2012: 120): „Wir saßen in der Küche, und Mutter rauchte eine ihrer langen weißen Zigaretten, was bei ihr etwas frivol wirkte. Ich entkorkte eine Flasche georgischen Wein".

Der jeweilige Haushalt von Stella oder Mascha wirkt im Kontrast zu dem ihrer Mütter nicht so häuslich, harmonisch und aufgeräumt[179]. So etwa bei Stella: „Das Geschirr in der Küche, das noch ungewaschen auf dem Tisch stand. Die Wasserflaschen im Hausflur." (Haratischwili 2011: 353 f.) Ähnlich bei Maria: „Die Küche war überfüllt von gestern, auf dem Herd standen Töpfe und Pfannen mit verkrusteten Rändern, Teller und halbvolle Weingläser stapelten sich auf der Arbeitsfläche." (Grjasnowa 2012: 10)

Aus einem Gefühl der Rebellion trennt sie keinen Müll und hält sich von materiellem Besitz frei, denn alle Möbel in der Wohnung gehören ihrem Freund: „Unser Bett hatte Elias gebaut" (80). Was sie dagegen behält, sind ihre in der

---

177 Beispielsweise das Gemälde *Éloge de la dialectique* (1965).

178 Im Weiteren finden sich in der Küche nicht nur Lebensmittel und Getränke, sondern häufig auch Aspirintabletten und Zigaretten.

179 Was wiederum Stellas Kind Theo auf eine diplomatische Weise, weil er sich das gemeinte Problem zu benennen weigert, bemängelte: „[…] Möhren sorgen für eine gemütliche Atmosphäre in der Küche. Möhren und Orangen. Aber Orangen mag ich nicht. / – Aha. Und wieso glaubst du, dass unsere Küche mehr gemütliche Atmosphäre braucht? / – Na ja, nicht die Küche, sagte er und rannte davon". (Haratischwili 2011: 226)

Welt gesammelten, mit manchen Gegenständen verbundenen Geschichten und gemeinsamen Erinnerungen:

> Alles in unserer Küche hatte eine Geschichte: die große Platte mit einer nackten Frau aus einem Imbiss in New York, die Kristallgläser aus Hotels, in denen wir gearbeitet hatten, die kleinen Kuchenformen aus Paris. / Natürlich hatten wir es nicht als Klauen betrachtet, sondern eher als einen Schlag gegen das System. (Grjasnowa 2012: 146 f.)

Im Kampf gegen Systeme und Hierarchien hilft Maria ihre frühe, als Kontingentflüchtlingskind[180] gewonnene Einsicht, „dass Sprachen Macht bedeuteten", die sie bei ihrer Odyssee durch die Behörden geschickt einsetzt. Nach ihrer Einwanderung ist sie eine Zeit lang des mächtigsten Kommunikationsmittels – der Sprache –, damit auch der Freundschaft mit anderen beraubt, was sie schon nach einem Jahr in der neuen Heimat auf Selbstmordgedanken bringt. Später wird sie fünf Fremdsprachen fließend „und ein paar andere [so] wie die Ballermann-Touristen Deutsch" beherrschen[181], sie kann professionell synchrondolmetschen, sie absolviert Auslandssemester und Praktika in europäischen Hauptstädten, erhält Stipendien und besucht Sommerakademien.

Als ambitionierte Musterabsolventin möchte sie einen Job bei den Vereinten Nationen ausüben, weshalb sie sich sogar auf eine flüchtige Affäre mit ihrem Diplomprüfer an der Universität einlässt. Da die Jobs dort „gerade rar" sind, verlangt sie von ihm eine Stelle in Israel, obwohl sie eigentlich kein Hebräisch kann. Im ‚Heiligen Land' hofft Mascha primär ihre seelischen Wunden zu heilen und ihrem nach einer Sportverletzung verstorbenen deutschen Geliebten Elias Angermann[182]

---

180 Einige weitere Textteile sind den Beiträgen der Verfasserin im Werklexikon zum Deutschunterricht *Literatur für die Schule* (2014), S. 287–289 sowie im Band *Gender 360°: Einsichten und Aussichten* (2013), v. a. S. 179–181, verändert und ergänzt entnommen.

181 Ganz im Gegensatz zu Mascha von Tschechow (1974: 20): „In dieser Stadt drei Sprachen zu können, ist ein überflüssiger Luxus. Nicht einmal Luxus, sondern ein unnötiges Anhängsel, wie ein sechster Finger. Wir wissen sehr viel Überflüssiges."

182 Seine ostdeutsche (und germanische) Herkunft wird in dieser Szene im Haus seiner Eltern humoresk-pointiert dargestellt: „Cem und Sami ließen mich nicht aus den Augen. Ich wusste, wovor sie Angst hatten. / Die Uhren schlugen nicht synchron, ein Kuckuck wurde kurz nach dem anderen auf einer kleinen Platte herausgefahren, um seine unheimliche Hymne an die Nacht zu brüllen. Manche Vögel verharrten nach ihrem mechanischen Vogelschrei einen Augenblick lang stumm in der Luft und starrten mit trüben Augen in das Zimmer. Dann geriet der Mechanismus wieder in Bewegung, der Vogel verschwand im Uhrwerk und ein anderer schrie. Um zehn nach zwölf war alles vorbei. / ‚Alter', sagte Sami. / ‚Alemanen', sagte Cem. / ‚Ich gehe schlafen.'" (Grjasnowa 2012: 116)

nachtrauern zu können. Erfolgreich und eher sorglos im akademischen Umfeld verspürt Maria im Privaten seit einer traumatischen Erfahrung in ihrer Kindheit Schuldgefühle, die sie einer von ihr verspürten zerstörenden Kraft[183] zuschreibt und für das Unglück in ihrer Nähe verantwortlich macht: „Es hat etwas mit mir zu tun. Alles um mich herum stirbt" (121).

Anders als eine der Tschechowschen Schwestern, die auch Maria heißt, ist Mascha Kogan eine aktive, handelnde und rebellierende Figur; zugleich eine gespaltene Person mit ‚Ecken und Kanten', die im Leben oft nicht weiter weiß: „es machte mich wütend, dass [Daniel] einen festen Standpunkt hatte und ich nur Zweifel" (63). Sie definiert sich und das Leben schlechthin oft negierend: „Ich wollte nicht, dass dieser Tag begann" (9). „Mein Körper wollte nicht mehr weitermachen." (Grjasnowa 2012: 117) Als Jugendliche wurde sie eines Tages der Schule verwiesen und wollte erst „gar nicht mehr zur Schule gehen und dann eine Weltreise machen, doch ich hatte weder das Geld noch einen deutschen Pass. Also wechselte ich auf die Max-Beckmann-Schule in Frankfurt und zog mit Sibel zusammen" (40).

Bedient man sich einer These von Rüdiger Safranski, so ist Mascha überfordert, was wohl auf das Symptom oder Syndrom des „Globalismus" zurückzuführen ist. Denn: „Die Globalisierung hält offenbar kein Mensch aus, darum die Einmauerung in Ideologien (Neoliberalismus, Multikulturalismus usw.) und die Flucht in Untergangs- und Rettungsphantasien." (Safranski 2003: 72) Mascha versucht – als Aserbaidschanerin, Jüdin, Deutsche, Kosmopolitin[184] – vor ihrer eigenen Geschichte zu fliehen und eine Rettung oder Zuflucht in der ihr ‚nahen Ferne' zu finden.

Doch zunächst versucht sie die drohende Katastrophe aufzuhalten und greift auf das letzte Hilfe versprechende Mittel zurück. Weder religiös noch der jü-

183 Stella geht es ähnlich: „Und mittendrin ich. Ich, die alles kaputtmachte, die all das über den Haufen werfen wollte, die all die Mühe nicht zu bemerken schien, die in diesen Details steckte; ich, die Rabenmutter, ich, die Frau, die nach dem Gespräch mit ihrem Mann besoffen zu einem anderen fährt, in eine billige Absteige, und mit ihm schläft; die Journalistin, die ihren Job nicht erledigt, die von Dingen redet, die keiner versteht und die keinen interessieren. / Wie leicht es doch sein musste, mich zu verurteilen." (Haratischwili 2011: 140 f.)

184 Und somit bleibt Mascha ohne nationale Zugehörigkeit, sie ist eher "a citizen of no country. Yet cosmopolitan citizenship is not the same as global corporation: it is not about 'off-shoring' affection but rather about grounding in the common world, in a particular place and language, not in a carefully guarded national territory." (Boym 2010: 303; Notes to Pages 14–15)

dischen Gebetskonventionen mächtig, verhandelt sie mit Gott und legt auf dem Krankenhausgelände ein (nicht koscheres) Opfer nieder. „Nicht Elias. Bitte nicht. Nicht. Nicht. [...] Gott bat ich, ER möge den Hasen sofort töten" (24). Im Gefühl ihrer seelischen Ohnmacht tötet Mascha den Hasen, religiöse und ethische Prinzipien missachtend. Maschas Opfer bleibt sinnlos, und die kritische Frage nach der mit Blut und Gewalt durchtränkten Religion findet keine Antwort.

In Tel Aviv, dem Schmelztiegel zwischen Okzident und Orient, in diesem *alten Neuland* kommt Maria Kogan an. Hier erinnert sie sich wegen der Atmosphäre und der Nähe des Meeres an ihre Heimatstadt Baku, gewinnt Einblicke in den Alltag ihrer Firma, die von der Kriegsmisere nur profitiert, aber auch in das alltägliche Leben zwischen den umkämpften Grenzen im Nahen Osten. Die Anhäufung von Unglücks- und Todesfällen, die Konfrontation mit dem Leid der anderen, mit einem nie enden wollenden Kriegszustand – privat wie politisch – veranlasst Maschas Auseinandersetzung mit ihren traumatischen Kindheitserinnerungen vom Genozid an Armeniern in Aserbaidschan.

Durch kurze Schlagzeilen und medial-visuelle Darstellungen werden reale Kriegsberichte aus der ganzen Welt der letzten Jahrzehnte – und gleichzeitig ein prophetisches, warnendes *memento mori* an den heutigen Leser – in den Roman eingeblendet. Es wird an den Konflikt in Bergkarabach[185] erinnert, an den latenten Dauerkrieg zwischen Israel und den Palästinensern wie auch an den posttraumatischen Widerhall des New Yorker Anschlags vom 11. September 2001. „Daneben das Café Bagdad, in der Vitrine des Cafés hing ein Porträt von Saddam Hussein,

185 Bernath (2015): „Die beiden verfeindeten früheren Sowjetrepubliken Armenien und Aserbaidschan nähern sich nach Jahren ergebnisloser internationaler Vermittlungen wieder einer kriegerischen Auseinandersetzung. Eriwan meldete am Mittwoch den Einschlag von 2000 Artilleriegeschoßen an der sogenannten Kontaktlinie in Bergkarabach; 1700 sollen es zu Beginn der Woche gewesen sein. / Das aserbaidschanische Verteidigungsministerium in Baku gab an, die Armee habe mit 110 ‚Schlägen' auf Angriffe der armenischen Seite geantwortet. / Es gebe keinen Waffenstillstand mehr, sagte der Sprecher des Verteidigungsministers in Eriwan. [...] Um die Enklave Bergkarabach hatten die Kaukasusstaaten Armenien und Aserbaidschan Anfang der 1990er-Jahre einen Krieg geführt. Er endete 1994 mit einem Waffenstillstand, wobei Armenien sowohl die ehemals autonome Bergregion besetzt hielt als auch die umliegenden aserbaidschanischen Distrikte. / Zu Sowjetzeiten war Bergkarabach auch von Aserbaidschanern bewohnt. [...] Schusswechsel an der Waffenstillstandslinie in Karabach, aber auch an der Grenze der beiden Länder sind seit 2014 häufiger geworden. Mittlerweile setzen beide Armeen aber schwere Artillerie ein. [...] Beide Länder melden nun regelmäßig den Tod von Soldaten [...]". (*Der Standard*, Dezember 2015, S. 9)

im Dreiviertelprofil. Ich lief auf ihn zu, streckte meine Hand nach ihm aus. […] ‚Saddam, alter Freund', sagte ich. […] Keine Antwort. Saddam war tot. […] Die Tage des Schlachtens." (Grjasnowa 2012: 281) Bemerkenswert ist, dass Maria Saddam bereits aus ihrer Kindheit im Krieg kennt, und ihn deswegen als ‚alter Freund' bezeichnet:

> Die Mütter verhandelten in der Küche. Ich stand mit meinem Feind im Elternschlafzimmer, vor dem Spiegel eines riesigen Kleiderschranks. […] Über uns hing eine gerahmte Fotografie von Saddam Hussein. Der Feind zitierte seinen Vater […]. Saddam sei ein richtiger Mann. Der einzige Mann weit und breit. […] Saddam sei auch der einzige, der mit den Juden fertig werde. (Grjasnowa 2012: 93)

Dieses Vorhersagen geht nicht in Erfüllung. Vielmehr betrauert Maria Saddams Tod, der durch die Widersprüchlichkeit der Darstellung intensiviert wird. Saddams visuelle Präsenz „im Dreiviertelprofil" wird durch Maschas knappe verbale Feststellung „Saddam war tot" zerstört – was die Schnelllebigkeit des Geschehens und menschlicher Schicksale in der globalen Welt untermauert.

Grjasnowa führt in ihren Roman immer wieder gut erkennbare Realien, Zitate, Anspielungen ein, die einerseits den politisch-kulturellen Nerv der Zeit treffen, andererseits die Leserschaft zum kritischen Umgang mit vielen zeitgenössischen Parolen und Begriffen anregen können, die entweder leer oder verfehlt sind. So zum Beispiel Diskussionen um den ‚Migrationshintergrund', bei dem Maria „die Gallenflüssigkeit hoch(kommt)". Oder wiederum McDonald's-Schilder, die sie mit einer Ideologie, ja Religion kritisch vergleicht: Sie sehen wohl aus wie „die Halbmonde an Minaretten" (116). Oder das allgemeine Durchkauen des Schlagwortes ‚Multikulturalismus', das in „Kongresshallen, Konferenzgebäuden und teuren Hotels" stattfinde. „Schlimmer wurde es lediglich beim Adjektiv *postmigrantisch.*" (Grjasnowa 2012: 12)

Dazu darf man anmerken, das die Autorin im Roman sehr wohl den Typus der ‚neuen *postmigrantischen* Frau' entwirft, die zumeist nonkonformistisch urteilt und nihilistisch agiert, und sie zumindest implizit als ‚Heldin unserer Zeit' propagiert. – „An was glaubst du?", fragt der palästinensische Fotograf Ismael seine Zufallsbekanntschaft Mascha. „‚An nichts.' / ‚Gott?' / ‚Nein.' / ‚Kultur?' / ‚Auch nicht.' / ‚Nation?' / ‚Weißt du, in meiner Kindheit gab es einen gepackten Koffer zu Hause, für den Fall der Fälle.'" (Grjasnowa 2012: 276)

Ähnlich entwurzelt und dennoch oder deshalb wandlungsfähig begleiten sie einige Personen durch verschiedene Lebensphasen und Stationen: Cem, ein guter Freund und türkischer Deutscher; Maschas langjährige Liebe Sami, ein Libanese, der in den USA promoviert und die Familie seiner Eltern in Deutschland hat, und ihre rastlose Freundin, „Kommunistin. Aktivistin. Feministin", die Israelin Tal.

Grjasnowa versammelt und vertritt eine neue, global orientierte und postnational denkende Generation, die sich durch perfekte Ausbildung, multiethnische Erfahrungen und finanzielle Sorglosigkeit auszeichnet.

Das Romanende bleibt offen, vor dem Schluss gewinnt Maria Einblicke in das reale Leben zwischen den umkämpften Grenzen im Nahen Osten, passiert im Land ohne klare Grenzen zahllose Check-points, dolmetscht oder weigert sich, es zu tun. Sie erlebt ihre Sexualität neu und genießt wahre Freundschaften, die keine Konflikte oder Kilometer schwächen können.

So bringt *Der Russe ist einer, der Birken liebt,* fern aller Romantik (die der Titel assoziieren lässt), seiner Leserschaft schmerzhafte private, geopolitische, universitär-berufliche Erfahrungen nahe, die sich an Leser aller Generationen und diverser Herkunft – sei es auch als historisches Dokument oder literarischer Reiseführer – richten. Trotz der beschriebenen emotionalen und physischen Gewalt ist es eine anregende Lektüre mit zahlreichen intertextuellen Verweisen, wie zum Beispiel das Motto des Romans, das von einem (oder *dem*) russischen Klassiker stammt: Anton Tschechow.

Deswegen lohnt sich ein (erneuter) Einblick in das vieraktige Drama *Drei Schwestern* nicht nur der „lieben, bescheidenen Birken" wegen.[186] Dies ist ein rundum gelungener, literarisch wie politisch ambitionierter Debütroman, der bei Erscheinen

186 Sowohl bei Tschechow, als auch bei Haratischwili und Grjasnowa gibt es Verweise auf die unerträgliche atmosphärische Hitze in der Handlung, die die Sujetentwicklung inhaltlich begleitet und die Spannung steigen lässt. „Ich wollte liegen bleiben und weiterschlafen, aber durch die weit geöffneten Fenster drangen in unser Schlafzimmer das Lachen der Gemüseverkäufer und das Rattern der Straßenbahn." (Grjasnowa 2012: 9) „Es sollte der heißeste Tag des Jahres werden." (2012: 10) Regieanweisung bei Tschechow: *„Erster Akt […] Es ist Mittag; draußen ist es sonnig, heiter. Im Saal wird der Tisch gedeckt. / Olga im dunkelblauen Uniformkleid […]; Maša in einem schwarzen Kleid, sitzt […]; Irina in einem weißen Kleid*" (Čechov 1974: 9). „OLGA Heute ist es warm, man kann die Fenster weit offen lassen, nur die Birken haben noch nicht ausgeschlagen…" (Čechov 1974: 9) Haratischwilis Stella berichtet aus Georgien: „Nach sieben Tagen in der trockenen Endjunihitze fuhren wir wieder zurück nach Tiflis." (Haratischwili 2011: 322) Während ihr Grjasnowas Maria in Israel echot: „Feuchte Sommerhitze, wie jeden Tag. Ich war nass geschwitzt, schon nach den fünf Treppen von meiner Wohnung auf die Straße." (Grjasnowa 2012: 255) Und erneut die Gegenüberstellung von der Wetterbeschreibung der beiden Autorinnen: „Der Juli war mörderisch heiß über Tiflis hereingebrochen. Es roch nach Staub und nach heißem Asphalt. […] Die Hitze lähmte und legte die Stadt lahm." (Haratischwili 2011: 341) Und: „Die Luft roch nach Abgasen und klebte auf der Haut wie Sirup. Es sollte der heißeste Tag des Jahres werden." (Grjasnowa 2012: 10)

von der Kritik gefeiert, mit Preisen bedacht, inzwischen ins Spanische übersetzt, vertont und auf der Bühne des Maxim-Gorki-Theaters inszeniert wurde.

Die beiden Autorinnen und ihre hier besprochenen Romane stehen prototypisch und programmatisch für die Stimme einer ‚post-/zwischen-migratorischen' globalisierten Generation. Sie dehnen die Grenzen – literarisch-kulturell, topografisch wie politisch-historisch – zwischen Orient und Okzident, dem Globalen und dem lokal Familiären, der Gewalt und ihren Folgen in Form von Wunden und Traumata. Außerdem beschäftigen sich die Autorinnen mit Fragen von Schuld und Vergebung und mit der Funktion der Erinnerung, die für die Identität prägend ist.

Die Erscheinungsformen der Gewalt, die in den Texten abgebildet sind und der Leserschaft als Warnsignale dienen, bleiben vielfältig und umfassen die meisten Sphären der modernen Lebens- und Erfahrungswelt. Sie können politisch-militärischer, religiöser, geschlechtlicher, familiärer, medialer, sprachlicher und sexueller Art sein.

Die Romane von Grjasnowa und Haratischwili (wie auch im Jahr 2015 Kat Kaufmans vielversprechendes Debüt *Superposition*) tragen zu einem literarischen Kanon der global(isiert)en Gegenwart bei, und sie dokumentieren die Krisen der modernen Gesellschaft und des weiblichen Ichs. Ihre Bücher kann man als Literatur des Anarchismus und der Rebellion bezeichnen, insofern sie sich gegen Ordnung, Autoritäten, Religion und Tradition, politische Debatten und gesellschaftliche Diskurse auflehnen oder verweigern, den Begriff *Heimat* verneinen bzw. völlig neu definieren und die modernen Gesellschaftsordnungen pointiert aufzeichnen und ablehnen. Diese Schrifstellerinnen-Generation ist zum Sprachrohr der inneren und äußeren Krisen[187], Konflikte sowie der Flucht aus einer kriegerischen Gesellschaft geworden. Auch formal bewahren sie sich durch das offene Romanende die Freiheit, sich nicht festzulegen.

Der Krieg wird in diesen beiden Romanen im weitesten Sinne zur Metapher des Lebens und erinnert somit an Leo Tolstois Roman *Krieg und Frieden*, der im Original *Война и мир* (*Vojná i mir*) heißt. Während sich die erste Komponente im Titel, der *Krieg*, leicht eins zu eins übersetzen lässt, bedeutet *мир (mir)* auf Russisch sowohl die Welt als auch den Frieden. Die alte russische, bis 1917 existierende, Schreibweise *миръ* lässt zudem noch eine dritte Bedeutung, die der Menschheit an sich durchklingen. Ähnliche, wenn auch an mancher Stelle noch stärkere, Tendenzen lassen sich laut dem Schriftsteller und Literaturkritiker Viktor Jerofejew in der russischen Literatur am Ende des 20. Jahrhunderts finden:

187 Umfangreiche Chroniken der Gewalt und blutigen Epoche, des ‚blutigen' Jahrhunderts bildet Nino Haratischwilis Roman *Das achte Leben (Für Brilka)* (2014).

> Die in der klassischen Literatur wohlbehütete Mauer zwischen positiven und negativen Helden bricht zusammen. Jeder kann unerwartet und unmotiviert zum Vehikel des zerstörerischen Keims werden; die entgegengesetzte Bewegung allerdings wird erschwert. Jedes vom Bösen unberührte Gefühl wird in Zweifel gezogen. Man kokettiert mit dem Bösen; viele führende Schriftsteller sind vom Bösen fasziniert oder ihm völlig ausgeliefert. […] Schönheit wird abgelöst durch ausdrucksvolle Bilder der Hässlichkeit. So entwickelt sich eine Ästhetik des Skandals und des Schocks. Es wächst das Interesse am ‚schmutzigen' Wort, an Obszönitäten als Zündstoff des Textes. Die neue Literatur schwankt zwischen ‚schwarzer' Verzweiflung und zynischem Gleichmut. Im letzten Viertel des 20. Jahrhunderts wird die russische Literatur von der *Macht des Bösen* bestimmt.
>
> Literatur, die einmal nach Feldblumen und Heu duftete, bringt neue Gerüche hervor – Gestank. Alles stinkt: Tod, Sex, Alter, schlechtes Essen, Alltag. Themen wie Gewalt, sadistische Aggression, zerstörte Schicksale treten in den Vordergrund. Rasant steigt die Zahl der Morde, Vergewaltigungen, Verführungen, Abtreibungen, der Szenen, in denen verschiedene Formen von Demütigungen – im Militär, im Gefängnis, überhaupt Randale –, von sexuellen Abweichungen beschrieben werden. (Jerofejew 1995: 14)

Die ästhetischen Formen der Literatur werden globaler und somit homogener. Die Schriftsteller/innen versuchen die Lebenswirklichkeit und -tendenzen hervorzuheben, indem sie sehr pointiert, übertrieben und in verfremdeten Umrissen auf sie aufmerksam machen. Manche historischen Fakten, die der breiten Leserschaft nicht bekannt waren, werden dabei enthüllt. Die Realität überholt wiederum die Fiktion und markiert beispielsweise im Jahr 2015 „das Ende der zentralen Lebenslüge einer ganzen europäischen Generation." (Eilenberger 2016: 42)

Mit ihren literarischen Aufarbeitungen geht es den Protagonistinnen der Romane wie ihren Autorinnen um Erkenntnis des eigenen Ichs, um Selbstfindung. Die Sprachkompetenz oder ihr Fehlen spielt dabei eine entscheidende Rolle: Während Grjasnowas Figuren sich in einem Netz oder Labyrinth aus deutscher, französischer, englischer, türkischer, russischer, hebräischer Sprache verirren und sprachlich wie topografisch nach Auswegen suchen, bilden für Haratischwilis Stella die fremden Worte (wie auch ihr Ausbleiben) neue Mauern und Grenzen. Betont werden diese Sphären auch durch die klare textuelle Teilung in Kapitel. Erst Grenzüberschreitung führt zu neuen Formationen der Identität und Kreativität, indem das Ich und Wir im Kontrast zum Sie oder ‚die Anderen' geformt wird. Diese Erfahrung ist Menschen, die Migration erlebt haben, besonders vertraut. Auch die Globalisierung ist ein Prozess von Grenzüberschreitungen.

Bei den Übergängen oder an den Schnittstellen entstehen Irritationen, Schmerzen und Wunden, die mit der ersten Begegnung zweier Menschen vergleichbar sind. Sie können wie „eine leichte Verletzung" sein, „die jeder spürt und die ihn aus seiner Einsamkeit und seiner Benommenheit reißt." (Modiano 2013: 23) Der

Schmerz prägt sich als Verstummen und Schrei gleichzeitig in die Erinnerung ein. An sich ist es ein kommunikatives Grenzphänomen zwischen der (Un-) Möglichkeit des Artikulierens und seinem Gelingen. Nino Haratischwili und Olga Grjasnowa setzen sich in *Mein sanfter Zwilling* und *Der Russe ist einer, der Birken liebt* mit dem Schmerz als zentralem Motiv auseinander und schaffen auf ihre individuelle Art eine besonders verdichtete und gerade in ihren Kontrasten, Brüchen, unaufgelösten Widersprüchen ‚stimmige' literarische Ästhetik.

Ihnen gelingt es, um Georg Lukács zu paraphrasieren, „anhand individueller Schicksale, durch Taten und Leiden von einzelnen Menschen die wesentlichen Bestimmungen" (Lukács 1981: 27) der modernen globalisierten Gesellschaften in Deutschland und einzelnen Ex-Sowjetrepubliken aufzudecken. Grjasnowa und Haratischwili zeigen erneut, dass hinter den globalen Konflikten die Geschichten, manchmal auch Tragödien eines Individuums und seiner Familie stehen.

Die am Rande der Romanhandlung angerissenen historischen Kontexte sind dabei „nötig, um die Gegenwart, um die Weiterentwicklung genetisch zu erklären." (Lukács 1981: 24) Der Mut, die Kraft und Hoffnung, mit denen die Protagonistinnen ihren (Selbstfindungs- und) Lebensweg, gar ihre „transzendentale Heimatlosigkeit" zu überwinden suchen, mögen ihrer Generation helfen, wenn nicht optimistisch, so doch orientiert und auf kommende Herausforderungen vorbereitet, in die Zukunft zu blicken.

Ausblick

Die Produktion der russländischen Autorinnen kommt nicht so plötzlich zum Stillstand wie meine Arbeit. Ohne mich auf die Generation der Autorinnen, die in der ehemaligen Sowjetunion geboren wurden und heute deutschsprachige Literatur schreiben, streng beschränken zu wollen, möchte ich exemplarisch ein paar Namen nennen, die für die weitere Lektüre und Forschung relevant sind. Zu der schreibenden *Fräuleinwunder*-Generation im weiteren Sinn gehören etwa Anna Galkina, Marjana Gaponenko, Lena Gorelik, Kat Kaufman, Wlada Kolosowa, Lana Lux und Katja Petrowskaja. In Zusammenhang damit spielt die Kategorie der Generation – bzw. eines generationengebundenen kollektiven Gedächtnisses – eine wichtige Rolle. Besondere Beachtung verdienen auch deshalb die um einige Jahre älteren und etwas andere Erfahrungen reicheren Olga Martynova (geb. 1962), Nellja Veremej (geb. 1963) und Natascha Wodin (geb. 1945).

Während einige von ihnen inzwischen preisgekrönte Bücher vorweisen können, streben andere eine ‚große' literarische Karriere erst an. Die meisten Romane zeichnet die wiederholte Thematisierung von zeitspezifischen und lebensweltlichen Phänomenen und Erfahrungen wie Ortlosigkeit, Gewalteinwirkungen und Zwangsrituale, Depressionen und somatische Störungen aus. Das bessere Verständnis der Merkmale dieser posttraumatischen Kategorien bedarf zumindest im Forschungszusammenhang eines psychoanalytischen Ansatzes.

Es empfiehlt sich daneben nach wie vor die intensive literaturwissenschaftliche Auseinandersetzung mit den Texten von Bronsky, Grjasnowa, Haratischwili, Hummel, Poladjan und Rabinowich. Gut anbieten würden sich anhand ihrer Werke beispielsweise eine paradigmatische Untersuchung der (Re- sowie De-) Konstruktionen von Weiblichkeit in Text(en), Kunstobjekten und Schrift(en) und/oder eine Analyse der Konzepte der modernen (Migranten-)Familie sowohl als Spiegelbild der kulturell-historischen und gesellschaftlichen Systeme wie auch als identitätsbildende Matrix.

Neue, bisher noch nicht untersuchte Aspekte bilden die Rezeption und die Wirkung der im Ausland, oft in den jeweiligen Heimatländern der Autorinnen übersetzten oder auch zur Übersetzung nicht zugelassenen Bücher. In einer Podiumsdiskussion zum Thema *Das Glück der offenen Grenzen. Zum literarischen und politischen Zusammenspiel von Ost und West* berichtete Katja Petrowskaja 2016 im Deutschen Literaturarchiv in Marbach, dass ihr ins Ukrainische übersetztes Buch *Vielleicht Esther* (2014) dort unter dem Titel *Vielleicht über uns* erschienen ist. Wie sie betont, hat es vor allem bei der jungen Generation eine Verarbeitung der postsowjetischen (und posttraumatischen?) Erfahrungen angeregt.

Weiterhin verspricht eine vergleichende sozial-historische und/oder geschlechterorientierte Textanalyse der genannten Autor/inn/en mit gleichaltrigen, die beispielsweise in den USA oder Frankreich leben und ebenfalls in einer *Stief*muttersprache schreiben, ein großes Potenzial an Erkenntnissen und Zusammenhängen. Wenig erforscht bleibt in der modernen deutsch-deutschen Erzählprosa wie im Film außerdem die Darstellung der Nachfolgestaaten der ehemaligen Sowjetunion und deren Bewohner/innen. Dabei wäre exemplarisch an die Bücher *Der Geiger* (2012) von Mechtild Borrmann, *Werft die Gläser an die Wand* (2012) von Juliane Inozemtsev, *Der Klarinettist* (2007) von Maria Knissel, an Andreas Maiers *Kirillow* (2005) und an Arthur Isarins Romanerstling *Blasse Helden* (2018) zu denken.

Der renommierte Film- und Fernsehregisseur Dominik Graf erforscht in seiner zehnteiligen, preisgekrönten TV-Kriminalserie *Im Angesicht des Verbrechens* (Erstausstrahlung 2010) das kriminelle Milieu der ‚östlichen Gängster' in Berlin. Der Drehbuchautor Rolf Basedow studierte nicht nur russisches Filmgut, sondern recherchierte vor Ort im Milieu, sodass die Krimiserie eine Art Übergang oder Grauzone zwischen Fiktion und Dokumentation darstellt. Manfred Stelzer zeigt in seinem Fernsehfilm *Hinkebein* (Erstausstrahlung 2012) dagegen ein anderes Russenbild: bescheiden und gleichzeitig schlagfertig, an Kultur interessiert, mit deutschem Akzent sprechend, gelegentlich betrunken und dunkeläugig charmant. Kaum beachtet, aber bemerkenswert ist das Phänomen des *russischen Fräuleinwunders* im deutschen Kino: Man denke beispielsweise an die 1976 in Leningrad/Sankt Petersburg geborene Katja Fedulova und ihren sehr persönlichen Dokumentarfilm *Glücksritterinnen* (2009–2011).

Auf ihre Weise trägt jede dieser jungen Künstler/innen maßgeblich zur Bereicherung der deutschsprachigen Kultur bei. Dass ihre Beiträge aufgenommen und verinnerlicht werden, zeigt die Kultur selbst anschaulich, da sie ja im Sinne Lotmans (1974: 414) die Eigenschaft besitzt, „sich einem Kollektiv in der Weise zu zeigen, in der sie in einem bestimmten Augenblick gesellschaftlich am bedeutsamsten erscheint. Sie bringt Texte hervor, die gleichzeitig mit Hilfe vieler Kodes dechiffriert werden." Diese Kodes werden ihrerseits „durch die Bedürfnisse der Gesellschaft zu einem bestimmten historischen Augenblick" bestimmt. So wird die Stabilität der Kultur aufrechterhalten durch ihre flexible und ungewöhnliche „Fähigkeit zur Selbstwiederherstellung, zur Wiederauffüllung von Vakuen, zur Regeneration, in der Fähigkeit, äußere Unruhe in Faktoren der inneren Struktur umzuwandeln."

Der Wunsch und die Notwendigkeit, Russland mit seiner Geschichte und seinen Menschen aufs Neue in den Blick zu nehmen, bestehen fort und sollten insbesondere von Literatur, Kunst und Wissenschaften weiterhin aufrechterhalten werden. Einige Antworten lassen sich vielleicht in der vorliegenden Studie, aber ganz gewiss in den Werken der hier behandelten und erwähnten Autorinnen finden. Denn sie schreiben weiter und leisten durch die Behandlung zahlreicher interkultureller Phänomene auch ihren Beitrag zur deutschsprachigen Gegenwartsliteratur. Unter diesem Gesichtspunkt betrachtet bleibt der ‚russische Bezug' nach wie vor offensichtlich und stark. Im allgemeinen Trend zu einer Internationalisierung der deutschen Literatur (gekennzeichnet durch Themen wie Flucht, Migration, Integration) wird er besonders bemerkbar.

Es sei in aller Kürze erwähnt, dass die Probleme, die zu einer multikulturellen Färbung in der Gegenwartsliteratur geführt haben, zuerst in Folge der kriegsbedingten Auflösung der großen Reiche – des Deutschen und des Russischen, des Ungarisch-Österreichischen und des Osmanischen – nach dem Ende des Ersten Weltkriegs entstanden. „Der Krieg zerbrach die alten europäischen Landreiche und inspirierte Träume von neuen." (Snyder 2011: 23) Während und nach dem Ersten Weltkrieg entstand die geopolitische Schere mit einer neuen geografischen Zone von Finnland, dem Baltikum, Russland, Weißrussland, Polen usw. Die Aufarbeitung in der Literatur fehlte aber viele Jahrzehnte lang fast völlig. So ist der breite Erfolg der russländischen Autorinnen keine Individualgeschichte wie beispielsweise bei Emine Sevgi Özdamar aus der Türkei oder Yoko Tawada aus Japan, sondern eine nachholende Artikulation kollektiver Erfahrungen mit tiefen Wurzeln.

Inzwischen hat sich die deutsche literarische Szene erheblich verbreitert, beispielsweise durch Autorinnen und Autoren aus Syrien, Iran, Irak und Ägypten. Auf den ersten Blick hat sich das ‚Russinnen-Privileg' erschöpft. Zugleich gehen jetzt Autorinnen wie beispielsweise Katerina Poladjan mit ihrer Ankunftsgeschichte in Deutschland viel offener und ausführlicher um, indem sie ihre Familiengeschichte erneut verarbeitet und es der breiten Leserschaft wenn nicht vertraut, dann zumindest verständlich macht. (Siehe Poladjans Artikel: *Eine Spur von Adresse. Tor zur anderen Welt: In Berlin kann man zu Hause sein und fremd bleiben*, in: *Der Tagesspiegel* am 07.02.2017, S. 19)

Der deutsche Literaturbetrieb wird dadurch noch bunter und gemischter; ein neuer Literaturkanon in der deutschen Sprache ist offensichtlich im Entstehungsprozess. Was zum literarischen Durchbruch der ‚Russinnen' geführt hat, war die Zeit, in der die literarische Szene für Migrationsthemen reif war. Zudem war dieser Schwerpunkt durchgehend positiv besetzt, denn es waren vor allem junge

Frauen, die nicht in ihrer Muttersprache schrieben und es zum Erfolg bringen konnten. In der Phase, die ich beschrieben habe, hat sich über alle Differenzen hinweg eine durch Herkunft und Alter geprägte Generation im deutschsprachigen Raum zu Wort gemeldet. Sie hat ein soziologisches, historisches und politisches Vakuum gefüllt. Bisher ist es allerdings noch zu keiner Gründung einer ‚rein russländischen' literarischen Gruppe gekommen, wofür eventuell technisch-mediale Schwierigkeiten, der Zeitgeist oder just die fehlende Notwendigkeit – aufgrund eines individualistischen Ansatzes – sprechen.

Die russländischen Autorinnen werden jedoch auch künftig im Chor der vielfältigen literarischen Stimmen (aus der Türkei, aus Tschechien, Ungarn, Polen, Rumänien, Arabien und fernöstlichen Regionen) wichtig bleiben und für Stimmen „gegen die Vulgarität des menschlichen Herzens" (Brodsky 1996: 280) sorgen. Offen und anregend bleibt damit die Frage nach dem ‚Mischungsverhältnis', der Farbigkeit und dem ‚Geschmack' einer neuen deutsch-deutschen Literatur.

Anhang

Biogramme der wichtigsten Autorinnen

Alina Bronsky ist am 2. Dezember 1978 im sowjetischen Swerdlowsk (heute Jekaterinburg) als einziges Kind in die Familie eines Physikers und einer Astronomin geboren worden. Die Emigration nach Deutschland war den Wirrungen der früheren 1990er Jahre geschuldet. Bronskys Vater konnte 1991 eine seiner Qualifikation entsprechende Stelle an der Universität Marburg erhalten. Der renommierte Außerplanmäßige Professor an der Philipps-Universität Marburg Dr. Sergei Baranovski ist vermutlich der Vater der Autorin. Die Ungewissheit rührt daher, dass „Alina Bronsky“ ein schützendes Pseudonym bleibt.

Nach dem Abitur an einem Privatgymnasium in Darmstadt brach Bronsky das angestrebte Medizinstudium ab, wurde Texterin bei einer Werbeagentur und Journalistin bei der Tageszeitung *Darmstädter Echo*. Bekannt wurde sie den Literaturkritiker/inne/n sowie der breiten Leserschaft 2008 durch ihren Debütroman *Scherbenpark*, die Vorgeschichte um ihr unaufgefordert eingereichtes Manuskript und die kontroversen Debatten während der Tage der deutschsprachigen Literatur in Klagenfurt. Der *Scherbenpark* wurde zu einem nationalen Bestseller und internationalen Erfolg und 2009 für den Deutschen Jugendliteraturpreis nominiert. Mehrere Theater brachten den *Scherbenpark* auf ihre Bühnen; die Regisseurin Bettina Blümner verfilmte ihn. Mit dem Hauptdarsteller Ulrich Noethen hat Alina Bronskys eine gemeinsame Tochter. Die Familie lebt in Berlin.

Der Roman *Die schärfsten Gerichte der tatarischen Küche* (2010) erreichte im selben Jahr die Longlist zum Deutschen Buchpreis. Eines der zentralen Themen in Bronskys erstem reinen Jugendroman *Spiegelkind* (2012) ist das Leben als Außenseiter, sei es als Scheidungskind und/oder als Tochter einer Fee („Phee“), also keiner ‚normalen' Mutter. In Interviews bestätigte Bronsky ihre Erfahrungen mit Scheidung und Todesfällen. Dem Tod des Vaters und seiner Verarbeitung durch den Protagonisten Marek und weitere Familienmitglieder ist fast die Hälfte des Romans *Nenn mich einfach Superheld* (2013) gewidmet. 2013 erschienen zudem der Nachfolgeroman *Spiegelriss* und ein Bilderbuch für Kinder *Mamas Liebling*.

2015 versuchte Bronsky sich erneut an einem Roman für Erwachsene *Baba Dunjas letzte Liebe* – mit einer Portion ‚Bronsky-Beat' und verschmitzt-vertrautem Humor. Dafür erfuhr sie zum Teil scharfe Kritik. Denn eines der zentralen Themen ist das (Über-)Leben in Tschernobyl Jahre nach der Katastrophe. 2016 veröffentlichte Bronsky, selbst vierfache Mutter, gemeinsam mit Denise Wilk ein Sachbuch über *Die Abschaffung der Mutter: Kontrolliert, manipuliert und abkassiert – warum es so nicht weitergehen darf.* 2017 erschien neuester Kinder- und Jugendroman *Und du kommst auch drin vor,* in dem die Autorin vor allem Freundschaft und Toleranz, Identitätssuche und Mut zur Kreativität thematisiert – wie immer nicht belehrend, dafür augenzwinkernd und an manche Protagonist/inn/en von Astrid Lindgren erinnernd.

Einst die aufregendste Newcomerin der Saison, ist Alina Bronsky mit ihren Büchern, Kolumnen und Rezensionen, Lesungen und Workshops in Schulen aus dem deutschen Literaturbetrieb nicht mehr wegzudenken. Auch wenn sie ihre Privatsphäre vor der Öffentlichkeit abschirmt, bleibt sie den Medien und wissenschaftlichen Anfragen gegenüber offen und zugänglich. In ihrem geschützten Privatleben verschenke sie laut Ulrich Noethen eine unglaubliche Wärme, bleibe dabei wie im öffentlichen Diskurs geradlinig. Ganz so wie die Protagonistinnen und Protagonisten aller ihrer Romane.

Olga Grjasnowa ist im November 1984 in der jüdischen Familie eines Rechtsanwalts und einer Klavierlehrerin in Baku (Aserbaidschan) geboren. Mit elf Jahren emigrierte die Familie als Kontingentflüchtlinge nach Deutschland und wurde zunächst einem hessischen Asylbewerberheim zugewiesen. Nach dem Abitur in Frankfurt am Main studierte Grjasnowa Kunstgeschichte und Polonistik in Göttingen. Während des Studiums des Literarischen Schreibens am Deutschen Literaturinstitut in Leipzig sammelte sie auch Erfahrungen an den Literaturinstituten in Moskau (Maxim-Gorki-Literaturinstitut) und Warschau, sowie an der Universität der Künste in Berlin. Nach dem Studienabschluss in Leipzig absolvierte Grjasnowa ein Praktikum bei der Rosa-Luxemburg-Stiftung und bewarb sich in den USA um einen Studienplatz in Military Studies. Nach einer Ablehnung schrieb sie sich für Tanzwissenschaften in Berlin ein. Statt zu studieren, arbeitete sie an ihrem zweiten Roman *Die juristische Unschärfe einer Ehe* (2014). Dafür wurde sie 2015 mit dem Förderstipendium des Adelbert-von-Chamisso-Preises ausgezeichnet.

Für ihren ersten Roman *Der Russen ist einer, der Birken liebt* (2012) erhielt Grjasnowa mehrere literarische Preise (u. a. den Anna Seghers-Preis) und wurde von der Literaturkritik als neue literarische Stimme der sowjetischen Migranten gefeiert. Dieser Roman wurde 2012 in die Longlist des Deutschen Buchpreises aufgenommen, in mehrere Sprachen übersetzt und (so wie *Die juristische Unschärfe einer Ehe*) auf die Bühne des Berliner Maxim-Gorki-Theaters gebracht. Mit einem syrischen Schauspieler ist sie inzwischen verheiratet.

Grjasnowa könnte man wie ihre Protagonistin Mascha Kogan als ‚Heldin unserer Zeit' bezeichnen. Wie Mascha hinterfragt Grjasnowa die Substanz des Begriffs Heimat („Heimat ist eine Behauptung, eine Verteidigung gegenüber dem

Fremden") und bleibt dabei kosmopolitisch und global politisch wachsam. Die Themen und Ereignisse, über die die Autorin sich Gedanken macht, greift sie in ihren Werken thematisch auf und wiederholt sie in den zahlreichen Interviews. Es entstand der Eindruck, dass die Leserschaft und der gesamte Literaturbetrieb sie mit den offenen Armen empfängt. Nicht zuletzt, weil sie einerseits globale politische Prozesse beobachtet, andererseits aber auch Diskurse, Zustände und Ereignisse in der deutschen Gesellschaft verfolgt, eine vergleichende Perspektive mit anderen Ländern und dabei eine klare Position einnimmt – aber auch die schwerwiegenden Phänomene sowohl humoristisch wie kritisch darstellt.

Heute zählt Grjasnowa zu den meistbeachteten deutschsprachigen Autorinnen der Gegenwartsliteratur. Sie trifft in ihren Romanen einen Nerv der Zeit und führt die Chronik des modernen Lebens in einer brutalen und lieblosen (post-) modernen Gesellschaft: mit zahlreichen Möglichkeiten (zu reisen, zu studieren, Partnerschafts- oder Religionsformen zu erproben), aber auch mit unzähligen Kriegen und Konflikten. So verarbeitet Grjasnowa in ihrem neuesten Roman *Gott ist nicht schüchtern* (2017) exemplarisch und eher journalistisch die Ereignisse in Syrien, die seit 2011 andauern und zu den tragischen Folgen – auch für die jüngste europäische Geschichte – geführt haben. Für dieses Buch hat sie in Istanbul mit einem Residenzstipendium der Kulturakademie Tarabya recherchiert.

Nino Haratischwili, geboren am 8. Juni 1983, stammt aus Tiflis (Georgien). Sie ist Erfolgsautorin von Prosatexten und Theaterstücken, Übersetzerin und Theaterregisseurin. In einem Frauenhaushalt aufgewachsen – der Vater verstarb 1994 – verdanke sie ihrer Großmutter die Liebe zur Literatur und zum Lesen. Jeder ihrer Texte habe eine persönliche Relevanz und einen Bezug zum realen Leben. Denn Schreiben sei das, was sie tun müsse, was sie sei und was sie seit ihrem zwölften Lebensjahr täglich praktiziere. Mit einer Schultheatertruppe aus Bremen gründete Haratischwili 1998 das deutsch-georgische *Fliedertheater*, das sie bis 2003 leitete und für das sie ihre ersten Theaterstücke auf Deutsch verfasste; diese setzte sie auch als Regisseurin und Schauspielerin um. Von 2000 bis 2003 studierte und absolvierte Haratischwili Filmregie an der Staatlichen Hochschule für Film und Theater in Tiflis, von 2003 bis 2007 Schauspielregie an der Theaterakademie Hamburg und an der Hamburger Hochschule für Musik und Theater. 2005 verbrachte sie einige prägende Monate in Moskau, wo sie Unterricht am Theaterinstitut GITIS besuchte.

Haratischwili ist eine Wortkünstlerin und „Sprachästhetin mit Hang zur Poesie" (zit. n. Barbara Müller-Weseman 2010: 237). 2018 wurde sie für ihre – aktuell 15 – Theaterstücke und den neuesten epochalen Roman *Das achte Leben (Für Brilka)* (2014) mit dem Bertolt-Brecht-Literaturpreis ausgezeichnet. Die Literaturkritik äußerte sich beeindruckt: Haratischwili sei „eine neue Heldin der zeitgenössischen deutschen Literatur" (*Deutschlandradio Kultur*, 2012), „eine der kraftvollsten und eindringlichsten Stimmen der deutschen Literatur" (NDR, 2015), die „zu den hoffnungsvollen deutschsprachigen Autorinnen ihrer Altersklasse" (SPIEGEL, 2015) gehöre.

Die meisten Werke von Haratischwili bewegen sich zwischen den Dimensionen des Raums und der Zeit. Zum einen sind es literaturhistorische Ereignisse, Personen und Motive, die neu interpretiert und erzählt werden, wie beispielsweise die Dramen *Elektras Krieg* (2012) und *Mein und dein Herz. Medeia* (2007), Roman *Juja* (2010). Zum anderen widmet sich Haratischwilis Schaffen der soziohistorischen, politischen und psychologischen Auseinandersetzung mit dem Leben in zwei Hemisphären – im Westen (vertreten v. a. durch Deutschland und USA) und im Osten, in der ehemaligen Sowjetunion. In diese Reihe gehören die Romane *Mein sanfter Zwilling* (2011) und *Das achte Leben (Für Brilka)*, sowie die Theaterstücke *Georgia* (2009) und *Radio Universe* (2010). Dieses Drama entstand im August 2008 auf Basis der E-Mail-Korrespondenz während des Georgien-Krieges zwischen Haratischwili in Tiflis und der Regisseurin Nina Mattenklotz (geb. 1980) in Hamburg. Erlebt haben die beiden die gewalttätige Realität teils aus den Medien, teils aus unmittelbarer Nähe.

Die Kriege, Revolutionen und politische Gewalt des vergangenen Jahrhunderts kommen in Haratischwilis Roman *Das achte Leben (Für Brilka)* als Teil der historischen Ereignisse im Leben der Bevölkerung der ehemaligen Sowjetunion sowie exemplarisch als Kulisse und Auslöser für private Umwälzungen und Dramen in einer georgischen Familie vor. Denn mit der realen Geschichte der zerfallenen Sowjetunion war sie schon als Kind konfrontiert. Ursprünglich wollte Haratischwili, selbst ein Kind der Perestrojka, einen kleinen Roman über die Endzeit der sowjetischen Ära schreiben. Denn das Verständnis dieser politisch-historischen Zusammenhänge führe nicht nur zu einer besseren Vorstellung des alltäglichen Lebens eines Sowjetbürgers und des gesamten Systems, sondern verhelfe auch zu einer plausiblen Erklärung der heutigen Entwicklungstendenzen in Osteuropa.

So tragen besonders die präzise und poetisch verarbeiteten Episoden aus dem alltäglich Vertrauten (Verdrängten oder Vergessenen) wesentlich zur literarischen Wucht der Autorin bei. Ihrem Vorbild – der russischen Dichterin Marina Zwetajewa – folgend möchte Haratischwili keinen einzigen Satz verschwenden; dafür aber, vermutlich wie die russische *grande dame* der Lyrik, aus dem Schreiben Heilung schöpfen.

Eleonora Hummel ist am 31.12.1970 im sowjetischen Celinograd (Kasachstan) geboren, wohin ihre deutschen Großeltern einst deportiert wurden. In Liebe zur

Literatur erzogen, begann sie mit zehn Jahren ihren ersten Roman in russischer Sprache zu schreiben. 1980 zog die Familie in den Nordkaukasus. 1982 folgte die Übersiedlung nach Dresden. Nach dem Schulabschluss absolvierte Hummel eine Ausbildung zur Physiklaborantin und zur Fremdsprachenkorrespondentin für Englisch und Spanisch. Zu ihren beruflichen Tätigkeiten zählte die Arbeit im Sekretariat der juristischen Fakultät an der Technischen Universität Dresden.

1995 wandte Hummel sich erneut dem Schreiben zu, verfasste diverse Prosabeiträge und veröffentlichte vielversprechende Artikel. 2001 wurde sie mit einem Stipendium des fünften Klagenfurter Literaturkurses ausgezeichnet, dem 2002 der Russlanddeutsche Kulturpreis des Landes Baden-Württemberg für Literatur (Förderpreis) folgte. Von 2000 bis 2004 entstanden mehrere Prosatexte, ihr Debütroman *Die Fische von Berlin* (2005) sicherte den literarischen Karrierebeginn. 2005 und 2013 wurde Hummel auf Initiative von Günter Grass zum Lübecker Literaturtreffen eingeladen. Hummel habe sich „einem sperrigen Thema gestellt, das uns allen bekannt ist, aber es gibt wenig Literatur darüber. Wenig erzählende Literatur. […] Es ist langsam erzählt, sehr poetisch erzählt, in aller Lakonie erzählt." (Grass in einem Beitrag für die *Deutsche Welle*, 2006)

Hummels Romane *Die Fische von Berlin* (2005), *Die Venus im Fenster* (2009) und *In guten Händen, in einem schönen Land* (2013) sind Chroniken individueller, unbekannter menschlicher Schicksale, die als Folge und tragisches Erbe der politisch-historischen Umwälzungen in Deutschland und der Sowjetunion im 20. Jahrhundert gelten müssen. Diese Materie beherrscht die Autorin nicht nur theoretisch. Sie ist eine ‚nüchterne Zeitzeugin', der eine klare, objektive und umso wirkungsvollere Darstellung des Geschehenen gelingt.

Die Auseinandersetzung mit Familiengeschichten und Erinnerungen an die Rückkehr aus der temporären Wahlheimat Sowjetunion in die ursprüngliche deutsche Heimat schildert Hummel in den beiden Romanen *Die Fische von Berlin* und *Die Venus im Fenster* am Beispiel der russlanddeutschen Familie Schmidt. Der Roman *In guten Händen, in einem schönen Land* erzählt kaleidoskopisch vom Leben in der Sowjetunion zu Beginn des 20. Jahrhunderts über die 50er bis hin in die 1990er Jahre. Es sind drei weibliche Figuren, die einem griechischen Chorus gleich sprechen – Vika (Viktoria), Nina und Olessia (Alice) und die Geschichte des Landes, der Menschen und ihrer Tragödien schreiben. Auch Hummel ist Chronistin der vergangenen Epoche mit ihren Repressalien, Realien und Raritäten. Sie setzt als eine der Wenigen die historische Aufarbeitung des vergangenen Jahrhunderts genau und poetisch, objektiv und schonungslos fort. Die große historische Kulisse, auf deren Hintergrund jeder Mensch klein und nichtig, nur ‚ein Schräubchen' war, entsteht in ihren Werken anhand von Schilderungen der Lebenswege einfacher Leute, Frauen, Vertreter/innen der Minderheiten. Zu der Chronografie und Aufarbeitung fühlt sich Eleonora Hummel durch ihr historisches Verantwortungsgefühl veranlasst.

Katerina Poladjan – Schauspielerin, Schriftstellerin, Essayistin, Performance-Künstlerin, Dramaturgin und Mutter von zwei Kindern – wurde 1971 in Moskau geboren. Ihr Vater, der bildende Künstler Michael Poladjan, emigrierte 1979 mit seiner Familie über Rom und Wien in die Bundesrepublik, wo sie zunächst nur geduldet und staatenlos waren. Obwohl Kanada das eigentliche Ziel war, entschied Poladjan sich der Arbeit wegen für das Leben in Deutschland. Seit 1984 lebt und arbeitet er als freier Künstler in München. Katerina Poladjan studierte Schauspielerei an der Otto Falckenberg Schule in München und in Moskau am Institut für Schauspiel und Regie GITIS. Neben dem Schauspiel versuchte sie sich früh literarisch und beendete das Studium der Angewandten Kunstwissenschaften mit Schwerpunkt Philosophie und Gegenwartskunst in Lübeck. 2003 erhielt sie ein Stipendium der Neuen Gesellschaft für Literatur in Berlin für die Arbeit an dem geplanten Roman *Die Bergsteigerin* (2006/2007). Poladjan lebt mit ihrer Familie in Berlin, wie auch ihre Großmutter, „die übrigens tatsächlich für die russische Raumfahrt gearbeitet hat", und die Mutter.

Michael Poladjan stammte aus Moskau; seine Genealogie führt aber nach Armenien zurück. Er verarbeitete in seinen international ausgestellten Assemblagen der Genozid an armenischem Volk, den auch seine Ur- und Großeltern 1914 erlitten hatten. Jahrzehnte später spielte Katerina Poladjan eine Nebenrolle im Film *The Cut* (Regie: Fatih Akin) über das tragische Schicksal der Armenier zu Beginn des 20. Jahrhunderts. 2014 begab sie sich im Land ihrer Vorfahren auf die Suche nach der jahrhundertealten armenischen Familiengeschichte. Ein Radiofeature über Poladjans Armenienreise wurde im März 2015 vom *Südwestdeutschen Rundfunk* ausgestrahlt. Einzelne Teile präsentierte die Autorin daraufhin im Gorki Studio in Form einer musikalisch untermalten Lesung. So gehen bei Poladjan neben der menschlichen Faszination durch die eigene, jahrhundertelange und weltweit verwobene Familienbiografie ihre professionellen Tätigkeiten einher.

Schon als Kind wollte sie die deutsche Sprache einwandfrei beherrschen. Ihr Russisch musste der deutschen Stiefmuttersprache inzwischen Platz einräumen. Ihre warme ‚deutsche Stimme' verlieh Poladjan als Sprecherin zahlreichen Rollen – von der Werbung bis hin zu Rundfunksendungen und Hörbüchern. Ihre ersten Schauspielererfahrungen sammelte sie 1999 am Künstlertheater Moskau. Auf deutschen Bühnen übernahm Poladjan seit 2000 zahlreiche Haupt-, Neben- und Solorollen. Erwähnenswert ist ihre Rolle in dem eigenen autobiografischen Theaterstück *Von Bykovo – Das Leben meiner Großmutter in 36 Bildern, round about* (Regie: Henning Fritsch) mit dem Untertitel *Breschnew wäre lieber Eiskunstläuferin geworden* (2010/2011).

In dem Debütroman *In einer Nacht, woanders* (2011) greift Poladjan erneut die weibliche Linie in der Familiengeschichte der Protagonistin Mascha und die Familiengeheimnisse ihrer Großmutter und Mutter auf. Sie umfasst Fragen der Identität (Wo gehöre ich hin?), der Herkunft (Wo komme ich her?) sowie die Suche nach dem inzwischen fernen Herkunftsland ihrer Eltern. Poladjan schlussfolgerte: „Irgendwann muss man sich immer der Mutter stellen."

Als professionelle Schauspielerin und Dramaturgin ist Katerina Poladjan nicht nur in den internationalen Theater- und Filmbetrieb, sondern auch in den deutschen Literaturbetrieb vielseitig integriert. Mit ihrem letzten Roman *Vielleicht Marseille* (2015) erhielt sie eine Nominierung zum Alfred-Döblin-Preis und eine Einladung zum Ingeborg-Bachmann-Preis nach Klagenfurt. Ihre Lesereise *Vom Pazifik zum Bajkal* im Februar und März 2015 für das russische Publikum (in Jakutsk, Chabarowsk, Wladiwostok) verarbeitete Poladjan in eine Chronik *Hinter Sibirien – Eine Reise nach Russisch Fernost* (2016), die auch im Berliner Rowohlt Verlag erschienen ist. Die Distanz, die lebensgeschichtlich gewachsene Ferne zum Ort ihrer frühen Kindheit in Moskau ist dabei augenfällig.

Julya Rabinowich wurde am 28.05.1970 in der Leningrader Familie des Malers, Industriedesigners und Intellektuellen Boris Rabinovich [sic] geboren. Von Kunst und Malerei war sie seit ihrer Kindheit umgeben. Nicht nur der Vater (1938–1988) verschrieb sich der Malerei, sondern auch die Mutter Nina Werzhbinskaja-Rabinowich und eine Großmutter. Schon mit dreizehn Jahren illustrierte Julya Rabinowich ein Russischlehrbuch. 1998 wählte sie Malerei und Philosophie als akademische Fächer an der Universität für Angewandte Kunst in Wien, die sie 2006 abgeschlossen hatte. 2013 kuratierte Rabinowich im Jüdischen Museum Wien eine Ausstellung der Arbeiten ihres Vaters.

Russisch und Englisch studierte Rabinowich von 1993 bis 1996 an der Dolmetscheruniversität Wien. Nach dem Abschluss als Simultandolmetscherin folgte eine mehrjährige Tätigkeit am Integrationshaus und in der Diakonie Flüchtlingsdienst im Rahmen von Psychotherapie- und Psychiatriesitzungen mit Flüchtlingen. Dazu befähigte sie ein psychotherapeutisches Propädeutikum und vermutlich auch ihre eigene frühkindliche Lebenssituation. Denn Julya Rabinowich war 1977 mit den Eltern als Kontingentflüchtling nach Wien gekommen. Diese Arbeit und Erfahrungen begleiteten die Autorin in ihren Werken, beispielsweise in ihrem ersten Theaterstück *Tagfinsternis* (2007). Es spielt in einem Flüchtlingsheim und schildert exemplarisch die angespannte, dramatische und oft tragische Lage vieler Flüchtlinge – in Erwartung eines Asylbescheides und ihres weiteren Lebensschicksals. Für ihren ersten Jugendroman *Dazwischen: ich* (2016) über das (Ein-) Leben des 15-jährigen Flüchtlingsmädchens in Österreich wurde Rabinowich 2017 u. a. mit dem Österreichischen Kinder- und Jugendbuchpreis ausgezeichnet.

Die Kindheit und Kinder spielen in den Werken von Julya Rabinowich eine wichtige Rolle. Die Ereignisse, die sie selbst im Kindesalter erlebt hatte, gewannen erst viel später Klarheit und Präsenz und mussten psychologisch und literarisch verarbeitet werden. Zentral für den Debütroman *Spaltkopf* (2008) ist nicht nur das Thema der innerlichen und äußerlichen, mythischen und realen Spaltung, der Gratwanderung und Balance zwischen sprachlich, kulturell, geografisch, historisch-politisch, sozial-familiär konträren Sphären. Es ist auch die Suche und Formung des eigenen weiblichen Ichs, die in jeder Generation aktuell bleibt.

Der Prozess aktiven literarischen Schaffens begann bei Julya Rabinowich früh mit Gedichten in russischer Sprache, ihre professionelle Karriere 2003 mit dem ersten Preis am Literaturwettbewerb „Schreiben zwischen den Kulturen" der *edition exil*. Autorin zahlreicher Theaterstücke und Aufführungen, als Kolumnistin in der österreichischen Tageszeitung *Der Standard* erweist sich Rabinowich seit März 2012 unter dem Titel *Geschüttelt, nicht gerührt* und/oder *Einserkastl* als Bürgerin und Beobachterin, als kritische Chronistin der Gegenwart und ihrer Geschehnisse.

Im Roman *Die Erdfresserin* (2012) wird von einer Diana erzählt, die repräsentativ für das Los vieler (illegal eingewanderter) Frauen der modernen Welt steht. Sie wird unterschiedlichen Gewaltformen ausgesetzt, bleibt dabei ungesehen, unverstanden, inexistent. Es lässt sich – durch zeitlich-historische Ferne und inhaltlich-biografische Nähe gekennzeichnet – eine Parallele zu dem Debütroman *Das Weib ist ein Nichts* (1929) der 1895 in Wien geborenen Schriftstellerin Mela Hartwig ziehen. In ihrem Festvortrag anlässlich des fünfzigsten Todestages von Mela Hartwig, den Rabinowich *In zerbrochenen Spiegeln* (2017) nannte, rekonstruiert die Autorin das tragische (Migranten-)Schicksal dieser herausragenden Frau, Schauspielerin, Übersetzerin, Malerin und Freundin von Virginia Woolf.

In ihrem Künstlerroman *Krötenliebe* (2016) setzt Rabinowich sich intensiv mit dem (Liebes-)Leben einer anderen österreichischen Berühmtheit, mit Alma Mahler-Werfel auseinander. Detailgetreu und mit manieristisch-malerischen Gesten gibt Rabinowich Einblicke in die markante Epoche der Wiener Moderne. Dem Phänomen der Liebe und der Suche danach widmete sie 2011 ihr zweites Buch *Herznovelle*. Auch hier wird eine Hommage an einen Wiener Klassiker der Jahrhundertwende, an Arthur Schnitzler und vor allem seine *Traumnovelle* (1926) offensichtlich.

Literaturverzeichnis

Literarische Texte

Antopol, Molly (2015): Die Unamerikanischen. Aus dem Englischen von Patricia Klobusiczky. Berlin: Hanser im Carl Hanser Verlag München.

Behrens, Katja (1985): Die dreizehnte Fee. Frankfurt a. Main: Fischer Taschenbuch Verlag.

Brežná, Irena (2013): Die undankbare Fremde. Köln: Kiepenheuer & Witsch.

Brodsky, Joseph (1984): Katastrophy v vozduche. In: Maloe sobranie sotschinenij (2014). Ders. (Hg.). Sankt Petersburg: Azbooka, S. 757–784.

Brodsky, Joseph (1987): In eineinhalb Zimmern. In: Erinnerungen an Leningrad. Aus dem Amerikanischen von Sylvia List und Marianne Frisch. München: Carl Hanser Verlag, S. 47–119.

Brodsky, Joseph (1993): Erinnerungen an Leningrad. Aus dem Amerikanischen von Sylvia List und Marianne Frisch. Frankfurt a. Main: Fischer Taschenbuch Verlag.

Brodsky, Joseph (1995): Brief an Horaz. In: Ders. (1996): Von Schmerz und Vernunft: Hardy, Rilke, Frost und andere. Aus dem Amerikanischen von Sylvia List. München/Wien: Carl Hanser Verlag, S. 9–43.

Brodsky, Joseph (1995): In memoriam Stephen Spender (1995). In: Ders. (1996) Von Schmerz und Vernunft: Hardy, Rilke, Frost und andere. Aus dem Amerikanischen von Sylvia List. München/Wien: Carl Hanser Verlag, S. 233–263.

Brodsky, Joseph (1996): Neunzig Jahre später. In: Ders. (1996): Von Schmerz und Vernunft: Hardy, Rilke, Frost und andere. Aus dem Amerikanischen von Sylvia List. München/Wien: Carl Hanser Verlag, S. 117–175.

Brodsky, Joseph (1996): Von Schmerz und Vernunft: Hardy, Rilke, Frost und andere. Aus dem Amerikanischen von Sylvia List. München/Wien: Carl Hanser Verlag.

Bronsky, Alina (2008): Scherbenpark. Köln: Kiepenheuer & Witsch.

Bronsky, Alina (2010[4]): Die schärfsten Gerichte der tatarischen Küche. Köln: Kiepenheuer & Witsch.

Bronsky, Alina (2012): Spiegelkind. Würzburg: Arena Verlag GmbH.

Bronsky, Alina (2013): Nenn mich einfach Superheld. Köln: Kiepenheuer & Witsch.

Bronsky, Alina (2013): Spiegelriss. Würzburg: Arena Verlag GmbH.

Bronsky, Alina (2015): Baba Dunjas letzte Liebe. Köln: Kiepenheuer & Witsch.

Bronsky, Alina (2017): Und du kommst auch drin vor. München: dtv Junior.

Carroll, Lewis (1988): Alice's Adventures in Wonderland. New York: Alfred A. Knopf.

Čechov, Anton (1974): Drei Schwestern. Drama in vier Akten. Übers. u. hg. von Peter Urban. Zürich: Diogenes Verlag.

Charitonow, Jewgenij (1996): Unter Hausarrest. Ein Kopfkissenbuch. Berlin: Rowohlt.

Duras, Marguerite (1985): Der Liebhaber. Aus dem Französischen von Ilma Rakusa. Frankfurt a. M.: Suhrkamp Verlag.

Erofeyev, Viktor (1999): Enziclopedia russkoj dushi [Enzyklopädie der russischen Seele]. Moskau: Podkova & Decont+.

Erpenbeck, Jenny (2015): Gehen, ging, gegangen. München: Albrecht Knaus Verlag.

Frank, Julia (2009²): Die Überwindung der Grenze liegt im Erzählen: Eine Einladung. In: Grenzübergänge: Autoren aus Ost und West erinnern sich. Dies. (Hg.). Frankfurt a. Main: S. Fischer Verlag, S. 9–22.

Gaponenko, Marjana (2012): Wer ist Martha? Berlin: Suhrkamp Verlag.

Geiger, Arno (2015): Selbstporträt mit Flusspferd. München: Carl Hanser Verlag.

Gorelik, Lena (2013): Die Listensammlerin. Berlin: Rowohlt.

Grjasnowa, Olga (2012): Der Russe ist einer, der Birken liebt. München: Carl Hanser Verlag.

Grjasnowa, Olga (2014): Die juristische Unschärfe einer Ehe. München: Carl Hanser Verlag.

Grjasnowa, Olga (2017²): Gott ist nicht schüchtern. Berlin: Aufbau Verlag.

Haratischwili, Nino (2010): Juja. Berlin: Verbrecher Verlag.

Haratischwili, Nino (2011): Mein sanfter Zwilling. Frankfurt a. Main: Frankfurter Verlagsanstalt GmbH.

Haratischwili, Nino (2011): Radio Universe. In: Dies.: Zorn, Radio Universe. Zwei Stücke. Frankfurt a. Main: Verlag der Autoren, S. 89–142.

Haratischwili, Nino (2011): Zorn. In: Dies.: Zorn, Radio Universe. Zwei Stücke. Frankfurt a. Main: Verlag der Autoren, S. 7–87.

Haratischwili, Nino (2013): Die zweite Frau, in: Techno der Jaguare. Neue Erzählungen aus Georgien. Hrsg. von Nana Tandaschwili und Jost Gippert. Frankfurt a. Main: Frankfurter Verlagsanstalt GmbH, S. 199–246.

Haratischwili, Nino (2014): Das achte Leben (Für Brilka). Frankfurt a. Main: Frankfurter Verlagsanstalt GmbH.

Herrndorf, Wolfgang (2011[8]): Tschick. Berlin: Rowohlt.

Hilbk, Merle (2008): Die Chausse der Enthusiasten. Berlin: Aufbau Verlag.

Hummel, Eleonora (2005, 2006): Die Fische von Berlin. Göttingen: Steidl Verlag.

Hummel, Eleonora (2009): Die Venus im Fenster. Göttingen: Steidl Verlag.

Hummel, Eleonora (2009): In einem lieblichen Teil. In: Lichterfeste, Schattenspiele. Chamisso-Preisträger erzählen. Herausgegeben von Péter Esterházy. München: Deutscher Taschenbuch Verlag GmbH & Co. KG, S. 181–189.

Hummel, Eleonora (2013): In guten Händen, in einem schönen Land. Göttingen: Steidl Verlag.

Ibsen, Henrik (1973): Nora oder ein Puppenheim (Schauspiel in drei Akten). In: ebds. Dramen (Band 1). München: Winkler Verlag, S. 757–830.

Inozemtsev, Juliane (2012): Werft die Gläser an die Wand. Meine russische Familie und ich. Köln: Bastei Lübbe Taschenbuch.

Jurjew, Oleg (2011): Kleines Haus, große Freiheit, wahres Paradies. In: Martynova, Olga/Jurjew, Oleg: Zwischen den Tischen. Olga Martynova und Oleg Jurjew im essayistischen Dialog. Bonn: Bernstein Verlag, S. 30–37.

Kaufmann, Kat (2015): Superposition. Hamburg: Hoffmann und Campe Verlag.

Klüger, Ruth (2010): Was Frauen schreiben. Wien: Zsolnay.

Kolosowa, Wlada (2012): Russland to Go. Eine ungeübte Russin auf Reisen. München: Wilhelm Goldmann Verlag.

Kuczynski, Rita (1990): Wenn ich kein Vogel wär. Berlin: Buchverlag Der Morgen.

Kuschtschewskaja, Tatjana (2005): Meine sibirische Flickendecke. Dokumentarischer Roman. Aus dem Russischen von Ilse Tschörtner. Düsseldorf: Grupello.

Lesskow, Nikolai (1961): Das erlesene Korn. Eine kurze Trilogie im Halbschlummer. In: Ders.: Erzählungen. München: Biederstein Verlag Gustav End & Co, S. 93–126.

Lindenberg, Wladimir (2002[6]): Bobik begegnet der Welt. Reiseerlebnisse formen einen jungen Menschen. München/Basel: Ernst Reinhardt Verlag.

Litwina, Alexandra (2017): In einem alten Haus in Moskau: Ein Streifzug durch 100 Jahre russische Geschichte. Bilder von Anna Desnitskaya. Aus dem Russischen von Thomas Weiler und Lorenz Hoffmann. Hildesheim: Gerstenberg Verlag.

Lorentz, Iny (2004): Die Wanderhure. München: Knaur Verlag.

Mann, Thomas (1980): Der Erwählte. Frankfurt a. Main: S. Fischer Verlag.

Mann, Thomas (2008): Der Zauberberg. Frankfurt a. Main: Fischer Taschenbuch Verlag.

Martynova, Olga (2011): Der ewige Salat. In: Martynova, Olga/Jurjew, Oleg: Zwischen den Tischen. Olga Martynova und Oleg Jurjew im essayistischen Dialog. Bonn: Bernstein Verlag, S. 21–29.

Martynova, Olga (2013): Mörikes Schlüsselbein. Graz/Wien: Literaturverlag Droschl.

Martynova, Olga/Jurjew, Oleg (2011): Zwischen den Tischen. Olga Martynova und Oleg Jurjew im essayistischen Dialog. Bonn: Bernstein Verlag.

Mechtel, Angelika (1977): Wir sind arm, wir sind reich. Stuttgart: Deutsche Verlags-Anstalt.

Meyrink, Gustav (1995): Der Golem. München: Langen Müller.

Modiano, Patrick (2013): Der Horizont. Aus dem Französischen von Elisabeth Edl. München: Carl Hanser Verlag.

Mora, Terézia (2013): Das Ungeheuer. München: Luchterhand.

Mort, Valžina (2009): Tränenfabrik. Übers. von Katharina Narbutovič. Frankfurt a. M.: Suhrkamp.

Mort, Valžyna (2013): Kreuzwort. Deutsch von Katharina Narbutovič und Uljana Wolf. Berlin: Suhrkamp Taschenbuch Verlag.

Mort, Valžyna (2013): Tante Anna. In: Dies.: Kreuzwort. Deutsch von Katharina Narbutovič und Uljana Wolf. Berlin: Suhrkamp Taschenbuch Verlag. S. 36–67.

Mort, Valžyna (2013): Zhenya. In: Dies.: Kreuzwort. Deutsch von Katharina Narbutovič und Uljana Wolf. Berlin: Suhrkamp Taschenbuch Verlag. S. 74–91.

Novak, Helga M. (1979): Die Eisheiligen. Darmstadt, Neuwied: Luchterhand.

Ozick, Cynthia (1987): Puttermesser und ihr Golem. In: Puttermesser und ihr Golem. Aus dem Englischen v. Melanie Walz. München: Piper Verlag, S. 81–188.

Petrowskaja, Katja (2009): Die Kinder von Orljonok. Von Krasnodar nach Sotschi. In: Odessa Transfer. Nachrichten vom Schwarzen Meer. Raabe, Katharina/Sznajderman, Monika (Hg.). Frankfurt a. M.: Suhrkamp Verlag, S. 220–239.

Poladjan, Katerina (2011): In einer Nacht, woanders. Berlin: Rowohlt.

Poladjan, Katerina (2015): Vielleicht Marseille. Berlin: Rowohlt.

Preuß, Gunter (1997): Feen sterben nicht. München: Tabu-Verlag.

Rabinowich, Julya (2011a): Herznovelle. Wien: Deuticke.

Rabinowich, Julya (2011b): Rauschen. Weisse Flecken. [sic!] In: Well. Come! Literarische und fotografische Porträts von jugendlichen Flüchtlingen und ihren Patinnen und Paten. Hofstätter, Klaus/Langthaler, Herbert (Hg.). Mandelbaum Verlag, S. 94–97.

Rabinowich, Julya (2011c): Spaltkopf. Wien: Deuticke.

Rabinowich, Julya (2012): Die Erdfresserin. Wien: Deuticke.

Rabinowich, Julya (2016): Dazwischen: Ich. München: Carl Hanser Verlag.

Rabinowich, Julya (2016): Krötenliebe. Wien: Deuticke.

Rabinowich, Julya (2017): Mela Hartwig – In zerbrochenen Spiegeln. Wien: mandelbaum *verlag*.

Reschke, Karin (1980): Memoiren eines Kindes. Berlin: Rotbuch Verlag.

Scherebzowa, Polina (2015): Polinas Tagebuch. Aus dem Russischen Olaf Kühl. Berlin: Rowohlt Berlin Verlag GmbH.

Scherstjanoi, Valeri (2006): Zum 40. Jahrestag des OKTOBERS. In: Scherstjanoi, Valeri (2008): lauter scherben. Texte Zeichnungen Chronik. Norderstedt: Books on Demand GmbH, S. 118–120.

Sparschuh, Jens (2014): Ende der Sommerzeit. Köln: Verlag Kiepenheuer & Witsch.

Streeruwitz, Marlene (1998): Können. Mögen. Dürfen. Sollen. Wollen. Müssen. Lassen. Frankfurter Poetikvorlesungen. Frankfurt a. Main: Suhrkamp Verlag.

Veremej, Nellja (2013): Berlin liegt im Osten. Salzburg und Wien: Jung und Jung.

Zwetajewa, Marina (1987): Mutter und die Musik. Autobiographische Prosa. Frankfurt a. M.: Suhrkamp (Auswahl aus Isbrannaja prosa w dwuch tomach. 1917–1937).

Sekundärliteratur und interdisziplinäre Forschung

Alexijewitsch, Swetlana (2013): Secondhand-Zeit. Leben auf den Trümmern des Sozialismus. Aus dem Russischen von Ganna-Maria Braungardt. Bonn: Bundeszentrale für politische Bildung.

Améry, Jean (2014[8]): Wieviel Heimat braucht der Mensch? In: Ders.: Jenseits von Schuld und Sühne: Bewältigungsversuche eines Überwältigten. Stuttgart: Klett-Cotta Verlag, S. 82–113.

Amodeo, Immacolata (1996): „Die Heimat heisst Babylon": Zur Literatur ausländischer Autoren in der Bundesrepublik Deutschland. Opladen: Westdeutscher Verlag.

Amodeo, Immacolata/Hörner, Heidrun (2010) (Hg.): Zu Hause in der Welt: Topographien einer grenzüberschreitenden Literatur. Sulzbach/Taunus: Ulrike Helmer Verlag.

Antarowa, K. (o. A.): Drei Proben mit Stanislawski: II. Genauigkeit der Vorstellungen (S. 10–17). Erarbeitet, übersetzt, herausgegeben vom Deutschen Theater-Institut. Druck: Druckerei Aktivist Weimar. (Übersetzt aus der sowjetischen Zeitschrift „Theater" 1951, Heft 5.)

Arendt, Hannah (1971[2]): Macht und Gewalt. München: R. Piper & Co. Verlag.

Arnold, Heinz Ludwig (2004): Die Gruppe 47. Reinbeck bei Hamburg: Rowohlt Taschenbuch Verlag.

Assmann, Aleida (1999): Erinnerungsräume. Formen und Wandlungen des kulturellen Gedächtnisses. München: Verlag C. H. Beck.

Assmann, Aleida (2009[4]): Erinnerungsräume. Formen und Wandlungen des kulturellen Gedächtnisses. München: C. H. Beck.

Assmann, Aleida (2013): Das neue Unbehagen an der Erinnerungskultur: Eine Intervention. München: Verlag C. H. Beck.

Assmann, Jan (2005[5]): Das kulturelle Gedächtnis. Schrift, Erinnerung und politische Identität in frühen Hochkulturen. München: C. H. Beck.

Atabay, Ilhami (2011): Die Kinder der „Gastarbeiter". Familienstrukturen türkeistämmiger MigrantInnen zweiter Generation. Freiburg: Centaurus Verlag & Media KG.

Atkinson, Donald R./Morten, G./Sue, David W. (1983[2]): Counseling American minorities. Dubuque, IA: Wm. C. Brown.

Audehm, Kathrin/Wulf, Christoph/Zirfas, Jörg (2007): Rituale. In: Handbuch Familie. Jutta Ecarius (Hg.). Wiesbaden: VS Verlag für Sozialwissenschaften, S. 424–440.

Augé, Marc (1994): Orte und Nicht-Orte. Vorüberlegungen zu einer Ethnologie der Einsamkeit. Aus dem Französischen von Michael Bischoff. Frankfurt a. Main: S. Fischer Verlag.

Aumüller, Jutta (2009): Assimilation. Kontroversen um ein migrationspolitisches Konzept. Bielefeld: transcript Verlag.

Ausgerechnet Deutschland! Jüdisch-russische Einwanderung in die Bundesrepublik (2010). Belkin, Dmitrij/Gross, Raphael (Hg.): Begleitpublikation zur Ausstellung im Jüdischen Museum Frankfurt. Vom 12. März bis 25. Juli 2010. Berlin: Nicolaische Verlagsbuchhandlung & Frankfurt a. M.: Jüdisches Museum Frankfurt a. Main.

Aussiedlerinnen und Aussiedler in Nordrhein-Westfalen (2013). Ministerium für Arbeit, Integration und Soziales (MAIS) des Landes Nordrhein-Westfalen (Hg.). Düsseldorf: Hausdruck.

Autobiografisches Schreiben in der deutschsprachigen Gegenwartsliteratur: Grenzen der Fiktionalität und der Erinnerung. (2007) Parry, Christoph/Platen, Edgar (Hg.). Bd. 2. München: IUDICIUM Verlag.

Avanessian, Armen: Was tun? Philosophie Magazin. Nr. 2, Februar/März 2016, S. 49.

Aycha, Abduljawad (1996): Leben im Exil: Psychologische Untersuchung der subjektiven Lebenssituation ausländischer Flüchtlinge in Deutschland. Frankfurt a. M.: IKO – Verl. für Interkulturelle Kommunikation.

Bachelard, Caston (2006): Poetik des Raumes. In: Raumtheorie. Grundlagentexte aus Philosophie und Kulturwissenschaften. Dünne, Jörg/Günzel, Stephan (Hg.). Frankfurt a. Main: Suhrkamp Taschenbuch Verlag, S. 166–179.

Bachmann-Medick, Doris (2006): Cultural Turns. Neuorientierungen in den Kulturwissenschaften. Reinbeck bei Hamburg: Rowohlt.

Bachtin, Michail M. (1989): Formen der Zeit im Roman. Untersuchungen zur historischen Poetik. Aus dem Russischen von Michael Dewey. Frankfurt a. M.: Fischer Taschenbuch Verlag.

Bade, Klaus J. (1993): Einwanderung und Eingliederung in Deutschland: Entwicklungslinien und Probleme. In: Zuwanderung und Eingliederung von Deutschen und Juden aus der früheren Sowjetunion in Deutschland und Israel. Bade, Klaus/Troen, S. Ilan (Hg.). Deutsch-israelisches Symposium am Hubert H. Humphrey Institute der Ben-Gurion-University of the Negev in Beer-Sheva, Israel 13.–17. Oktober 1991. Bonn: Bundeszentrale für politische Bildung, S. 18–25.

Bade, Klaus J. (1995): Einwanderung und Gesellschaftspolitik in Deutschland – quo vadis Bundesrepublik? In: Menschen über Grenzen Grenzen über Menschen. Die Multikulturelle Herausforderung. Ders. (Hg.). Herne: Heitkamp, S. 206–223.

Bade, Klaus J. (2002): Europa in Bewegung. Migration vom späten 18. Jahrhundert bis zur Gegenwart. München: Verlag C. H. Beck.

Bade, Klaus J. (2004): Sozialhistorische Migrationsforschung. Göttingen: V & R unipress GmbH.

Bal, Mieke (2006): Kulturanalyse. Fechner-Smarsly, Thomas/Neef, Sonja (Hg.). Frankfurt a. Main: Suhrkamp.

Bauer, Matthias (1994): Der Schelmenroman. Stuttgart/Weimar: Verlag J. B. Metzler.

Becker, Sabina/Krause, Robert (2010) (Hg.): Exil ohne Rückkehr. Literatur als Medium der Akkulturation nach 1933. München: edition text + kritik.

Becker, Tobias: Unser Star aus Baku. KulturSPIEGEL, Februar 2012, S. 44.

Beham, Martina (2004): Mutter-Kind-Beziehungen in Nachscheidungsfamilien. In: Wenn Eltern sich trennen. Wie Kinder, Frauen und Männer Scheidung erleben. Zartler, Ulrike/Wilk, Liselotte/Kränzl-Nagl, Renate (Hg.) Frankfurt a. M./New York: Campus Verlag, S. 133–153.

Beledian, Krikor (2000): Die Katastrophe und die Erfahrung sprachlicher Grenzen in der armenischsprachigen Literatur. In: Gewalt: Strukturen, Formen,

Repräsentationen. Dabag, Mihran/Kapust, Antje/Waldenfels, Bernhard (Hg.). München: Wilhelm Fink Verlag, S. 297–316.

Belentschikow, Valentin (1994): Migranten aus der ehemaligen UdSSR in Berlin 1990–1993. In: Ost–West–Migration: Lebens- und Arbeitsbedingungen von Migranten aus Osteuropa in den neuen Bundesländern und Berlin. Marburger, Helga (Hg.). Frankfurt a. M.: IKO – Verlag für Interkulturelle Kommunikation, S. 92–116.

Belkin, Dmitrij (2010): Mögliche Heimat: Deutsches Judentum zwei. In: Ausgerechnet Deutschland! Jüdisch-russische Einwanderung in die Bundesrepublik. Belkin, Dmitrij/Gross, Raphael (Hg.). Begleitpublikation zur Ausstellung im Jüdischen Museum Frankfurt vom 12. März bis 25. Juli 2010. Berlin und Jüdisches Museum Frankfurt a. Main: Nicolaische Verlagsbuchhandlung GmbH., S. 25–29.

Belkin, Ljudmila (2010): Der Künstler mit dem „jüdischen Visum“: ein Kulturprofil im Aufbau. In: Ausgerechnet Deutschland! Jüdisch-russische Einwanderung in die Bundesrepublik. Belkin, Dmitrij/Gross, Raphael (Hg.). Begleitpublikation zur Ausstellung im Jüdischen Museum Frankfurt vom 12. März bis 25. Juli 2010. Berlin und Jüdisches Museum Frankfurt a. Main: Nicolaische Verlagsbuchhandlung GmbH., S. 136–137.

Benjamin, Jessica (1990): Die Fesseln der Liebe: Psychoanalyse, Feminismus und das Problem der Macht. Ins Deutsche übertr. von Nils Thomas Lindquist und Diana Müller. Basel/Frankfurt a. M.: Stroemfeld/Roter Stern.

Benjamin, Walter (1977): Literarische und ästhetische Essays. Der Erzähler. Betrachtungen zum Werk Nikolai Lesskows. In: Walter Benjamin. Gesammelte Schriften. Bd. II/2. Tiedemann, Rolf/Schweppenhäuser, Hermann (Hg.). Frankfurt: Suhrkamp, S. 438–465.

Bereswill, Mechthild/Rieker, Peter/Schnitzer, Anna (2012) (Hg.): Migration und Geschlecht. Theoretische Annäherungen und empirische Befunde. Weinheim und Basel: Beltz Juventa.

Bergmann, Lena (2012): Angekommen. Fräulein. Nr. 05/2012, S. 44–45.

Berliner Zeitung. Nr. 162, 15. Juli 2014, S. 14–15.

Bermejo, Isaac (2013): Psychische Störungen bei Migrantinnen und Migranten – Konsequenzen für das Gesundheitssystem in Deutschland. In: Psycho-soziale Beratung von Migranten. Körner, Wilhelm/Irdem, Gülcan/Bauer, Ullrich (Hg.). Stuttgart: Verlag W. Kohlhammer, 229–237.

Bernath, Markus: Armenien sieht Kriegszustand mit Aserbaidschan. Der Standard, 24., 25., 26., 27. Dez. 2015, S. 9.

Bernstein, Julia (2010): Vom Umgang mit dem Kapitalismus. Russische Läden in Deutschland. In: Ausgerechnet Deutschland! Jüdisch-russische Einwanderung in die Bundesrepublik. Belkin, Dmitrij/Gross, Raphael (Hg.). Begleitpublikation zur Ausstellung im Jüdischen Museum Frankfurt vom 12. März bis 25. Juli 2010. Berlin und Jüdisches Museum Frankfurt a. Main: Nicolaische Verlagsbuchhandlung GmbH., S. 118–120.

Berry, John W. (1980): Acculturation as a variety of adaptation. In: Acculturation: Theory, models and some new findings. A. M. Padilla (Hg.). Boulder: Westview Press S. 9–25.

Berry, John W./Kim, Uichol/Minde, Thomas/Mok, Doris (1987): Comparative studies of acculturative stress, In: International Migration Review, 21, S. 491–511.

Berry, John W./Kim, Uichol et al. (1989): Acculturation attitudes in plural societies. In: Applied Psychology, 38, S. 185–206.

Berry, John W. et al. (2006) (Ed.): Immigrant youth in cultural transition: acculturation, identity, and adaptation across national contexts. Mahwah, NJ: Erlbaum.

Bertelsmann. Das neue Universallexikon (2011). Gütersloh/München: wissenmedia in der InmediaONE GmbH.

Besedy K. S. Stanislawskogo (1990). Moskva: Sovetskaja Rossija.

Bhabha, Homi K. (2000): Die Verortung der Kultur. Übers. Michael Schiffmann und Jürgen Freudl. Tübingen: Stauffenburg Verlag Brigitte Narr GmbH.

Białek, Edward/Wolting, Monika (2012) (Hg.): Kontinuitäten Brüche Kontroversen. Deutsche Literatur nach dem Mauerfall. Dresden: Neisse Verlag.

Blumenkamp, Katrin (2011): Das „Literarische Fräuleinwunder“: Die Funktionsweise eines Etiketts im literarischen Feld der Jahrtausendwende. Münster: LIT Verlag.

Bode, Sabine (2012^{9}): Kriegsenkel. Stuttgart: Klett-Cotta.

Bogdal, Klaus-Michael (2004): Wo geht's denn hier nach Kanakstan? Deutschtürkische Schriftsteller auf der Suche nach Identität. In: Literatur und Vielsprachigkeit. Monika Schmitz-Emans (Hg.). Heidelberg: Synchron, S. 237–247.

Bohleber, Werner (2000): Trauma, Gewalt und kollektives Gedächtnis. In: Psyche: Zeitschrift für Psychoanalyse und ihre Anwendungen 54,9/10 (Sonderheft). Stuttgart: Klett-Cotta, S. 796–1085.

Boldt, Ulrike/Stutz, Rüdiger (2006): Nutzen und Grenzen des historischen Generationenkonzeptes für die Erforschung von Umbruchserfahrungen im späten Jugendalter. In: Die DDR aus generationengeschichtlicher Perspektive: Eine Inventur. Schüle, Annegret/Ahbe, Thomas/Gries, Rainer (Hg.). Leipzig: Leipziger Universitätsverlag GmbH, S. 23–39.

Borrmann, Jennifer (2010): “Bridging the gap”. Filmkritik und Akkulturation. Das Beispiel Manfred George. In: Exil ohne Rückkehr. Literatur als Medium der Akkulturation nach 1933. Becker, Sabina/Krause, Robert (Hg.). München: edition text + kritik, S. 112–138.

Bourdieu, Pierre (1997): Ortseffekte. Aus dem Französischen von Franz Schultheis. In: Das Elend der Welt: Zeugnisse und Diagnosen alltäglichen Leidens an der Gesellschaft. Ders. et al. (Hg.). Konstanz: UVK Universitätsverlag Konstanz, S. 159–167.

Boym, Svetlana (1994): Common Places. Mythologies of Everyday Life in Russia. Cambridge, Massachusetts: Harvard UP.

Boym, Svetlana (2001): The Future of Nostalgia. New York: Basic Books.

Boym, Svetlana (2010): Another Freedom. The Alternative History of an Idea. Chicago and London: The University of Chicago Press.

Breslau, Naomi/Kessler, Ronald C. (2001): The stressor criterion in DSM-IV posttraumatic stress disorder: an empirical investigation. In: Biological psychiatry: a journal of psychiatric neuroscience and therapeutics: a publication of the Society of Biological Psychiatry, 50/9, S. 699–704.

Brieskorn, Norbert S. J. (2005): Grausamkeit - Gewalt - Macht. In: Müller, Johannes/Kiefer, Mattias (Hg.): Globalisierung der Gewalt. Weitere Solidarität angesichts neuer Fronten globaler (Un-)Sicherheit. Stuttgart: W. Kohlhammer Druckerei GmbH, S. 71–98.

Brinkmann, Tobias (2010): „Von Durchwanderern zu Einwanderern? Juden aus Russland in Deutschland“. In: Ausgerechnet Deutschland! Jüdisch-russische Einwanderung in die Bundesrepublik. Belkin, Dmitrij/Gross, Raphael (Hg.). Begleitpublikation zur Ausstellung im Jüdischen Museum Frankfurt vom 12. März bis 25. Juli 2010. Berlin und Jüdisches Museum Frankfurt a. Main: Nicolaische Verlagsbuchhandlung GmbH, S. 36–37.

Britannica Concise Encyclopedia: The One-Volume Desk Reference That Covers It All (2003). Verlag: Encyclopaedia Britannica (UK) Ltd.

Bronsky, Alina/Wilk, Denise (2016): Die Abschaffung der Mutter. Kontrolliert, manipuliert und abkassiert - warum es so nicht weitergehen darf. München: Deutsche Verlags-Anstalt.

Brutschin, Kerstin (2010): „Hat doch die Mehrzahl der Frauen ihr Schicksal - und den Mann - gemeistert“. Deutschsprachige Schriftstellerinnen im französischen Exil von 1933–1945. In: Becker, Sabina/Krause, Robert (Hg.): Exil ohne Rückkehr. Literatur als Medium der Akkulturation nach 1933. München: edition text + kritik, 139–161.

Bugadze, Lasha (2016): Der Literaturexpress. Aus dem Georgischen von Nino Haratischwili. Frankfurt a. Main: Frankfurter Verlagsanstalt.

Bulgakow, Michail (2013): Ich bin zum Schweigen verdammt. Tagebücher und Briefe. Aus dem Russischen Renate Reschke und Thomas Reschke. München: Luchterhand Literaturverlag.

Burchard, Amory (2002[2]): Das russische Berlin. Berlin: Die Ausländerbeauftragte des Senats.

Burdorf, Dieter (2004): Die eigene und die fremde Kultur. Zur Einführung. In: Exotismus und Tradition bei Durs Grünbein und Raoul Schrott. Dieter Burdorf (Hg.). Iserlohn: Institut für Kirche und Gesellschaft, S. 7–10.

Bussmann, Kai-D. (2007): Gewalt in der Familie. In: Handbuch Familie. Jutta Ecarius (Hg.). Wiesbaden: VS Verlag für Sozialwissenschaften, S. 637–652.

Butler, Judith (2000): Antigone's Claim: Kinship between Life & Death. New York: Columbia UP.

Butler, Judith (2000): Das Unbehagen der Geschlechter. Frankfurt a. Main: Suhrkamp.

Butler, Judith (2003): Afterword: After Loss, What Then? In: Loss. The Politics of Mourning. Ed. by David L. Eng and David Kazanjan. Berkeley: University of California Press, S. 467–473.

Caldwell, Melissa L. (2002): The Taste of Nationalism: food politics in postsocialist Moscow. In: Ethnos: Journal of Anthropology, Vol. 67 (2002), p. 295–319.

Caldwell, Melissa L. (2009): Introduction. Food and Everyday Life after State Socialism. In: Food & Everyday Life in the Postsocialist World. Ed. by Melissa L. Caldwell. Bloomington & Indianapolis: Indiana UP, S. 1–28.

Caldwell, Melissa L. (2009): Tempest in a Coffee Pot. Brewing Incivility in Russia's Public Sphere. In: Food & Everyday Life in the Postsocialist World. Ed. by Melissa L. Caldwell. Bloomington & Indianapolis: Indiana UP, S. 101–129.

Caldwell, Melissa L. (2011): Dacha Idylls. Living Organically in Russia's Countryside. Berkeley/Los Angeles/London: University of California Press.

Camara, Dom Helder (1970): Die Spirale der Gewalt. Graz/Wien/Köln: Verlag Styria.

Canetti, Elias (1960): Masse und Macht. Hamburg: Claassen Verlag.

Caruth, Cathy (1995): Trauma: Explorations in Memory. Baltimore: The Johns Hopkins UP.

Caruth, Cathy (1996): Unclaimed Experience: Trauma, Narrative, and History. Baltimore: The Johns Hopkins UP.

Cassirer, Ernst (1960): Was ist der Mensch? Versuch einer Philosophie der menschlichen Kultur. Übers. Wilhelm Krampf. Stuttgart: W. Kohlhammer Verlag.

Cassirer, Ernst (1964): Philosophie der symbolischen Formen. Dritter Teil: Phänomenologie der Erkenntnis. Darmstadt: Wissenschaftliche Buchgesellschaft.

Cassirer, Ernst (1973): Philosophie der symbolischen Formen. Zweiter Teil: Das mythische Denken. Darmstadt: Wissenschaftliche Buchgesellschaft.

Cassirer, Ernst (1994[10]): Philosophie der symbolischen Formen. Teil I. Die Sprache. Darmstadt: Wissenschaftliche Buchgesellschaft.

Cersowsky, Peter (1983): Phantastische Literatur im ersten Viertel des 20. Jahrhunderts. Untersuchungen zum Strukturwandel des genres, seinen geistesgeschichtlichen Voraussetzungen und zur Tradition der „schwarzen Romantik" insbesondere bei Gustav Meyrink, Alfred Kubin und Franz Kafka. München: Wilhelm Fink Verlag.

Cervone, Daniel/Pervin, Lawrence A. (2014[12], 2010): Personality Psychology. International Student Version. Hoboken (NJ): John Wiley & Sons, Inc.

Chasanow, Boris (2005): Veter izgnanija. In: Russische Emigration im 20. Jahrhundert: Literatur - Sprache - Kultur. Göbler, Frank (Hg.) unter Mitarbeit von Ulrike Lange. München: Verlag Otto Sanger, S. 353–363.

Cheauré, Elisabeth (2010): Frauen in Russland. In: Länderbericht Russland. Pleines, Heiko/Schröder, Hans-Henning (Hg.). Bonn: Bundeszentrale für politische Bildung, S. 466–492.

Chronik russischen Lebens in Deutschland 1918–1941 (1999). Schlögel, Karl/ Kucher, Katharina/Suchy, Bernhard/Thum, Gregor (Hg.). Berlin: Akademie Verlag.

Clifford, James (1986): On Ethnographic Allegory. In: Writing Culture: The Poetics and Politics of Ethnography. Ed. by James Clifford and George E. Marcus. Berkley: University of California Press, S. 98–121.

Corbineau-Hoffmann, Angelika (1993): Marcel Proust: A la recherché du temps perdu : Einführung und Kommentar. Tübingen und Basel: Francke Verlag (UTB für Wissenschaft).

Cordie, Ansgar M. (2001): Raum und Zeit des Vaganten. Formen der Weltaneignung im deutschen Schelmenroman des 17. Jahrhunderts. Berlin/New York: Walter de Gruyter.

Croitoru, Joseph: Bürger, trinkt staatlichen Wodka! F.A.Z., 04.02.2015.

Dalos, György (2011): Lebt wohl, Genossen! Der Untergang des sowjetischen Imperiums. Beetz, Christian/Mille, Olivier (Hg.). Bonn: Bundesszentrale für politische Bildung.

Dalos, György (2014): Geschichte der Russlanddeutschen. Von Katharina der Großen bis zur Gegenwart. Deutsche Bearbeitung von Elsbeth Zylla. München: Verlag C. H. Beck.

Das schönste Proletariat der Welt. Junge Erzähler aus Russland (2011). Hg. und übers. von Christiane Körner. Berlin: Suhrkamp Verlag.

Das Synonymwörterbuch Duden (2010). Mannheim/Leipzig: Dudenverlag.

Daubert, Hannelore (1999): „Es verändert sich die Wirklichkeit…“ Themen und Tendenzen im realistischen Kinder- und Jugendroman der 90er Jahre. In: Kinder- und Jugendliteratur in Deutschland. Renate Raecke (Hg.). München: Arbeitskreis für Jugendliteratur e. V., S. 89–105.

Daubert, Hannelore (2000): Familie als Thema der Kinder- und Jugendliteratur. In: Taschenbuch der Kinder- und Jugendliteratur. Bd. 2. Günter Lange (Hg.). Baltmannsweiler: Schneider-Verlag Hohengehren, S. 684–705.

De Balzac, Honoré (1986): Die Frau von dreißig Jahren. Aus dem Franz. von Ernst Sander. München: Wilhelm Goldmann Verlag.

De Bruyn, Günter (1995): Das erzählte Ich: Über Wahrheit und Dichtung in der Autobiographie. Frankfurt a. Main: S. Fischer Verlag.

De Certeau, Michel (1988): The practice of everyday life. Translated by Steven Rendall. Berkeley/Los Angeles/London: University of California Press.

De Certeau, Michel/Giard, Luce/Mayol, Pierre (1998): The Practice of Everyday Life. Vol. 2: Living and Cooking. Ed. by Luce Giard, transl. by Timothy J. Tomasik. Minneapolis/London: University of Minnesota Press.

De Man, Paul (1993): Autobiographie als Maskenspiel. In: Ders.: Die Ideologie des Ästhetischen. Christoph Menke (Hg.). Frankfurt a. Main: Suhrkamp, S. 131–146.

Deleuze, Gilles/Guattari, Félix (2005[6]): Tausend Plateus. Kapitalismus und Schizophrenie. Aus dem Französischen von Gabriele Ricke und Ronald Voullié. Berlin: Merve Verlag.

Delhom, Pascal (2000): Verletzungen. In: Gewalt: Strukturen, Formen, Repräsentationen. Dabag, Mihran/Kapust, Antje/Waldenfels, Bernhard (Hg.). München: Wilhelm Fink Verlag, S. 279–296.

Deutschland – Russland. Band 3. Das 20. Jahrhundert. (2014) (Hg.) Altrichter, Helmut/Ischtschenko, Wiktor/Möller, Horst/Tschubarjan, Alexander. München: Oldenbourg Wissenschaftsverlag.

Diener, Andrea: Alina Bronsky: Die schärfsten Gerichte der tatarischen Küche. Die Kunst der Erpressung. F.A.Z., 20.08.2010, Nr. 192, S. 30.

Diner, Dan (2010): Deutsch-jüdisch-russische Paradoxien oder Versuch eines Kommentars aus Sicht des Historikers (Konferenz „Ausgerechnet Deutschland! Jüdisch-russische Einwanderung in die Bundesrepublik“, am 24. März 2009). In: Ausgerechnet Deutschland! Jüdisch-russische Einwanderung in die Bundesrepublik. Belkin, Dmitrij/Gross, Raphael (Hg.). Begleitpublikation zur Ausstellung im Jüdischen Museum Frankfurt vom 12. März bis 25. Juli 2010.

Berlin und Jüdisches Museum Frankfurt a. Main: Nicolaische Verlagsbuchhandlung GmbH., S. 18–20.

Dodd, Carley H. (1998[5]): Dynamics of intercultural communication. Boston, Mass.: McGraw-Hill.

Donath, Orna (2016): #regretting motherhood. Wenn Mütter bereuen. Aus dem Englischen von Karlheinz Dürr und Elsbeth Ranke. München: Albrecht Knaus Verlag.

Doubrovsky, Serge (2008): Nah am Text. In: Kultur & Gespenster: Autofiktion 7, S. 122–133.

Dubiel, Jochen (2007): Dialektik der postkolonialen Hybridität. Die intrakulturelle Überwindung des kolonialen Blicks in der Literatur. Bielefeld: Aisthesis Verlag.

Duden. Das Bedeutungswörterbuch Bd. 10 (2010[4]). Mannheim: Dudenverlag.

Dürr, Anke: Türke, Russe, Nibelung. KulturSPIEGEL. Nr. 10/2014, S. 54–55.

Eakin, Paul John (1999): How Our Lives Become Stories: Making Selves. Ithaca/London: Cornell University Press.

Ecarius, Jutta (2007) (Hrsg.): Handbuch Familie. Wiesbaden: VS Verlag für Sozialwissenschaften.

Echterhoff, Gerald (2004): Das Außen des Erinnerns: Medien des Gedächtnisses aus psychologischer Perspektive. In: Medien des kollektiven Gedächtnisses: Konstruktivität – Historizität – Kulturspezifität. Erll, Astrid/Nüning, Ansgar (Hg.). Berlin: Walter de Gruyter, S. 61–82.

Echterhoff, Gerald/Saar, Martin (2002): Einleitung: Das Paradigma des kollektiven Gedächtnisses: Maurice Halbwachs und die Folgen. In: Kontexte und Kulturen des Erinnerns: Maurice Halbwachs und das Paradigma des kollektiven Gedächtnisses. Dies. (Hg.). Konstanz: UVK, S. 13–35.

Eilenberger, Wolfram: Was tun? Philosophie Magazin. Nr. 2, Februar/März 2016, S. 42–43.

Eine Frage der Mode. 20 Kult-Objekte, die die Modegeschichte veränderten. (2013) Valeri Manferto de Fabianis (Hg.). Übers. Adriana Enslin. Novara: WS White Star Verlag von De Agostini Libri S.p.A.

Encyclopedia of Identity (2010). Ed. Ronald L. Jackson II, Vol. 1. Los Angeles: Sage Publications, Inc.

Erdheim, Mario (1980): Fremdkörper. In: Kursbuch 62, S. 49–56.

Erll, Astrid (2011[2]): Kollektives Gedächtnis und Erinnerungskulturen. Eine Einführung. Stuttgart: Verlag J. B. Metzler.

Ette, Ottmar (2001): Literatur in Bewegung. Raum und Dynamik grenzüberschreitenden Schreibens in Europa und Amerika. Weilerswist: Velbrück Wissenschaft.

Evidence-Based Practices in Mental Health Care by American Psychiatric Association (2003). American Psychiatric Publishing (1894).

Fähnle, Johannes (2010): „Das Exil ist eine Krankheit". Krankheit und Tod im deutschsprachigen literarischen Exil. In: Exil ohne Rückkehr. Literatur als Medium der Akkulturation nach 1933. Becker, Sabina/Krause, Robert (Hg.). München: edition text + kritik, S. 241–261.

Faßmann, Heinz/Münz, Rainer (1992[4]): Einwanderungsland Österreich? Gastarbeiter - Flüchtlinge - Immigranten. Hg. von Bundesministerium für Unterricht und Kunst, Abteilung für Politische Bildung, Österreichische Akademie der Wissenschaften, Institut für Demographie. Wien: Dachs-Verlag Ges.m.b.H.

Favell, Adrian (2001): Debate: Immigration Policy: Multicultural Nationbuilding: ‚Integration' as Public Philosophy and Research Paradigm in Western Europe. In: Swiss Political Science Review 7/2, S. 116–123.

Felman, Shoshana/Laub, Dori (1992): Testimony: Crises of Witnessing in Literature, Psychoanalysis, and History. New York: Routledge.

Fikentscher, Wolfgang/Rall, Konstantin (2012): Kontakt der Kulturen: Theorie der Akkulturation im weiteren Sinne. In: Akkulturation, Integration, Migration. Fikentscher, Wolfgang/Pflug, Manuel/Schwermer, Luisa (Hg.). München: Herbert Utz Verlag, S. 7–37.

Fillitz, Thomas/Gingrich, Andre/Rasuly-Paleczek, Gabriele (1993): Kultur, Identität und Macht. Frankfurt: IKO – Verlag für Interkulturelle Kommunikation.

Finney, Brian: Suture in Literary Analysis. In: LIT: Literature, Interpretation, Theory. Vol. 2, Nr. 2 (Nov, 1990), S. 131–144.

Fitzgerald, Thomas K. (1993): Metaphors of Identity: A Culture-Communication Dialogue. Albany: State University of New York Press.

Flaßpöhler, Svenja: Werde ich meine Herkunft jemals los? Philosophie Magazin. Nr. 01/2015, S. 42–45.

Food & Everyday Life in the Postsocialist World (2009). Ed. by Melissa L. Caldwell. Bloomington & Indianapolis: Indiana UP.

Foucault, Michel (1999): Erinnerungsräume. Formen und Wandlungen des kulturellen Gedächtnisses. München: Verlag C. H. Beck.

Fräulein. Magazin Nr. 05/2012, S. 45.

Freud, Sigmund (1975): Trauer und Melancholie. In: Studienausgabe. Bd. III. Alexander Mitscherlich (Hg.). Frankfurt a. Main: Fischer Verlag.

Freud, Sigmund (1975): Vorlesungen zur Einführung in die Psychoanalyse, Vorl. 18 (1915), GW Bd. XI; Trauer und Melancholie (1917 [1915]), Bd. III; Hemmung, Symptom und Angst (1926 [1925]), Bd. VI; Jenseits des Lustprinzips (1920), Bd. III. Frankfurt a. Main: S. Fischer Verlag.

Freud, Sigmund (2005): Timely Reflections on War and Death. In: Ders.: On Murder, Mourning, and Melancholia. Transl. by Shaun Whiteside. London: Penguin Books, S. 169–194.

Freud, Sigmund (2009): Der Witz und seine Beziehung zum Unbewußten. Der Humor. Frankfurt a. Main: Fischer Taschenbuch Verlag.

Freud, Sigmund (2010[2]): Der Witz und seine Beziehung zum Unbewußten. Der Humor. Frankfurt a. Main: Fischer Taschenbuch Verlag.

Friedgut, Theodore H. (2010): „Warum sie gingen: Gründe für die jüdische Emigration aus der Sowjetunion, 1973–2000". Aus dem Englischen von Tina Delavre. In: Ausgerechnet Deutschland! Jüdisch-russische Einwanderung in die Bundesrepublik. Belkin, Dmitrij/Gross, Raphael (Hg.). Begleitpublikation zur Ausstellung im Jüdischen Museum Frankfurt. Vom 12. März bis 25. Juli 2010. Berlin: Nicolaische Verlagsbuchhandlung & Frankfurt a. M.: Jüdisches Museum Frankfurt a. Main, S. 38–41.

Früchtl, Josef: Krieg und Held. Philosophie Magazin. Nr. 04/2014, S. 51.

Gansel, Carsten (2002): Der Adoleszenzroman. In: Taschenbuch der Kinder- und Jugendliteratur. Bd. 1. Günter Lange (Hg.). Baltmannsweiler: Schneider-Verlag Hohengehren, S. 359–398.

Gansel, Carsten (2003): Adoleszenz, Ritual und Inszenierung in der Pop-Literatur. In: Pop-Literatur. Arnold, Heinz Arnold/Schäfer, Jörgen. München: edition text + kritik, S. 234–257.

Gansel, Carsten (2009) (Hg.): Kinder- und Jugendliteratur und Narratologie. Göttingen: V & R unipress.

Gansel, Carsten (2010): Zwischenzeit, Grenzüberschreitung, Störung – Adoleszenz und Literatur. In: Zwischenzeit, Grenzüberschreitung, Aufstörung: Bilder von Adoleszenz in der deutschsprachigen Literatur. Gansel, Carsten/Zimniak, Paweł (Hg.). Heidelberg: Universitätsverlag Winter, S. 15–48.

Gansel, Carsten (2011): „Der Tod ist ein Geschenk" – Störungen in der Adoleszenz und terroristische Selbstmordattentate in der deutschsprachigen Gegenwartsliteratur. In: Kriegsdiskurse in Literatur und Medien nach 1989. Gansel, Carsten/Kaulen, Heinrich (Hg.). Göttingen: V & R unipress, S. 248–262.

Gansel, Carsten (2016): Adoleszenz. Zu theoretischen Aspekten und aktuellen Entwicklungen. Der Deutschunterricht. Heft 2/2016, S. 2–12.

Gansel, Carsten/Hummel, Eleonora (2007): „Nicht in Worte gefasste Erinnerungen gehen verloren" – Ein Gespräch. In: Gedächtnis und Literatur in den ‚geschlossenen Gesellschaften' des Real-Sozialismus zwischen 1945 und 1989. Carsten Gansel (Hg.). Göttingen: V & R unipress, S. 287–305.

Geiser, Myriam (2015): Der Ort transkultureller Literatur in Deutschland und in Frankreich. Deutsch-türkische und frankomaghrebinische Literatur der Postmigration. Würzburg: Königshausen & Neumann.

Genkova, Petia (2003): Individualismus/Kollektivismus und hilfreiches Verhalten: Interkultureller Vergleich zwischen Bulgarien und Deutschland. Frankfurt a. M: Peter Lang GmbH.

Genkova, Petia (2009): „Nicht nur die Liebe zählt…" Lebenszufriedenheit und kultureller Kontext. Lengerich: Pabst Science Publishers.

Genkova, Petia (2012): Kulturvergleichende Psychologie: ein Forschungsleitfaden. Wiesbaden: Springer VS.

Genkova, Petia/Kaune, Katharina (2014): Die Bedeutung Interkultureller Kompetenz für eine Nutzung der Potenziale von Diversity. In: Zeitschrift für Sozialmanagement – Journal of Social Management, 12/1, S. 11–29.

Gerner, Susanne (2012): Migration, Gender und familialer Wandel. Zur Dynamik von Beharrung und Transformation im Spannungsfeld von Migration, Scheidung und Adoleszenz. In: Migration und Geschlecht. Theoretische Annäherungen und empirische Befunde. Bereswill, Mechthild/Rieker, Peter/Schnitzer, Anna (Hg.). Weinheim und Basel: Beltz Juventa, S. 40–63.

Giard, Luce (1998): Plat du jour. In: Practice of Everyday Life. Vol. 2: Living and Cooking. De Certeau, Michel/Giard, Luce/Mayal, Pierre (Hg.). Übers. v. Timothy J. Tomasik. Minneapolis/London: University of Minnesota Press, S. 171–198.

Gilmore, Leigh (2001): The Limits of Autobiography: Trauma and Testimony. Ithaca: Cornell UP.

Global Cities – Metropolitan Cultures. A Transatlantic Perspective (2011). Ed. by Barbara Hahn & Meike Zwingenberger. Heidelberg: Universitätsverlag Winter GmbH.

Göbel, Esther (2016): Die falsche Wahl. Wenn Frauen ihre Entscheidung für Kinder bereuen. München: Droemer Verlag.

Göbler, Frank (2005) (Hg.) unter Mitarbeit von Ulrike Lange: Russische Emigration. Literatur – Sprache – Kultur. München: Verlag Otto Sagner.

Goer, Charis (2003): Cross the Border – Face the Gap: Ästhetik der Grenzerfahrung bei Thomas Meinecke und Andreas Neumeister. In: Pop-Literatur. Arnold, Heinz Ludwig/Schäfer, Jörgen (Hg.). München: edition text + kritik, S. 172–182.

Gorokhova, Elena (2015): Russisches Tattoo. Ein Memoir. Aus dem Englischen von Saskia Bontjes van Beek. München: dtv Verlagsgesellschaft mbH & Co. KG.

Graves, Theodore D. (1967): Acculturation, access, and alcohol in a tri-ethnic community. In: American Anthropologist, Vol. 69, Nr. 3/4, S. 306–321.

Grenz, Dagmar (2002): Mädchenliteratur. In: Taschenbuch der Kinder- und Jugendliteratur. Bd. 1. Günter Lange (Hg.). Baltmannsweiler: Schneider-Verlag Hohengehren, S. 332–358.

Greverus, Ina-Maria (1979): Statt einer Erzählung: „Heimat" – politische Vokabel oder politische Aufgabe? In: Dies.: Auf der Suche nach Heimat. München: C. H. Beck, S. 7–18.

Grinberg, Léon/Grinberg Rebeca (1990): Psychoanalyse der Migration und des Exils. Aus dem Spanischen von Flavio C. Ribas. München und Wien: Verlag Internationale Psychoanalyse.

Grjasnowa, Olga: Kein bisschen Frieden. KulturSpiegel, Mai 2012.

Groppe, Carola (2007): Familiengedächtnisse und Familienstrategien. In: Handbuch Familie. Jutta Ecarius (Hg.). Wiesbaden: VS Verlag für Sozialwissenschaften, S. 406–423.

Hackenberg, Dietrich (2004): Migration im Bild: Fotografie und Internet als Formen visueller Präsentation zur Migrationsgeschichte. In: Geschichte und Gedächtnis in der Einwanderungsgesellschaft: Migration zwischen historischer Rekonstruktion und Erinnerungspolitik. Motte, Jan/Ohliger, Rainer (Hg.). Essen: Klartext, S. 181–87.

Hahn, Barbara (1991): Unter falschem Namen: Von der schwierigen Autorschaft der Frauen. Frankfurt a. Main: Suhrkamp Verlag.

Hahn, Barbara (2011): Introduction. In: Global Cities – Metropolitan Cultures. A Transatlantic Perspective. Ed. by Barbara Hahn, Meike Zwingenberger. Heidelberg: Universitätsverlag Winter, S. 1–9.

Halbwachs, Maurice (1985): Das Gedächtnis und seine sozialen Bedingungen. Aus dem Französischen von Lutz Geldsetzer. Berlin: Suhrkamp.

Hallet, Wolfgang/Neumann, Birgit (2009) (Hg.): Raum und Bewegung in der Literatur. Die Literaturwissenschaften und der Spatial Turn. Bielefeld: transcript Verlag.

Hamazaki, Keiko (2007): Zur Beschreibung des „First Contact" in der deutschsprachigen „Migrantenliteratur". In: Reise- und Migrationsliteratur. Kulturanthropologische Perspektiven. Keiko Hamazaki (Hg.). JGG Tokyo.

Hamburger, Franz/Hummrich, Merle (2007): Familie und Migration. In: Handbuch Familie. Jutta Ecarius (Hg.). Wiesbaden: VS Verlag für Sozialwissenschaften, S. 112–134.

Hamburger, Käte (1977[3]): Die Logik der Dichtung. Stuttgart: Klett-Cotta.

Hammer, Mitchell R./Gudykunst, William B./Wiseman, Richard L. (1978): Dimensions of intercultural effectiveness: An exploratory study. In: International journal of intercultural relations/IJIR., 2/4, S. 382–393.

Handbuch Transkulturelle Psychiatrie (2010). Hegemann, Thomas/Salman, Ramazan (Hg.). Bonn: Psychiatrie-Verlag GmbH.

Haratischwili, Nino. Zeit Literatur. Nr. 50, Dezember 2011, S. 15.

Harris, Paul A. (2008): Osteuropäische Juden in Deutschland seit 1990. In: Enzyklopädie Migration in Europa. Vom 17. Jahrhundert bis zur Gegenwart. Klaus J. Bade (Hg.). München: Wilhelm Flink, S. 822–825.

Hartman, Geoffrey H. (1997): The Fateful Question of Culture. New York: Columbia UP.

Heidegger, Martin (1990[9]): Unterwegs zur Sprache. Stuttgart: Neske.

Heidegger, Martin (2006): Identität und Differenz. Frankfurt/Main: Vittorio Klostermann.

Heidemann, Britta: Jung und heimatlos. W.A.Z. Nr. 30, 04.02.2012, S. 22.

Heimweh. Eine konzeptuelle Fotoarbeit von Martin Mlecko (2003). Berlin: Nikolai Verlag.

Heinämäki-Sepponen, Riina (2007): Autobiographisches Schreiben zwischen individueller Erinnerung und kollektiver Identitätsarbeit bei Jana Hensel und Claudia Rusch. In: Autobiografisches Schreiben in der deutschsprachigen Gegenwartsliteratur. Bd. 2. Grenzen der Fiktionalität und der Erinnerung. Parry, Christoph/Platen, Edgar (Hg.). München: IUDICIUM Verlag, S. 168–176.

Hengst, Heinz (1981): Tendenzen der Liquidierung von Kindheit. In: Kindheit als Fiktion. Hengst, Heinz/Köhler, Michael/Riedmüller, Barbara/Wambach, Manfred Max (Hg.). Frankfurt a. Main: Suhrkamp Verlag, S. 11–72.

Hengst, Heinz (2013): Kindheit im 21. Jahrhundert. Differenzielle Zeitgenossenschaft. Weinheim und Basel: Beltz Juventa.

Henneberg, Nicole: Hier kommt die neue deutsche Frau. F.A.Z. Nr. 48, 25.02.2012, S. 35.

Herbert, Ulrich (2001): Geschichte der Ausländerpolitik in Deutschland. Saisonarbeiter, Zwangsarbeiter, Gastarbeiter, Flüchtlinge. München: Verlag C. H. Beck.

Hermann, Iris (2000): Gewalt als Schmerz. In: Kunst - Macht - Gewalt. Der ästhetische Ort der Aggressivität. Rolf Grimminger (Hg.). München: Wilhelm Fink Verlag, S. 43–61.

Herrmann, Ulrich (2006): Was ist eine „Generation“? Methodologische und begriffsgeschichtliche Explorationen zu einem Idealtypus. In: Die DDR aus generationengeschichtlicher Perspektive: Eine Inventur. Schüle, Annegret, Ahbe/Thomas/Gries, Rainer (Hg.). Leipzig: Leipziger Universitätsverlag GmbH, S. 23–39.

Herwartz-Emden, Leonie (2003²): Einleitung: Geschlechterverhältnis, Familie und Migration. In: Einwandererfamilien: Geschlechterverhältnisse, Erziehung und Akkulturation. Leonie Herwartz-Emden (Hg.). Göttingen: V&R unipress GmbH mit Universitätsverlag Osnabrück, S. 9–50.

Herwartz-Emden, Leonie/Westphal, Manuela (2003²): Konzepte mütterlicher Erziehung. In: Einwandererfamilien: Geschlechterverhältnisse, Erziehung und Akkulturation. Leonie Herwartz-Emden (Hg.). Göttingen: V&R unipress GmbH mit Universitätsverlag Osnabrück, S. 99–120.

Hess-Lüttich, Ernest W.B./von Maltzan, Carlotta/Thorpe, Kathleen (2016) (Hg.): Gesellschaften in Bewegung. Literatur und Sprache in Krisen- und Umbruchzeiten. Frankfurt a. M.: Peter Lang.

Heusser-Markun, Regula: Sie fahren in die Sowjetunion? Warum? Sind Sie Kommunist? (2008) In: Daniel Gendre: UdSSR. Zürich: OFFIZIN Zürich Verlag, S. 7–15.

Heyman, Stephen: Remix: Books; Hammer and Tickle. The New York Times, 17. April 2011.

Hildermeier, Manfred (2013): Geschichte Russlands. Vom Mittelater bis zur Oktoberrevolution. München: Verlag C. H. Beck oHG.

Hippius, Sinaida (2014): Petersburger Tagebücher 1914–1919. Übersetzt aus dem Russ. v. Bettina Eberspächer und Helmut Ettinger. Berlin: Die Andere Bibliothek.

Hirsch, Anja: „Der Tag, an dem du verstehst, warum du fühlst". F.A.Z., 08.10.2011.

Hirsch, Marianne (1997): Family Frames. Photography, Narrative, and Postmemory. Cambridge, MA: Harvard UP.

Hirsch, Marianne (2012): The Generation of Postmemory. Writing and Visual Culture After the Holocaust. New York: Columbia University Press.

Höbel, Wolfgang: Parfum der Gosse. Der Spiegel, 30.06.2008, S. 136.

Hofmann, Michael/Patrut, Iulia-Karin (2015): Einführung in die interkulturelle Literatur. Darmstadt: Wissenschaftliche Buchgesellschaft.

Hoffmeister, Gerhart (1985/86): Einleitung. In: Der moderne deutsche Schelmenroman. Interpretationen. Gerhart Hoffmeister (Hg.). Amsterdam: Rodopi, S. 1–8.

Holdenried, Michaela (1995) (Hg.): Geschriebenes Leben: Autobiographik von Frauen. Berlin: Erich Schmidt Verlag.

Holdenried, Michaela (2000): Autobiographie. Stuttgart: Reclam.

Hollander, Nancy Caro (2000): Exile: Paradoxes of Loss and Creativity. In: Psychodynamic Perspectives on Abuse: The Cost of Fear. Ed. by Una McCluskey and Carol-Ann Hooper. London: Jessica Kingsley Publishers, S. 81–99.

Holm, Kerstin: Die Lage ist hoffnungslos, aber nicht ernst. Aus dem russischen Sumpf ins deutsche Biedermeier-Volksheim: Ein Grenzgang zwischen zwei Völkern und Mentalitäten. F.A.Z., 26.07.2014.

Holm, Kerstin: Was von den Siedlern übrig blieb. Vom bevorzugten Liebling zum bekämpften inneren Feind des Staates: György Dalos legt eine exzellent erzählte Geschichte der Russlanddeutschen vor. F.A.Z., 21.11.2014.

Horst, Claire (2007): Der weibliche Raum in der Migrationsliteratur. Irena Brežna – Emine Sevgi Özdamar – Libuše Moníková. Mechernich: Verlag Hans Schiler.

Huber, Kathrin/Genkova, Petia (2009): Kulturelle Anpassung oder culture shock?: eine empirische Studie der Einflussfaktoren interkulturellen Erfolgs bei Expatriates. Tagungsband „Der Mensch im Mittelpunkt wirtschaftlichen Handelns" zur 15. Fachtagung der „Gesellschaft für Angewandte Wirtschaftspsychologie" in Ludwigshafen, 10.–11. Juli 2009. Lengerich: Pabst Science Publ.

Huber, Bertold (2010): Ausländerrechtliche Bestimmungen in Deutschland. In: Handbuch Transkulturelle Psychiatrie. Hegemann, Thomas/Salman, Ramazan (Hg.). Bonn: Psychiatrie-Verlag GmbH, S. 418–447.

Hückstädt, Hauke: Alinas Leute oder Väterchen Ofensetzer. Russlanddeutsche Kristallstunde: „Die Fische von Berlin", Eleonora Hummels feines Debütroman. Frankfurter Rundschau, 16.03.2005.

Hühn, Melanie/Lerp, Dörte/Petzold, Knut/Stock, Miriam (2010): In neuen Dimensionen denken? Einführende Überlegungen zu Transkulturalität, Transnationalität, Transstaatlichkeit und Translokalität. In: Transkulturalität, Transnationalität, Transstaatlichkeit, Translokalität. Theoretische und empirische Begriffsbestimmungen. Münster: LIT Verlag, S. 11–46.

Hummel, Eleonora: Heute schon lamentiert? Eine Replik auf den Beitrag „Minderheitsliteratur oder Minderdichtung?" von Prof. Dr. Hans-Christoph Graf v. Nayhauss in BiZ-Bote 1/2014, S. 26–31. In: BiZ-Bote 2/2014, S. 6–7.

Huyssen, Andreas (2003): Present Pasts: Urban Palimpsests and the Politics of Memory. Stanford: Stanford UP.

Ich erfinde immer einen Kern, der mir selber weh tut. Ein Gespräch mit Nino Haratischwili geführt von Barbara Müller-Weseman am 13. Juli 2008 in Hamburg. In: Radikal weiblich? Theaterautorinnen heute (2010). Christine Künzel (Hg.). Berlin: Theater der Zeit, S. 231–240.

Iljassova-Morger, Olga/Reinhardt-Becker, Elke (2009) (Hg.): Literatur – Kultur – Verstehen: Neue Perspektiven in der interkulturellen Literaturwissenschaft. Duisburg: Universitätsverlag.

Imbusch, Peter (2005): Moderne und Gewalt. Zivilisationstheoretische Perspektiven auf das 20. Jahrhundert. Wiesbaden: VS Verlag für Sozialwissenschaften.

Irigaray, Luce (2006): Der Ort, der Zwischenraum. In: Raumtheorie. Grundlagentexte aus Philosophie und Kulturwissenschaften. Dünne, Jörg/Günzel, Stephan (Hg.). Frankfurt a. Main: Suhrkamp Taschenbuch Verlag, S. 244–260.

Jacobs, Jürgen (1983): Der deutsche Schelmenroman. München: Artemis Verlag.

Jacobs, Jürgen (1985/86): Bildungsroman und Pikaroroman. Versuch einer Abgrenzung. In: Der moderne deutsche Schelmenroman. Interpretationen. Gerhart Hoffmeister (Hg.). Amsterdam: Rodopi, S. 9–18.

Jaspers, Karl (1947): Philosophische Logik. Bd. 1. Von der Wahrheit. München: R. Piper & Co. Verlag.

Jerofejew, Viktor (1995): Die russischen Blumen des Bösen. Vorwort. In: Tigerliebe. Russische Erzähler am Ende des 20. Jahrhunderts. Eine Anthologie. Ders. (Hg.). Berlin: Berlin Verlag, S. 7–29.

John-Wenndorf, Carolin (2014): Der öffentliche Autor. Über die Selbstinszenierung von Schriftstellern. Bielefeld: transcript Verlag.

Joop, Wolfgang/Casati, Rebecca (2013): Undressed. Aus einem Leben mit mir. Hamburg: Hoffmann und Campe.

Jung, Thomas (2006): Ressentiments bis in die dritte Generation. Vom Scheitern der deutsch-jüdischen Symbiose in einem populär erzählten deutschen Gegenwartsroman von Anja Tuckermann. In: Juden und Judentum in der deutschsprachigen Literatur. Jasper, Willi/Lezzi, Eva/Liebs, Elke/Peitsch, Helmut (Hg.). Wiesbaden: Harrassowitz Verlag, S. 421–440.

Jungen, Oliver: Eine Zeit zum Steinewerfen. F.A.Z., 02.10.2008, Nr. 231, S. 40.

Kaganovsky, Lilya (2008): How the Soviet Man was unmade. Cultural Fantasy and male Subjectivity under Stalin. Pittsburgh: University of Pittsburgh Press.

Kahn, Helmut Wolfgang (1984): Die Deutschen und die Russen. Köln: Pahl-Rugenstein Verlag.

Kaminer, Wladimir (2007): Schriftsteller wurde ich in einer Kaschemme. Gespräch mit Grigori Kroschin. In: Wir in Deutschland: 15 Jahre russisch-jüdische Zuwanderung nach Deutschland – eine Erfolgsbilanz. Projektleitung Larissa Syssoeva. Berlin.

Kaminer, Wladimir (2010): Die neue Heimat. In: Ausgerechnet Deutschland! Jüdisch-russische Einwanderung in die Bundesrepublik. Belkin, Dmitrij/

Gross, Raphael (Hg.). Begleitpublikation zur Ausstellung im Jüdischen Museum Frankfurt vom 12. März bis 25. Juli 2010. Berlin und Jüdisches Museum Frankfurt a. Main: Nicolaische Verlagsbuchhandlung GmbH, S. 142–143.

Kammler, Clemens (2004): Deutschsprachige Literatur seit 1989/90: Ein Rückblick. In: Deutschsprachige Gegenwartsliteratur seit 1989: Zwischenbilanzen – Analysen – Vermittlungsperspektiven. Kammler, Clemens/Pflugmacher, Torsten (Hg.). Heidelberg: Synchron, S. 13–35.

Kang, Yoonhee (2013): Student migration: an overview. In: The Encyclopedia of Global Human Migration. General Ed. Immanuel Ness. Chichester (UK): Wiley-Blackwell Publishing Ltd, S. 2895–2899.

Kayser, Wolfgang (1957): Das Groteske. Seine Gestaltung in Malerei und Dichtung. Oldenburg/Hamburg: Gerhard Stalling Verlag.

Kayser, Wolfgang (1958): Wilhelm Buschs grotesker Humor. Göttingen: Vandenhoeck & Ruprecht.

Kayser, Wolfgang (1973[16]): Das sprachliche Kunstwerk. Eine Einführung in die Literaturwissenschaft. Bern/München: Francke Verlag.

Kazmierczak, Madlen (2016): Fremde Frauen: Zur Figur der Migrantin aus (post)sozialistischen Ländern in der deutschsprachigen Gegenwartsliteratur. Berlin: Erich Schmidt Verlag.

Keefe, Susan E./Padilla, Amado M. (1987): Chicagno ethnicity. Albuquerque: University of Mexico Press.

Kessler, Judith (2010): Zeittafel zur russisch-jüdischen Zuwanderung nach Deutschland. In: Ausgerechnet Deutschland! Jüdisch-russische Einwanderung in die Bundesrepublik. Belkin, Dmitrij/Gross, Raphael (Hg.). Begleitpublikation zur Ausstellung im Jüdischen Museum Frankfurt vom 12. März bis 25. Juli 2010. Berlin und Jüdisches Museum Frankfurt a. Main: Nicolaische Verlagsbuchhandlung GmbH., S. 176–177.

Kimil, Ahmet/Salman, Ramazan (2010): Migration und Sucht. In: Handbuch Transkulturelle Psychiatrie. Hegemann, Thomas/Salman, Ramazan (Hg.). Bonn: Psychiatrie-Verlag GmbH, S. 368–382.

Kinder- und Jugendliteratur in Deutschland (1999). Renate Raecke (Hg.). München: Arbeitskreis für Jugendliteratur e. V.

Kinsky, Esther: Kurortne Oktober 13. Aufzeichnungen von der kalten Krim. In: Schreibheft. Zeitschrift für Literatur. Nr. 83, August 2014, S. 25–53.

Kirmayer, Laurence J. (1996): Landscapes of Memory: Trauma, Narrative, and Dissociation. In: Tense Past: Cultural Essays in Trauma and Memory. Ed. by Paul Antze & Michael Lambek. New York: Routledge, S. 173–198.

Kleines Lexikon der ethnischen Minderheiten in Deutschland (1997). Schmalz-Jacobsen, Cornelia/Hansen, Georg (Hg.). München: Verlag C. H. Beck.

Knop-Buhrmann, Heidrun (1980): Die Romane Saul Bellows. Neue Dimensionen des Pikaroromans. Frankfurt a. Main: Peter D. Lang.

Körner, Wilhelm/Irdem, Gülcan/Bauer, Ullrich (2013) (Hg.): Psycho-soziale Beratung von Migranten. Stuttgart: Verlag W. Kohlhammer.

Kraft, Andreas/Weißhaupt, Mark (2009) (Hg.): Generationen: Erfahrung – Erzählung – Identität. Konstanz: UVK Verlagsgesellschaft mbH.

Kraft, Helga (1993): Nachwort: Zehn Bilder zur Mutter-Tochter-Revolution. In: Mütter – Töchter – Frauen. Weiblichkeitsbilder in der Literatur. Kraft, Helga/Liebs, Elke (Hg.). Stuttgart/Weimar: Verlag J. B. Metzler, S. 315–339.

Krauss, Hannes (2004): Die Wiederkehr des Erzählens: Neue Beispiele der Wendeliteratur. In: Deutschsprachige Gegenwartsliteratur seit 1989: Zwischenbilanzen – Analysen – Vermittlungsperspektiven. Kammler, Clemens/Pflugmacher, Torsten (Hg.). Heidelberg: Synchron, S. 97–108.

Kröhnert, Steffen (2010): Migration in Deutschland und Europa – Gegenwart und Zukunft. In: Handbuch Transkulturelle Psychiatrie. Hegemann, Thomas/Salman, Ramazan (Hg.). Bonn: Psychiatrie-Verlag GmbH, S. 41–57.

Kroll, Renate (2010): Autorin, weibliche Autorschaft, Frauenliteratur. Betrachtungen zu schreibenden und „geschriebenen" Frauen. In: Genderstudies in den Geisteswissenschaften. Beiträge aus den Literatur-, Film- und Sprachwissenschaften. Corinna Schlicht (Hg.). Duisburg: Universitätsverlag Rhein-Ruhr, S. 39–53.

Kronsteiner, Ruth (2009[2]): Kultur und Migration in der Psychotherapie. Ethnologische Aspekte psychoanalytischer und systematischer Therapie. Frankfurt a. M.: Brandes & Apsel Verlag.

Kuschel, Anna (2007): Ein Kapitel aus meinem Leben – (auto)biographisches Schreiben „kurz hinter der Wahrheit und dicht neben der Lüge". In: Autobiografisches Schreiben in der deutschsprachigen Gegenwartsliteratur. Bd. 2. Grenzen der Fiktionalität und der Erinnerung. Parry, Christoph/Platen, Edgar (Hg.). München: IUDICIUM Verlag, S. 141–151.

Laarz, Diana: Alle zusammen, jeder allein. In: fluter. Thema Russland, Frühling 2015, Nr. 54, S. 36–40.

LaCapra, Dominick (1998): History and Memory after Auschwitz. Ithaca: Cornell UP.

Lagodinsky, Sergey (2009): Die Welten der Anderen: Die Wege einer jüdischen Familie nach und in Deutschland. In: Crossover Geschichte. Historisches Bewusstsein Jugendlicher in der Einwanderungsgesellschaft. Georgi, Viola B./Ohliger, Rainer (Hg.). Hamburg: edition Körber-Stiftung, S. 131–138.

Lanquillon, Wolfgang (1993): Soziokulturelle Eingliederung von Ausseidlern: Psychosoziale Problemlagen und gesellschaftliche Rahmenbedingungen. In:

Zuwanderung und Eingliederung von Deutschen und Juden aus der früheren Sowjetunion in Deutschland und Israel. Bade, Klaus J./Troen, S. Ilan (Hg.). Deutsch-israelisches Symposium am Hubert H. Humphrey Institute der Ben-Gurion-University of the Negev in Beer-Sheva, Israel 13.–17. Oktober 1991. Bonn: Bundeszentrale für politische Bildung, S. 100–106.

Lauer, Hubertus/Oberloskamp, Helga (1981): Kinder ausländischer Arbeitnehmer. Handbuch für Sozialarbeiter, Pädagogen, Juristen und sonstige Mitarbeiter in der Jugendhilfe. Bonn: Arbeitsgemeinschaft für Jugendhilfe - AGJ.

Lebina, Natalia (2008[2]): Enziklopedia banal'nostej: sovetskaja povsednevnost': kontury, simvoly, znaki. (Enzyklopädie der Banalitäten: Der sowjetische Alltag: Konturen, Symbole, Zeichen. Übers. des Titels N.L.) St. Petersburg: Dmitrij Bulanin.

Leggewie, Claus (2011): Multikulti. Spielregeln für die Vielvölkerrepublik. Salzhemmendorf: Blumenkamp Verlag.

Lehmann, Jürgen (1988): Bekennen - Erzählen - Berichten: Studien zu Theorie und Geschichte der Autobiographie. Tübingen: Niemeyer.

Lehnert, Gertrud (1996) (Hg.): Inszenierungen von Weiblichkeit: Weibliche Kindheit und Adoleszenz in der Literatur des 20. Jahrhunderts. Opladen: Westdeutscher Verlag.

Leithäuser, Thomas/Volmerg, Birgit (1988): Psychoanalyse in der Sozialforschung. Eine Einführung am Beispiel einer Sozialpsychologie der Arbeit. Opladen: Westdeutscher Verlag.

Leupold, Gabriele (1996): Ein Held der Schwäche. Nachwort. In: Charitonow, Jewgenij: Unter Hausarrest. Ein Kopfkissenbuch. Berlin: Rowohlt, S. 361–380.

Leys, Ruth (2000): Trauma: A Genealogy. Chicago: The University of Chicago Press.

Lichterfeste, Schattenspiele. Chamisso-Preisträger erzählen (2009). Péter Esterházy (Hg.). München: Deutscher Taschenbuch Verlag.

Lindert, Jutta (2010): Traumatische Ereignisse bei Migranten und ihre Auswirkungen. In: Handbuch Transkulturelle Psychiatrie. Hegemann, Thomas/Salman, Ramazan (Hg.). Bonn: Psychiatrie-Verlag GmbH, S. 383–397.

Lotman, Jurij M. (1974): Aufsätze zur Theorie und Methodologie der Literatur und Kultur. Karl Eimermacher (Hg.). Kronberg Taunus: Scriptor Verlag.

Lotman, Jurij M. (1992): Statji po semiotike i topologii kul'tury. Bd. 1. Tallin: Aleksandra.

Lotman, Jurij M. (1993[4]): Die Struktur literarischer Texte. Übersetzt von Rolf-Dietrich Keil. München: Wilhelm Fink Verlag.

Lotman, Jurij M. (1997): Rußlands Adel. Eine Kulturgeschichte von Peter I. bis Nikolaus I. Aus dem Russischen von Gennadi Kagan. Köln/Weimar/Wien: Böhlau Verlag.

Lotman, Jurij M. (2002): Istorija i tipologija russkoj kul'tury. Sankt Peterburg: Iskusstvo - SPb.

Lotman, Jurij M. (2010): Kultur und Explosion. Aus dem Russ. v. Dorothea Trottenberg.

Lotman, Jurij M. (2011): Besedy o russkoj kul'ture. Byt i tradicii russkogo dvorjanstva (XVIII - nacalo XIX veka). Sankt Petersburg: Iskusstvo - SPB.

Lovell, Stephen (2003): Summerfolk. A History of Dacha, 1701–2000. Ithaca/ London: Cornell University Press.

Lukács, Georg (1981): Moskauer Schriften. Zur Literaturtheorie und Literaturpolitik 1934–1940. Frank Benseler (Hg.). Frankfurt a. Main: Sendler Verlag.

Lukács, Georg (2009): Die Theorie des Romans. Ein geschichtsphilosophischer Versuch über die Formen der großen Epik. Bielefeld: Aisthesis Verlag.

Luschina, Nadja (2013): „Bisschen Drama ist immer gut". Die „neuen deutschen Russinnen" – literarisch und curricular betrachtet. In: Gender 360°: Einsichten und Aussichten. Karoline Spelsberg (Hg.). Münster: LIT Verlag, S. 176–185.

Luschina, Nadja (2013): Die neuen deutschen Russinnen. Generationsgeschichten von Alina Bronsky, Olga Grjasnowa, Nino Haratischwili und anderen. In: Andererseits 3. Yearbook of Transatlantic German Studies. Donahue, William Collins/Vogt, Jochen (Hg.). Duisburg: Universitätsverlag Rhein-Ruhr, S. 241–250.

Luschina, Nadja (2014): Alina Bronsky *Scherbenpark*. In: Literatur für die Schule. Ein Werklexikon zum Deutschunterricht. Bönnighausen, Marion/Vogt, Jochen (Hg.). Paderborn: Wilhelm Fink Verlag, S. 117–118.

Luschina, Nadja (2014): Olga Grjasnowa *Der Russe ist einer, der Birken liebt*. In: Literatur für die Schule. Ein Werklexikon zum Deutschunterricht. Bönnighausen, Marion/Vogt, Jochen (Hg.). Paderborn: Wilhelm Fink Verlag, S. 287–289.

Lützeler, Paul Michael (1997): Europäische Identität und Multikultur: Fallstudien zur deutschsprachigen Literatur seit der Romantik. Tübingen: Stauffenburg Verlag.

Maaz, Hans-Joachim (2005): Der Lilith Komplex. Die dunklen Seiten der Mütterlichkeit. München: Deutscher Taschenbuch Verlag.

Maehler, Débora B. (2012): Akkulturation und Identifikation bei eingebürgerten Migranten in Deutschland. Münster: Waxmann Verlag GmbH.

Maihofer, Andrea (1994): Geschlecht als Existenzweise. In: Geschlechterverhältnisse und Politik. Institut für Sozialforschung Frankfurt (Hg.). Frankfurt a. Main, S. 168–87.

Makarova, Elena (2008): Akkulturation und kulturelle Identität. Eine empirische Studie bei Jugendlichen mit und ohne Migrationshintergrund in der Schweiz. Bern/Stuttgart/Wien: Haupt Verlag.

Mallan, Kerry (2003): Hitting Below the Belt: Action Femininity and Representations of Female Subjectivity. In: Youth Cultures: Texts, Images, and Identities. Ed. by Kerry Mallan and Sharyn Pearce. Westport: Praeger, S. 139–153.

Manhneim, Karl (2009): Das Problem der Generationen. In: Mannheim, Karl: Schriften zur Wirtschafts- und Kultursoziologie. Barboza, Amalia/Lichtblau, Klaus (Hg.). Wiesbaden: VS Verlag für Sozialwissenschaften.

Marsella, Anthony J. (2005): Culture and conflict: Understanding, negotiating, and reconciling conflicting constructions of reality. In: International Journal of Intercultural Relations, 29(6), 651–673.

Mavreas, Venos/Bebbington, Paul/Der, Geoff (1989): The structure and validity of acculturation: Analysis of an acculturation scale. In: Social Psychiatry and Psychiatric Epidemology, 24, S. 233–240.

März, Ursula: Sie ist auf Alarm. Sie sucht eine Schulter zum Anlehnen. Sie schläft nicht. Sie haut ab. Zeit Literatur. Nr. 12, März 2012, S. 10–13.

Mead, Margaret (1971[2]): Der Konflikt der Generationen: Jugend ohne Vorbild. Olten/Freiburg i. B.: Walter-Verlag.

Meagan, Johnson/Larry, Johnson (2010): Generations, Inc.: From Boomers to Linksters – Managing the Friction between Generations at Work. New York: American Management Association.

Meeting Jedermann: Rabinovich Revisited (2013). Publikation zur gleichnamigen Ausstellung. Wien: Jüdisches Museum.

Meier-Ewert, Lavinia: Jenseits der Coolness. TAZ, 29./30.11.2008.

Memory in Mind and Culture (2009). Ed. by Pascal Boyer and James V. Wertsch. Cambridge: Cambridge UP.

Messana, Paola (1995) : Kommunalka. Une histoire de l'Union sovetieque a travers les appartements communautaires. Paris: J.-C. Lattès.

Metzo, Katherine (2009): The Social and Gendered Lives of Vodka in Rural Siberia. In: Food & Everyday Life in the Postsocialist World. Ed. by Melissa L. Caldwell. Bloomington & Indianapolis: Indiana UP, S. 188–205.

Meyer, Eva (1989): Die Autobiographie der Schrift. Basel/Frankfurt a. M.: Stroemfeld/Roter Stern.

Mierau, Fritz (1987) (Hg.): Russen in Berlin: Literatur Malerei Theater Film 1918–1933. Leipzig: Verlag Philipp Reclam jun.

Migrationsbericht des Bundesamtes für Migration und Flüchtlinge im Auftrag der Bundesregierung. Migrationsbericht 2013 (2015). Berlin: Bundesministerium des Innern.

Mischke, Roland: „Einsam im Wohlstand". General-Anzeiger, 16./17.08.2008.

Mobil. Das Magazin der Deutschen Bahn, November 2014.

Mother of the Year. Publishers Weekly, 00000019, 2/14/2011, Vol. 258, Issue 7.

Müller, Burkhard: Alle Liebe ist verflucht. Sueddeutsche Zeitung, 23.11.2011.

Müller, Johannes/Kiefer, Mattias (2005) (Hg.): Globalisierung der Gewalt. Weltweite Solidarität angesichts neuer Fronten globaler (Un-)Sicherheit. Stuttgart: W. Kohlhammer.

Müller-Wesemann, Barbara (2010): Ich erfinde immer einen Kern, der mir selber weh tut. Ein Gespräch mit Nino Haratischwili. In: Radikal weiblich? Theaterautorinnen heute. Christine Künzel (Hg.). Berlin: Verlag Theater der Zeit, S. 231–240.

Münz, Rainer (2003): Ethnic Germans in Central and Eastern Europe and their Return to Germany. In: Diasporas and Ethnic Migrants. Germany, Israel and Post-Soviet Successor States in Comparative Perspective. Ed. by Rainer Münz and Rainer Ohliger. London/Portland, OR: Frank Cass Publishers, S. 261–271.

Münz, Rainer/Seifert, Wolfgang/Ulrich, Ralf (1999^2): Zuwanderung nach Deutschland. Strukturen, Wirkungen, Perspektiven. Frankfurt a. M./New York: Campus Verlag.

Nadj, Julijana (2003): Die fiktionale Metabiographie als kritisches Gattungsgedächtnis. In: Literatur – Erinnerung – Identität: Theoriekonzeptionen und Fallstudien. Erl, Astrid/Gymnich, Marion/Nünning, Ansgar (Hg.). Trier: Wissenschaftlicher Verlag. S. 211–226.

Nora, Pierre (1990): Zwischen Geschichte und Gedächtnis. Aus dem Französischen von Wolfgang Kaiser. Berlin: Verlag Klaus Wagenbach.

Nünning, Ansgar (2007): 'Memory's Truth' und 'Memory's Fragile Power': Rahmen und Grenzen der individuellen und kulturellen Erinnerung. In: Autobiografisches Schreiben in der deutschsprachigen Gegenwartsliteratur. Bd. 2: Grenzen der Fiktionalität und der Erinnerung. Parry, Christoph/Platen, Edgar (Hg.). München: IUDICIUM Verlag, S. 39–60.

Oberländer, Alexandra. In: Magazin bpb 3/2014, Nr. 323, S. 16–21.

Parke, Ross D./Slaby, Ronald G. (1983): The Development of Aggression. In: Handbook of Child Psychology. New York: Wiley, S. 547–641.

Parry, Christoph (2007): Die Rechtfertigung der Erinnerung vor der Last der Geschichte. Autobiografische Strategien bei Timm, Treichel, Walser und Sebald. In: Autobiografisches Schreiben in der deutschsprachigen Gegenwartsliteratur. Bd. 2: Grenzen der Fiktionalität und der Erinnerung. Parry, Christoph/ Platen, Edgar (Hg.). München: IUDICIUM Verlag, S. 98–110.

Peck, Jeffrey M. (2006): Being Jewish in the new Germany. New Brunswick, NJ/ London: Rutgers UP.

Pertsch, Dietmar (1992): Jüdische Lebenswelten in Spielfilmen und Fernsehspielen. Filme zur Geschichte der Juden von ihren Anfängen bis zur Emanzipation 1871. Tübingen: Max Niemeyer Verlag.

Peter, Hartmut Rüdiger (2008): Rußländische Studenten an deutschen Hochschulen und Universitäten im späten 19. und frühen 20. Jahrhundert. In: Enzyklopädie Migration in Europa. Vom 17. Jahrhundert bis zur Gegenwart. Klaus J. Bade (Hg.). München: Wilhelm Flink, S. 924–928.

Peters, Laura (2012): Stadttext und Selbstbild. Berliner Autoren der Postmigration nach 1989. Heidelberg: Universitätsverlag Winter.

Pethes, Nicolas (2008): Kulturwissenschaftliche Gedächtnistheorien zur Einführung. Hamburg: Junius Verlag GmbH.

Pietzecker, Carl (1996): Einheit, Trennung und Wiedervereinigung. Psychoanalytische Untersuchungen eines religiösen, philosophischen, politischen und literarischen Musters. Würzburg: Königshausen & Neumann.

Poladjan, Katerina: Eine Spur von Adresse. Tor zur anderen Welt: In Berlin kann man zu Hause sein und fremd bleiben, in: Der Tagesspiegel am 07.02.2017, S. 19.

Propp, Vladimir (1972): Morphologie des Märchens. Karl Eimermacher (Hg.). München: Carl Hanser Verlag.

Rabinowich, Julya (2014): Es muss verändert werden. In: Schwens-Harrant, Brigitte: Autoren im Gespräch: Ankommen. Wien/Graz/Klagenfurt: Styria Premium, S. 53–85.

Rácz, Gabriella/Schenk, Klaus (2014) (Hg.): Erzählen und Erzähltheorie zwischen den Kulturen. Würzburg: Verlag Königshausen & Neumann.

Rakusa, Ilma (2008/2009): Die Vielfalt der ‚Migrantenliteratur': Eine anthropologische Annäherung. In: Jahrbuch/Deutsche Akademie für Sprache und Dichtung. Göttingen: Wallstein Verlag, S. 151–159.

Rall, Konstantin (2012): Auswirkungen der Integration auf die Identität der Person (im anthropologischen Sinne) und der anthropologische Begriff des Fremden. In: Akkulturation, Integration, Migration. Fikentscher, Wolfgang/Pflug, Manuel/Schwermer, Luisa (Hg.). München: Herbert Utz Verlag, S. 38–62.

Rauer, Valentin (2009): Identität, Integration und Hybridität. Migrationspolitische Diskurse türkischer Dachverbände in Deutschland. In: Exil, Entwurzelung, Hybridität. Krohn, Claus-Dieter/Winckler, Lutz (Hg.). München: edition text + kritik, S. 206–220.

Reemtsma, Jan Philipp (2008): Vertrauen und Gewalt. Versuch über eine besondere Konstellation der Moderne. Hamburg: Hamburger Edition.

Ricœur, Paul (1988): Zeit und Erzählung. Bd. I. Zeit und historische Erzählung. Aus dem Französischen von Rainer Rochlitz. München: Wilhelm Fink Verlag.

Ricœur, Paul (1996): Das Selbst als ein Anderer. Bd. 26. Aus dem Französischen Jean Greisch. München: Wilhelm Fink Verlag.

Ricœur, Paul (2004): Gedächtnis, Geschichte, Vergessen. Bd. 50. Aus dem Französischen v. Hans-Dieter Gondek, Heinz Jatho, Markus Sedlaczek. München: Wilhelm Fink Verlag.

Römhild, Regina (1998): Die Macht des Ethnischen: Grenzfall Rußlanddeutsche. Perspektiven einer politischen Anthropologie. Frankfurt a. M.: Peter Lang GmbH.

Rose, Nikolas (2000): Identity, Genealogy, History. In: Identity: A Reader. Ed. by Paul du Gay, Jessica Evans and Peter Redman. London: Sage Publications, S. 311–324.

Rosenthal, Gabriele/Völter, Bettina (1998): Three Generations within Jewish and non-Jewish German Families after the Unification of Germany. In: International Handbook of Multigenerational Legacies of Trauma. Ed. by Yael Danieli. New York: Plenum Press, S. 297–313.

Rötzer, Hans Gerd (2009): Der europäische Schelmenroman. Stuttgart: Philipp Reclam jun. GmbH & Co.

Russia! Frühling 2008.

Russische Emigration im 20. Jahrhundert: Literatur – Sprache – Kultur (2005). Frank Göbler (Hg.) unter Mitarbeit von Ulrike Lange. München: Verlag Otto Sanger.

Rybalskaya, Yanetta (2016): Die matrilineare Familienstruktur in Julya Rabinowichs Roman „Spaltkopf" oder: Wer ist eigentlich Baba Yaga Girl? In: Zeitschrift für interkulturelle Germanistik 7, H. 1, S. 97–114.

Safranski, Rüdiger (2003): Wieviel Globalisierung verträgt der Mensch? München: Carl Hanser Verlag.

Safranski, Rüdiger (2015): Zeit. Was sie mit uns macht und was wir aus ihr machen. München: Carl Hanser Verlag.

Sassen, Saskia (1996): Migranten, Siedler, Flüchtlinge. Von der Massenauswanderung zur Festung Europa. Frankfurt am Main: Fischer Taschenbuch Verlag.

Schenk, Klaus (2012): Erzählen Schreiben Inszenieren: Zum Imaginären des Schreibens von der Romantik zur Moderne. Tübingen: Narr Francke Attempo Verlag.

Schenk, Klaus (2014): Pikareskes Erzählen als interkulturelles Erzählen. In: Erzählen und Erzähltheorie zwischen den Kulturen. Rácz, Gabriella/Schenk, Klaus (Hg.). Würzburg: Verlag Königshausen & Neumann, S. 66–86.

Schlögel, Karl (2008a): Terror und Traum: Moskau 1937. München: Carl Hanser Verlag.

Schlögel, Karl (2008b): Rußländische Emigranten in Europa seit 1917. In: Enzyklopädie Migration in Europa. Vom 17. Jahrhundert bis zur Gegenwart. Klaus J. Bade (Hg.). München: Wilhelm Flink, S. 914–922.

Schlögel, Karl (2017): Das sowjetische Jahrhundert: Archäologie einer untergegangenen Welt. München: Verlag C.H. Beck oHG.

Schmeling, Manfred (2004): Multilingualität und Interkulturalität im Gegenwartsroman. In: Literatur und Vielsprachigkeit. Monika Schmitz-Emans (Hg.). Heidelberg: Synchron, S. 221–235.

Schmidt, Sabine: Ich habe im Bücherregal meiner großen Tochter gewildert. Buchjournal Kids & Teens 1_2012, S. 30–32.

Schmitz, Helmut (2009) (Hg.): Von der nationalen zur internationalen Literatur: Transkulturelle deutschsprachige Literatur und Kultur im Zeitalter globaler Migration. Amsterdam: Rodopi.

Schönpflug, Ute (2003): Migration aus kulturvergleichender psychologischer Perspektive. In: Thomas, A. (Hg.): Kulturvergleichende Psychologie. Göttingen: Hogrefe, S. 515–541.

Schrad, Mark Lawrence (2014): Vodka Politics. Alcohol, Autocracy, and the Secret History of the Russian State. New York: Oxford UP.

Schrödter, Wolfgang (2013): Qualitätssicherung in der Beratung. In: Psychosoziale Beratung von Migranten. Körner, Wilhelm/Irdem, Gülcan/Bauer, Ullrich (Hg.). Stuttgart: Verlag W. Kohlhammer, S. 108–119.

Schrott, Linda (2013): No Place like Home? Eleonora Hummel and the Russian German Past. In: Transitions: Emerging Women Writers in German-language Literature. Ed. by Valerie Heffernan & Gillian Pye. Amsterdam/New York: Editions Rodopoi B. V., S. 53–68.

Schruff, Helene (2000): Wechselwirkungen. Deutsch-Jüdische Identität in erzählender Prosa der ‚Zweiten Generation'. Hildesheim: Georg Olms Verlag.

Schwarzer, Ralf/Jerusalem, Matthias (1994) (Hg.): Gesellschaftlicher Umbruch als kritisches Lebensereignis. München: Weinheim.

Silverman, Kaja (1983): The Subject of Semiotics. New York: Oxford University Press.

Simmel, Georg (1983[6]): Soziologie. Untersuchungen über die Formen der Vergesellschaftung. Berlin: Duncker & Humblot.

Slawnikowa, Olga (2011): Eine Generation von Hochbegabten. In: Das schönste Proletariat der Welt. Junge Erzähler aus Russland. Christiane Körner (Hg. und Übersetzung). Berlin: Suhrkamp Verlag, S. 5–8.

Sluzki, Carlos E. (2010): Psychologische Phasen der Migration und ihre Auswirkungen. In: Handbuch Transkulturelle Psychiatrie. Hegemann, Thomas/Salman, Ramazan (Hg.). Bonn: Psychiatrie-Verlag GmbH, S. 108–123.

Snyder, Timothy (2011): Bloodlands. Europa zwischen Hitler und Stalin. Aus dem Englischen von Martin Richter. München: Verlag C.H. Beck oHG.

Sofsky, Wolfgang (2005): Traktat über die Gewalt. Frankfurt a. M.: Fischer Taschenbuch Verlag.

Sontag, Susan (2003): Regarding the Pain of Others. New York: Farrar, Straus and Giroux.

Sorokin, Wladmir: Nach Berlin. Edition Le Monde diplomatique 2013. Nr. 13, S. 102.

Sośnicka, Dorota (2013): Die Fremde, die man in sich trägt: Zum Erzählverfahren im Roman *Spaltkopf* von Julya Rabinowich. In: Neue Stimmen aus Österreich: 11 Einblicke in die Literatur der Jahrtausendwende. Drynda, Joanna/Wimmer, Marta (Hg.). Frankfurt a. Main: Peter Lang GmbH, S. 78–91.

Sowjetunion II: 1953–1991. Informationen zur politischen Bildung/izpb. Bonn: Bundeszentrale für politische Bildung, Nr. 323/2014.

Spallek, Jacob/Zeeb, Hajo (2010): Bedarf und Inanspruchnahme psychiatrischer Versorgung durch Menschen mit Migrationshintergrund in Deutschland. In: Handbuch Transkulturelle Psychiatrie. Hegemann, Thomas/Salman, Ramazan (Hg.). Bonn: Psychiatrie-Verlag GmbH, S. 58–68.

Spies, Tina (2012): Gewalt, Geschlecht und Ethnizität. Intersektionalität im diskursiven Kontext. In: Migration und Geschlecht. Theoretische Annäherungen und empirische Befunde. Bereswill, Mechthild/Rieker, Peter/Schnitzer, Anna (Hg.). Weinheim und Basel: Beltz Juventa, S. 105–125.

Spreckelsen, Tilman: Wie man im Rudel überlebt. F.A.Z., Januar 2013.

Stecher, Ludwig/Zinnecker, Jürgen (2007): Kulturelle Transferbeziehungen. In: Handbuch Familie. Jutta Ecarius (Hg.). Wiesbaden: VS Verlag für Sozialwissenschaften, S. 389–405.

Stoichita, Victor Ieronim (1998): Das selbstbewusste Bild: Vom Ursprung der Malerei. München: Wilhelm Fink Verlag.

Strigl, Daniela: Organ der Begierde. F.A.Z. Nr. 127, 01.06.2011, S. 30.

Strigl, Daniela: Der Rücken einer Ballerina kann alles aushalten. F.A.Z., 09.09.2014.

Sucharev, Dmitrij (2002): Avtorskaja pesnja. Antologija. Ekaterinburg.

Suren, Katja (2011): Ein Engel verkleidete sich als Engel und blieb unerkannt: Rhetoriken des Kindlichen bei Natascha Wodin, Herta Müller und Aglaja Veteranyi. Sulzbach/Taunus: Ulrike Helmer Verlag.

Süzen, Talibe (2013): Trennung und Scheidung als Herausforderung Sozialer Arbeit im Migrationskontext. In: Psycho-soziale Beratung von Migranten. Körner, Wilhelm/Irdem, Gülcan/Bauer, Ullrich (Hg.). Stuttgart: Verlag W. Kohlhammer, S. 317–327.

Tänzer, Andreas (2010): Migranten im Maßregelvollzug. In: Handbuch Transkulturelle Psychiatrie. Hegemann, Thomas/Salman, Ramazan (Hg.). Bonn: Psychiatrie-Verlag GmbH, S. 398–413.

Taschenbuch der Kinder- und Jugendliteratur (2000). Bd. 2. Günter Lange (Hg.). Baltmannsweiler: Schneider-Verlag Hohengehren.

Taschenbuch der Kinder- und Jugendliteratur (2002[3]). Bd. 1. Günter Lange (Hg.). Baltmannsweiler: Schneider-Verlag Hohengehren.

Taubert, Greta: Was uns zusammenschweißt. Mobil 03.2015, S. 56–64.

Temesvári, Cornelia (2010): Kabbala als Kreationsfiktion. Starker Dichter und schreibender Golem bei Harold Bloom und Cynthia Ozick. In: „Wovon man nicht sprechen kann…". Ästhetik und Mystik im 20. Jahrhundert. Philosophie – Literatur – Visuelle Medien. Temesvári, Cornelia/Sanchiño Martínez, Roberto (Hg.): Bielefeld: transcript Verlag, S. 107–130.

Terpitz, Olaf (2010): Begegnungen in Deutschland: Russisch-jüdisches Schreiben in der Emigration. In: Ausgerechnet Deutschland! Jüdisch-russische Einwanderung in die Bundesrepublik. Belkin, Dmitrij/Gross, Raphael (Hg.). Begleitpublikation zur Ausstellung im Jüdischen Museum Frankfurt vom 12. März bis 25. Juli 2010. Berlin und Jüdisches Museum Frankfurt a. Main: Nicolaische Verlagsbuchhandlung GmbH., S. 138–139.

Tinguy, Anne de (2003): Ethnic Migrations of the 1990s from and to the Successor States of the Former Soviet Union: ‚Repatriation' or Privileged Migration? In: Diasporas and Ethnic Migrants. Germany, Israel and Post-Soviet Successor States in Comparative Perspective. Ed. Rainer Münz and Rainer Ohliger. London/Portland, OR: Frank Cass Publishers, S. 112–127.

Treibel, Annette (1990): Migration in modernen Gesellschaften. Soziale Folgen und Einwanderung von Gastarbeit. München/Weinheim: Juventa-Verlag.

Trimble, Joseph E. (2003): Introduction: Social Change and Acculturation. In: Chun, Kevin M./Organista, Pamela B./Marin, Gerado (Hg.); Acculturation:

advances in theory, measurement, and applied research. Washington: American Psychological Association, S. 3–14.

Uslucan, Haci-Halil (2010): Gewalttätige Jugendliche mit Migrationshintergrund. Modelle und Bewältigungen. In: Handbuch Transkulturelle Psychiatrie. Hegemann, Thomas/Salman, Ramazan (Hg.). Bonn: Psychiatrie-Verlag GmbH, S. 288–300.

Uslucan, Haci-Halil (2013): Gewaltentstehung und Gewaltprävention bei Kindern und Jugendlichen. In: Psycho-soziale Beratung von Migranten. Körner, Wilhelm/Irdem, Gülcan/Bauer, Ullrich (Hg.): Stuttgart: Verlag W. Kohlhammer, S. 194–205.

Vogt, Jochen (1986[2]): Hanns Henny Jahnns Romantrilogie „Fluß ohne Ufer". München: Wilhelm Fink Verlag.

Vogt, Jochen (2006[9]): Aspekte erzählender Prosa. Eine Einführung in Erzähltechnik und Romantheorie. München: Wilhelm Fink Verlag.

Vogt, Jochen (2014): Erinnerung, Schuld und Neubeginn. Deutsche Literatur im Schatten von Weltkrieg und Holocaust, Oxford/Bern: Peter Lang AG.

Vogt, Jochen (2016): Kriegskinder-Erfahrungen in der deutschen Literatur von 1945 bis heute: Fragen, Beispiele und Lektüreempfehlungen. In: Orth, Karin/ Wetzstein, Verena (Hg.): Kinder im Zweiten Weltkrieg. Spuren ins Heute. Freiburg i. Br.: Verlag der Katholischen Akademie der Erzdiözese Freiburg, S. 75–87.

Von Schirach, Ariadne: Mein Moment. Philosophie Magazin. Nr. 05/2016, S. 48–53.

Wagner, Irma: „Aber die Leser mögen sie trotz ihres Gezickes". Interview mit Alina Bronsky. Kölner Illustrierte, November 2008.

Wagner, Moritz (1868): Die Darwin'sche Theorie und das Migrationsgesetz der Organismen. Leipzig: Verlag von Duncker & Humblot.

Wagner-Egelhaaf, Martina (2000): Autobiographie. Stuttgart/Weimar: Verlag J. B. Metzler.

Wagner-Egelhaaf, Martina (2006): Autofiktion oder: Autobiographie nach der Autobiographie: Goethe – Barthes – Özdamar. In: Autobiographisches Schreiben in der deutschen Gegenwartsliteratur. Bd. 1: Grenzen der Identität und der Fiktionalität. Breuer, Ulrich/Sandberg, Beatrice (Hg.). München: IUDICUM Verlag, S. 353–368.

Wagner-Egelhaaf, Martina (2013): Einleitung: Was ist Auto(r)fiktion? In: Dies. (Hg.): Auto(r)fiktion: Literarische Verfahren der Selbstkonstruktion. Bielefeld: Aisthesis Verlag, S. 7–21.

Ward, Coleen (1996): Acculturation. In: Handbook of intercultural training. Landis, Dan/Bhagat, Rabi S. (Hg.). Thousand Oaks, CA: Sage, S. 124–147.

Ward, Coleen/Bochner, Stephen/Furnham, Adrian (2001[2]): The Psychology of Culture Shock. London: Routledge.

Watson, James L./Caldwell, Melissa L. (2007) (Ed.): The Cultural Politics of Food and Eating. A Reader. Malden/Oxford: Blackwell Publishing Ltd.

Weber, Ingeborg (1994): Weiblichkeit und weibliches Schreiben. Versuch einer Standortbestimmung. In: Weiblichkeit und weibliches Schreiben. Poststrukturalismus, weibliche Ästhetik, kulturelles Selbstverständnis. Ingeborg Weber (Hg.). Darmstadt: Wissenschaftliche Buchgesellschaft, S. 195–202.

Weigel, Sigrid/Parnes, Ohad/Vedder, Ulrike/Willer, Stefan (2005) (Hg.): Generation. Zur Genealogie des Konzepts – Konzepte von Genealogie. München: Wilhelm Fink Verlag.

Weisband, Marina (2013): Wir nennen es Politik. Ideen für eine zeitgemässe Demokratie. Stuttgart: Tropen.

Weiss, Yfaat/Gorelik, Lena (2012): Die russisch-jüdische Zuwanderung. In: Michael Brenner (Hg.): Geschichte der Juden in Deutschland von 1945 bis zur Gegenwart. Politik, Kultur und Gesellschaft. München: Verlag C. H. Beck oHG, S. 379–418.

Welsch, Wolfgang (1997): Transkulturalität. Zur veränderten Verfassung heutiger Kulturen. In: Hybridkultur. Medien, Netze, Künste. Schneider, Irmela/Thomsen, Christian W. (Hg.). Köln: Wienand, S. 67–91.

Welsch, Wolfgang (2000): Transkulturalität. Zwischen Globalisierung und Partikularisierung. In: Jahrbuch Deutsch als Fremdsprache 26, S. 327–351.

Wendler, Ece (2013): Kindesmisshandlung, -vernachlässigung und -missbrauch bei Migrantenfamilien in Deutschland. In: Psycho-soziale Beratung von Migranten. Körner, Wilhelm/Irdem, Gülcan/Bauer, Ullrich (Hg.). Stuttgart: Verlag W. Kohlhammer, S. 180–193.

Werneck, Harald (2004): Auswirkungen einer Scheidung auf Befindlichkeit und Persönlichkeitsentwicklung. In: Wenn Eltern sich trennen. Wie Kinder, Frauen und Männer Scheidung erleben. Zartler, Ulrike/Wilk, Liselotte/Kränzl-Nagl, Renate (Hg.). Frankfurt a. M./New York: Campus Verlag, S. 247–279.

Wichterich, Christa (2003): Femme global. Globalisierung ist nicht geschlechtsneutral. Hamburg: VSA-Verlag.

Wolffheim, Franziska: Bronskys Beat. Brigitte Bücherspezial (extra). Nr. 22, Oktober 2008, S. 2–4.

Worbs, Susanne/Bund, Eva/Kohls, Martin/Babka von Gostomski, Christian (2013): (Spät-)Aussiedler in Deutschland. Eine Analyse aktueller Daten und Forschungsergebnisse. Nürnberg: Bundesamt für Migration und Flüchtlinge.

Words without Borders. The World through the Eyes of Writers. An Anthology. 28 works of literature never before published in English, including excerpt from

"The Fish of Berlin" (Eleonora Hummel, Germany), recommended by Günter Grass (2007). New York: Anchor Books, a Division of Random House, Inc.

Zaimoglu, Feridun (2012): Eine Verwandlung. In: Wunder. Stiftung der Evangelischen Kirche in Hessen und Nassau (Hg.). Frankfurt a. Main: Hansisches Druck- und Verlagshaus GmbH, S. 184–203.

Zeit Literatur. Nr. 50, Dezember 2011, S. 15.

Zick, Andreas (2010): Psychologie der Akkulturation. Neufassung eines Forschungsbereiches. Wiesbaden: VS Verlag für Sozialwissenschaften.

Zlotnik, Hania (1990): International Migration Policies and the Status of Female Migrants (Conference Report). In: International Migration Review, 24. 1990, H. 2, S. 372–381.

Internetquellen

de.wikipedia.org/wiki/Eleonora_Hummel.

http://blog.goethe.de/stadtschreiber/authors/6-Olga-Grjasnowa.

http://blog.goethe.de/stadtschreiber/pages/olga_grjasnowa.html.

http://buchblinzler.blogspot.de/2015/01/nino-haratischwili-das-achte-leben-fur.html.

http://caterinaseneva.wordpress.com/2012/04/08/nino-haratischwili-und-ihr-neuer-roman/.

http://de.wikipedia.org/wiki/Alina_Bronsky.

http://derstandard.at/1226396889022/Interview-Dann-haetten-wir-bald-viele-Wuerstelstand-Literaten.

http://nachtkritik.de/index.php?option=com_content&view=article&id=4192%3Aradio-universe-nina-mattenklotz-inszeniert-nino-haratischwilis-nachrichten-aus-dem-georgienkrieg&catid=206&Itemid=40.

http://nachtkritik.de/index.php?option=com_content&view=article&id=3964%3Azorn-felix-rothenhaeusler-inszeniert-nino-haratischwili&catid=332&Itemid=40.

http://web.a.ebscohost.com/ehost/detail/detail?vid=2&sid=aa92e9da-d28f-4f8a-a524-e35570abfd60%40sessionmgr4005&hid=4212&bdata=JnNpdGU9ZWhvc3QtbGl2ZSZzY29wZT1zaXRl#db=buh&AN=58521164.

http://web.mit.edu/fjk/www/FI/BO/BO-66.shtml.

http://www.3sat.de/page/?source=/kulturzeit/tips/160694/index.html.

http://www.amazon.de/Vielleicht-Marseille-Katerina-Poladjan/dp/3871348104/ref=sr_1_3?ie=UTF8&qid=1430514444&sr=8-3&keywords=poladjan.

http://www.arbeitsagentur.de/web/wcm/idc?IdcService=GET_FILE&dDocName=L6019022DSTBAI378079&RevisionSelectionMethod=Latest.

http://www.auslaender-statistik.de/juden.htm.

http://www.auswaertiges-amt.de/DE/EinreiseUndAufenthalt/Schengen_node.html.

http://www.auswaertiges-amt.de/DE/Infoservice/Presse/Meldungen/2011/110721-Deutsch-russische-Erklaerung.html?nn=382590.

http://www.berliner-zeitung.de/ueber-berlin-reden/interview-mit-olga-grjasnowa-fuer-wen-berlin-heimat-sein-kann---und-fuer-wen-nicht,20812554,30791696.html.

http://www.buecherschau.at/cms/V03/V03_10.a/1477555926077/portraet/julya-rabinowich-entwurzelt-und-umgetopft-nach-wien.

http://www.buchjournal.de/835312/.

http://www.bunte.de/vermischtes/ulrich-noethen-ist-wieder-vater-geworden-50932.html.

http://www.bz-berlin.de/kultur/mehr-kultur/olga-grjasnowa-schreibt-roman-ueber-syrische-fluechtlinge.

http://www.daserste.de/unterhaltung/film/im-angesicht-des-verbrechens/index.html.

http://www.daserste.de/unterhaltung/krimi/tatort/sendung/2012/hinkebein-100.html.

http://www.demathonline.de/jugend/Daten/Zusatzinformationen.pdf.

http://www.deutscheausrussland.de/.

http://www.deutsches-literaturinstitut.de/08_geschichte/01.html.

http://www.deutschlandfunk.de/kein-schwerer-migrationsroman.700.de.html?dram:article_id=85514.

http://www.deutschlandfunk.de/kein-schwerer-migrationsroman.700.de.html?dram:article_id=85514.

http://www.deutschlandfunk.de/nino-haratischwili-eine-erzaehlung-gegen-das-vergessen.700.de.html?dram:article_id=306335.

http://www.deutschlandfunk.de/nino-haratischwili-eine-erzaehlung-gegen-das-vergessen.700.de.html?dram:article_id=306335.

http://www.dw.de/the-10-must-read-german-books-of-2014/a-18133200.

http://www.eleonora-hummel.de/?q=node/48.

http://www.faz.net/aktuell/feuilleton/buecher/rezensionen/sachbuch/schrad-in-seinem-buch-ueber-russische-alkoholpolitik-13406841.html?printPagedArticle=true#pageIndex_2.

http://www.filmportal.de/film/gluecksritterinnen_30cefad349804707844063d619c2e958.

http://www.focus.de/kultur/buecher/brands-buecher/alina-bronsky-dem-feuilleton-zu-leserfreundlich_aid_328552.html.

http://www.focus.de/kultur/buecher/literatur-chamisso-preis-fuer-deutsch-iraker-sherko-fatah_id_4421424.html.

http://www.focus.de/kultur/buecher/literatur-sechs-autoren-fuer-aspekte-literaturpreis-nominiert_aid_821959.html.

http://www.focus.de/kultur/diverses/medien-druckfrisch-neue-buecher-mit-denis-scheck-am-sonntag-23-november-2014-um-23-50-uhr-ueber-die-letzten-geheimnisse-der-68er-und-das-leben-mit-fremden-gefuehlen_id_4285687.html.

http://www.focus.de/regional/berlin/literatur-alfred-doeblin-stipendien-fuer-acht-berliner-autoren_id_3694438.html.

http://www.forcedmigration.org/.

http://www.fr-online.de/frankfurt/alina-bronsky-die-schreibende-hausfrau,1472798,11408086.html.

http://www.fr-online.de/home/alfred-delp-schule,1472778,2729216.html.

http://www.grenzdurchgangslager-friedland.niedersachsen.de/portal/live.php?navigation_id=12831&_psmand=47.

http://www.hna.de/kultur/nino-haratischwili-beim-literarischen-fruehling-4907372.html.

http://www.koelner.de/literatur/story/aber-die-leser-moegen-sie-trotz-ihres-gezickes.1234/.

http://www.kulturpreise.de/web/preise_info.php?preisd_id=2221.

http://www.Kurier.at.

http://www.literarischer-fruehling.de/spielplan.

http://www.literaturkritik.de/public/rezension.php?rez_id=15957.

http://www.marinaslied.de/?page_id=480.

http://www.marinaslied.de/?page_id=493.

http://www.munzinger.de/document/00000029737.

http://www.museum-friedland.de/portal/live.php?navigation_id=30960&article_id=106965&_psmand=1033.

http://www.ndr.de/kultur/buch/Nino-Haratischwili,dasachteleben104.html.

http://www.ninawr.com/ninawr/german/ich_de.htm.

http://www.n-tv.de/leute/buecher/Ins-Schreiben-reingerutscht-article6303306.html.

http://www.nytimes.com/2015/01/04/books/review/javier-cercass-outlaws-and-more.html?_r=0.

http://www.openmikederblog.de/2016/08/31/wir-muessen-reden-mit-olga-grjasnowa/.

http://www.randomhouse.de/Buch/Die-Abschaffung-der-Mutter/Alina-Bronsky/e493689.rhd.

http://www.randomhouse.de/SPECIAL-zu-Bronsky-Wilk-%22Die-Abschaffung-der-Mutter%22/Interview/aid67591_13244.rhd.

http://www.schauspielervideos.de/fullprofile/schauspielerin-katerina-poladjan.html.

http://www.schauspielervideos.de/video/katerina-poladjan?vi=1&vk=10015983&playsingle.

http://www.scherbenpark-film.de/Autor.

http://www.spiegel.de/kultur/literatur/nino-haratischwili-das-achte-leben-fuer-brilka-a-994979.html.

http://www.sueddeutsche.de/kultur/schriftstellerin-olga-grjasnowa-beim-bankett-mit-putin-spricht-keiner-ueber-homophobie-1.2239643.

http://www.swp.de/metzingen/lokales/metzingen/Stadt-verwandelt-sich-in-eine-Literaturbuehne;art5660,3221393.

http://www.uni-marburg.de/fb13/forschungsgruppen/vielteilchenphysik/ungeordnete-vielteilchensysteme/mitglieder/baranovski/awards.

http://www.uni-marburg.de/fb13/forschungsgruppen/vielteilchenphysik/ungeordnete-vielteilchensysteme/mitglieder/baranovski/expertise.

http://www.verlagderautoren.de/theaterverlag/theaterautoren/theaterautoren-details/seite/all/autor/haratischwili-nino/Theater.html?no_cache=1.

http://www.yburlan.ru/biblioteka/trotskii.

http://www.zeit.de/2010/16/Dominik-Graf/komplettansicht.

http://www.zeit.de/2012/12/Olga-Grjasnowa/komplettansicht.

http://www.zeit.de/2012/33/Rettung-Marina-Weisband/komplettansicht.

http://www.zeit.de/2014/49/weihnachtsgeschenke-buecher-tipp-schriftsteller/seite-15.

http://www.zeit.de/freitext/2014/11/12/grjasnowa-haratischwili-gorelik-zaimoglu/#more-514.

http://www.zeit.de/freitext/2015/02/12/grjasnova-gntm-germanys-next-topmodel/#more-273.

http://www.zeit.de/freitext/author/olga-grjasnowa/.
http://www.zentralratderjuden.de.
http://www.zentralratdjuden.de/de/article/2646.html.
readrussia.com.
www.berlinischegalerie.de.
www.eleonora-hummel.de/?q=node/67.
www.julya-rabinowich.com.
www.literarischer-fruehling.de/autoren.
www.mlecko.com.
www.poladjan.de/de/vita.
www.schauspielervideos.de/fullprofile/schauspieler-katerina-poladjan.html.
www.welt.de/169411.

HISTORISCH-KRITISCHE ARBEITEN ZUR DEUTSCHEN LITERATUR

Herausgeber:

Band 1 bis 47:
Prof. Dr. Dr. h. c. Herbert Kraft
Westfälische Wilhelms-Universität Münster, Germanistisches Institut
Schlossplatz 34, D-48143 Münster

Ab Band 48:
Prof. Dr. Michael Hofmann
Universität Paderborn, Institut für Germanistik und Vergleichende Literaturwissenschaft
Warburger Str. 100, D-33098 Paderborn

Bd. 1 Karl-Heinz Hucke, Der integrierte Außenseiter. Hesses frühe Helden, 1983

Bd. 2 Alan Marshall, The German Naturalists and Gerhart Hauptmann. Reception and Influence, 1982

Bd. 3 Bernhard Budde, Über die Wahrheit und über die Lüge des radikalen, antibürgerlichen Individualismus. Eine Studie zum erzählerischen und essayistischen Werk Carl Sternheims, 1983

Bd. 4 Michael Schäfermeyer, Thomas Mann: Die Biographie des Adrian Leverkühn und der Roman "Doktor Faustus", 1984

Bd. 5 John Guthrie, Lenz and Büchner: Studies in Dramatic Form, 1984

Bd. 6 Hermann Korte, Das Ende der Morgenröte. Eichendorffs bürgerliche Welt, 1987

Bd. 7 Gerettete Ordnung. Grillparzers Dramen, herausgegeben von Bernhard Budde und Ulrich Schmidt, 1987

Bd. 8 Bernhard Budde, Von der Schreibart des Moralisten. Seume, 1990

Bd. 9 Gert Vonhoff, Subjektkonstitution in der Lyrik von J.M.R. Lenz. Mit einer Auswahl neu herausgegebener Gedichte, 1990

Bd. 10 Jens Dirksen, „Die wurmstichige Welt". Hebbels Lyrik, 1992

Bd. 11 Claus Hebell, Rechtstheoretische und geistesgeschichtliche Voraussetzungen für das Werk Franz Kafkas. Analysiert an seinem Roman "Der Prozeß", 1993

Bd. 12 Neil Brough, New Perspectives of Faust. Studies in Origins and Philosophy of the Faust Theme in the Dramas of Marlowe and Goethe, 1994

Bd. 13 James M. Hawes, Nietzsche and the End of Freedom. The Neo-Romantic Dilemma in Kafka, the Brothers Mann, Rilke and Musil, 1904-1914, 1993

Bd. 14 Eva M. Meidl, Soziale Kritik im Werk Elias Canettis (1929-1952). Studien zum Begriff des „Verwandlungsverbotes", 1994

Bd. 15 Gert Vonhoff, Vom bürgerlichen Individuum zur sozialen Frage. Romane von Karl Gutzkow, 1994

Bd. 16 Hans-Peter Rüsing, Otto Ludwigs Agnes-Bernauer-Fragmente. Zur Krise des Dramas im bürgerlichen Realismus, 1994

Bd. 17 Mirjam Springer, „Verwesende Zeit". Die Erzählungen Karl Immermanns, 1995

Bd. 18 Thomas Mann, *On Myself* and other Princeton Lectures. An Annotated Edition by James N. Bade based on Mann's Lecture Typescripts, 1996; 2nd, revised edition 1997

Bd. 19 Christopher Riley, Walter Kempowski's *Deutsche Chronik*. A Study in Ironic Narration, 1997

Bd. 20 Ian Roberts, „Eine Rechnung, die nicht aufgeht". Identity and Ideology in the Fiction of Wolfdietrich Schnurre, 1997

Bd. 21 Werner Schneider, Leben und Werk des Revolutionärs und Schriftstellers Conrad Joseph Diepenbrock, 1998

Bd. 22 Grit Dommes, Von Künstlern und Lebenskünstlern. Frank Wedekinds „Kammersänger" und die Keith-Dramen, 1998

Bd. 23 Naturlyrik. Über Zyklen und Sequenzen im Werk von Annette von Droste-Hülshoff, Uhland, Lenau und Heine, herausgegeben von Gert Vonhoff, 1998

Bd. 24 Eva M. Meidl, Veza Canettis Sozialkritik in der revolutionären Nachkriegszeit. Sozialkritische, feministische und postkoloniale Aspekte in ihrem Werk, 1998

Bd. 25 Otto Ludwig, Das literarische und musikalische Werk, herausgegeben von Claudia Pilling in Zusammenarbeit mit Jens Dirksen, 1999

Bd. 26 Claudia Pilling, Hebbels Dramen, 1998

Bd. 27 Diana Schilling, Kellers Prosa, 1998

Bd. 28 Dirk Jürgens, Das Theater Thomas Bernhards, 1999

Bd. 29 Jens Erik Claßen, »Altpreußischer Durchschnitt«? Die Lyrik Theodor Fontanes, 2000

Bd. 30 Mirjam Springer, ›Legierungen aus Zinn und Blei‹. Schillers dramatische Fragmente, 2000

Bd. 31 Johannes Sabel, Text und Zeit. Versuche zu einer Verhältnisbestimmung, ausgehend von Carl Einsteins Roman *Bebuquin oder die Dilettanten des Wunders*, 2002

Bd. 32 Markus Roth, Theater nach Auschwitz. George Taboris *Die Kannibalen* im Kontext der Holocaust-Debatten, 2003

Bd. 33 Hans-Peter Rüsing, Die nationalistischen Geheimbünde in der Literatur der Weimarer Republik. Joseph Roth, Vicki Baum, Ödön von Horváth, Peter Martin Lampel, 2003

Bd. 34 Hans Jürgen Scheuer / Justus von Hartlieb / Christina Salmen / Georg Höfner (Hg.), Kafkas *Betrachtung*. Lektüren, 2003

Bd. 35 Julia Petzl, Realism and Reality in Helga Schubert, Helga Königsdorf and Monika Maron, 2003

Bd. 36 Billy Badger, Zwischen dem Meer und dem Nichtmehr. Anxiety, Repression and Hope in the Works of Erich Fried, 2003

Bd. 37 Dirk Jürgens, Die Krise der bürgerlichen Subjektivität im Roman der dreißiger und vierziger Jahre. Dargestellt am Beispiel von Hermann Hesses *Glasperlenspiel*, 2004

Bd. 38 Jörg F. Meyer, Verehrt. Verdammt. Vergessen. August von Kotzebue – Werk und Wirkung, 2005

Bd. 39 Melanie Binek, Leben im Wilhelminischen Zeitalter. Ausgewählte Prosa von Eduard von Keyserling, 2006

Bd. 40 Alwin Binder, Unterrichtsmodell zur Deutschen Klassik, 2006

Bd. 41 Stephan Resch, Provoziertes Schreiben. Drogen in der deutschsprachigen Literatur seit 1945, 2007

Bd. 42 Jacob Michael Reinhold Lenz, Schriften zur Sozialreform. Das Berkaer Projekt, herausgegeben von Elystan Griffiths und David Hill unter Mitwirkung von Heribert Tommek, 2007

Bd. 43 Oliver Steinhoff, *Die Verteidigung des Kugelrunden an der Null.* Robert Walsers Erzählprosa im Spiegel der Systemkritik Theodor W. Adornos, 2008

Bd. 44 Karina Becker, Autonomie und Humanität. Grenzen der Aufklärung in Goethes *Iphigenie*, Kleists *Penthesilea* und Grillparzers *Medea*, 2008

Bd. 45 Sigrid Horstmann, Bilder eines deutschen Helden. Heinrich von Kleists *Herrmannsschlacht* im literarhistorischen Kontext von Klopstocks *Hermanns Schlacht* und Goethes *Hermann und Dorothea*, 2011

Bd. 46 Grit Dommes, Prosa von Gabriele Wohmann, 2012

Bd. 47 Karina Becker, Der andere Goethe. Die literarischen Fragmente im Kontext des Gesamtwerks, 2012

Bd. 48 Stefan Gädtke, Jüdische Nachbarschaften in New York. Eine Lektüre der lesbaren Spuren der „jüdischen Frage deutscher Art" in Uwe Johnsons *Jahrestage*, 2012

Bd. 49 Daniela Kemna, Die Wege der Freiheit bei Friedrich Schiller und Jean-Paul Sartre, 2013

Bd. 50 Nicolas Heslault, Le personnage du scientifique et la crise de l'identité masculine dans la littérature narrative de langue allemande (1910-1940), 2013

Bd. 51 Michael Hofmann (Hrsg.), Unbegrenzt. Literatur und interkulturelle Erfahrung, 2013

Bd. 52 Hans-Peter Rüsing, Das Drama des Widerstands. Günther Weisenborn, der 20. Juli 1944 und die Rote Kapelle, 2013

Bd. 53 Julian Kanning, Revolutionsgeschichte schreiben. Formen der Revolutionshistoriographie in Büchners „Dantons Tod" und französischer Geschichtsschreibung des 20. Jahrhunderts, 2013

Bd. 54 Axel Dunker / Michael Hofmann (Hrsg.), Morgenland und Moderne. Orient-Diskurse in der deutschsprachigen Literatur von 1890 bis zur Gegenwart, 2014

Bd. 55 Sylvia Weiler / Michael Hofmann (Hrsg.), Revision in Permanenz. Studien zu Jean Amérys politischem Ethos nach Auschwitz. Unter Mitarbeit von Miriam Esau, 2016

Bd. 56 Irene Rupp, Der Brief im deutschen Drama des 18. und 19. Jahrhunderts, 2016

Bd. 57 Sebastian Otto, Hans Henny Jahnns musikalisches Erzählen in „Fluss ohne Ufer". Polyphonie und Kontrapunkt als Elemente einer dissonanten Utopie, 2016

Bd. 58 Kora Busch, Paul Zechs Exilwerk. Zwischen postkolonialer Anerkennung und exotistischer Vereinnahmung indigener Völker Lateinamerikas, 2017

Bd. 59 Arlette Kosch, Le voyage pédestre dans la littérature non fictionnelle de langue allemande. « Wanderung » et « Wanderschaft » entre 1770 et 1850, 2 Bde, 2018

Bd. 60 Nadja Luschina, Russisches Fräuleinwunder auf Deutsch. Deutschsprachige Erzählliteratur von Autorinnen aus den Nachfolgestaaten der Sowjetunion zwischen 2005 und 2012, 2018

www.peterlang.com

www.ingramcontent.com/pod-product-compliance
Lightning Source LLC
Chambersburg PA
CBHW060757310726
48980CB00002B/131

* 9 7 8 3 6 3 1 7 5 8 7 0 0 *